MARINA 마리나
PARADOX 패러독스

해 양 인 문 학 총 서 IX

MARINA PARADOX 마리나 패러독스

저자 김영돈 김용재 윤한삼 김인철 정은채 조정형 김정태 최영수 함도웅 박기주 최진호 여한웅

M&F 문화연구원
Marina & Fishing

서문

21세기는 신 해양시대이고 인류생존을 위해서라도 바다를 개척해야만 한다. 미래 우리의 먹거리·즐길거리가 해양자원으로 남아 있다. 오래전 한국의 미래를 내다보며 육당 최남선은 '바다와 조선민족'이란 글에서 해양입국(海洋立國)을 말했다.

'누가 한국을 구원할 것인가. 한국을 바다의 나라로 일으키는 자가 그일 것이다' '어떻게 한국을 구원하겠는가. 한국을 바다에 서는 나라로 고쳐 만들기 그것일 것이다'라고 예언했다.

3면이 바다인 한반도와 대륙으로 이어지는 영토에 근간을 두고 우리선조들은 살아왔다. 역사이래로 선조들은 질곡이 있을 때마다 바다를 동반한 역사를 형성해 왔기에 대한민국은 해양국가임에 틀림이 없다. 고대의 삼한(마한, 진한, 변한) 바다, 백제의 바다, 고구려의 바다, 통일신라 해상왕 장보고의 바다에 이어 고려의 바다는 동아시아 바다에서 해양교통의 중심지였다. 그 후 조선의 바다는 해금과 쇄국정책을 하였음에도 세계 4대 해전사에 족적을 남긴 이순신의 바다로 승화되었고, 6.25전쟁 이후 분단된 한반도는 인위적인 섬이 되었지만 그 상황을 극복하기위해 우리 아버지세대는 조국 근대화의 기수로써의 바다를 일궈 명실 공히 조선해운산업 강국으로 해양경제에 교두보를 형성 세계경제 10위권의 나라로 진입했다. 이렇듯 한반도의 역사는 바다에서 단 한번도 해양국가로의 맥이 끊긴 적이 없다. 우리역사의 과거와 현재 미래, 역시 필연적으로 바다에 있을 수밖에 없다. 이제 제4차 산업혁명을 맞아 우리민족은 5대양 6대주에서 미래를 개척하는 신 해양디자인의 주역으로써 그 역할을 다해야 할 것이다.

2009년 10월 '마리나항만법' 시행이후 새롭게 다가오는 요트 세일링·보팅의 해양레저를 즐기는 여가문화가 아직은 익숙하지 않다. 마리나항만법' 시행이후 이제껏 진행한 정부정책이 마리나선진지 답사와 정부 R&D사업의 결과는 페이퍼워크(Paperwork) 수준이고 실제 제대로 구현된 마리나 시설은 없다. 올해 9년째인 마리나 정책은 선박의 계류·정박지 정도로만 인식되고 있으니 그와 연계된 해양레저산업 종사자는 곧 폐업직전이라고 아우성이다.

우리속담에 '잘되면 자기 탓, 안 되면 조상 탓'이란 말이 있다. 마리나 정책을 추진하면서 행정 업무담당자는 인사이동과 보직변경으로 전문성을 구비할 여건이 안 되고, 막상 정책수립 및 타당성 조사를 하는데 턱없이 부족한 예산으로 조사보고서 또는 연구결과물을 요구하니 마리나가 실제 개발 될 수 있는 여건과는 참으로 거리가 먼 사안이 되어 구조적 조상 탓이라 할 수 있겠다.

일례로 MB정부 때 마리나항만 조성을 위한 사전용역조사가 마리나항 43개 예정지구 대상지를 선정하는데도 터무니없는 저예산이 용역비로 책정되었다. 그렇게 진행된 00종합기술단의 전국 마리나 개발지 타당성 조사결과 보고서가 그 당시 해양수산부 마리나 정책방향을 좌우 했었다. 해안개발을 위해 특정지역을 조사하기 위한 항목으로 해류와 지형, 자연생태계, 기후변화 등 고려해야 할 것이 수없이 많다. 그러나 그 당시 43개 마리나 예정 지구를 아주 저렴한 예산으로 사전 조사하다보니 마리나의 정책주친이 탁상공론으로 흐를 수밖에 없고 담당자는 그 자리를 떠나면 그만인 것이다. 그 당시 마리나 기사를 다루었던 신문을 보면 중앙정부의 장미 빛 청사진에 지방자치단체의 여망이 담겨 있다. (2. 한국의 마리나정책 추진에서 추가기재)

각 지자체 마리나 담당자와 정책진행자들의 마리나 선진지 답사는 어떤 형태로 이뤄졌을까?

세계 마리나의 선진지로 빠지지 않는 곳이 유럽 지중해이다. 구글 어스 세계지도로 바다의 형세를 살펴보면 한눈에 알 수 있다. 마리나 개발 시 가장 큰 요인이 조수간만의 차이다. 이유는 보트계류 시 항만의 위치와 조수차에 의한 보트의 높이가 달라지기 때문이다. 이 점을 감안하고 지중해의 해안선을 보면 대서양과 연결된 지점은 지브롤터 해협 한곳뿐, 마치 주전자에 담긴 물과 같은 형국이다. 지구 자전으로 인해 밀물과 썰물의 조수차가 50cm 이하이다. 이런 지중해의 마리나들을 답사하고는, 우리 서남해안의 조수차가 3~9m, 썰물 때면 마치 세수대 물을 마당에 쏟아버린 것처럼 갯바닥이 드러나는 한국의 해안에서 지중해식 마리나만을 실현하려하니 막대한 예산과 대상지역 어민들의 저항이 대략난감이었을 것이다.

더구나 유럽의 해양문화에서 항구는 역사적으로 식민지에서 착취한 물자와 자본을 제일 먼저 풀어주는 곳으로 현재 마리나가 발전한 지역의 항구들은 풍요로운 생활을 했다. 하지만 우리 해양문화에서의 해안과 항구는 왜구들이 침략하여 약탈당한 가장 아픈 역사적 상흔을 지닌 곳이며 일제 때 식민착취의 대상이었고, 농경사회를 기반으로 하는 지배계급에게서 소외받은 계층의 삶의 터전이기도 했다. 따라서 유럽항구와 우리항구의 해양문화가 다르다는 점을 인지하지 못했던 것이 마리나 정책이 미궁에 빠진 또 다른 요인 중 하나였을 것이다.

이를 극복하기 위해 연구하고 노력하는 정책하는데 9년의 세월이 소진 되었다면 수긍이 간다. 그러나 필자가 인지하기로는 중앙부처의 뒤짐 행정에 마리나와 연계된 유관기관들도 이러한 현안에 대한 깊은 성찰이 부족했던 것이다. 이제부터라도 우리해안에 걸 맞는 마리나를 실현하게 하기위해서라도 각 분야 전문가들이 소통하고 융합하여 지속가능한 마리나가 개발 될 수 있도록 지혜를 모아야 할 필요가 있다.

그나마 이제까지도 생소하고 척박한 한국의 여건에서 마리나 분야의 선행 연구자들이 있었기에 그분들의 저서와 가르침으로 '마리나 패러독스'를 제기 할 수 있게 되었다. 더불어 한국적인 마리나 개발에 관심을 갖고 함께 고민한 여러 교수님과 연구자들이 있어 각 분야의 현안에 대해 조언을 구할 수 있었다.

'제3의 물결' 저서를 통해 우리에게 잘 알려진 고 앨빈 토플러는 그의 주장대로 다가올 미래의 사회변화를 예측해서 많은 사람들을 놀라게 했다. 그의 '물결 이론'은 농업, 산업, 그리고 정보화 혁명으로 분류하고 이것을 '제3의 물결'이라고 했다.

20세기 중반, '정보화 혁명'은 정보기술(IT)이 급격하게 발전하고 고사양 컴퓨터가 보급되면서 인터넷 속도가 빨라지고 사용자도 급격히 늘어났다. 여기에 개인이 휴대하기 편리한 스마트폰과 태블릿 PC제품 출시로 개개인간의 정보교류 통신문화(SNS)도 더욱 가속화 되었다. (매경이코노미 2016.09. 기사인용).

일례로 2010년대 중동 지방에서의 '민주화 혁명', 그 저변에는 컴퓨터 인터넷과 스마트폰이 급속도로 일반에게 보급되면서 일반 대중의 정보 유통방식의 변화가 '민주혁명'을 이끌어 낸 결과로 가히 '정보통신문화(SNS)혁명'이라고 할 수 있다. 그리하여 정보의 생성과 흐름이 중해졌고 다양한 정보를 모아 빅데이터를 형성하여 처리하는 기술과 방법도 향상되고 있다.

이미 90년대 말부터 우리사회는 '마이카 시대'를 맞이하였고 앞으로는 보트·요트·크루즈여행을 즐기는 마리나 시대가 곧 다가오게 된다. 우리국민의 경제수준이 2만5천불 이상으로 여가시간의 많은 부분을 바다, 강, 호수로 나가서 보내게 될 것이다. 우리나라의 해안선은 국토길이의 서너 배가 되고 아름다운 해안선이 많다. 이런 마리나 시대의 키워드는 바로 친환경을 고려하는 개발사업 추진이다. 인위적인 투자를 해서라도 디자인적인 감성과 마리나 패러독스를 고려한 해양디자인이 되어야한다.

종전에는 무조건 바다를 막아 땅을 넓히면 부동산 소득이 발생하니 해안선은 고려하지 않은 개발을 했었다. 이제는 해안선이야말로 임해공단, 항만, 해수욕장, 관광지, 양식어장 등이 이곳에 있어 미래 생산력의 근원지이다.

우리의 미래는 내륙보다 더 넓은 공간인 해안선과 어촌을 어떻게 활용하느냐에 의해 크게 좌우될 것이다. 바다를 많이 이용하고, 즐길 수 있도록 해양을 디자인해야 새로운 일자리 창출이 가능하고 마리나 산업이 활성화될 것이다.

목 차

신 해양 디자인과 마리나 패러독스

M&F 문화연구원,   facebook 마리나TV   김 영 돈 원장/박사

1. 서언

21세기는 신 해양시대이고 인류생존을 위해서라도 바다를 개척해야만 한다. 미래 우리의 먹거리·즐길거리가 해양자원으로 남아 있다. 오래전 한국의 미래를 내다보며 육당 최남선은 '바다와 조선민족'이란 글에서 해양입국(海洋立國)을 말했다.

'누가 한국을 구원할 것인가. 한국을 바다의 나라로 일으키는 자가 그일 것이다' '어떻게 한국을 구원하겠는가. 한국을 바다에 서는 나라로 고쳐 만들기 그것일 것이다'라고 예언했다.

3면이 바다인 한반도와 대륙으로 이어지는 영토에 근간을 두고 우리선조들은 살아왔다. 역사이래로 선조들은 질곡이 있을 때마다 바다를 동반한 역사를 형성해 왔기에 대한민국은 해양국가임에 틀림이 없다. 고대의 삼한(마한, 진한, 변한) 바다, 백제의 바다, 고구려의 바다, 통일신라 해상왕 장보고의 바다에 이어 고려의 바다는 동아시아 바다에서 해양교통의 중심지였다. 그 후 조선의 바다는 해금과 쇄국정책을 하였음에도 세계 4대 해전사에 족적을 남긴 이순신의 바다로 승화되었고, 6.25전쟁 이후 분단된 한반도는 인위적인 섬이 되었지만 그 상황을 극복하기위해 우리 아버지세대는 조국 근대화의 기수로써의 바다를 일궈 명실 공히 조선해운산업 강국으로 해양경제에 교두보를 형성 세계경제 10위권의 나라로 진입했다. 이렇듯 한반도의 역사는 바다에서 단한 번도 해양국가로의 맥이 끊긴 적이 없다. 우리역사의 과거와 현재 미래, 역시 필연적으로 바다에 있을 수밖에 없다. 이제 제4차 산업혁명을 맞아 우리민족은 5대양 6대주에서 미래를 개척하는 신 해양디자인의 주역으로써 그 역할을 다해야 할 것이다.

2009년 10월 '마리나항만법' 시행이후 새롭게 다가오는 요트 세일링·보팅의 해양레저를 즐기는 여가문화가 아직은 익숙하지 않다. 마리나항만법' 시행이후 이제껏 진행한 정부정책이 마리나선진지 답사와 정부 R&D사업의 결과는 페이퍼워크(Paperwork) 수준이고 실제 제대로 구현된 마리나 시설은 없다. 올해 9년째인 마리나 정책은 선박의 계류·정박지 정도로만 인식되고 있으니 그와 연계된 해양레저산업 종사자는 곧 폐업직전이라고 아우성이다.

우리속담에 '잘되면 자기 탓, 안 되면 조상 탓'이란 말이 있다. 마리나 정책을 추진하면서 행정 업무담당자는 인사이동과 보직변경으로 전문성을 구비할 여건이 안 되고, 막상 정책수립 및 타당성 조사를 하는데 턱없이 부족한 예산으로 조사보고서 또는 연구결과물을 요구하니 마리나가 실제 개발 될 수 있는 여건과는 참으로 거리가

면 사안이 되어 구조적 조상 탓이라 할 수 있겠다.

일례로 MB정부 때 마리나항만 조성을 위한 사전용역조사가 마리나항 43개 예정지구 대상지를 선정하는데도 터무니없는 저예산이 용역비로 책정되었다. 그렇게 진행된 00종합기술단의 전국 마리나 개발지 타당성 조사결과 보고서가 현재의 해양수산부 마리나 정책 방향을 좌우하고 있다. 해안개발을 위해 특정지역을 조사하기 위한 항목으로 해류와 지형, 자연생태계, 기후변화 등 고려해야 할 것이 수없이 많다. 그러나 그 당시 43개 마리나 예정 지구를 아주 저렴한 예산으로 사전 조사하다보니 마리나의 정책주친이 탁상공론으로 흐를 수밖에 없고 담당자는 그 자리를 떠나면 그만인 것이다. 그 당시 마리나 기사를 다루었던 신문을 보면 중앙정부의 장미 빛 청사진에 지방자치단체의 여망이 담겨 있다. (2. 한국의 마리나정책 추진에서 추가기재)

각 지자체 마리나 담당자와 정책진행자들의 마리나 선진지 답사는 어떤 형태로 이뤄졌을까?

세계 마리나의 선진지로 빠지지 않는 곳이 유럽 지중해로 구글어스 세계지도로 바다의 형세를 살펴보면 한눈에 알 수 있다. 마리나 개발 시 가장 큰 요인이 조수간만의 차이다. 이유는 보트계류 시 항만의 위치와 조수차에 의한 보트의 높이가 달라지기 때문이다. 이점을 감안하고 지중해의 해안선을 보면 대서양과 연결된 지점은 지브롤터 해협 한곳뿐, 마치 주전자에 담긴 물과 같은 형국이다. 지구 자전으로 인해 밀물과 썰물의 조수차가 50cm 이하이다. 이런 지중해의 마리나들을 답사하고는, 우리 서남해안의 조수차가 3∼9m, 썰물 때면 마치 세수대 물을 마당에 쏟아버린 것처럼 갯바닥이 드러나는 한국의 해안에서 지중해식 마리나만을 실현하려하니 막대한 예산과 대상지역 어민들의 저항이 대략난감이었을 것이다.

더구나 유럽의 해양문화에서 항구는 역사적으로 식민지에서 착취한 물자와 자본을 제일 먼저 풀어주는 곳으로 현재 마리나가 발전한 지역의 항구들은 풍요로운 생활을 했다. 하지만 우리 해양문화에서의 해안과 항구는 왜구들이 침략하여 약탈당한 가장 아픈 역사적 상흔을 지닌 곳이며 일제 때 식민착취의 대상이었고, 농경사회를 기반으로 하는 지배계급에게서 소외받은 계층의 삶의 터전이기도 했다. 따라서 유럽항구와 우리항구의 해양문화가 다르다는 점을 인지하지 못했던 것이 마리나 정책이 미궁에 빠진 또 다른 요인 중 하나였을 것이다.

이를 극복하기 위해 연구하고 노력하는 정책을 입안하는데 9년의 세월이 소진 되었다면 수긍이 간다. 그러나 필자가 인지하기로는 중앙부처의 뒤짐 행정에 마리나와 연계된 유관기관들도 이러한 현안에 대한 깊은 성찰이 부족했던 것이다. 이제부터라도 우리해안에 걸맞는 마리나를 실현하게 하기위해서라도 각 분야 전문가들이 소통하고 융합하여 지속가능한 마리나가 개발 될 수 있도록 지혜를 모아야 할 필요가 있다.

그나마 이제까지도 생소하고 척박한 한국의 여건에서 마리나 분야의 선행 연구자들이 있었기에 그분들의 저서와 가르침으로 '마리나 패러독스'를 제기 할 수 있게 되었다. 더불어 한국적인 마리나 개발에 관심을 갖고 함께 고민한 여러 교수님과 연구자들이 있어 각 분야의 현안에 대해 조언을 구할 수 있었다.

'제3의 물결' 저서를 통해 우리에게 잘 알려진 고 앨빈 토플러는 그의 주장대로 다가올 미래의 사회변화를 예측해서 많은 사람들을 놀라게 했다. 그의 '물결 이론'은 농업, 산업, 그리고 정보화 혁명으로 분류하고 이것을 '제3의 물결'이라고 했다.

20세기 중반, '정보화 혁명'은 정보기술(IT)이 급격하게 발전하고 고사양 컴퓨터가 보급되면서 인터넷 속도가 빨라지고 사용자도 급격히 늘어났다. 여기에 개인이 휴대하기 편리한 스마트폰과 태블릿 PC제품 출시로 개개인간의 정보교류 통신문화(SNS)도 더욱 가속화 되었다. (매경이코노미 2016.09. 기사인용).

일례로 2010년대 중동 지방에서의 '민주화 혁명', 그 저변에는 컴퓨터 인터넷과 스마트폰이 급속도로 일반에게 보급되면서 일반 대중의 정보 유통방식의 변화가 '민주혁명'을 이끌어 낸 결과로 가히 '정보통신문화(SNS)혁명'이라고 할 수 있다. 그리하여 정보의 생성과 흐름이 중해졌고 다양한 정보를 모아 빅데이터를 형성하여 처리하는 기술과 방법도 향상되고 있다.

이미 90년대 말부터 우리사회는 '마이카 시대'를 맞이하였고 앞으로는 보트·요트·크루즈여행을 즐기는 마리나 시대가 곧 다가오게 된다. 우리국민의 경제수준이 2만5천불 이상으로 여가시간의 많은 부분을 바다, 강, 호수로 나가서 보내게 될 것이다. 우리나라의 해안선은 국토길이의 서너 배가 되고 아름다운 해안선이 많다. 이런 마리나 시대의 키워드는 바로 친환경을 고려하는 개발사업 추진이다. 인위적인 투자를 해서라도 디자인적인 감성과 마리나 패러독스를 고려한 해양디자인이 되어야한다.

종전에는 무조건 바다를 막아 땅을 넓히면 부동산 소득이 발생하니 해안선은 고려하지 않은 개발을 했었다. 이제는 해안선이야말로 임해공단, 항만, 해수욕장, 관광지, 양식어장 등이 이곳에 있어 미래 생산력의 근원지이다.

우리의 미래는 내륙보다 더 넓은 공간인 해안선과 어촌을 어떻게 활용하느냐에 의해 크게 좌우될 것이다. 바다를 많이 이용하고, 즐길 수 있도록 해양을 디자인해야 새로운 일자리 창출이 가능하고 마리나 산업이 활성화될 것이다.

2. 해양디자인과 마리나 패러독스 인문학적 접근

1) 해양디자인이란?

오늘날 해양기술의 발달로 인해 해양자원개발이 용이해지고 그 필요성이 부각되고 있다. 해양에 대한 인식이 점차 구체화되고 연계 범위가 확대되는 신 해양시대이다. 종전에는 디자인이 예술분야 전문가들의 영역이었다면 이제는 일반대중들의 생활공간과 언어사용에서 일상화되어 전혀 낯설지 않다. 전문가들이 다루는 디자인적 접근보다는 우리시대가 디자인의 중요성을 깨닫고 필요로 하고 있다. 일상생활 전반에서도 제품의 기능보다는 디자인을 선호한다. 또한 새로운 일을 추진할 때에도 단조롭고 속도감 있게 건설하던 과거의 스타일에서 다소 과정이 복잡해지더라도 다양한 측면을 고려하고 융합·소통할 수 있는 다각적인 측면을 디자인해서 완결한다.

그렇다면 과연 디자인이란 무엇인가?

디자인처럼 함축적인 어원(語原)을 가지고 있는 단어도 많지 않다. 라틴어의 "데시그나르(designare) 즉 경계선을 긋거나 구획을 나누어 표시한다"라는 뜻이고, 현대에는 의미가 확대되어 "설계하다, 입안하다, 밑그림을 그리다" 등의 뜻으로 사용된다.

일반적으로 '디자인'이란 물건이나 개념에 미(美), 기능(機能), 비용(費用),이 3가지의 속성이 어떻게 균형을 이루었는지에 기반을 두어 정의 한다. '최고의' 디자인은 대개 높은 가격과 동일시되며, 특권과 차별성을 가진 디자이너의 이름은 그 제품을 사용하는 사람에게도 동등한 특권을 부여한다(바바라 블로밍크, 2013).

'인간을 위한 디자인(1969)'의 저자인 빅터 파파넥(Victor Papanek)은 "인간은 모두가 디자이너"라고 정의하면서 시를 쓰고, 벽화를 그리고, 명곡을 작곡하고, 충치를 뽑고, 파이를 굽고, 교육하는 것 등 모든 것이 디자인이다 '라고 했다. 그리고 허버트 사이먼(Herbert Simon)은 The Science of the Artificials(1988)에서 "주어진 상황을 보다 더 나은 것으로 만들기 위해 일련의 활동을 고안하는 모든 사람의 노력이 곧 디자인이다"라고 했다.(정용태·최철웅, 2008 재인용).

따라서 해양을 새롭게 설계하거나 해양과 연계된 여러 분야를 통섭하여 밑그림을 그릴 때 '해양디자인(Marine Design)'이란 언어가 적확할 것이다.

부경대 해양디자인 조정형 교수는 "바다라는 환경을 둘러싼 모든 공간과 해양산업의 전 범위에 디자인요소를 부합함으로써, 새로운 가치 및 문화를 형성하고 인간의 삶의 질을 높이는데 목적을 둔 디자인"으로 정의했다. 특히 마리나의 특성으로 보면 해안의 경계선에서 육역과 해역을 포함하고 복합적이고 융합될 여러 기능적인 요소들을 한 지역에 올곧이 담아내야 한다.

마리나 개발 시 최우선적으로 선행하는 해양·해안공학적 사전검토와 해양기후·환경 및 자연생태적인 문제점을 예측하고 개선 할 점을 고려해야 한다. 그 다음 기술적, 재정적, 문화적인 요소를 디자인적인 감성으로 재구성하고 이를 마리나 설계에 적용하여야한다. 그래야만 지속가능한 마리나를 만들 수 있기에 '해양디자인과 마리나 패러독스'는 공생의 언어가 될 수밖에 없다. 추가설명은 '6.해양디자인 개론'에서 부경대 해양디자인 조정형 교수 글로 대신한다.

2) 마리나 정책추진과 마리나 패러독스

(1) 한국의 마리나정책 추진

한국의 마리나항 개발은 2009년 10월 「마리나항만의 조성 및 관리 등에 관한 법」이 시행되었고 이를 줄여 '마리나항만법'이라고 한다. 이법의 목적에 '해양스포츠의 보급 및 진흥을 촉진하고, 국민의 삶의 질 향상에 이바지하는 것'이라고 적확하게 명시하고 있고, 마리나는 '복합 해양문화의 장 '으로서 기능하기 때문에 한 국가의 기간산업과 경제성장의 원동력으로서 매우 중요하다(김영돈, 2016).

이러한 마리나 개발 예정지를 이명박정부 때 전국 43곳에 대상지를 선정한 데 이어 2011년 3월 '마리나항만 건설 타당성 조사'의 연구용역을 기준으로 예정지를 결정하고 마리나 정책을 추진했다. 그 당시 신문기사를 점검해보면 다음과 같다.

서울신문, 2011년02월11일자 기사에 '**마리나항만 잡아라**' **지자체 각축전**이란 제목으로 '**해양레저시대의 블루오션 마리나 산업을 잡아라.**'

지역별 마리나산업 추진 현황

지역	사업추진 내용
울산	진하마리나항(면적 39만 6506㎡·사업비 2544억원) 600척 규모. 기본·실시설계(2011년 3~11월) / 일산마리나항(면적 4만㎡·사업비 273억원) 100척 규모. 기본계획용역(2011년 3~9월).
부산	총사업비 4618억원 투입 1·2단계 마리나항만(1578척 규모) 개발사업 추진. 1단계(2015년까지) - 수영만 요트경기장 재개발 및 백운포, 남천, 삼미, 대변항 조성. 2단계(2019년까지) - 북항, 천성, 학리, 칠암항 조성.
전남	여수(12만㎡ 100척)·목포(57척) 2곳 현재 운영. 나머지 함평, 완도, 진도, 고흥(이상 4만㎡), 해남(17만 8000㎡) 5곳 올해 개발 용역 거쳐 내년부터 착수. 총사업비 2663억원 예상.
경남	통영시 충무 등 8개항(정부 추정 사업비 2434억원) 552척 규모 마리나항 개발 추진. 2015년까지 슈퍼요트 건조산업 육성에 100억원 투자 예상.
전북	군산시 옥도면 신시도 20만㎡에 200척 규모의 고군산마리나항(정부 추정 사업비 795억원) 개발사업 추진. 지난해 11월 기본구상 용역 완료.

해안을 낀 지방자치단체들이 마리나 산업에 앞다퉈 뛰어들고 있다. <중략> 아울러 3월 타당성 조사를 통해 복합마리나항 개발지 10곳과 국가 재정지원 지침, 정부·지자체 역할, 해양레저 활성화 방안 등을 확정할 예정이다. 각 지자체는 자체 기본계획 및 실시설계와 마스터플랜을 수립하는 등 준비에 들어갔다. 해양 전문가들은 "건설경기 침체 속에서 민간자본을 얼마나 유치하느냐가 중요하다."고 말했다. 지자체는 '복합마리나항만'(10곳) 개발사업에 큰 기대를 걸고 있다. 항만 개발 대상에 선정되면 대폭적인 지원을 받을 수 있기 때문이다.(박정훈 기자, 재구성)

■ 함평군 해양마리나 관리 및 운영 조례안 (제안)

조례안은 제출자인 함평군수를 대신하여 지역경제과장이 제안 설명했다.

○ 제안이유는 군 특회계의 해양관광자원 개발 사업으로 현재 추진 중인 해양마리나 시설 사업의 운영 및 시설물 유지관리에 따른 법적근거를 마련하여 친환경적 해양복합레포츠산업 육성을 통한 관광객 유치 증진으로 지역경제 활성화를 촉진하기 위한 것이다.

○ 주요내용

- 관리대상 시설물은 요트·보트 등 선박계류용 부유식 함체 마리나와 그 부대시설이다. <중략>

- 안 제12조에서 시설의 관리책임 등으로 군수는 해양마리나 시설의 효율적인 관리를 위한 사업추진 및 시설관리 실태를 조

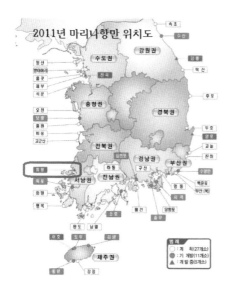

사하도록 했다.

- 안 제13조에서는 위원회 설치 항으로 해양마리나 시설의 수탁자 결정, 위탁보증금 및 위탁료 결정 등의 효율적인 운영 관리를 위하여 필요시 위원회를 구성 및 운영하도록 했다(출처 민툰하우스, 네이버 블로그).

함평 마리나는 43개 마리나 개발 예정지로 선정되어 '2011년 마리나항만 위치도'에 선명하게 표시되어 있다. 함평마리나의 기본계획은 레포츠형 마리나, 환경 친화적(부유식) 마리나로 개발하려고 함평군이 군민의 여망을 담아 적극 추진해왔던 사업이다.

해양스포츠·레저는 물에서 하는 활동으로 기온에 매우 민감한 사항이 있다. 그래서 최저 15도 이상에서 해양레저활동을 하기를 권장하는데 아래 표에서 확인된바와 같이 함평군의 경우는 연평균 기온 14.2도이기 때문에 겨울철 한 시즌만 제외하면 대체로 양호한 조건을 갖춘 지역이다. 그리고 친환경 부유식 방파제도 지역 여건에 맞는 선택이다. 하지만 해상 20선석 계류장은 마리나 개발비용 투자 대비효과 면에서 크게 좋아보이지는 않는다. 오히려 영국의 포구 조수차 마리나(Suffolk Yacht Harbour)를 벤치마킹하여 저비용 고효율을 연구해보는 것이 좋을듯하다.

○ 자연 현황

구 분	연 최대풍속 풍향	연평균풍속	강수량	연평균기온	평균해면/대조차
내 용	29.1m/sec 북북동 NNE	4.0m/sec	1,147.1mm	14.2도	+279.3cm/437.4cm

○ 마리나 개발 계획

구 분	개발규모			시설면적			
	(계)	해상	육상	(계)	해상	육상(기능)	(서비스)
척/m2	20	20	-	40,000	15,250	19,150	5,600

결국은 함평군의 마리나 계획은 친환경 마리나로 개발되기도 전에 돌연 조례폐지안을 통과 시키고 그동안의 추진했던 마리나 사업을 중도 포기하기에 이르렀다. 그 결과 해양수산부가 작성한 '2016년 마리나항만 위치도'에서도 함평은 흔적도 없이 사라져버렸다. 과연 함평군의 이러한 행정조치는 해양시대를 맞이하는 함평군민을 위한 최적의 선택이었는지 묻지 않을 수 없다. 국가지원 사업비를 다른 지자체는 배당 받지 못해 안달인데 국가지원 사업포기는 선급한 결정인 듯싶다. 최고가 아니면 차선책이라도 마련했어야 했다.

2011년 마리나항만 선정 당시에 수많은 지자체에서 자신들의 지역이 마리나예정지로 선정 되게 하려고 온갖 노력을 하였다는 것을 알고 있기에 함평군은 그때 쏟았던 열정이 아쉽다. 단지 지역의 여건이 조수차가 문제라면 함평과 유사한 조건으로 마리나 또는 요트하버로 성공한 영국, 프랑스 등에서 교훈을 얻어 재도전을 하길 바란다. 함평군민의 미래비전이 담긴 해안선 개발이 군 조례입법안을 제안한 군수나 마리나에 무관심한 관계자들의 소견으로 여기서 멈추면 안 될 것이다.

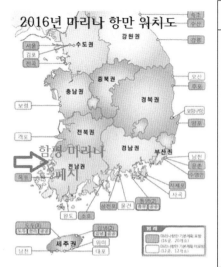

앞서 제시한 함평군 공고문 내용 중 취소사유가 눈에 띄어 적시해 본다.

○ 군민의 권리·의무 또는 일생생활과 관련이 없으므로 입법 예고를 하지 아니하고 입법코자 함.

이글 내용인즉 함평군민의 일상생활은 해안과 무관하고 해양시대에 함평군은 전혀 관심이 없다는 것으로 밖에 이해가 안 된다. 이렇게 군민의 권리·의무를 언급하며 취소해버린 함평군의 마리나 정책은 결국엔 함평군민의 원성으로 되돌아 올 날도 멀지 않아 보인다. 함평군의 마리나 행정을 보아하니 언제는 금방 황금알을 낳는 오리처럼 챙겨들고 이제는 지역 예산낭비에 타당성이 맞지 않는다고 근시안적인 행정력으로 대처하고 있다. 마치 변덕이 죽 끓듯 하는 정책이다. 해양시대 그리고 해안선이 보배가 되는 시절이 되고 있다. 함평군의 마리나 운영폐지 조례안은 두고두고 후회 할 일이 될 것이다. 가을 운동회 날에 운동화를 스스로 버려버린 것처럼 말이다. 한국의 마리나 개발이 순조롭지 못한 것이 비단 함평군만이 아니다.

제부 마리나 조감도(예정)   제부도 마리나 준설(2016.11)

이미 개발된 전곡항 마리나도 한국을 대표하는 경기국제보트쇼와 세계적인 요트대회를 개최했던 마리나항인데도 개벌이 항내에 쌓이고 마리나 주변지역은 부유물 퇴적으로 준설이 심히 문제가 되고 있다. 이러한 문제점을 인지하고도 전곡항 마리나 바로 건너편, 서신면 제부리에 마리나가 개발 중이다.

제부 마리나는 2013년 7월 착공하여 2017년 12월로 약 53개월간의 예정으로 마리나의 선석규모는 300석(해상 176, 육상 124)이다. 제부 마리나 사업비는 약592억원 (국비 296, 도비 296)으로 공공마리나로 개발을 하고 있다(김영돈 2016).

서해안 특성은 조수간만의 차가 가장 큰 장애요인이란 건 일반인도 다 아는 사실이다. 그런데 실제 마리나 개발은 일반인이 아니라 전문가가 하는데도 터무니없는 개발계획과 해안공학과 같은 기초 지식을 검토하지 않는데서 속출 한다. 지난해 제부 마리나를 개발 중이던 건설사가 2번씩이나 교체 되었다. 이유는 계속 차오르는 개벌을 해결 할 수 없었기에 정해진 공사기간과 공사비용을 감당하지 못한 것이다. 해안공사의 난맥상은 겪어보지 않고는 알 수가 없다.

필자는 마리나 개발이 지체되는 현실을 보면서 이런 의문점들이 머리에서 줄 곧 떠나질 않았다.
- 지속 가능하지 않은 마리나항만 개발방식에 왜 집착하고 있는지?
- 24시간 계류와 정박이 가능한 마리나이여야만 하는지?,
- 마리나는 상시에 보트·요트가 계류 또는 정박이 가능해야 한다는 명문화된 법이라도 있는지?
- 마리나항만법이 시행되고 무엇 때문에 지금까지 마리나가 특정지역에만 국한되어 거론되는지?

이제 더 이상 이상한 논리와 터무니없는 계획에 따라 국가의 세금이 엉터리 마리나 개발에서 줄줄이 새는 일은 없게 마리나 연구자, 해양 레저인, 해안 개발업체와 어민들까지도 관심을 가지고 함께 고민 할 때이다.

미국 해양레저연구센터의 에드마호니(Ed Mahoney)와 유에쿠이 (Yue Cui)가 '30년간의 보트연구의 결론(2007)'에서 지적하였듯이 "마리나 계획은 종종 실현되지 않거나 계획이 과소평가되기도 한다. 또한 마리나의 정책, 또는 규제결정에서 무시되기일 수이다. 특히 마리나를 유지, 향상 및 발전시키기 위한 경비지출을 마치 '물먹는 하마'정도로 간주하는 경향이 많다."라고 했다. 그들의 연구결론처럼 함평군은 마리나의 필요성을 과소평가하고 국가정책을 무시해버렸다. 그리고 제부 마리나 개발은 갯벌을 계속 퍼내야 하는 여건이라면 물먹는 하마가 될 공산이 크다.

서두에 언급한바와 같이 6년이 지나, 함평 해양마리나 관리 및 운영폐지와 같은 사례를 재확인해보니 왜 마리나 정책이 이렇게 될 수밖에 없었는지를 알 수 있다.

43개 마리나 예정 지구를 탁상공론으로 추진해왔고 책임행정이 이뤄지지 않아 국민들의 혈세만 낭비한 형국이 되었다.

2012년에 태풍 볼라벤의 세력(910hpa,10분 53m/s, 1분 69m/s)은 특히 서해안에 집중되어 피해가 극심했다. 함평군 마리나 건설 현장의 피해 사례도 확인 할 겸 다녀온 적이 있다. 폰툰은 미리 해변에 견인해둔 상태여서 큰 피해는 없었으나 갯벌의 공사현장 파일은 여러 개가 기울어진 상태로 있었다. 갯벌의 지반이 약해 파일에 미치는 파력조차도 견디지 못한 결과 인 것이다. 만약에 그 상태에서 폰툰을 분리하지 않고 태풍을 맞았다면 파일이 뿌리 채 뽑혔을 것이다. 그 당시 마리나의 대한 공부가 미진한 상태여서 마냥 바다가 좋앉고 갯벌이 드러난 서해안의 석양은 너무도 아름다웠다. 전남 해안가 마을의 먹거리 또한 여행자의 발길을 붙잡기에 충분했다. 향후조성될 함평 마리나의 모습을 떠올리며 돌아온 추억이 있다. 이런아름다운 해변에서의 마리나 시설을 조수간만의 차이로 인해 지역주민과 함평군이 스스로 포기하는 "해양마리나 관리 및 운영 조례폐지" 소식을 접하고 참으로 안타까운 마음을 감출 수가 없다.

왜, 함평군은 마리나 개발을 포기 했을까?

기존의 마리나 개발을 위한 방식을 지중해와 같은 여건만을 고집했던 것일까? 그렇다면 조수간만의 차가 9m 정도인 서해안에서의마리나는 바다를 매립하지 않고는 마리나 개발이 불가능 할 것이다.부유식 마리나를 하려고 해도 부유체를 견인할 수중지반이 견고해야하는데 갯벌에서는 그것조차 곤란하다. 그러면 2010년 마리나항만법에 의한 마리나후보지 선정이 잘못된 결과일 것이다. 탁상행정의 결과물이 맞다면 그동안 쏟아 부은 예산의 손실은 누구의 부담인가? 바로 국민이다. 그렇다면 예시 당초에 마리나 설계 시 서해안과유사한 조건을 갖춘 지역의 선진지 답사를 하고 시행을 했어야 했다. 영국 해안도 프랑스, 네덜란드의 대서양을 면한 대부분의 마리나와 요트하버는 갯벌이나 모래해변의 주어진 환경에 맞춰서 세일링과 보팅을 즐기는 문화가 성숙해져 있다. 유독 한국에서만 마리나는 24시간 5분 대기조가 출동하는 것처럼 상시 계류장에 보트를 접안·이안해야 한다는 고정관념이 언제부터 어디서 생겨났는지 필자는 잘 모르겠다. 여가를 즐기는 방법은 지역마다 사람마다 그 문화를 달리하고 있다. 하지만 바다를 대상으로 하는 해양레저생활은 인위적은 조치보다는 자연에 순응하는 편이 훨씬 좋다.

경국 왕실령 저지섬의 하버(Jersey Harbour   서퍽 요트 하버(Suffolk Yacht Harbour)

프랑스의 노르망디 해안에 자리 잡은 세인트 헬리어 지역에 있는 영국 왕실령의 저지 섬(Jersey island)으로 이곳의 항구(Harbour)가 폰툰시설 없이 해안가에 선박을 계류보관하고 있다. 이런 조수차가 심한 지역에서의 포구는 영국의 킬쿠드브라이튼 마리나(Kirkcudbright Marina)와 서퍽 요트 하버(Suffolk Yacht Harbour) 등 강 하류 지역인 기수역(汽水域)에 주로 발달해 있다. 우리나라 서남해안의 해안에 어촌 항구들은 대부분 영국의 조수차 포구와 유사한 조건이다. 또한 필자가 유럽의 조수차 포구를 관찰한 바로는 레저보트이용에 있어서 큰 불편함 없이 현지 주민들과 잘 소통하고 상생하고 있었다(김영돈,2016).

마리나 패러독스는 주어진 모순적인 요인을 긍정적 마인드로 극복하고 각 분야의 전문가들의 지혜를 모아 그 대응책을 마련한다. 그리고 부정의 요인을 보완하여 지속가능하게 하는 것을 찾아 역전환을 일궈내는 것이다. 원래 아무리 좋은 노래도 두서너 번 부르는 것은 싫어한다. 선상에서의 여가 활동도 2~3시간이상은 지루하고 피곤하다. 보트의 운영은 물때에 맞춰 운항하는 운영의 묘책을 내고 갯벌 체험과 연계한 프로그램을 운영하면 오히려 친환경 해양교육 프로그램이 될 수 있다. 또한 요트의 경우 용추 때문에 갯벌에 정박이 곤란하다. 이는 선형의 변화를 통해 갯벌에 맞게 용추(keel)를 변형하면 가능해진다. 이 분야는 '4.한국 서ㆍ남해안에서 활용 가능한 요트ㆍ보트 개발' 김인철 박사 글로 대신 한다. 한국 서해만의 특화된 스토리를 가진 해양문화체험이 그리워진다. 통일신라 장보고의 돛단배처럼 동아시아 바다와 태평양으로 거침없이 세일링하여 나아가고 싶다.

(2) 마리나의 특성

마리나 산업 육성대책 일환으로 작성된 국토해양부 2011년 브리핑 자료에 의하면 마리나의특성을 3가지로 설명했다. 마리나는 첫 번째 자연 환경적 요인에 크게 좌우되어진다.

마리나는 해양문화공간

특히 마리나 시설은 드넓은 푸른 해안선과 각종 해양스포츠ㆍ레저 활동이 가능한 해양조건이 갖추어져야 한다. 더불어 해양관광수요와 시장이 충분히 갖추어져야 리조트 산업이 성공 할 수 있다.

두 번째 마리나 시설 개발에 있어서 가장 중요한 것은 앞서 언급한 자연환경과 인공시설물간의 조화를 어떻게 이루어 낼 것인가 하는 것이다.

마리나 개발로 인하여 해양이나 주변의 자연적 환경을 훼손, 파괴할 수 있기 때문에 사전에 환경 친화적 방향 하에 해양관광 시설의 건설이 이루어지도록 한다.

세 번째 마리나 시설 개발은 대단위 단지의 개발규모이므로 초기 투자비용이 매우 많이 과다하게 소요된다. 그러므로 해양관광 개발 계획수립을 할 때에는 정확하고 타당한 사업성 분석이 전제되어야 하고, 이를 토대로 해양 관광 개발의 기본적이고 구체적인 방향이 결정되어야 한다(국토해양부 홈페이지 2011).

앞서 마리나의 특성을 현 해양수산부의 전신인 국토해양부에서 정확하게 규명하였듯이 마리나 항만법은 마리나와 항만이 결합한 것으로 마리나가 함의한 '해양문화의 총체적인 장'을 담아내는 곳이 아니라 항만으로써의 기능적인 요인에 충실한 법안임을 설명하고 있다.

그리하여 2009년 법안 제정이후 마리나 정책실행 과정에서도 항만이라는 한정적인 개발에 주안점을 맞추고 있다가 여러 차례 법 개정을 통한 정책전환을 시도하고 있다. 그 결과 2015년 7월 마리나 서비스업까지 추가하는데 이른 것이다. 이는 마리나의 해양문화의 총체적인 장임을 인식하지 못하고 한정적인 개발에만 치중한 것으로 사료된다. 2017.6.28.시행되는 마리나항만법 2조 2항에 보면 개정 전 법에서는 기반시설만을 적시하였다가 제조시설까지 추가한 '서비스시설 및 주거시설'을 포함하고 있다. 단순 항만기능의 법안에서 상당히 진일보한 법 개정이라 할 수 있다.

참고로 마리나항만법 제2조(정의) 이 법에서 사용하는 용어의 뜻은 다음과 같다. <개정 2015.1.6., 2015.2.3., 2016.12.27.>

1. "마리나항만"이란 마리나선박의 출입 및 보관, 사람의 승선과 하선 등을 위한 시설과 이를 이용하는 자에게 편의를 제공하기 위한 서비스시설이 갖추어진 곳으로서 제10조에 따라 지정·고시한 마리나항만구역을 말한다.

2. "마리나항만시설"이란 마리나선박의 정박시설 또는 계류장 등 마리나선박의 출입 및 보관, 사람의 승선과 하선 등을 위한 기반시설과 제조시설, 이를 이용하는 자에게 편의를 제공하기 위한 2017.6.28.(「하천법」이 적용되거나 준용되는 하천구역을 제외한 마리나항만구역의 주거시설을 말한다)로서 대통령령으로 정하는 것을 말한다.

3. "마리나선박"이란 유람, 스포츠 또는 여가용으로 제공 및 이용하는 선박(보트 및 요트를 포함한다)으로서 대통령령으로 정하는 것을 말한다.

4. "마리나산업단지"란 마리나항만시설 또는 마리나선박 등 관련 산업 및 기술의 연구·개발 등 마리나항만 관련 상품의 개발·제작과 전문인력 양성 등을 통하여 관련 산업을 효율적으로 진흥하기 위하여 조성하는 것으로서 「산업입지 및 개발에 관한 법률」에 따른 국가산업단지, 일반산업단지, 도시첨단산업단지 및 농공단지를 말한다.

5. "마리나업"이란 마리나선박을 대여하거나, 마리나선박의 보관·계류에 필요한 시설을 제공하거나, 그 밖에 마리나선박 등의 이용자에게 물품이나 서비스를 공급하는 업을 말한다. [시행일 : 2017.6.28.]

(3) 마리나 패러독스

마리나 패러독스란 마리나(Marina)와 패러독스(paradox)의 합성어다. 마리나에서 발생되는 문제점을 직시하고 이를 보완하기 위한 '필요불가결한 현상'을 설명하고자 필자가 선택한 언어이다.

패러독스(paradox)란 1560년 처음 사용되었고, '역설(逆說)'로 '겉으로 보기에는 자기모순이지만 결코 부조리하지 않는, 틀린 것 같으면서도 옳은 말'을 뜻한다. 사고의 폭을 넓혀주는 역설과 모순어법은 양면가치가 특수하게 결합된 상황을 기교적으로 표현하는 언어방식이다. 서로 양립할 수 없는 개념을 결합시켜 더 높은 진리의 세계로 안내하는 두뇌활동의 결과물이다. 예로 들면 "나는 조국을 사랑해서 민족주의가 될 수 없다." 카뮈의 말이고, "나는 풍요로운 빈곤 속에 산다." 소크라테스의 말이다. 이와 같이 대립적인 사실이나 상반된 생각을 맞붙여 놓음으로써 겉보기에는 논리에 어긋난 뒤집어진 논리체계를 갖고 있는 것 같지만 속을 들여다보면 심오한 진리를 담고 있다(이윤재,2015).

마리나 개발 시에 여러 가지 문제점들이 산재(散在)하지만 어느 해안이든지 크게 3가지 딜레마에 봉착한다.
첫째, 항내 정온수역유지를 위해서 마리나에 미치는 해양 외파를 저지해야한다. 보트를 안전하게 정박·계류 시킬 수 있게 필히 방파제를 구축하여야 한다.
둘째, 항내 퇴적물처리에 대한 사후문제에 대한 대처방안이다. 해류의 흐름과 조수간만의 차이는 부유물을 포함한 바닷물이 들어왔다가 항내 정온현상으로 부유물(모래 또는 퇴적물)은 내려놓고 순수한 바닷물만 나가 항내 퇴적물은 쌓일 수밖에 없어 준설을 해야 한다.

셋째, 항내의 해양환경문제로 정온수역 내에 갇혀있는 물은 부영양화 현상(富營養化現象)이 급격하게 진행되는데 이를 개선할 방안을 모색해야 한다. 이는 방파제 설계 시 해류흐름과 시스템을 구축하여 항내 바닷물이 유기적으로 순환 할 수 있게 조성하여야한다.

이러한 3가지 요인 이외에도 개선하여야 할 문제점이 많이 있다. 특히 한정된 공간인 마리나에 찾아오는 많은 해양관광객은 기존 마리나에 거주하는 주민입장에서는 단기 방문 관광객이 결코 달갑지만은 않다. 하지만 마리나의 기본시설인 방파제와 항만시설은 사회간접자본(SOC) 즉 국민의 세금으로 건설하였기에 서로의 입장에서 견해차이가 날 수밖에 없다. 이러한 문제를 효율적으로 처리 할 방안을 찾아 대처하는 것이 '패러독스'인 것이다.(김영돈, 2016)

마리나 항내의 정온수역을 위한 외파는 막아내고 항내 물의 흐름은 원활하게 하여 퇴적과 부영양화를 지속적으로 관리하는 시스템을 유지해야 한다는 것이다. 또한 해양관광객을 마리나로 유치하면서도, 마리나의 정주민들의 안전하고 쾌적한 공간은 보장하는 운영방안을 찾고자 노력하는 것이 '마리나 패러독스'라고 말할 수 있다.

앞서 언급한 빅터 파파넥(Victor Papanek)의 말처럼 우리 모두는 이미 디자인을 하고 있다. '요람에서 무덤까지 디자인된 환경'에서 각자의 인생을 디자인하며 살아간다. 기업은 사업계획을 디자인하고 전략을 디자인하고 마케팅을 실행하여 수익을 창출한다. 일연의 과정을 통한 창의성과 아이디어가 디자인인 것이다. 그래서 '더 큰 가치, 더 큰 수익(The more value, The more profit)'은 디자인을 통해 발생한다.(정웅태·최철웅, 2008 재인용)

'어떻게 더 큰 가치를 창출 할 것인가?'
새롭게 해양을 디자인하여야 한다.

종래 '육지가 끝나는 곳이 바다'라고 생각해 왔고 바닷가는 버려진 땅 정도로 치부해 왔다. 농경, 산업사회를 기반으로 한 대지위주의 가치로 평가하였다면, 다가오는 미래의 가치는 바다에 있다. 우리의 영토가 둘로 나누어져 38선으로 허리가 잘리고 중국에 막혀 진출할 곳이라고는 바늘구멍 한 곳 없는 형국이다.

이제는 신 해양디자인을 위한 시각으로 '거꾸로 보기' 즉 세계지도를 보는 방식의 전환으로 패러독스를 시도하자.

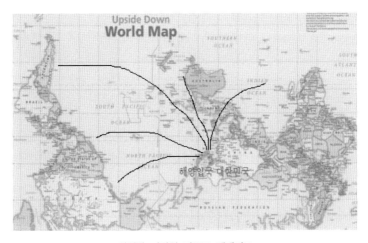

신해양 디자인 거꾸로 세계지도

기존 육지위주로 보던 시각을 바다위주로 보는 시각, 즉 세계지도를 펼쳐 해남 땅끝이 위로 향하게 거꾸로 놓고 볼 필요가 있다. 그러면 쪽빛 바다가 마치 대평원처럼 엄청난 공간이 펼쳐져 있음에 놀라게 된다. 한반도가 바다를 통해 세계와 연결된 것을 확인 할 수 있다. 육로를 통해서는 막혔던 우리의 진출로가 해로를 통한 출구가 열려있고 해양자원이 널려있는 바다가 한 눈에 들어온다.

넓은 세상으로 딛고 나갈 첫 경계선이 해안선이다. 해안선은 육지의 끝인 동시에 세계를 향한 교두보로 이를 매개로 태평양과 동아시아 바다 그리고 세계로 나아 갈 수 있다. 과거역사에도 그러했듯이 중국·러시아의 해안선을 따라 한국은 해양경제의 허브역할을 했다. 이제 우리에게 주어진 여건에서 더 큰 가치창출을 하기 위해 다각적인 방안을 모색할 때 이다.

우리의 영토는 반도부 외에 크고 작은 3, 962개의 섬이 있고, 그 중 3,201개(1989년 현재)가 남한에 있다. 남한의 것 중 전라남도에 가장 많이 분포되어 1,997개가 있다. 3면이 바다인 우리나라는 관할해역 443,838㎢으로 남한 면적의 4.5배에 달하며, 해안선 길이는 14,962㎞로 지구 둘레의 37%에 해당한다. 또한, 해양생물 11,581종, 전국 연안해역 평균수질 COD 1.21㎎/l, 갯벌 2,487㎢ 등 천혜의 바다자원을 보유하고 있다(해양수산부 홈페이지).

우리의 경제력이 아직은 마리나 시대를 향유할 만큼 성장하지는 못하였지만 선진국 못지않은 해양조선·해운산업의 저력과 유구한 해양문화를 보유하고 있기에 머지않아 우리 바다에서 해양레저를 즐기고 해양관광 산업이 정착 할 것이다.

21세기에 신 해양디자인 경영측면에서 디자인적인 가치와 여가문화를 효과적으로 접목시켜 성공한 곳은 두바이의 팜아일랜드와 싱가폴의 마리나베이 샌즈호텔과 마리나 one 15 등이 있다. 해양디자인과 마리나 산업이 발전하기 위한 핵심키워드는 '콜라보레이션 (collaboration, 협업)'이다. 결국은 국가의 신해양 정책을 위해서는 해양디자인 리더 즉 '협력하여 새롭게 해양을 디자인할 수 있는 능력'을 갖춘 사람이 답이다.

선진국의 경우 국민소득 3만불일 때, 마리나 시대가 도래 하였다고 한다. 우리국민소득도 한국은행과 LG경제연구원 통계자료에 의하면 거즈음 3만불에 육박하고 있다.

지난해 1인당 국민총소득(GNI)은 전년과 비슷한 2만7500달러 수준에 머물 전망이다. 1인당 국민소득은 지난 2014년 2만

1인당 국민소득 및 가계총처분가능소득 추이
*2016년은 추정치 단위: 달러

자료: 한국은행, LG경제연구원
그래픽: 유정수 디자이너

8071달러를 기록하면서 3만 달러 진입을 눈앞에 뒀다. 그러나 이후 성장률이 2%대로 하락했고 원화가 절하되자 2015년 2만7340달러로 감소한 데 이어 지난해도 정체된 것이다.

3. 미래 4차 산업혁명과 마리나 산업

1) 미래의 사회적 변화를 예측

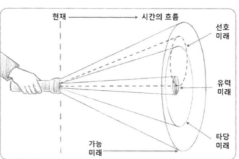

네스타의 미래학보고서의 네가지 미래구분법 △가능미래 △타당미래 △유력미래 △선호미래

다가올 미래의 사회적 변화를 예측하는 것을 미래학(futurology)이라 한다. 이는 과거사회의 데이터와 현재의 상황을 바탕으로 미래사회를 예측하는 학문을 말하며 일부에서는 황당한 미래 예언 정도로 치부하기도 한다. 그러나 진정한 미래학자들은 아주 세밀하게 수집한 정보와 과학적인 방법들을 활용하여 다가올 미래의 사회현상을 예측하고 그 이정표를 제시한다. 이렇게 예시된 상당부분은 실제로 맞아떨어질 뿐만 아니라 예측했던 시점보다도 그 시기가 점점 더 빠르게 현상이 나타나고 있다.

일예로 산업조사 기관인 이슈퀘스트가 발표한 시장보고서 '무인차(자율 주행차)와 무인기(드론) 시장동향과 기술개발전략'에 따르면, 무인자동차 시대는 2020년에 열릴 것으로 전망하였다. 그러나 실제는 예측 시기보다 제품이 빨리 나왔고, 이미 미국 4개주에서 구글

무인자동차를 허용해 현실화되기 시작했다.(박영숙외, 2014)

주행 중인 자율 주행차동차 (출처:구글)

　구글의 무인차는 뉴욕에서 로스앤젤레스를 400번 왕복하는 거리에 해당하는 230만 마일(약 370만km)을 주행했다. 고도의 센서와 슈퍼 컴퓨터를 통한 기계학습(machine learning)을 결합한 구글의 자율주행기술은 주행 시 운전자의 개입을 완전히 배제하는 것, 즉 스티어링 휠과 페달을 아예 갖추지 않은 자동차에 무인차 시스템을 집어넣는 기술을 목표로 개발한다. 자율주행 자동차는 시장의 예상보다 빠른 속도로 개발되고 있어, 2020년 초반에는 실제 도로주행이 가능할 수도 있다. 그 중심에는 전통적인 자동차 기업들 외 구글 같은 IT기업도 자리를 잡고 있다. 구굴은 무인자동차 개발에 가장 적극적인 업체로 불린다.(카가이, 2017)

　또한 전세계 무인자동차 시장 전망도 2025년도에는 23만대 2050년대에는 5,000만대 이상이 실제 도로 위를 운행 할 것으로 예시했다. 이에 주요 선진국에서는 자율 주행차를 허용하기 위한 제도와 정책을 마련하고 있으며 실증테스트까지 진행하면서 세계시장을 선점하려는 노력을 하고 있다.

2) 신 해양 교통수단 위그선

머지않은 미래에는 육상의 무인차(자율 주행차)와 공중의 무인기 (드론)기술개발이 현실화되어 일부는 이미 운행 중이다. 과연 해상 에서는 어떠한 변화가 우리의 미래를 밝게 하는지 알아본다.

국내에서 위그선 개발업체인 아론비행선박과 윙쉽 중공업은 노태후 정부 때 러시아에서 대 형위그선 기술을 이전해온 이 후 소형으로 개발해지 10여년 이 지났건만 아직도 상용화에 돌입하지 못하고 있다. 더구나 윙쉽 중공업은 개발과정에 경제적인 어려움으로 회사가 문을 닫았다.

2011년 처음 아론비행선박을 방문했을 때 조현욱 사장은 M50(5 인승) 개발을 완료하고 8인승 개발 중이었다. 그 후 M80(8인승)이 개발 완료되고 정부공인 위그선 조종사 교육프로그램까지 만들었다. 이어서 올해는 우리바다에 신 해양 교통수단으로 아론위그선이 투 입될 예정이다. 그간 숱한 어려운 난관을 뚫고나온 조 사장의 저력과 해양 신기술이 얼마나 많은 시간과 비용이 투자되는지 새삼 느끼게 되었다. 아론 비행선박(위그선) 성능은 최고속도 110노트(200km/h), 법적 제한고도는 150m이며 고도비행능력을 가진 세계 유일한 개발 품이다.

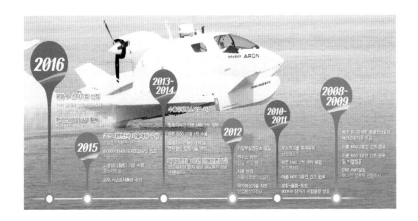

아론비행선박은 2008~9년에 C&S AMT 위그선 상용화 전문회사로 출범하여 2012년 아론비행선박산업(주)로 변경하고 산업통상자원부로부터 국가핵심기술 사업체로 지정되었다. 이듬해 아론 M50을 미국으로 수출했고, 작년에는 인도네시아로부터 위그선 4대 수주를 받은 상태이다. 아론의 생산체계는 기존의 선박 제작시스템을 능가한 기술로 대량 생산체제 준비가 완료된 상태이다. 현 사천사업장은 해안에서 떨어진 내륙이 있으나 외국 수주가 확정되어 더 크고 해안가 부지로 이전이 예정되어 있다.

아래도표를 참조하면 포스코그룹 시장보고서에 의하면 년간 1조원이상의 경제효과를 예측하고 있다.

위그선 조종사 자격증을 받기 위해 선행되어야 한 것이 있다. 위그선의 특성상 선박이면서 항공기인 관계로 항해사 6급 이상의 자격을 소지하고 비행면장이 있어야 위그선 조종시험에 응시 할 수 있다. 두 가지 자격을 소지한 자에 한하여 위그선을 60시간이상 비행교육을 이수한 자만이 자격증을 취득 할 수 있다. 2017년 3월 경남 고성군 당항포에 세계 최초 유일의 위그선 조종교육원 설립된다. 정부에서는 위그선 조종사 양성을 위해서 2016년 6급 항해사 자격여건을 완화하여 부산 영도의 한국해양수산연수원(KIMFT)에서 교육을 받는 것으로 완화했다. 2016년 한국해양수산연수원(KIMFT)에서 항해사 교육을 이수한 자들이 현재 새만금산학융합캠퍼스 국제비행선박교육원에서 60시간의 위그선 교육비행을 마치고 처음으로 4월에 위그선 국가면허자격을 취득했다.

전북 새만금산학융합캠퍼스 국제비행선박교육원 (아론 위그선 M80)

위그선은 레고(Lego) 장난감처럼 비행날개를 탈착이 가능하게 설계하여 육상이동이 용이하다. 더불어 해외 수출시 일반 콘테이너에 적재 할 수 있어 운송비용을 줄일 수 있다.

위그선 해상터미널(계류시설)

위그선은 기존 보트·요트의 계류방식 달리 비행체인 관계로 접안·이안을 할 계류시설과 승객이 직접 타고 내릴 탑승구의 차별화가 필요하다. 따라서 위그선 전용 터미널을 아론 비행선박 기술팀과 M&F 문화연구원이 R&D 사업으로 추진키 위해 해양디자인 전문팀을 갖춰 연구에 착수했다.

■ 포항-울릉도구간 운항 시간 비교

아론 M80 1시간

썬플라워호 3시간20분

올해 위그선 선급 검사를 마치는 대로 포항과 울릉도를 운항할 계획을 가지고 있다. 기존의 고속선(썬플라워호)으로 포항-울릉도(220km) 거리를 3시간 20분 소요되던 것이 아론위그선이 투입되면 1시간이면 운항이 가능하다. 따라서 울릉도 주민뿐만 아니라 울릉도·독도를 여행하는 관광객들에게도 희소식이 아닐 수 없다.

해양시대에 걸맞은 남해안 해양관광을 위한 정부의 정책이 발표되었다. 2017년 2월 27일 대통령 권한대행 주재로 '남해안 광역관광 활성화 발전거점 조성 방안'을 추진하기로 했다.

섬과 섬을 이어 만든 남해안의 명물, 전남 고흥에서 경남 거제 사이 개별 해안도로를 서로 연결하고, 전망대와 공원 등 내용물을 채워 영·호남을 아우르는 총 483㎞ 환상의 드라이브 길인 '쪽빛 너울길'(가칭)을 만든다. 신설 연륙교량을 이어 8개의 지자체 시·군 해안도로를 연결하여 세계적 관광명소로 개발한다는 것이다.

국토교통부는 "연륙교량 설치는 2025년에 마무리하는 장기 프로젝트지만, 콘텐츠 조성과 크루즈·경비행기 투어 도입 등은 올해 하반기 바로 착수 한다"고 밝혔다. 또한 전남 고흥 또는 여수에 거점을 둔 '남해안 경비행기 투어'도 도입 할 예정이다.

해로(海路)도 현재 남해의 여객 선박 노선은 예컨대 여수의 경우 여수 부속도서까지만 왕복하는 단일 노선이 대부분이다. 이를 바꿔, 고흥 녹동항, 남해 미조항, 거제 지세포항 등 항구가 아름다우면서 해양레저 시설이 갖춰진 지역을 한 번에 순회하는 연안 셔틀 크루즈 노선을 만들겠다는 계획이다(장상진 조선일보 2017 재구성).

정부에서도 "위그선 운항을 위한 지자체 등의 계획"으로 합동회의를 국토교통부 주관으로 '해안권 관광거점 시범사업'에 대한 업무를 추진하고 있다.

2016년 6월 30일 경남 (남해, 통영,거제)과 전남(여수, 순천, 광양, 고흥)이 공동으로 제출한 시범대상권역을 선정했다. 이 거점권역간 해상관광 연계 인프라

구축은 "신개념의 고속 해상교통수단인 위그선 도입 및 상용화 지원"을 위한 접안시설 및 운항노선 확보, 제도적 보완 등을 정부로부터 지원받게 된다. 2017년 상반기 중 '해안권 관광거점 시범사업'안과 관련하여 연계협력 거버넌스 구축 등 제도 기반을 마련하였고 지자체 및 관련 중앙부처간의 업무협약 체결 후 하반기에 사업이 착수될 예정이다. 따라서 남해안에서 해양레저 체험과 연안 셔틀 크루즈 노선을 만들겠다는 계획에 더불어 남해안 광역관광 도로망이 총 483㎞의 이동상의 단점을 보완 할 수 있다. 또한 '남해안 위그선 시대'가 열릴 것으로 예상되며 해양관광의 신기원이 될 것으로 전망된다.

그리고 부속도서로의 연계노선 역시 제한적인 것을 감안 한다면 바다에서의 이동교통수단으로서 위그선은 최상의 대안이 될 수 있다. 일례로 남해에서 여수 돌산도까지 바다에서 직선거리로 불과 7㎞ 거리, 위그선으로는 단 5분소요 거리지만, 내륙으로는 약 70여㎞

거리로 자동차로 1시간 40분을 운행해야한다.

위그선의 장점은 무인도·유인도를 가리지 않고 해안가에 슬립(Slip)만 있으면 육상보관이 용이해서 섬 개발에도 적극 활용이 가능하다. 또한 낙도주민의 응급의료지원 긴급수송도 가능하고 기

아론 위그선의 슬립(Slip)이동 용이

존의 응급헬기 구입비용보다도 저비용으로 대민지원을 할 수 있다.

3) 4차 산업 혁명과 마리나 산업

2016년 1월, 스위스의 다보스에서 세계경제포럼(WEF) 연례 회의가 개최되었다. WEF 설립자 및 회장이기도 한 클라우스 슈바프(Klaus Schwab)는 자신의 저서 <4차 산업 혁명>에서 "변화는 매우 중요하다. 인류의 역사에서 이보다 더 큰 가능성이나 잠재적 위험을 지닌 시대는 없었다."라고 주장했다.

(사진출처: 네이버)

2016 다보스포럼 세계경제포럼(WEF) 연례회의

2016 다보스포럼의 주제는 '4차 산업혁명을 어떻게 준비할 것인가'인데, 이를 2가지로 요약하면 하나는 기술의 재정의이고, 또 다른 하나는, 사람이 중요하다. 이는 현재 기술의 단편적인 활용을 넘어 상호연계를 통한 기술의 역할(로봇, 사물 인터넷 등)이 확장됨에 따라 기술의 의미를 다시 정의하여야 한다는 것이다. 모든 산업분야의 대표기업들이 빅데이터를 형성하여 상호정보의 연결성(Connectivity)을 찾아 새롭게 구현하려는 사업모델이 핵심이 되는 것이다. 따라서 이를 운영하는 사람이 중요하다. 새롭게 구현된 기술과 업무를 효율적으로 혁신하려면 좋은 인재를 확보하는 일이 최우선이 되어야 한다는 것이다(GE 코리아, 2016).

다보스포럼에서 선정한 제 4의 물결 후보군으로는 3D프린터, 인공지능, 바이오산업, 로봇, 스마트폰 등이고, 이와 관련된 분야의 노동자는 일자리 감소와 빈부격차 등의 문제가 야기 될 거란 부정적인 의견이 있었고, 반면 로봇과 인공지능의 발전으로 머지않아 인류가

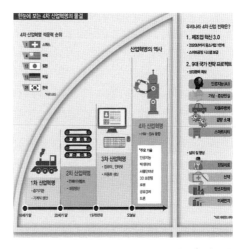

매경이코노미 제1874호 기사인용 그래픽 : 신기철

노동으로부터 해방 되어, 노동자들의 부정적인 측면을 해소할 거라는 낙관적인 의견도 함께 거론되었다. 4차 산업혁명을 대두되는 핵심어는 빅데이터, 사물인터넷(IoT) 클라우드, 5세대(5G) 이동통신, 무인차(자율 주행차), 가상현실(VR), 증강현실(AR) 등이라고 할 수 있다.

매경이코노미 제1874호 (2016.09.07~09.20일자) 기사인용 그래픽 : 신기철

　오늘날 사회에 제4의 물결과 연계된 것들이 다양하게 예측되어지고 있다. 제1차 농업혁명과 제2차~3차 산업혁명이 그러했던 것처럼 어떤 현상이 일어나기 전에는 제4의 물결에 대한 파급력을 쉽게 예단할 수는 없다. 단지 예견된 분야로 3D프린터와 인공지능이 주목 받고 있다. 우리나라 국가 경쟁력 순위가 급격하게 하락 추세에 있다. 2007년 11위였던 것이 2016년 10년 만에 29위로 하락했다. 제4의 물결로 3D프린터, 인공지능(AI), 로봇, 스마트폰 등 기술력향상이 오히려 일자리 감소와 빈부격차 등의 문제가 야기 된 것은 아닌지 정부도 대응책 마련에 부산하다.

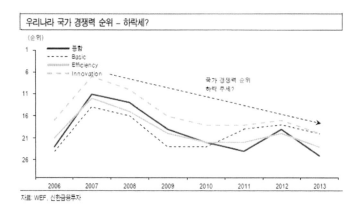

인공지능(AI)을 '4차 산업혁명의 꽃'이라고 한다. 한국 산업연구원(KIET)자료에 의하면 4차산업혁명에서는 자율적으로 최적화 기술을 구사하는 인공지능(AI) 기술을 대표로 뽑을 수 있다.

인공지능(AI)의 포괄적 개념도

인공지능(AI) 기술은 다양하지만, 기계학습(machine learning 방대한 양의 자료를 컴퓨터에 입력하면 비슷한 내용들끼리 분류하여 판독 할 수 있도록 학습시키는 방법임.) 기술이 대표적이며, 인간이 처리할 수 없는 방대한 데이터를 컴퓨터에 자동학습시킴으로써 스스로 규칙을 만들고 예측하거나 판단하는 기술이다.

AI의 파급영향은 특정 산업에 그치지 않고, 국민생활이나 사회 전반에 광범위하게 끼치게 되므로 4차 산업혁명 대응은 물론, 미래 국력을 좌우하는 중요 산업으로 부각되고 있다. AI의 기술혁신과 급성장은 사회 변혁 및 산업구조 전환을 통해 새로운 산업사회를 형성하여, AI가 4차 산업혁명의 주역으로 부상할 것이 분명하기 때문에, 각국이 치열한 개발선점 경쟁을 벌이고 있는 이유이기도 하다. 미래 성장을 이끌 4차 산업혁명에 대한 관심이 고조되는 가운데, 가장 파괴적이고 혁신적인 기술 산업이 바로 인공지능(AI)이다.

신해양 디자인을 위해서 마리나산업에서도 다가올 미래의 트랜드를 예측하여 필요한 일자리를 창출하여야 한다. 그러기위해서는 관련분야의 학문과 기술을 습득하고 인재를 양성하여야 한다.

4) 마리나 개발의 가치평가

마리나 개발은 수변지역에서의 인간들의 편리한 생활공간을 확보하기 위한 일환으로 이뤄지기 때문에 자연을 일정부분 해손을 가할 수밖에 없다. 따라서 최소한의 손상으로 회생 가능한 여건 하에서의 친환경 마리나를 조성하는 것이 바람직한 일이다.

미국의 미시간주립대학, 해양레저연구센터의 에드 마호니(Ed Mahoney)와 유에쿠이(Yue Cui)의 '30년간의 보트연구의 결론' 공동 연구보고서(2007년)를 재구성하여 보면 아래와 같다.

마리나의 가치평가를 함에 있어 마리나 계획은 종종 실현되지 않거나 계획이 과소평가된다. 마리나의 정책, 또는 규제결정에서 무시되기일 수이다. 특히 마리나를 유지, 향상 및 발전시키기 위한 경비 지출을 마치 '물먹는 하마' 정도로 간주하는 경향이 많다. 마리나 가치를 평가 할 때 고려되어야 하는 사항은 마리나의 현재 경영상태, 미래 경영발전 가능성, 주변 환경과 아우러지는 아름다운 디자인을 우선 확인하여야 한다. 그리고 푸른 공간 및 공공접근성과 친환경 크린 마리나인지 우수한 삶의 질(인접한 연계 도시들과의 쇼핑, 문화생활) 등을 검토하여 등급을 결정하여야한다.

마리나는 재생 가능하기도 하고 재생 불가능한 자원이다. 마리나 시설에 재투자가 가능하면 재생 가능한 경우이나 마리나 시설 부지를 일단 다른 용도로 전환하면 다시는 마리나로 쓸 수 없다는 점에서 재생 불가능 자원이되기도 한다. 또한 일반적으로 마리나의 선착순 서비스는 공정한 것처럼 보이지만 계류하려는 선상에서 보면 가장 부유한 회원에게만 이익이 된다. 공공 마리나는 사회간접자본(SOC) 대한 공공투자인데 반해 수혜 혜택은 부유한 일부 회원에게 돌아가는 형국이여서 결국에는 부정적인 소득 재분배가 된다. 부자들은 여러 대의 보트를 소유하기도 하고 한번 점한 선석에서 장기 정박하는 경향이 짙다.

대부분의 국가에서 모든 마리나 시설에 대해 충분한 시설투자을 하지 않고 있다. 이러한 투자 부족은 현재 및 미래의 레저보트 및 스포츠피싱 보트 계류 선석 부족에 의해 부적절한 서비스의 영향을 미치고 경영의 악순환이 더해지게 될 것이다. 미래에도 지속가능한 마리나가 되려면 공공 및 민간 투자를 적극 유치하여 포괄적인계류장 보존, 개발 및 향상 전략을 수립하여야 하나 이를 대비하는 국가는 일부 몇몇 국가에 지나지 않는다. 불행하게도 마리나 인허가를 담당하는 기관은 정박지 개발, 확장 및 개선을 막기 위해 대다수의 경우 계류장 개발·허가 및 규정을 악의적이고 부정적인 입장에서 행정을 하는 처리하는 편이다. 이는 그동안 좋은 마리나의 긍정적인 혜택에 대한 제안이 검증 가능한 데이터가 없기 때문이기도 하고, 조직 내의 상향식 결재시스템으로 마리나서비스에 대해 고착화된 업무진행에 개선을 요구하는 마리나 이용자는 자주 열띤 항변을 하여야 하는 일에 직면하게 된다. 또한 마리나 운영자는 계류장 서비스

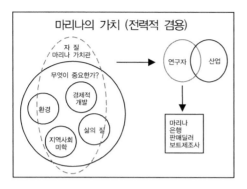

에서 발생한 마리나직원의 미숙함에서 발생한 사고에 대한 책임을 져야 한다.

따라서 마리나 경영손실은 마리나의 미래 발전을 제한적일 수밖에 없기에 사고손해에 대한 보험을 가입하고 직원의 사전 안전교육을 강화해야한다. 더불어 마리나 업무개선을 통한 마리나내 시스템을 안정시킬 필요가 있다.

5) 마리나 지구의 보팅 관리시스템

마리나 지구의 '보팅 종합관리시스템'을 추진하는 목적은 보트의 출입사항을 모니터링하기 위한 효율적이고 과학적으로 유효한 접근법을 개발하고 그 지역의 보트 운항의 양과 보트 분포에 어떠한 변화가 미치는가 하는 영향평가 인 것이다.

■ 마리나 지구에서의 보팅 종합관리시스템(Ed Mahoney & Yue Cui. 2007)

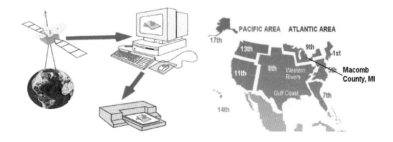

이러한 결과물을 산출하여 신규 마리나 지구의 건립 시 정책에 반영하고 사용 중인 마리나의 편의제공을 위한 자료를 사용된다. 또한 위성과 연결된 통합관리 시스템은 실시간 정보가 누적되어 빅데이터로서 활용가치가 높다.

미국의 샘플지역으로 북부의 미시간주의 마콤브 카운티(Macomb County)마리나 지구 중 클린턴강 기수역인 벨비디어만 지역을 대상으로 연구 조사했고, 플로리다 주는 리 카운티(Lee County) 마리나 지구 중 마이어비치(Myers Beach)와 샌 칼로스섬(San Carlos Island)을 샘플지역으로 선정해서 연구하였다(Ed Mahoney & Yue Cui. 2007 재인용).

■ 미시간 주 마콤브 카운티(Macomb County)

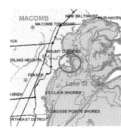

여기에서 언급되는 마리나의 보팅 출입관리시스템은 일반 마리나에서 계류·정박의 협의적인 요소가 아니다. 광의적 의미에서의 마리나로 특정 마리나 지구를 대상으로 한 보팅의 출입접근에 대한 연구이다. 점점 확대되어가는 워터프론트 하우스와 자가 보트 계류장의 소유가 늘어나면서 종합관리시스템의 필요성을 강조하고 있다.

Lee County Myers Port 전경

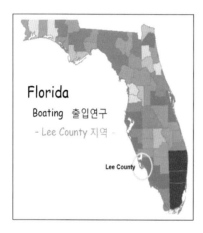

Florida

Boating 출입연구

- Lee County 지역 -

Lee County

보팅 종합관리시스템에는 보트에 장착된 GPS를 통해 보팅 중인 정보가 파악되고, 사전에 보트등록 신고제에 의해서 계류장에 정박 중인 보트의 위치나 보트종류와 크기가 관리시스템 컴퓨터에 정보가 저장되어 있다. 따라서 보트 시장변화의 흐름을 예측 할 수 있는 평가 프로그램을 개발 가능하고 마리나 정책의 "효과성"을 높일 수 있다. 보트의 안전운항을 위한 정보 제공이 용이하고, 보트에 대한 "수요변화와 경제 영향 평가 "에도 큰 도움이 될 수 있다. 하지만 지나친 정보 공유는 사적 생활의 노출로 이어질 수 있기에 철저한 보안장치와 법적 규제가 동반 되어야 한다.

플로리다 리 카운티마리나 지구의 샘플지역

■ Lee County 마이어비치 지역의 워터프론트 토지이용 현황

Water Front Landuse

Marine terminals, piers, marinas	Restaurants, cafeterias
Condominiums	Sales - includes marine equipment
Multi-family - less than 10 units	Stores - one story
Single Family Residential	Municipal
Mobile Homes	County
Cooperatives	State
Parking lots - including mobile home parks	Federal
Hotels, motels	Vacant Residential
Mixed use - store/office/residential	Vacant commercial
Nightclubs, bars	Vacant industrial

■ 청색은 마리나 계류장, 노란색은 단독주택부지, 초록색은 콘도
미니엄, 분홍색은 호텔 및 모텔, 회색은 공공부지(국가. 지자
체 소유), 진노랑은 연립주택, 상아색은 주차장부지

■ 주거지 토지이용 샘플

자가 보트계류장을 보유한
단독주택부지

마리나 계류장·슬립·골프장을
갖춘 복합주거지

4. 신 해양도시 디자인으로 혁신

1) 해양디자인을 통한 새로운 일자리 창출

"2016년 다보스포럼의 '미래고용 보고서'에 따르면 4차 산업혁명으로 로봇과 인공지능이 보편화되면 세계 15개국에서 일자리 710만 개가 사라질 것 이란 분석이 나왔다"며 "이제는 스스로 자신의 일자리를 만들어야 하는 시대로 앞으로의 인재는 미래 변화를 예측하고 자신의 미래를 주도적으로 개척해야 한다"고 말했다.(김병수 외 2016.)

오늘날 약70억 명 세계 인구는 정치·경제활동을 하기위해 컴퓨터인터넷 사용자가 20억 명 상회, 핸드폰 개통이 60억이 넘고, 수많은 하드웨어(10억 개 이상)장치들이 실시간 다중 네트워크을 통해 통신하면서 유기적으로 작동하고 있다. 세계적인 이동통신장비업체인 에릭슨(Ericsson Inc.)은 2017년까지 세계인구의 85%가 고속모바일 인터넷을 사용하게 될 것이라고 한다. 무어의 법칙에 따라서 휴대폰의 가격은 계속 하락할 것이며, 사용법은 더욱 쉬워질 것이므로 외진 곳과 저개발지역에서도 새로 떠오르는 세계화의 기류에 동참하게 될 것이다. 지구상의 모든 곳을 아우르는 IT 신경조직을 만드는 경주가 이미 시작되었다.(세계은행 통계)

이로써 인터넷산업이 일자리 창출의 근원이 되었고 미래의 일자리는 육체적 노동은 자동화된 로봇이 대신하고 사람은 인터넷이나 소프트웨어, 서비스에 관련된 일자리로 옮겨 질 수밖에 없다. 인간의 노동력이 가장 많이 들어가고 다양한 자재와 공정을 거쳐야 건설되었던 건축물도 3D프린터를 활용한 콘크리트 건물을 단기간에 건설한다. 인공지능과 3D프린터, 로봇기술은 단순 노동자뿐만 아니라 전문직 종사자까지 본연의 일자리를 새롭게 디자인할 수밖에 없게 종용하고 있다.

3D프린터로 만든 콘크리트 건물

미래학자 토머스 프레이

영국 매체 텔레그래프는 3D프린팅 기술을 사용해 세계 최초로 단 24시간 만에 세워진 '가성비 대박' 집에 대해 소개했다. 미국 샌프란시스코에 있는 3D 프린팅 건축 회사 '아피스 코르(apis cor)'는 러시아의 한 마을에 작지만 혼자 살기 딱 좋은 '3D 프린트' 집을 세우는데 성공했다. 이 집은 38제곱미터(약 11평) 크기로 콘크리트로 인쇄

됐다. 외벽 인쇄를 마치고 프린터를 옮기고 나서 마지막 마무리 시공팀이 전선과 창문, 바닥, 문 등을 설치하고 페인트칠을 했다. 외관은 3개의 부채꼴을 엇갈려 붙인 형태를 이루고 있다. 아피스 코르는 3D 프린터의 유연성과 응용력을 시험하기 위해 일부러 곡선을 선택했다. 예를 들어 거실의 벽면은 커브형 TV와 딱 맞도록 맞춤식으로 제작됐다. 건축비는 창문과 문 설치, 마감재까지 포함해 미국 달러로 1만 134달러(한화 약 1,200만원)이었다. 텔레그래프는 "믿을 수 없을 정도로 저렴하다"고 표현했다. 아피스 코르 측에 따르면 사각형 모양 집 건축비는 더 저렴하다고 한다. 3D 프린터로 제작한 외벽은 기존 방식보다 비용 면에서 약 70%의 비용절감 효과가 있는 것으로 나타났다(이나경 문화뉴스 2017).

'3D 프린트' 집, 아피스 코르(apis cor) 38제곱미터(약 11평)

이에 <퓨처리스트>의 혁신 편집장을 맡고 있는 미래학자 토머스 프레이는 2030년까지 20억 개 이상의 기존의 일자리가 사라질 것이라고 예측한 바 있다. 2030년이 되면 현존하는 일자리 80%가 소멸되거나 변환한다고 하는 보고서도 있다. 일예로 무인자동차가 운전에 관련된 직업을 소멸 시키며, 3D 프린터는 제조업 일자리 수백만 개를 삼킨다. 교육의 오픈소스화 등으로 인해 교사 없는 학교가 만들어지는 등 자동화와 디지털화가 수많은 일자리를 소멸시키는 것은 피할 수 없는 사실이다.(박영숙 외, 2014)

미래예측을 통해 2040년, 약 22년 후 세계는 어떻게 변할지?

「유엔 미래보고서 2040」에서는 신 해양도시, 마리나 시대가 열릴 것을 예측하고 있다. 이렇듯 제3의 물결을 넘어, 제4물결을 예시한 세계적인 석학 고 앨빈 토플러는 작년 6월 29일 운명했으나 사망 전 그가 예시한 새로운 물결 후보군은 '생명·우주공학의 시대'가 펼쳐질 것이라고 예측했다. 이렇게 급변하는 사회적 분위기는 빅데이터 활용, 정보통신기술 융합에 의해 마리나 산업에도 커다란 변화의 바람을 일으키고 있다. 마리나 어원은 해안을 산책하다, 해초, 해도, 해류, 해군사관, 해군기지 등의 뜻을 함의하고 있다. 마리나는 해안생활과 밀접한 언어로 유럽의 경우 "총체적인 해양문화의 장"으로 인식하고 있다. 우리나라의 마리나 의미는

마리나 항만법에 의하면 극히 협의적인 뜻으로 여가 보트의 계류, 정박시설과 편의시설, 그 밖의 부대시설로 규정하고 있다. 최근 정부의 마리나 정책추진 의지가 예전에 비해 무척 적극적이다.

2016년부터 매년 마리나 서비스법 개정(2015.07) 이후 해양수산부는 마리나 서비스업 창업지원을 위한 설명회와 어촌과 연계한 해양관광 지원책, 어촌 복지향상 등 분주하게 정책시행을 하고 있다.

마리나 서비스업창업 설명회　　　　요트탈래 - 요트스테이(요트숙박제공)

이에 마리나 신종서비스인 '요트탈래'는 해운대 수영만 마리나에서 요트스테이(요트에서의 숙박제공)란 색다른 서비스로 마리나에서의 밤 분위기도 활력을 찾고 관광객의 만족도도 높아 성황리에 운영되고 있다. 이에 도시인들도 점증적으로 마리나와 어촌을 찾는 빈도가 높아 질 것으로 예측된다. 최근 해양 분야에서도 필적할만한 신기술이 개발되었다.

지난 1월 19일 부산 해운대 벡스코, '2017드론쇼 코리아'에 등장한 한국해양과학기술원이 개발한 수중드론 '와이샤크'는 바다 속까지 '드론혁명'을 일으킨 계기가 되었다. 길이 1.95m, 무게 80kg으로

수중느톤'와이샤크 '[사진 중앙일보]

수중 수십미터 깊이까지 자유로이 유영할 수 있다. 와이샤크는 돌고래처럼 초음파를 활용한 기술로 수중의 물체를 식별하고 자신의 현재위치와 수중환경을 파악하며 지형을 분석하는 기술력을 탑재하고 있다.

따라서 수중 정밀지도 작성, 미지의 지역 투입용 활용 될 것이라고 한다.

2016부산국제보트쇼에 전시된 아론 M50은 비행선박(위그선WIG: Wing In Ground effect craft)이다.

위그선의 원리는 해수면 바로 위에서 양력(揚力)이 급증하는 해면효과를 이용해 해수면 가까이 떠서 달리는 비행체이다.물 위를 빠른 속도로 나가는 초고속 선박기술과 수면에서 뜬 상태로 이동하는

아론 M50비행선박(위그선) 5인승

항공 기술을 접목해 만든 첨단 선박으로, 배의 날개를 수면 가까이에 있게하여 날개 밑의 공기가 갇히는 해면효과를 일으킴으로써 양력이 커지는 원리를 이용한 것이다(윤경철 2009).

수면 위 5m 이내에서 뜬 상태로 최고 시속 550km까지 달릴 수 있는 초고속선이다. 위그선은 갈매기가 수면 위를 날개 짓을 하지 않고도 장시간 비행하는 것을 보고 양력 발생이 이뤄지는 위그 존(해수면의 5m이내 생성되는 상승기류)이 형성되는 것을 활용한 것이다. 그래서 위그선은 상승기류를 받아 양력으로 전환하기 위해서 날개폭이 동급 항공기보다 넓게 설계되어 있다(김영돈, 2016).

앞서 언급했듯이 미래학자 고 앨빈 토플러는 제4물결로 생명공학과 우주공학의 시대를 예시한바 있다.

마리나 거주지
워터프론트 하우스에서 '스마트워크

다가오는 미래에는 의료지원 시스템이 도시에 집중될 필요가 없게 전개된다. 또한 건강관리를 위한 예방의학이 빅테이터로 연결되어 환자가 되기 이전에 사전 처방하고 나노의료로봇 기술이 생명연장의 혁신적인 진보를 가져올 것으로 예시하고 있다. 아직은 한국의 마리나 시설이 구비된 인근에 첨단 의료장비를 갖춘 병원은 없다. 하지만 다수의 직장인이 스마트워크로 도심을 벗어나 해안가 거주지로 이전하고 교육문제도 인터넷을 통한 학습이 자리잡아간다면 병원도 경영상의 문제로 도시민이 이동한 곳으로 이전 할 수밖에 없을 것이다.

2) "My Yacht"문화를 여행한 허 화백

2007년 허영만 화백이 뉴질랜드 북섬에서 남섬까지 캠핑카를 타고 여행을 통해 그들의 삶을 함께 느꼈던 여행기를 출간했다. 오클랜드 사람(키위- 파리의 파리지엥 같은 애칭))들의 마리나와 연계된 일상을 한국인의 입장에서 소개한 「뉴질랜드 캠퍼밴여행」이다.

국민 화백으로 만화보 시작한 「타자」, 「식객」등이 영화로 제자딕어 우리에게 더욱 친숙한 허영만 화백은 여수가 고향이여서 천상 '바다사람'이다. 2009년 경기도 화성시 전곡항 마리나에서 출항하여 '한반도 일주 요트항해'를 완주한 베테랑 스키퍼(선장)이며 요트 마니아이다.

허영만 화백의 한반도 일주 요트항해

마리나 시대를 맞은 요트 선진국 뉴질랜드는 천혜의 아름다운 풍광을 지니기도 하였지만 세계 최고의 아메리카컵을 연속 우승했던 저력을 지닌 나라이다. 요트문화가 일상에 젖어있어 도시 곳곳에 마리나 시설이 잘 구비되어 있다. 이를 입증하듯 오클랜드에 사는 전체 가정의 4분의 1이 세일요트 또는 파워보트를 소유하고 있어 거의 "My Yacht" 시대에 살고 있다. 마리나에 계류·정박된 보트·요트가 마치 대형주차장에 차량 주차하듯이 바다 위에 줄지어 정박되어 있다. 뉴질랜드 인구가 약 400만 명인데 골프장은 400여개나 있어 인구 1만 명당 1개의 골프장이 있어 골프비용이 매우 저렴하다, 비회원의 경우도 골프비용(Green fee)가 2~3만 원 정도, 1년 정회원으로 가입하면 연회비도 골프장마다 조금은 다르지만 한국의 골프 회원권과는 비교도 안 될 정도로 싸다, 정회원은 추가 비용이 하루 NZ1.80달러(약1,500원)로 거의 어린아이 껌 값 수준이다. 주말을 제외하고는 예약이 필요 없을 정도로 한산했다.

오클랜드 마리나의 전경

오클랜드의 남쪽 작은 마을인 '포케노'로 이동해서 "골프와 배낚시를 부담 없이 즐겼다."라는 허 화백의 여행 7일째를 소개하면, 동행자와 함께 멋진 풍경 속에서 아주 저렴한 골프를 치고 나서 배낚시를 하려 오클랜드 시내의 마리나로 향했다.

푸른 바다 위를 화살촉처럼 질주하는 보트에서 바라보는 오클랜드 마리나에 정박 중인 슈퍼요트들과 스카이라인은 언제 봐도 좋다. 푸른 하늘에 떠 있는 구름들이 스카이타워에 걸려 정적이고 편안한 느낌을 준다.

배 선실에서 키를 잡고 있어야 할 보트선장이 홍차를 가지고 나와 조종석을 봤더니 우리 동행자인 박영석 대장이 키를 잡고(파워보트는 선장이 1급 면허를 소지하면 동승자가 면허증이 없이 키를 잡아도 불법은 아니다) 있었다.

보트 속력을 가히 조금 더 깊은 바다로 가자 선장이 어군탐지기를 보다가 배를 세우고 낚시를 해보라고 한다. 낚싯대를 바다에 던지기

전의 기대감과 긴장감을 어디에다 비교할 있을까? 온몸에 전율이 흐른다. 법정 크기 미달인 도미 몇 마리와 상어가 잡혔으나 '캐치 앤 릴리즈 (Catch And Release)' 놓아주고 더 좋은 포인트로 이동, 이것이 바로 보트낚시와 갯바위 낚시의 차이점이다. 포인트를 세 번이나 옮기고서야 입질이 왔다.(참고: 케이블TV 채널A "도시어부" 뉴질랜드편)

뉴질랜드에 와서야 '왜 낚시가 스포츠'인지 알게 되었다. 정적인 상태에서 정신을 집중해야 하는 민물낚시와는 달리 보트낚시는 물고기와 힘을 겨루며 팽팽한 줄의 긴장감과 물고기의 움직임을 즐기고, 팔이 아프도록 당기고 풀어주는 스트레스 없는 '육체 스포츠'이다.

월척을 끌어올릴 때 허영만 화백의 표정과 동행했던 박영석대장이 땀을 흘리며 릴을 감는 표정에서 보트낚시의 다이나믹한 정서가 그대로 담겨 있다.

보트낚시   여가 생활을 위한 골프

뉴질랜드의 낚시 면허제도는 담수(호수·강)에서는 허가증이 필요하고, 바다에서 필요하지 않다. 하지만 어종을 보호하고 생태계를 손상시키지 않기 위해 규격이하의 고기는 절대 잡아서는 안 된다.(www.fish.govt.nz 발췌)

도미(27cm), 전복(12.5cm 긴 방향), 트레벨리(25cm), 킹피시(75cm) 등 뉴질랜드인들은 대부분 자율적으로 잘 지키지만, 해상경찰이 순시선을 타고 수시로 순찰한다. 누군가는 불법 행위를 하다가 적발되어 NZ 25만 달러(한화 약 1억 8천만원) 벌금을 받았다면 믿을 수 있을까?

이와 같이 아름다운 자연에서의 저렴한 골프장과 잘 구비된 바닷가 마리나에서의 여가 생활은 주어진 자연도 훌륭하지만 해양자원을 잘 보존하는 노력과 감시가 있어 지속가능하게 유지되는 것 같다.

2007년 허 화백 일행의 여행기를 통해 10년 전부터 뉴질랜드 사람들은 마리나를 통한 상당 수준의 여가생활을 즐기고 있는 걸 알 수 있다.

한국의 골프문화는 처음 도입된 것은 1880년대 원산항 개항으로 영국인들이 중국의 세관업무를 담당하게 되면서 최초의 원산 골프 코스(1905년)가 영국인들에 의해서 만들어졌다고 전해지고 있다. 그 후 1968년, 한국 프로 골프협회 제1차 한국프로골프협회 출범했다. 1974년 명문 골프장의 합리적인 운영과 골프장을 통한 관광사업의 발전에 기여함을 목적으로, 한국 골프장 사업 협회가 창립하게 된다. 또한, 한국 시니어 골프 선수권 대회 등의 각종 국내 골프 경기가 1970년대에 시작되었다. 1980년대부터 현재까지 프로 골프 분야에서는 박남신, 이강선, 김종덕, 구옥희와 같은 많은 우수한 선수들이 국내·외적으로 활발한 활동을 하고 있으며, 한국 골프의 국제적 위상 또한 높아져서 국제적 경기에서 우승을 하는 등 놀라운 발전을 하고 있다. 한국의 IMF시절 박세리 선수는 세계 무대에 진출하여 미국 4대 메이저 대회 중 2개(98년 멕도널드 미국여자 프로골프 챔피언쉽 우승, 98년 US여자오픈 우승)를 석권하는 놀라운 위력을 과

시했고 최경주, 김미연, 배상문, 양용은 등 유명선수들이 있다. 이로 서 우리나라의 골프 위상은 세계무대에서 두각을 나타내고 있다 (www.golfbest.com 발췌).

국내 적정 골프장은 450개 정도인데 2013년 기준으로 500개를 넘어섰다고 한국레저산업연구소 서천범 소장에 의하면 "2016년 기준 550개소에 달할 전망이며 국내 골프장 산업이 공급과잉시대에 접어들면서 입장료 할인이 일반화되겠지만 이것만으로는 경영수지를 악화시켜 몇 년 후에는 일본 골프장들처럼 도산하게 될 거라며 가족단위 관광객을 유치하는 등의 새로운 마케팅 방안을 강구해야 할 시점"이라고 말했다.

우리사회에서 골프문화는 이미 일반화 되어 노래방문화처럼 도심 속에 스크린골프가 성업 중에 있다. 대자연에서의 즐길 거리를 도심 공간으로 끌어들인 한국의 기술력과 이를 사업화한 저력이 뉴질랜드의 골프문화는 전혀 다른 부분이다.

세계의 보트낚시문화와 비교하면 한국의 보트낚시문화는 상당히 뒤떨어져 있다. 대부분이 갯바위 또는 방파제 낚시에 일관하고 있다. 선상낚시 중 필자가 직접 경험한 갈치낚시는 레저라고하기엔 너무나 가혹한 밤샘 낚시로 어부의 조업 수준이었다. 선상에서 꼬박 밤을 지새워 낚시를 하고 새벽녘에 동이 뜨고 포획한 어획고의 기준이 몇 마리가 아닌 몇 박스 잡았는지가 낚시꾼끼리 주고받는 아침 인사말로 대신한다. 이건 낚시레저가 일상생활로부터 이탈하여 삶의 충전을 얻기 위한 시간적 안배란 점을 감안하면 갈치낚시는 생업수준이지 레저는 아닌 것 같았다. 마리나 시대를 맞아 우리의 낚시문화는 갯바위에서 벗어나 가족단위 여행을 겸한 취미로의 낚시문화를 형성하기 위해서는 편안하고 안락한 설비를 갖춘 피싱레저 보트가 반드시 필요하다. 그러기 위해서는 정부가 해양레저문화 개선책으로 해양레저산업의 육성을 위해 피싱레저보트 R&D사업추진과 제작지원 정책을 실행하여야 한다. 어자원이 부족하여 어민들의 소득을 향상시킬 방안으로 갯바위 이송 수단의 낚시어선용이 아니라 선상에서 가족단위 낚시와 여가를 즐길 수 있는 조건의 피싱레저 보트가 귀어가인들의 어촌 6차 산업과 일자리 창출에도 도움이 될 것이다.

4차산업사회로 진입하고 있는 요즘 첨단기술력, 인공지능, 빅데이터 등 글로벌한 시장경제 원리에 따라 수시로 변화에 순응해야 할 것이다. 그리고 우리의 경쟁력을 재고하기 위해서라도 피싱레저 보트는 새롭게 디자인되어 보급되었으면 한다.

3) 프랑스 루시옹 지방의 마리나 지구

일례로 필자는 세계유명 마리나 개발지 연구차 지중해연안 루시옹 지방의 마리나를 방문 했을 때 접하게 된 '선진국의 마리나와 건강, 의료'에 대해 설명코자 한다.

우리는 제4물결의 영향으로 급속한 인공지능, 생명공학, 의료로봇의 발전으로 인간의 수명이 연장되어 고령화 사회에 살고 있다. 인간은 누구나 생명에 대한 애착과 고품격의 삶을 추구하고 행복해지고자 노력한다. 이러한 삶을 영위할 장소로써 루시옹 지방의 마리나는 최상의 여건을 갖추고 있다.

루시옹 지방의 중심도시인 몽펠리에까지 가기위해 프랑스 파리에서 TGV로 3시간, 다시 라 그헝드모뜨(La Grand-Motte) 마리나까지 대중교통으로 30~40분 이동했다. 찾아가는 과정에서 성공한 마리나의 주변여건이 단순 마리나 시설(계류·정박) 만에 국한되어 있지 않음을 알 수 있었다. 마리나 배후도시와 교통, 대중문화, 의료시설, 휴양지의 숙박시설과 카지노 등 다각적인 연계성을 충분히 고려해 마리나 지구를 조성한 것이다. 대도시에서 마리나로 가는 중소 배후도시의 대중교통편, 관광안내 시스템과 대중문화 공간(영화관, 쇼핑센터, 지역이벤트 등)을 해안가 마리나와 배후도시 중간지점에 조성하여 마리나 고객이든 배후도시 주민이든 다양한 생필품을 저렴한 비용으로 구입하고 영화, 연극, 축제를 함께 즐길 수 있도록 추진하는 것이다.

■ 마리나 지구 Carémeau대학병원(2003년 확장)

라 그헝드모뜨(La Grand-Motte) 마리나   포뜨 카마흐그(Port Camargue)마리나

이는 지중해 연안 라 그헝드모뜨(La Grand-Motte)마리나와 포뜨 카마흐그(Port Camargue)마리나를 방문할 때 느꼈던 점이다. 또한 두 곳 마리나간 거리는 약 18km인데 중간8~9km지점에 카레멘오 (Carémeau)대학병원이 성황리에 운영되고 있었다.

1986년 Carémeau 일반병원으로 개설한 후 2003년 Carémeau 대학병원으로 확장했다. 암 연구소(ICG), 대학 재활 병원, 재활 및 중독학(中毒學: Addictologie), 노인 르 세르 무심 센터, 정신과 클리닉, 건강 전문가 교육연구소, 교통센터, 노인학 CLAMP CAVALIER 등 병원 내에 수목원, 놀이터, 물 시체가 있는 독특한 르 세르 무심공원이 있어 아름다운 녹색 환경과 바다가 어우러져 환자와 의료진을 위한 장기 쉼터인 셈이다.

이 병원규모는 직원이 6131명, 의사 1176명, 의대생 531명의 의료진이 있다. 진료용 침대 1979개, 입원환자를 위한 침대 458개, 산부인과 의료용 어린이 침대 60개, 최첨단 다빈치 수술로봇 등이 있다. 2009년 4월 도입한 최신 의료로봇으로 비뇨 외과 서비스, 부인과, 위장 및 이비인후과에서 좋은 성과를 달성했다(www.chu-nimes.fr 참조, 2015년 8월10일 기준).

Carémeau 대학병원은 마리나(라 그헝드모뜨, 포뜨 카마흐그)에 거주하는 부자들이 주 고객으로 건강관리시스템과 의료마케팅이 연계되어 있다. 이 지역에 거주하는 장기 휴양객은 온화한 기후와 편리한 거주환경시스템 덕분에 대부분 북유럽 중년층이 은퇴 후 선호하는 여행지이다. 또한 유럽의 부호들이 포뜨 카마흐그 마리나에 별장개념의 워터프론트 하우스를 소유하고 있어 최고수준의 의료서비스를 요구하기 때문에 비싼 의료비용에 개의치 않는다. 즉 소수의 특정 환자 VIP고객을 위한 맞춤식 의료 및 건강관리서비스가 가능하다. 따라서 고급의료시장의 공급과 수요가 맞아 의료연구소와 대학병원이 함께 존속하고 있다. 또한 교통사고 환자의 경우는 장기간의 물리치료가 필요하고 보험적용이 되어 환자의 자기비용 부담이 없는 관계로 대도시의 큰 병원보다는 쾌적하고 마리나가 있는 휴양지에서 장기간의 입원치료를 원한다. 그 이유는 최상의 의료시설과 의료진이 있고, 쾌적한 환경으로 병원방문객들조차도 여행을 겸한 가족 나드리로 이어져 마리나 인근에 대규모 병원·요양원이 갈수록 늘어날 전망이다.

3면이 해안인 우리나라는 마리나개발 시 앞서 언급한 프랑스의 대학병원과 연구소 같은 사례도 고려해 볼만하다. 마리나와 의료건강검진센터 또는 노인성 질환전문 병원도 마리나와 연계해서 의료법인을 추진하면 지역 경제와 일자리 창출에 도움이 될 수 있을 것이다. 더구나 스마트워크 시행에 따른 사회변화를 미리 예측 해 볼수 있다.

마리나는 환경이 좋은 해안가에 조성하게 되므로 부모님을 위한 노인요양 시설이 마리나 인근에 조성되면 스마트워킹 시스템으로 도심을 떠나 마리나 주변으로 이주한 가족과 주말에 지역공동체적인 문화공간으로써의 마리나는 가족의 행복지수를 높여 줄 좋은 방안이 될 것이다. 추가로 치과진료의 경우 모든 노인들의 고정 진료 항목이기도 하지만 인플란트 시술과 같은 약간의 기일을 요하는 치료는 마리나에서 힐링을 겸한 의료관광 상품으로 개발하여 마리나와 병원의 수익창출위한 대안으로 고려할 수 있을 것이다. 또한 제4의 물결과 미래 마리나 생활상을 연계해서 예시하면 '스마트워크'로 빅데이터를 통한 사고력 강화·IT정보, 사물인터넷(IoT) 클라우드 등 새로운 융합형태의 마리나 문화가 구축되어 '사람이 중심 되는 양질의 삶'이 될 것이다. 특히 포뜨 카마흐그(Port Camargue)마리나 주변지역에 해빈이 발달된 것을 확인 할 수 있다. 이와 같은 현상은 해류의 흐름에 따라 한 방향으로 모래가 계속 퇴적되어 형성 된 것으로 이 지역의 경우 드골 대통령 때 개발된 마리나로 50여년 전 작은 어촌마을을 관광활성화 차원에서 해안 일부를 매립하고 해안지역을 굴착한 굴입형 마리나로 개발하였다. 해안에서 쓸려 들어오는 모래를 막기 위해 도류제를 쌓았고 마리나 내항은 보다 많은 보트를 정박시키기 위해 폰툰의 핑거를 설치하지 않고 무어링(보트의 후미 부분을 폰툰에 접안하고 선수부분은 계류장 부표에 로프로 고정하여 계류하는 방식)을 선택했다. 마리나 개발위한 최적지 선정 시에 가장 먼저 검토되어야 할 해안공학적인 설명은 '3.마리나 개발을 위한 공학의 시각' 부경대학교 환경해양대학 생태공학 윤한삼 교수 글로 대신한다.

5. ICT 기술융합과 생활변화의 가속화

1) '스마트워크' 일하는 방식의 변화

전 세계 직장 분위기가 급변하고 있다. 정보통신기술(Information and Communications Technology)의 융합이 우리사회에 큰 변화를 주도하고 있다. 인구의 고령화로 인한 노동력 감소와 기후변화로 온실가스 배출문제, 개발도산국의 도심사무실 부족현상 등의 문제해결을 위해서 '스마트워크'를 회사와 정부에서도 일부도입하고 있다.

스마트워크란 기존의 사무실 근무에 얽매이지 않고 개개인의 사정에 맞는 시간과 장소에서 최대한 생산성을 발휘해 근무할 수 있도록 하는 가변적 노동시간 제도를 말한다. 스마트워크는 스마트폰, 스마트오피스, 영상회의 시스템 등을 활용하여 업무를 수행하는 방식으로 원격근무, 재택근무가 가능하다. 이에 기업 측은 노동력 확보가 쉽고 임금지불의 감소 등 이점이 있고 근로자는 유연하고 합리적으로 일할 수 있어 여성 근로자는 출산과 육아문제로 경력 단절이 안 되고, 고령자, 장애인 등의 근무환경 개선효과가 있어 업무 생산성을 향상시켜주는 효과가 있다. 따라서 매일출근으로 인한 교통난문제 완화와 생활의 편리성, 사무실 운영비용 절감, 시간절약 등이 장점이다.

근무스타일은 코어 타임(핵심시간, 오전 10시~12시, 오후 2시~4시까지의 4시간에는 누구나 일함)과 플렉스 타임(종업원이 자유로운 시각에 출퇴근할 수 있는 기업의 노동시간)이 있다.(실무노동 용어사전, 2014)

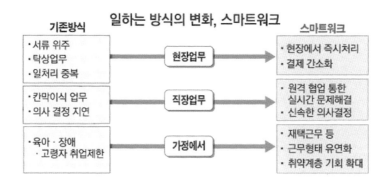

일본도 저출산 고령화에 따른 노동인구 감소를 대비해 공공기관을 중심으로 스마트워크를 실험하고 있다. 네덜란드는 암스테르담 근교를 비롯해 2010년부터 이미 99개소의 스마트워크센터를 제공하고 있다. 영국의 브리티시 텔레콤은 직원 87%가 참여하는 탄력근무제를 도입해 1인당 연간 83%의 사무실 운영비용 절감과 20~60%의 업무 생산성 증가, 병가율 감소, 산후휴가 복귀율 증가, 온실가스 배출 감소 등의 효과를 얻었다.(박영숙, 2014)

우리나라 정부도 중앙부처를 세종시 청사로 이전하고 스마트워크센터(출장형)를 구축했다. 이는 기존의 주거형과는 달리 출장 시 출장업무와 기존 사무실업무를 병행할 수 있도록 지원하는 형식이지만 이를 재택으로까지 확장하면 스마트워크 시스템이 바로 시행되는 것이다.

일본 대형손해보험사인 미츠이스미토모해상(三井住友海上)은 2016년 11월 1일부터 임직원(1만 3000여명) 전원을 대상으로 '일과 육아 및 간병 양립 강화'목적으로 '스마트워크'를 시행했다. 필요시 누구나 기간 제한 없이 재택근무를 하고, 주 3일 이상 가능하며 부모 간병 시에는 기간 제한을 두지 않고 있다. 2017년부터 플렉스타임으로

100% 전환했다.(최은수, 2016)

  일반적으로 근로자들이 매일 회사로 일하려가는 '출퇴근시간'을 계산하면 스마트워크를 시행으로 연간 1인당 15일~25일의 시간낭비를 줄이는 결과가 나왔고 교통비용은 연간 1인당 4,000~20,000달러(한화 약 460만원~2천3백만원)를 절감한다. 또 스마트위크로 이산화탄소 배출이 25%설삼되고, 미국 인구의 40%가 스마트워크를 하면 2억8,000만 배럴, 즉 석유 수입의 37%를 절감할 수 있으며, 900만 대의 자동차를 줄일 수 있다. 미국의 전문직 구직자들의 33%가 일자리의 가장 중요한 조건으로 스마트워크라고 답했으며, 50%는 월급 다음으로 스마트워크를 꼽았다.(박영숙, 2014)

  '스마트워크'은 직장인의 로망으로 초고속정보통신 기술기반 위에 글로벌 기업, 선진국 등에서 도입 시기를 고려하는 분위기이다. 스마트워크가 기업문화로 정착되면서 나타는 현상을 예측하자면, 우선적으로 직장인들의 거주지가 변경될 것이다. 굳이 주거비용가 비싸고 교통지옥인 도심보다는 환경이 좋고 생활비가 저렴한 거주지를 찾아 이주할 것이다. 결국 스마트워킹 시스템은 매일 회사 출근을 했던 도심에서 직장인들을 도시로부터 탈출할 수 있는 길을 열어줘 주거와 힐링이 가능한 주거지를 찾아 이주할 것으로 예측된다.

  종래 사회구성원은 산업사회에서 기계, 기술, 정보위주의 노동력 제공생활에서 제4물결의 바람을 타고 노동은 로봇과 정보통신 기술력으로 대체하고 있다. 복잡하고 방대한 자료 분석과 사고력까지도 빅데이터의 정보분석과 인공지능으로 보다 손쉽게 결정한다. 다수의 미래학자들은 다가올 미래의 인간은 노동으로부터 조금씩 해방되면서 인간 본연의 삶에 대한 철학적 사고를 추구하고자 하는 인간중심사회로 진화 할 것으로 예측하고 있다. 이러한 인간중심사회는 삶의 질을 향상 시키고자 여가를 중요시하여 가족·연인·동료와 즐기기 위한 일환으로 바다, 강, 호수를 찾아 자연스럽게 마리나를 찾게 될 것이다.

2) 한국형 무크(K-MOOC)와 원격의료서비스

'스마트워크' 도입에 따라 도심을 떠나 이주하려는 현상이 생길 것이란 말에 혹자는 자녀들의 교육, 학교진로문제와 좋은 양질의 의료서비스, 병원문제 때문에 대도시를 떠나지 못할 것이라고 단언한다. 그러나 세상은 급변하여 제4차 산업혁명에 의해 교육문제와 병원문제를 일거에 해소할 대안들이 첨단 기술력에 의해 현실로 나타나고 있다.

「유엔미래보고서 2040」과 2016다보스 포럼에서 예시된 자료를 분석해보면 인터넷을 통한 교육지원 방식으로 미래엔 공교육이 변화 될 수밖에 없고, 교사는 멘토로 전환될 것으로 예시했다. 현재 한국의 대학들도 신입학생 부재로 외국의 유학생으로 정원 채우기를 하는데도 정원이 태부족이여서 전공학과가 폐과위기에 처해 있다. 유엔 미래보고서는 이러한 현상이 계속 지속되어 결국엔 전세계 대학의 50%정도는 자연소실 될 것으로 예측했다. 그 이유는 무크(MOOC)를 통한 대학교육의 대체이다. 현재 대학의 일방적인 교육방식으로는 급변하는 사회의 추세를 따라잡을 수 없다. 맞춤식 교육을 위해서는 학생 각자의 소질과 다양한 방면의 학문을 섭렵할 수 있는 학제 운영시스템이 필요하다. 이러한 교육방식이 가능한 것은 무료 인터넷 대학 강의로 무크(MOOC)가 선진국에서는 이미 일반화 되어 있다. 세계적인 유명대학 교수의 영상강의를 교수와 학생 양방향 학습방식으로 무료로 수강하고 저렴한 비용으로 학점신청도 가능해 대학캠퍼스 강의실에 출석하지 않고도 대학졸업 인정을 받을 수 있는 제도이다. 현재 미국 MIT공대는 2100강좌를 무료로 제공하고 있다.

우리나라의 한국형 무크(K-MOOC)는 서울대 등 유명대학에서 27개 강좌를 개설 운영하고 있고 점차 늘려갈 계획이라고 한다.

앞으로 대학진학을 위해 자신이 살던 거주지를 떠나 비싼 등록금을 납부하고 대학 강의실까지 가는 일은 시간과 경제적 낭비로 간주될 것이다.

도심을 떠나지 못한 또 다른 이유는 교육문제 말고도 병원문제가 큰 현안이다. 교육은 자녀에 국한되지만 의료는 가족 모두의 현안이고 위급 시 생명이 걸린 일로 특히 노인들에게는 병원의존도가 삼시세끼 밥 먹는 것만큼이나 중요하다. 그래서 파리 대도시에서 멀리 떨어져있는 루시옹 마리나 지구(지중해 연안)에서 성공한 Carémeau 대학병원을 소개한바가 있고, 국내외의 원격의료서비스가 어떻게 진행 되는지 알아보자.

충청남도 공중보건의사 신수환은 도서벽지의 보건지소에서 근무한 적이 있다. 그가 말한 원격의료의 가장 큰 장점은 시간과 거리의 제약을 뛰어넘을 수 있다는 것이다. 의료기관 접근성이 좋은 도시와 달리 도서벽지에는 거동이 불편한데도 독거노인 환자가 많다. 이들이 의료 이용에서 겪는 불편은 한두 가지가 아니다. 스마트폰 기기의 전송 속도 등 시스템에 관한 문제나 의료진의 역할 분담 등 고민할 부분은 많다. 하지만 정말 중요한 것은 '원격의료가 좋은지, 나쁜지, 효과적인지, 그렇지 않은지'가 아니라 '환자가 만족하고 실제로 도움을 받는지'가 중요한 문제라고 지적했다.(이훈성 한국일보 2017)

우리나라가 정보통신기술(ICT)로 개발한 원격협진시스템에 기반한 원격협진사업이 페루에서 꽃을 피우고 있는 가운데 중국, 필리핀 등 세계로 뻗어나갈 것으로 기대되고 있다.

페루 리마병원과 원격의료 [보건복지부]

보건복지부는 한국 의료 정보통신기술(ICT)로 개발한 원격협진시스템에 기반 해 페루 국립 까예따노 예레디아 병원과 리마 외곽지역에 위치한 모자보건센터 3개소 간 원격협진사업을 2016년 11월 16일부터 시작했다. 한국의 원격의료 시스템이 중남미 국가에 최초 진출하는 사례로 향후 이 지역의 원격의료서비스 필요가 증대됨에 따라 한국의 원격의료 시스템이 중남미 국민의 보건의료서비스 접근성 제고에 기

여할 기회가 더욱 커질 것으로 기대된다.(김대우, 헤럴드경제)

스마트폰 이용자 4천만 명 시대에 한국의료계에 원격진료가 뜨거운 감자로 부각되고 있다.

2015년 메르스(중동호흡 기증후군)사태로 온 국민이 멘붕(멘탈붕괴)에 빠져 있을 때, 복지부는 의약난체에 전달한 '메르스 대응 관련 처방 추가지침' 전달을

메르스 대응 관련 처방 추가지침 -복지부 보건의료정책과

○ 추가 지침
-절차

환자가 집 또는 보건소에서 전화(스마트폰 등)로 삼성서울병원 소속 담당의사에게 진찰을 받음

삼성서울병원 담당의사는 △신찰 후 기존에 처방한 의약품과 동일 의약품을 처방 또는 △환자가 호소하는 추가 증상이 있을 경우 담당의사의 판단 하에 기존 처방의약품 이외의 의약품을 처방

삼성 서울병원 담당의사는 환자가 지정하는 약국으로 처방전을 발송 (팩스 또는 이메일)

MedicalTimes

통해 "한시적인 의료법 적용 예외를 인정해 삼성서울병원 의사와 환자가 집 또는 보건소에서 전화(스마트폰 등)로 진찰과 처방을 받을 수 있도록 허용했다.(최선, 메디칼타임즈)

정부는 지난해 10개의 새로운 직업을 선정해서 미래직업세계 변화에 적극적으로 대응하고자 지원계획을 발표했다. 그중 섬이나 산골처럼 근처에 병원이 없어서 진료 받기가 쉽지 않은 도서벽지 주민들을 위해 마련된 '원격의료서비스를 지원하는 원격진료 코디네이터'의 역할이 중요해졌다. 따라서 전문 인력을 양성하기위해 보건의료 데이터를 분석해서 의료동향을 파악하는 '의료정보관리사'를 양성하기 한 법령을 개정하고 신규 제도를 도입하는 등 제도적 인프라를 구축할 계획이다. (정지예, KTV 국민방송 2016.12.23.)

2011년 UAE 아부다비 보건청과 가톨릭대학교 서울성모병원은 환자송출 계약을 체결하고 중동지역 환자를 유치했다. 한국에서 치료받고 귀국한 뒤 지리적인 문제로 추후 필요한 추적검사가 이뤄지지 않은 점이 한계로 지적됐다. 가톨릭대성모병원 비뇨기관 이지열교수팀은 국립암센터와 국제 성모병원, 분당서울대병원, 삼성서울병원

마리나 건강검진센터 개원식 (아시아경제)

등 5개 병원과 비트컴퓨터와 녹십자 헬스케어, 동은 정보기술, 인바디, MSP C&S, 아이들 등 6개 업체와 컨소시엄을 구성해 마리나 건강검진센터와 원격검사가 가능한 시스템을 개발했다. "국내의 선진 의료기술로 치료하고 귀국한 후 추적이나 퇴원 후 관리 방법에 대하여 불안해하던중동의 환자들에게 스마트 After-Care서비스를 시행하여 해외의 환자의 유치에 도움이 될 수 있을 것"이라고 내다봤다(지연진, 아시아경제).

중동 부호들도 한국형 마리나검진센터에서 원격진료를 받고 있는 현실에서 우리의 원격의료서비스가 결코 낮은 수준이 아님을 알 수 있다. 또한 정보통신 기술력으로도 전혀 문제 되지 않고 있어 '스마트워크'가 기업문화로 정착되는 시기에는 직장인들의 도시를 떠나는 이주현상 역시 나타날 것이고 사회적 변화에 따라서 해안가 마리나 지구에 보다 좋은 의료기관이 설립될 전망이다.

또한 국내에서도 직장 건강검진이 일반화되고 국민의료보험 제공으로 연령대별 정기검진 프로그램이 활성화되어 있다. 국민들의 웰빙에 대한 인식이 예방의학으로 관심을 갖게 되고 의료검진을 개인별 맞춤 진료를 원하는 경향도 짙어졌다. 즉 항노화에 대한 관심이 높아져 향후 마리나검진센터와 같은 좋은 환경에서 힐링도 하면서 건강도 챙기는 시스템을 준비할 필요가 있다. 이 부분은 '10. 생명의 바다, 마리나와 항노화 산업'편에서 여수사랑재활병원 박기주 병원장의 글로 대신한다.

3) 스리랑카 정보통신과 해양레저의 신선한 충격

2013년 한국에 유학 온 스리랑카인 시라스님과 함께 스리랑카 현대통령(마이트리팔라 시리세나) 행사에 초대되어 수도 콜롬보와 동해안의 해양휴양지인 아르감베이(Arugam Bay)를 방문했다. 해양실크로드의 한 거점이었던 남부 아시아 인도의 남쪽 인도양의 섬나라 스리랑카는 18세기 말부터 영국 식민지로 지내다 1948년 영국연방 자치령으로 독립해서 1972년 국명을 실론(Ceylon)에서 스리랑카공화국으로 바꾸고 영국연방에서 완전 독립하였다. 우리에게는 실론티의 나라로 더 잘 알려진 나라이다. 스리랑카 1인당 실질 국민소득 9000달러(2014년)로 수도인 콜롬보 시내는 한국의 70년대를 연상케 하였다. 거리에서 공중전화부스를 거의 볼 수가 없었고 길가에 아이들의 형색도 일상생활의 궁핍함이 묻어있었다.

옹기종기 길거리에서 서성대는 아이들 손과 호주머니에 휴대용 폴더 폰을 2~3개 들고 있었다. 지나가던 행인이 아이들에게 손을 내밀자 선뜻 휴대용 폴더 폰을 건네 준다.

통화가 끝나고 통화시간을 확인하고 계산을 하고 유유히 자리를 뜨는 모습에서 우리사회의 60년대 길거리에서 동네아이들이 어깨에 멘 아이스케기 박스에서 어름과자를 팔았던 모습이 겹쳐져 연상되었다. 1970년~2010년대까지의 전화기연대기가 공중 분해된 느낌이 들

중고 폴더폰

었다. 남루한 옷차림의 아이들 호주머니가 공중전화 박스역할을 하는데 돌이켜 보니 콜롬보 시가지가 해안가인지라 지반이 약하기도 하지만 SOC에 투자할 재정도 열약한 상황이다. 국가산업기반이 제대로 안되어 통신장비를 수입하여야하는 개발도산국이다. 이러한 열약한 여건을 첨단전자통신 기술력으로 기지국설치와 선진국에서 쓰다 버린 중고 폴더폰으로 한 나라의 통신체계를 저렴한 예산으로 국민편의 시스템을 보완한 것이다.

우리의 전화기시대 과거로 돌아가 생각해보자. 군대에서 쓰던 수동식 전화기→다이얼전화기→ 버튼 전자식 전화기→ 무선 호출기(일명 삐삐)→ 시티폰(도시 내에서만 통화 가능 휴대폰)→ 폴더 폰→ 스마트폰까지 두루 사용해 왔던 과거가 일순간에 묻혀버린 것이다. 그들은 이러한 전자통신 문화를 받아들이는데 전혀 거부감이 없이 생활한 것에 필자는 신선한 충격을 받았다. 왜 유독 이러한 과정이 필요할 것이라고 잠재적으로 인식하고 있었던 것이 오히려 어리석게 느껴졌다.

마이트리팔라 시리세나 대통령의 공식초청 행사를 마치고 스리랑카 동해안의 해양휴양지 아루감베이 해변을 찾았다. 시라스님이 보트를 렌탈해서 한가로이 인도양의 드넓고 푸른 바다를 둘려보는 보

팅을 즐길 수 있었다. 새하얀 비치에서 부서지는 파도를 타는 수많은 서퍼들이 서핑과 카이트 서핑를 하고 있었다. 유난히 큰 파도로 유럽과 호주의 해양스포츠 레저인들이 즐겨 찾는다고 한다. 이곳이 서퍼들의 명소가 된 비결은 다름 아닌 행정당국의 특별한 지원으로 해저면을 인위적으로 굴착하여 파도의 주기와 높이를 유지시켜 주고 있다고 했다. 외관상으로는 큰 리조트가 없어서 친환경적으로 느꼈고 천혜의 해변이 있이 해양레저인이 몰려온 섯이라고 생각했다. 그런데 개발도산국조차도 보이지 않는 곳에서 해양관광객 유치를 위해 노력을 한다는 것에 놀라지 않을 수 없다.

이제 해안을 끼고 있는 나라들은 선진국 개도국을 불문하고 해양관광객유치에 열을 오리고 있고 세계적인 여행객들의 트랜드도 바다를 선호하는 추세이다. 스리랑카에서 느꼈던 폴더 폰과 해양스포츠의 문화적 충격은 필자의 무지의 소치에 지나지 않았다. 제4차 산업혁명을 운운하는 오늘날 어떤 사회로의 문화적 인입은 첨단의 기술력과 사람이 공생한다는 것이다. 어떤 기술이든 그것은 인간의 손과 지식에서 생산된 것으로 인간이 사용하기 위한 도구이기에 문화적 수준을 논한다는 것이 어리석다는 것을 알게 되었다.

스마트워크 시대와 마리나 시대가 우리에게 다가오고 있음을 감지하면서 미래에 다가오는 스마트한 문화역시 스리랑카 사람들이 큰 불편함 없이 받아드리듯 우리생활 공간으로 자연스럽게 녹아들 것이라고 예측해본다.

4) '스마트그리드'와 미래 마리나 설비

현대 인류의 생활에서 물과 공기처럼 우리에게 없어서는 안 될 것이 '에너지'이다. 그중에서도 전기에너지는 그 어느 때 보다도 우리 삶의 핵심에 자리하고 있다. 전등, 전화기, 컴퓨터, 가전제품, 지하철, KTX 고속열차, 전기자동차까지 전기에너지가 절대적으로 우리 사회에 필요하다. 이제는 경제생활의 기본인 은행업무와 사무실의 사무기기, 공장의 로봇까지도 사물인터넷(IOT : internet of things)과 인공지능(AI: Artificial Intelligence) 모두가 전기에너지로 운용되며 이런 4차 혁명의 차세대 에너지 신기술을 '스마트그리드(smart grid)'라 한다. 스마트smart와 그리드grid의 합성어로 '지능형 전력망'을 말한다.

다가올 미래엔 직장인에게 '스마트워크'가 일반화되는 시점에서는 거주지 환경이 좋은 마리나 지구로 자연스럽게 대거 이주하게 될 것으로 전망된다. 이러한 마리나 시대에는 스마트그리드 역시 각광받는 신기술전력 녹색산업으로 더없이 중요하게 된다. 미래사회에 지구온난화와 기후변화가 민감한 현안으로 떠오르고 주거·사무실 공간에서의 에너지 사용은 친환경 저탄소 발생위주의 '에너지제로 건물'을 구상하게 될 것이다. 또한 마리나의 계류장은 물론 주변시설물들도 에너지 최적화 시스템도입이 필수적인 항목일 될 것이다.

미래의 에너지산업이 스마트그리드형태로 공급되면 에너지효율을 높이기 위해 신재생에너지 분야에서 지역의 소규모발전으로 만들어낸 전기를 인터넷 오픈마켓에서 주고받는 형태로 낭비 없이 사용하게 될 것이다. 이러한 환경을 최적화되게 하는 기술이 최근 스탠퍼

드 대학에서 개발했다. 이 태양광 스티커는 일반소재로 태양광을 집적할 수 있는 기술로,

껍질을 벗겨 붙이는 이 스티커는 단단한 실리콘 혹은 실리콘 웨이퍼(IC를 제조하는 출발원료 실리콘 등 반도체의 얇은 판)에 니켈을 300나노미터 층으로 붙었다. 샌드위치처럼 만들어진 이 웨이퍼는 보호 폴리머에 쌓인 뒤 그 위에 열전도 테이프를 더했다. 이 태양광 스티커는 실험결과 열효율의 손실이 없이 유리, 플라스틱, 종이 등 아무 곳이나 잘 붙었다. 장점이다.(박영숙, 2014)

이러한 신기술이 마리나 산업에 적용하면 저소음으로 쾌적한 보팅을 즐기고, 마리나의 설비에 전기사용은 보다 용이해질 것이고 마리나의 건물들도 에너지제로 건축이 가능해져 친환경 마리나지구로의 전망이 밝아질 추세이다.

2010년부터 2년 동안, 태양광 슈퍼요트를 독일과 스위스의 합작으로 제작하여 대양을 횡단했다. 오직 태양빛만으로 바다를 횡단한 최초의 배 '튀라노 플래닛 솔라(Turanor Planet Solar)는 580

태양광슈퍼요트 '튀라노 플래닛 솔라'
(플래닛솔라 제공)

일 만에 세계 일주항해를 성공해서 세계 항해사의 새 역사 썼다. '태양의 힘'이라는 뜻을 지닌 보트는 환경을 오염시키지 않고 질주하고 싶은 인간의 욕망은 바다에서도 실현했다. 이 슈퍼요트의 규모는 길이 31m(95ft), 폭 15m이며, 대서양과 파나 마운하, 태평양, 수에즈운

하를 거쳐 584일만에 세계를 횡단에 성공했다. 이 태양광 보트의 항해거리 6만㎞이고 첫 세계 일주 때 발견한 문제점들을 보완해 2013년 6월부터 9월까지 멕시코만의 해류를 조사하는 해양 탐사선, 2014년 7월에는 그리스 펠로폰네소스 지역의 프랜치티 동굴 탐사에도 참여했다.(전효진 조선일보 2016.05.06.)

에너지 신기술을 '스마트그리드(smart grid)'라 하는데 이미 1972년에 미국의 건축가와 건설업체는 영구히 존재할 수 있는 건물 디자인에 대해 고민했다. 그 결과 불과 10개월 만에 아키텍처 디자인 회사인 Smith Group JJR의 전문가들과 글로벌 컨설팅회사 DNV KEMA 에너지회사가 공동 협업하여 DPR(Donor Perception Report)의 새 본부을 세계 최초의 '에너지 제로 건물'로 재탄생했다. DPR은 현재 세계에서 가장 큰 에너지제로 건물로 국제생활 미래연구소가 LEED-NC 플래티넘 에너지 넷 제로 인증서를 교부했다.

이 건물은 애리조나주 피닉스에 소재한 '부티크메가 스토어'(40년 된 노후 쇼핑센터)건물 외부온도가 37ºC 이상에도 불구하고 건물의 내부는 상대적으로 시원한 26ºC이다.

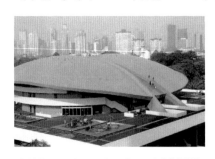

DPR(Donor Perception Report) 본부건물

우수한 절연기술을 도입해 1,535 평방미터 건물에 에너지를 녹색기술로 제공하고 있다. 건물에서 사용되는 모든 전력 79.6킬로와트는 태양광, 태양전지패널 덮인 주차장에서 생산하며 정교한 모니터링 및 제어시스템의 도움으로 에너지사용이 최소한으로 유지된다. 건물의 에너지 소비는 웹사이트 구축으로 전자계기판(dashboard)를 통해

실시간 그 통계가 온라인으로 표시된다.

모니터링 및 제어시스템은 환기 및 온도유지를 돕기 위해 자동으로 닫히는 87개의 유리창을 달았다. 외부가 시원할 때 문이 열리고 더우면 문이 자동으로 닫혀서 실내 온도를 자동 조절한다.

태양광, 태양전지패널 　　　　　 자동으로 닫히는 87개의 유리창

마스터 컷 - 오프 스위치는 야간에도 전력이 끊어지지 않도록 조절해준다. 지역 기후와 건물의 위치 때문에 빗물을 받아서 재생시켜서 건물을 시원하게 만들기도 한다. 가장 중요한 기술은 건물의 최적화된 기술(passive technology)이다. 에너지를 많이 사용하는 에어컨장치를 사용하지 않고 편안한 수준으로 실내온도를 낮추기 위해 회사는 원칙적으로 창문을 여닫는 기술을 사용하며 건물의 에너지 모니터링 및 제어시스템으로 통합조절 할 수 있게 하였다.

예를 들면 필요한 경우 건물 안에서 4개의 "샤워 타워"가 물안개를 뿌려서 물이 증발하며 온도를 뺏어가서 냉각시켜주는 기능을 활용한 냉각 공기를 건물내에 제공해준다. 샤워 타워는 다시 외부에 뜨거운 공기를 내 뿜어서 태양 굴뚝을 이용하여 에너지를 생산하게 하였다.

또한 12개의 저에너지 천장 선풍기를 이용하여 공기의 기류를 조절하여 실내를 시원하게 만들었다. 낮 시간 동안은 에너지 제로이며 밤에는 인공조명의 필요성을 줄이기 위해 DPR 82 Solatube 태양 파이프의 총을 설치하여 낮에 보관한 빛을 이용하여 실내를 밝히게 하였다. 태양 파이프는 지붕과 사무실에 파이프를 연결하여 태양 광선을 실내로 당겨오는 역할을 한다. 이 시스템은 자주 흐리거나 비가 오는 기후에는 효과가 별로 없을 수 있다. 하지만 아리조나주의 피닉스에서는 완벽하다(출처:DPR /www.gizmag.com 발췌).

이게 '디자인의 저력'이다. Smith Group JJR의 디자인 팀장 마크 로디는 "우리는 40년 된 건물을 가지고 불과 10개월만에 완전히 새로운 에너지 제로 건물을 만들 수 있었다. 이 프로젝트는 사막 환경에서 지속적인 건물을 지을 수 있다는 것을 증명한다."고 말했다. 물이 전혀 없는 사막에서도 구현되는 지속가능한 '에너지제로 건물'을 1972년, 45년 전에 이미 디자인 할 정도의 기술력이면 현재 마리나 지구에서의 실현은 두말할 필요도 없다.

1975년 IBM 회장이었던 토머스 왓슨 주니어(Thomas Watson Jr.)는 IBM사가 1950년대 중반부터 성공할 수 있었던 주요한 요인의 하나는 디자인을 꼽으며 "굿 디자인이 굿비즈니스이다(Good Design is Good Business)"라는 명언을 남겼다. 또 부르스 아처(Bruce Archer)는 굿 디자인이란 어느 한 가지 측면만 뛰어난 디자인이 아니라 총체적으로 우수한 디자인이라고 주장 했다. 그리고 라즐로 모홀리 나기(Laszlo Moholy -Nagy)는 제품에서 미래의 디자인 경향을 예측할 수 있는 무의식적인 단서를 제공해 주는 것이 곧 굿 디자인이라고 주장 했다(정웅태 · 최철웅, 디자인노믹스, K-books, 2008).

또한 "위키노믹스 의 저자" 돈 탭스콧(Don Tapscott)은 "미래는 예측하는 대상이 아니다. 노력해서 만들어가는 것이다."라고 했다. 따라서 해양디자인에 입각해서 친환경 크린 마리나와 '에너지제로 건물'은 우리 시대에 각 분야별 전문가와 협업(collaboration)하고 소통해서 만들어가야 할 주된 과제인 것이다.

마리나 시대에 마리나산업의 향방을 가늠할 수 있는 것은 세계 각국에서 열리는 국제보트쇼이다. 그리고 4차 산업혁명으로 해양자원이 더욱 활용이 용이해지면서 미래 해양의 가치는 어떻게 변할지 사뭇 궁금해진다. 이부문은 '12. 국제보트쇼와 해양의 가치창출', (사)한국해양레저네트워크 여한웅 사무총장의 글로 대신한다.

6. 귀어촌 활성화와 어촌형 마리나

1) 귀어촌, 무엇이 경쟁력인가?

어촌을 바라보는 시각은 다양하고 필요사안에 따라 복합적일 수밖에 없다. 기존의 어촌은 삶의 질곡이 많고 어딘가 가슴 저린 애환이 있을 것 같은 선입견이 있는 듯하다. 하지만 필자는 어려서부터 바닷가 여수에서 자랐고 외가댁이 섬마을이여서 어린 시절을 갯가에서 보냈다. 그 당시 외가는 고흥 금산으로 부유한 어촌마을로 모든 것이 풍족했다. 하지만 지금의 어촌의 생활은 젊은이들이 도시로 떠나고 빈집이 한집건너 한집인 동네가 허다하다. 예전처럼 나룻배를 타지 않고 곧바로 외가댁까지 갈 수 있을 만큼 섬이 연륙이 되어 세상은 발전하고 좋아졌다. 그런데 정작 어촌의 풍경은 정막 그자체이다. 유독 어촌일수록 고령화가 급속히 진행되고 있다. 젊은이는 떠나고 유입인구는 없기에 어촌마을 초등학교는 대부분 폐교되고, 몇 개의 마을을 스쿨버스가 돌아야 겨우 예전의 분교정도의 학생 수를 유지하는 수준이다.

반면에 도시에서는 주택문제, 교통문제, 환경문제, 빈부격차 등으로 문제투성이다. 사람은 많은데 일자리는 부족하고 4차 산업혁명은 노동력을 대신하는 첨단기술의 발전으로 전문직조차도 그 자리를 인공지능(AI)컴퓨터나 사물인터넷(IOT) 또는 로봇장치가 대신하는 사회로 진화되고 있다. 예전에는 한 세대하면 30년으로 꾀나 시간적 터울도 있었고 기술개발 속도도 그다지 감당 못할 만큼은 아니었던 것 같다. 그래서 7080세대들은 고속성장의 사회적 수혜자로 한국을 선진국대열에 이끈 동반 협력자 역할을 할 수 있었다.

그러나 최근 스마폰의 세대교체 시기는 6개월에서 3개월로 용량과 탑재된 기술의 범위는 상상을 초월한다. 이러한 스마트폰과 타블릭 PC 등 개인휴대용 도구들이 일상화 되면서 '스마트워크'도 점차 자리잡아가고 있다. 베이비붐 세대들도 60세 이전 조기퇴직을 강요당하고 평균 수명연장으로 인한 노후대책이 마련되지 않아 사회문제로 표출된 지 오래다. 이뿐만이 아니라 청년실업 사태도 가관이 아니다. 기업에서는 경영효율과 인건비 절감을 내세워 감원과 시간제 일자리와 비정규직이 일상화되고 있다. 그래서 도시의 생활도 어촌 못지않게 궁핍하긴 마찬가지다. 사회는 발전해 가는데 왠지 모를 이 답답함은 도시나 농촌이나 어촌 공히 같은 문제로 아파하고 있는 것이다.

최근 몇 년 사이에 '유엔미래보고서'의 출간으로 다가오는 미래사회에 대한 관심도가 부쩍 높아졌다. 그 책에 예시된 내용이 현실화되고 또 언급되어진  사안들이 예측했던 시기보다도 더 빠르게 첨단의 기술들로 구현됨으로써 기존 삶의 방식을 유지하고 있는 사람들의 일자리가 줄어드는 게 당연한 현실이 되어버렸다. 유엔미래보고서에 의하면 신기술에 의해 사라지는 일자리가 3년 후 2020년에는 500만개이고, 13년 후 2030년에는 20억개 일자리가 사라질 것으로 전망했다.

일례로 인공지능이 발전했다고 해도 체스게임정도는 단기간에 인간을 능가할 지라도 바둑의 세계까지 딥러닝(Deep Learning)이란 기법으로 인간의 바둑수를  이길 것이라고 예측하지는 않았다. 그러나 2016년 3월 세기의 대결이 펼쳐졌고 그 결과 이세돌 9단과 구글 알파고의 바둑TV 경기중계는 인공지능 발전단계의 수준을 모두가 알게 하기에 너무도 충분했다. 그리고 가장 일 손이 많이 들어가는 콘크리트 건물과 자동차도 3D 프린터로 만드는 세상이 되었다. 요즘 직장인들 사이에 로봇이나 첨단기술력이 사용되더라도 인간답게 노후생활을 힐링 하면서 보낼 수 있는 대안을 찾고 있다.

그중 하나로 귀농 또는 귀어촌에 관심을 갖고 정보를 구한다. 따라서 정부에서도 귀어·귀어촌을 위한 다양한 정책을 내놓고 있다. 귀어촌인이란 어업인이 아닌 사람이 어촌에 자발적으로 이주하여 어업에 종사하고자 하는 사람을 말한다. 귀어도 3가지 형태로 분류된다. 첫째, U턴 형태로 어촌에 살던 사람이 도시로 갔다가 다시 어촌(고향)으로 되돌아오는 형태를 말한다.

둘째, I턴 형태로 도시에 살던 사람이 전혀 연고가 없는 어촌으로 거주지를 옮겨 사는 형태를 말한다. 셋째, J턴 형태로 어촌 출신의 도시 거주자가 연고가 없는 다른 지역 어촌으로 거주지를 옮겨 사는 형태를 말한다(귀어·귀촌종합센터, 발췌).

해양수산부는 귀어·귀촌을 희망하는 도시민들이 어촌지역에 안정적으로 정착할 수 있도록 수산업 등 창업 및 주택자금을 지원해 어촌사회 활력 제고를 위한 목적으로 지자체별로 다양한 정책을 추진하게하고 있다.

2016년 해양수산인재개발원에서 귀어가·귀어촌 정착과정을 시행했다. 귀어가·귀어촌 정착과정 3기 교육생 91명은 서울, 강원, 충남 보령, 전주, 경북, 부산, 제주 등 전국 시도군과 다양한 직업군이 참여하여 자신의 정보 공유와 노하우 습득의 좋은 기회가 되었다. 교육내용은 '어업인 소득복지정책 방향', '어촌 현황 및 경제 분석', '귀어·귀촌 주요 정책', '어업 후계 인력 육성', '여성 어업인 육성' '귀어·귀촌 지원사업 설명 및 이해와 사업 지침이해, 정책·제도 문제점, 도시민 어촌지원사업인 어촌비지니스와 해양 레저

숙지 등 다양한 교육을 시행했다. 도시인이 어촌에서 제2의 인생을 준비한다면, 귀어·귀촌 창업자금을 지원받을 수 있다.

일례로 창원시는 귀어·귀어촌인의 지원자격 및 요건을 어촌지역 전입 일 기준으로 1년 이상 어촌 이외의 지역에서 거주한 자, 최근 5년 이내에 해양수산부 및 지자체가 인정하는교육기관에서 귀어· 귀촌 교육(이론)을 5일 이상(또는 35시간 이상) 이수한 자, 어촌이외 지역에 거주하는 경우는 사업대상자 선정 후 세대주(단독세대 가능) 가 가족과 함께 이주해 실제 거주하면서 전업으로 수산업 또는 어촌 비즈니스업에 종사하고자 하는 자 등이 신청할 수 있다. 지원대상 창업자금은 수산분야(어선어업 및 양식어업, 수산물 가공, 유통업 등) 및 어촌비즈니스분야(어촌관광, 해양수산레저)에 지원된다. 지원 대상자로 선정되면, 창업자금은 세대당 3억 원 한도 이내, 주택마련 지원 자금은 세대 당 5000만원 한도 이내이며, 전액 융자금(100%) 으로 대출금리 2%, 대출기간 5년 거치 10년 분할상환하면 된다(이상 연, 2017.01.20.).

완도군의 경우는 기존 어업인과 귀어자들의 안정적이고 성공적인 정착을 돕기 위한 시책 일환으로 "어업권제공하는 어촌계에 우선하 여 숙원사업을 전폭 지원"하 는 정책을 시행하고 있다. 완 도군은 해조류와 전복양식으 로 연간 소득이 높아 귀어자 들이 선호하고 있음에도양식 면허공간이 부족해 귀어가 쉽지 않은 상황이다. 이에 완

도군은 이런 문제점을 해결하기 위해 귀어·귀촌 활성화를 위한 대책 회의를 개최, 귀어를 원하는 사람들에게 어업권(행사계약)을 제공하는 어촌계에 마을 숙원사업 우선 지원 등의 인센티브를 제공하고 있다.

신우철 군수는 "귀어자들의 안정적 정착을 위해 정부에 귀어자들만 양식할 수 있는 한정면허를 줄 것을 건의하고 귀어 도시민들을 위해 직접 어업을 체험할 수 있는 귀어촌 홈스테이사업을 운영하고 있다."고 한다(최창윤. 뉴스메이커).

우리나라 어촌계는 인구 감소와 고령화로 인해 노동력 확보에 어려움, 과다한 어촌계입회비 요구와 어업 면허권 확보가 어려워 귀어·귀촌을 원하는 젊은이들이 정착하기 힘든 여건인 것이 현실이다. 더구나 기존 어촌하면 낙후되었고 접근성이 떨어지고 노령화된 사회로 기피하는 게 일반적인 인식이다. 정부는 도시민이 귀어촌을 희망하였을 때, 무엇이 경쟁력인가? 를 구체적인 사례 들어서 실현 가능한 프로그램으로 제시해줄 필요가 있다.

앞서 언급한 '2016 SEA FARM SHOW─해양수산·양식 박람회'를 직접 방문했다. 물론 이러한 행사는 정말 잘된 행정이고 박수 받아 마땅하지만 '바다에서 미래를 키운다'라는 슬로건은 그다지 희망적이지 않았다. 왜냐하면 실제 도시민이 귀어촌하여 성공할 가능성은 극히 희박하기 때문이다. 미국의 경영학자, 피터 드러커(Peter Ferdinand Drucker, 1909~2005)는 "21세기에는 인터넷보다 수산양식에 투자하는 것이 더 유망하다"고 말했다. 그러나 막상 귀어자가 수산양식에 투자하여 수익을 낼 수 있을 때 까지 버텨낼 교육지원과 양식할 공유수면이 보장 되어 있지 않는 게 현실이다. 완도군의 귀어촌 지원 시책 중에서도 귀어자에게 기존 어촌계가 한정적인 공간을 대여해줄 경우 수혜혜택을 주겠다는 것은 '말에게 당근 주는 형식의 행정'을 할 만큼 어촌에서의 양식장 확보는 현실적으로 녹녹히 않다는 것이다.

그렇다면 귀어촌을 하지 말란 말인가? 그렇지는 않다. 최선이 아니면 차선도 있는 것이고 우리 어촌의 여건에서 최선을 강구해야 할 것이다. 연어가 대양에서 성장기를 보내고 나서 자기가 태어난 강으로 회귀하여 자연생태계를 유지하듯이, 귀어자가 도시에서의 폭넓게 경험했던 것을 올곧이 풀어놓을 공간으로 자연속의 귀어촌은 또 다른 블루오션이다. 도시인은 회색빛 콘크리트 빌딩과 지하철에서의 탁한 공기 그리고 도시의 대기오염, 비싼 주택비용으로 좁은 공간에 찌들어진 삶의 방식에서 잠시라도 탈피하고자하는 욕망을 안고 살아가고 있다.

앞서 '귀어촌, 무엇이 경쟁력인가?'를 글제로 내세웠다. 기존의 방식으론 넘어야 할 산이 너무 많다. 필자가 생각한 패러독스한 발상으로 귀어촌의 대안으로 도시인들에게 어촌이 갖는 비전은 무한하다.

첫번째 선물은 시야를 가리지 않은 드넓은 바다와 푸른 하늘이다.
두번째 선물은 도시와는 수준이 다른 상큼하고 산소농도가 높은 공기와 시원한 바람이다.
세번째 선물은 싱싱한 먹거리와 즐길거리가 즐비하다.

바닷가 해안 모래밭에 나 홀로 앉아 '멍 때리기'를 해도 바다는 결코 혼자 내버려두지 않는다. 돌팔매 수제비를 하던 어릴 적 소년의 추억을 끄집어내어 주기도 하고, 밀다 당겼다 밀당하는 파도가 있어 외로울 틈이 없다. 또한 해안방풍림 밑 나무그늘에 앉아 독서라도 할라치면 클래식음악 뺨치는 자연의 교향곡 파도소리가 귀전에 들려온다.

쏴~아---악, 철~썩 !

이러한 것들이 귀어촌의 경쟁력이 아닌가 싶다.

기존 어업을 하는 어민은 도시와 연결고리가 짧고 바다와 깊은 인연이 있지만 반면 귀어자는 도시에 깊은 인적관계가 형성되어 있고 바다는 덤으로 주어진 공간으로 어촌은 도시인들을 맞아 힐링 서비스를 제공하고 함께 공유할 최적의 공간이면서 미래를 채워 나갈 삶의 터전이 될 수 있다.

2) 어촌의 6차산업과 IT기술접목

해양수산부는 「2017년 해양수산부 업무계획」으로 "해중경관지구 지정, 마리나 대여업 활성화"로 2017년 5월부터 시행되는 수중레저법과 연계해 바닷속 경관이 뛰어나고 해양 생태계가 보존된 해역 4개소(동·서·남해, 제주 각 1개소)를 선정해 해중경관지구로 지정한다. 여기에 현재 동·서·남해안에 조성된 53개 해안누리길을 어촌, 섬과 연계해 바다트레킹 코스를 선정하는 등 해안에서 수중까지 해양관광을 활성화 할 계획이다. 또 인천 남항에 22만 톤급 크루즈 전용 부두와 속초항과 제주강정항 등에 크루즈 접안이 가능한 부두 5선석을 개장하는 등 외국인 크루즈 관광객 2백만 명을 시대를 열겠다고 설명했다(오대성, 2017).

해양관광수도를 지향하는 부산의 어촌계가 어촌관광 활성화를 위해 지역 대학과 산업체가 함께 어항·어장과 해수욕장을 기반으로 한 차별화된 관광레저상품의 개발, 어민의 해양관광 인식개선을 위한 교육, 자발적 어촌마리나 역(驛)사업, 등의 사업을 공동으로 진행할 예정이다. 특히, 과거 수산업 중심의 어촌항을 지역특성을 고려한 관광·레저·문화·휴식 공간 등이 복합된 명품 브랜드 어항으로 만들기 위한 민간 어촌계의 자발적 노력이 돋보인다. 김철우 해양레저사업단장은 "한국을 대표하는 해운대, 광안리에 위치한 3개의 어촌계가 한국 최고의 어촌관광지가 되는 것은 물론, 동북아 최고의 도심어촌형 해양레저거점이 될 수 있도록 지역 어민들과 함께 고민하면서 협조"하자고 말했다(최원석, 2016).

바다관련 해설사 양성교육이 대학과 지차체 별로 중구난방으로 시행되고 있다. 부산 한국해양대교는 '해양생태해설사', 푸른사천21 추진협의회는 '해양생태 환경해설사'를 교육한다. 여수시는 가막만과 여자만이 간직한 천혜의 해양관광자원을 활용한 체험형 관광상품으로활용하고자 '생태관광 해설사 양성과정'을 운영한다.

"해양생태환경학습형 체험프로그램"으로 주요 내용은 여수 연안 해양생태 보전의 중요성, 환경해설기법, 갯벌생태계의 이해 등을 교육한다. 또한 해수부에서도 '바다해설사 양성과정' 교육생 모집을 한

다. 어촌을 찾는 관광객들에게 어촌의 역사·문화·자연 자원 등을 해설하고 교육하는 전문가교육은 누구나 신청할 수 있다. 교육과정은 8월부터 약 3개월 동안 60시간에 걸쳐 바다에 대한 인문·과학·생태 등의 전문지식과 해설기법, 관광이론 등의 교육을 받고 현장에서 실습을 하게 된다. 기존관광이 보고, 먹고, 노는 단순 체험위주의 어촌관광을 자연생태, 문화학습 등과 연계해 어촌관광의 질적 수준 제고와 활성화를 위해 2010년부터 '바다해설사 양성과정'을 한국어촌어항협회를 통해 개설했고 2017년까지 220명의 바다해설사를 양성할 계획이다. 현재까지 90여명의 바다해설사가 배출됐다(김재홍, 2017).

대학과 지차체, 해양수산부가 어촌과 바다·연안 환경에 대해 해설사 양성과정을 하는 것 참으로 고무적인 일이다. 그러나 해양시대를 맞아 산발적인 교육이 아닌 국가주도 자격과정을 고려했으면 한다. 일례로 환경부 산하에는 농촌과 산촌, 국립공원 등을 효율적으로 관리하기 위한 프로그램으로 숲 해설사와 역사문화 해설사를 양성하는 국가자격증 제도를 시행하고 있다. 이로써 국립공원 관리요원의 자격요건으로 장관이 부여하는 자격증 소지자를 우대하고 자연환경에 대한 사전지식을 취득하는 우수공무원채용과 중요도를 교육하는데 일조하고 있다. 따라서 해양수산부도 기존 "바다 해설사'를 어촌출신 지도자 및 귀어자를 대상으로 바다·연안 환경에 맞는 인재를 양성하는 프로그램으로 개발하고 해양수산부 장관이 부여하는 국가자격증제도를 도입할 필요가 있을 것으로 사료된다.

귀어촌과 연계하여 어촌도 IT기술을 접목하여 6차 산업(1차<농업, 어업, 수산업> + 2차<제조업, 가공업> + 3차<교육, 유통, 서비스, 관광> → 6 차<One 시스템 가능>)이 실행되면 부유한 어촌이 될 수 있다. 어촌에 서의 '6차 산업 융복합 혁명'은 농·어촌업과 IT기술을 접목하고, 서 비스·관광 산업을 일정한 장소, 동시에 제공되는 협업(collaboration) 체계로 재정하는 것을 말한다. 미래의 먹거리, 볼거리, 즐길거리 또 는 산업적 측면에서 접근하면 각 분야에서 일어나는 기술혁신이 과 거 수만 년 동안의 전통산업구조를 탈바꿈. 현재는 새로운 생산방식 으로 융복합 되어 인간의 삶의 질을 향상시키는 것이다. 기존 어촌 생업인 잡고 기르는 수산업 위주의 생계수단을 잎새뜨기 생존수영, 요트체험, 바다생물 관찰, 해양환경프로그램, 해양안전교육과 해양 레저서비스를 제공하는 선진어촌으로의 전환을 모색 할 수 있다. 또 한 귀어촌을 준비하는 베이비붐세대(baby boomer, 1946년~1965년 출생 세대)의 조기퇴직자들을 위한 노후생활보장과 마리나 시대를 맞아 아름다운 해안을 가진 어촌의 해안에서 해양스포츠·레저를 접목한 청년 일자리 창출에도 크게 기여될 것으로 전망된다.

귀농 귀어촌을 적극적으로 생각해봐야 할 시점이다. 정년이 60세 로 늘어난다 하나 55세에 대부분 "명예퇴직"하는데, 아직 '젊은 인 력'이 무직자 생활을 하면서 '100세시대'를 살아간다는 것이 끔찍하 다. 사람이 '일'이 없으면 '살아 있는 사람'이라 하기 어렵다. 넉넉한 연금을 받는 퇴직자들이 많겠지만, '수입'이 삶의 보람을 채워주지는 못한다. 청년실업도 문제지만 '잉여인력'도 문제다. ICT기술을 가진 귀농인들은 도시인들과의 네트워크를 통해 판로를 개척하고, '스마트 농업'으로 인력을 최소화하면서 수익을 극대화한다. '자연속의 삶'은 덤이고 '일'이 생기니 대부분 만족한다. 경북 포항, 영덕, 울진 등은 배산임수(背山臨水)형이어서 밭농사도 짓고 어업활동도 할 수 있다. 배를 구입해서 직접 조업을 할 수도 있고, 수산물 가공 판매를 할 수도 있다. 체계적으로 준비하면 도시보다 많은 수입을 올릴 수 있고, 직장스트레스도 적어 삶의 만족도가 매우 높다고 말하는 귀어촌인들이 많다(경북매일 2017.03.09.).

중국 어선들의 불법조업으로 우리나라의 동해안·서해안의 어자원이 고갈되다 시피한다는 보도는 어제오늘일이 아니다. 따라서 귀어자가 배를 구입해서 직접 조업을 해서 일정 수입을 올리기란 경북매일 신문기사와 같은 일은 쉽지 않은 일이다. 그러나 ICT기술을 가진 귀농인들은 도시인들과의 네트워크를 통해 수익창출이 가능하다. 또한 어촌 마리나 서비스업 도입에 주도적인 역할을 할 수 있을 것으로 사료된다. 바다낚시에 대한 자세한 설명은 '11. 바다낚시문화와 낚시월드컵' 세계낚시월드컵협회 최진호 이사의 글로 대신한다.

IT기술혁신을 바탕으로 종전 업계에 접목하여 성공한 사례로 우버(Uber)와 Air B&B를 들 수 있다. Air B&B는 숙박업계를 우버(Uber)는 택시업계를 뒤흔드는 '파괴적 혁신'이 일어나고 있고 혁명적이라 할 수 있다.

우버(Uber)는 공유경제의 대명사로 떠오르며 다른 산업분야에 까지 확산되고 있다. 2015년 11월 월스트리트저널(WSJ)등 외신들은 전산업영역에서 일처리방식이 점점 우버화될 것이라며 중개기능이 강한 금융분야 등에서도 우버화(Uberization)가 진행되고 있다고 보도하기도 했다(한경 경제용어사전, 한국경제신문).

우버(Uber)의 경우 우리나라에서는 2014년 10월 우버 택시 서비스를 시작하였다. 초기에 우버는 차량 기사들과 승객들에게 우버 사용을 권장하는 지원책을 제공하였으며, 서울 지역에서는 우버 블랙 서비스와 우버 엑스 서비스를 연달아 시작하였다. 하지만 국토교통부는 우버 서비스가 자가용이나 렌터카를 이용해 '유상운송'을 한다는 점에서 여객자동차운수사업법을 위반하고 있다고 규정하고, 2015년부터 우버 서비스를 단속하자, 우버 테크놀로지스는 2015년 2월 우버 엑스를 전면 무료화 하였으며, 논란이 계속되고 있다. 세계 여러 나라에서도 택시 관련 법규와의 충돌로 인해 계속적으로 불법 논란이 이어지고 있다(두산백과).

한국에서 합법적으로 운행하고 있는 우버 택시의 차량은 자가용이어서는 안 되며 무조건 노란색 영업용 넘버가 달린 차량과 운전자 또한 현업에 종사하고 있는 택시기사여야만 한다. 미국처럼 일반인이 자신의 자가용으로 영업하는 행태는 불법으로 간주하고 있다.

공유 경제의 대명사란 우버 시스템에 대해 알아보면, 우버는 스마트폰(모바일 앱)을 통해 승객과 운전기사를 연결해주는 허브 역할만 수행한다. 대신 모든 결제는 우버 앱을 통해서만 진행되고, 탑승요금으로 결제된 금액은 우버가 20% 내외 범위 즉 1만원의 탑승요금이 신용카드에서 빠져나가면 우버가 2000원 운전자가 8000원을 수령하는 배분방식이다. 단 우버 앱 가입 시 신용카드를 등록하고 사용대금이 등록된 카드에서 자동으로 결제되는 시스템이다. 요금은 날씨와 시간, 요일에 따라 차등적으로 책정되며 수요와 공급에 따라 가격이 변동되는 우버의 자체 알고리즘을 가지고 있다. 우버의 창업자는 트레비스 캘러닉(Travis Kalanick)으로. 캘리포니아 대학에서 컴퓨터공학을 전공, 1998년 대학중퇴 후 친구와 함께 스카워(Scour) 라는 스타트업을 설립했으나 파산, 재도전하여 2007년 P2P 파일 공유시스템을 성공해1,900만 달러(한화 약 220억 원)에 기업을 매각하고 다시 3번째로 창업한 회사가 바로 우버(Uber)다. 재미있는 일화로 칼라닉은 "택시를 잡는 데 30분이나 걸려 짜증"나서 창업을 결심하게 됐다고 한다. '모바일 버튼 하나로 택시를 부를 수 있을까'로 시작된 그의 아이디어는 '모든 운전자를 기사로 만들겠다'는 구상으로 발전되었고 현재의 우버 시스템을 실현해 낸 것이다.

우버의 기업 가치는 얼마나 될까?

우버는 2013년 3-4조원대에 머물렀던 기업 가치가 2014년 6월 18조원으로 상승했으며 이 금액은 2015년 말경에는 625억달러(74조원)까지 치솟았다.

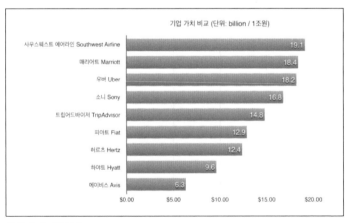

(출처: Forbes)2014년

우버와 다른 회사들의 기업 가치 비교

세계 각국에서는 우버를 본 딴 서비스가 확산됐다. 한국의 '카카오택시', 중국의 '디디콰이디', 싱가포르의 '그립택시', 인도의 '올라' 등이 우버와 유사한 형태의 서비스를 제공하고 있다(한경 경제용어사전, 한국경제신문).

우버는 IT기술을 생활의 틈새에 적용하여 엄청난 부가가치를 창출하는 공유경제의 대명사로 떠올랐다. 우리사회는 스마트폰이 일상화된 사회로 이러한 IT기술력을 바로 구현할 수 있는 여건을 갖추고 있다.

어촌의 자연바다에서 생산한 먹거리를 물차나 냉장 차량을 이용한 배송이 아니기에 신선도와 유통비용면에서 소비자나 생산자가 모두 만족할 만한 조건이 갖춰진다. 미리 생각만 해도  도심 식탁위에 바다의 싱싱함이 눈으로 그려지고 바다의 상큼함이 느껴지는 듯하다. 또한 우버가 해상 교통시스템에 접목되면 연륙되지 않은 섬으로의 이동방법이 개선되어 해양관광과 주민편의에 기여할 수 있는 대안이 될 수 있다.

3) 마리나 서비스업과 보험의무 가입

마리나 시대를 맞아 물(바다, 강, 호수 등)과 관련된 최강의 상위법이 「마리나항만의 조성 및 관리 등에 관한 법률」 이를 줄여 '마리나항만법'이라 한다. 그러기에 기존의 수산어법이나 항만법, 하천법, 공유수면법 등도 이법에 대항 할 수는 없다. '마리나항만법'은 물과 관련된 27개의 국내법 중 최상위 법이기 때문이다. 이러한 여건 하에서 2015년 7월 법 개정을 통해 '마리나 서비스업'을 추가하여 시행하고 있다.

여수~고흥 간 연륙교   해상연륙교 작업현장

해가 다르게 어촌이 변모해가고 있다. 그 대표적인 사례가 섬과 섬을 잇는 연륙사업이 속도감 있게 진행 되고 있다. 그 결과 여수와 고흥, 8개 섬의 연륙사업이 2017년 준공이 되어 새로운 남해안 시대를 예고하고 있다. 더불어 정부도 적극적으로 귀어·귀어촌 지원정책을 펴고 있어 희망적이다.

여수화양지구 세포항 마리나와 장등 청해가든 해변

해양수산부는 2017년 '해양수산부 업무계획' 중 마리나 대여업자가 의무 가입해야 하는 보험료를 인하하는 등 마리나 서비스 활성화 대책을 수립해 마리나 서비스업 창업을 69개에서 140개로 2배 이상 확대해 나간다는 계획도 내놨다. 6대 거점 마리나항만의 사업계획 수립과 건설공사를 신속하게 추진하고, 해상 간이역 기능을 할 어촌 마리나역은 16개 중 2개소를 올해 완공할 계획이라고 덧붙였다.(오대성, 2017).

귀어촌 사업과 마리나 서비스업은 상관관계에 있다. 기존의 어촌계 소속이 되기엔 귀어자는 넘어야 할 고비가 너무 많아서 어촌 정착에 성공가능성이 현저히 낮아 질 수밖에 없다. 그러나 IT기술을 접목한 어촌의 유통·제조부분에 동참 할 수 있고 마리나 서비업의 다양한 해양레저 프로그램 제공자로 제2의 인생을 어촌에서 꿈꿀 수 있다.

바다는 굉장히 난해한 곳이다. 평생을 바다와 벗하며 사는 어부들조차도 겁내고 예측불허의 사고가 잔존해 있는 것이 바다 생활이다. 특히 귀어자 입장에서는 낯설은 바다 생활에서의 예치 않은 사고로 제2인생의 꿈이 일순간에 살아질 수 있는 개연성에서 보다 안정적인 시스템을 강구하는 것은 당연한 일이다.

이러한 안정장치의 일환이 보험이다. 종전에는 해양레저업을 하면서 보험을 가입도 힘들었고 보험료가 너무 비싸 그 비용이 '죽 써서 개주는 꼴'로 여름 한철 열심히 일해 보험료를 공제하면 남는 게 별로 없는 힘든 구조였다. 이번 해수부의 보험료인하조치, (의무보험

료 인하 : (16년)1인 20만원 → (17년)20% 이상 추가인하) 마리나 서비스업 관계자들에게는 가뭄의 단비 같은 소식이다. 이밖에 자세한 내용은 '2. 마리나서비스업 추진과 그 전망', 부경대학교 해양스포츠학과 김용재 교수 글로 대신하기로 한다.

보험은 가입자 입장에서는 대단히 좋은 시스템이다. 마리나 서비스업이 법으로 규정되어 있기 전까지는 해양레저인과 어민들 간의 해상사고로 인한 분쟁 시 언제나 해양레저인이 약자의 입장으로 전락했다. 이유는 어민은 수산어법과 공유수면 점사용이란 합법적인 근거를 내세우고 강력한 어촌계 조직으로 사고자인 해양레저업자나 레저인은 제대로 저항도 못하고 속수무책으로 어민들의 행포에 당할 수밖에 없었다. 그러나 보험의 효력은 상황을 반전시키기에 충분하다. 일반 해양레저인 역시 합법적인 마리나 서비스업을 근거로 손해배상 책임은 보험사가 전담하여 사고의 경위를 파악하고 그 업무를 대행하기 때문에 종전처럼 해양레저인이 나서서 어민들과의 충돌을 할 필요가 없다는 것이다.

일례로 자동차보험에 가입한 운전자가 도로 위에 불법 설치된 입간판을 치어 사고가 나면 운전자는 불법 설치한 입갑판 설치자는 찾지 않고 바로 보험사로 연락하여 사후조치를 받는 것이 일반적인 수순이다. 그 결과는 동급에 준하는 자동차를 제공받고 운전자는 일상생활을 할 수 있다. 차량이 수선되면 자신의 차량과 교체하고 과실 여부에 따라 보험료가 인상 되거나 혹시 사고 시 다쳤다면 사고 후 의료비용을 감안해서 위자료까지 지불해준다. 그 후 보험사는 사고 원인제공인 입갑판 설치자를 찾아 불법 설치물로 인한 책임과 구상권을 청구를 하게 된다. 일련의 과정을 해상에 적용해보면 쉽게 이해가 될 것이다. 바다에서는 불법그물과 불법양식장 설치물에 의해 사고가 나는 경우가 참으로 많다. 심한 지역에서는 선박항로를 침범하여 설치한 불법 해상구조물이 있어 위험하다. 이와 관련해서 마리나 서비스업은 마리나항법에 속해 있기에 수산어법보다도 상위법적 입장에 있다. 따라서 불법설치물은 결코 보호받을 법적근거가 없기에 보상은 보험사가 선 조치하여 보상해주고, 불법으로 설치한 어민에게 보험사가 구상권을 청구하게 된다. 만약 사고보트가 마리나 서비스업에 등록되어 있고 영업을 하는 보트·요트이면 사고로 인해 보트를 정비하는 기간 동안의 영업수익을 고수란히 영업손실 보상까지 받을 수 있다. 마리나 서비스업 보험의무 가입이 가져다주는 안정적 생활이 보장되는 것이다.

필자는 보험과 관련하여 2년 전 제주가족여행에서 체험한 자동차 렌트서비스를 소개한다. 아주 특별한 경험이었다. 차량보험이 가지고 있는 속성과 제주 자동차렌트업의 과열경쟁이 가격 하락의 주요인이지만 렌트카업체가 망(亡)하지 않고 계속 영업을 유지하는 비결이 보험에 있음을 인지하게 되었다.

제주여행 3박4일 동안 사용할 차량을 찾던 중 제주에 거주하는 지인으로부터 인터넷 예약하면 저렴하다는 정보를 접하고 쿠팡과 위메프 사이트를 검색하였다. 1일 중형 소나타급 차량 렌트비용이

제주 렌트카 소나타 1일 7900원
보험료 포함 3일간 40,500원

5,000원부터(2017년 기준, 7,900원부터), 이런 문구에 있고 티켓구매로 필요한 날짜만큼 구매하여 사용가능한 시스템이었다. 정말 믿기지 않은 가격과 랜덤이란 문구 또한 신뢰감이 확~ 떨어졌다. 물론 한정판매상품이라고 명시되어 있었다. 그래서 다른 업체를 검색해보니 동급 차량이 보통 25,000원선이었다. 한참을 고민하다가 제주지인에게 다시 연락하여 문의하니 1일 5,000원 렌트카 전혀 문제없다는 말에 일단 속은 셈치고 3일간 사용할 3장 15,000원을 입금했더니 예약확인 문자가 내 휴대폰으로 바로 찍혔다.

여행일 되어 집에서 공항으로 나가고 있는데 렌트카 업체에서 안내 문자가 왔다. 제주공항 도착해서 공항 도착홈 1층 도로에 픽업버스가 셔틀로 운행되니 이용하라고 한다. 그사이 제주에서 수없이 차량를 대여해 봤지만 1일 5,000원은 정말 믿기지 않은 가격이다. 사장이 제정신이 아니거나 망하려고 작정하지 않았으면 말이다. 그런데 위메프 말고도 쿠팡도 같은 요금이었고 대여차량도 5-6대는 줄곧 인터넷상에 노출되어 쉽게 구매가 가능한 상품이다. 막상 도착하여 픽업장소에 가니 대형버스가 우리말고도 서너팀을 실어 공항에서 차로 5분 거리의 차고지 영업장에 내려줬다. 운전면허증을 복사하고 보험을 선택하라고 한다. 자차 완전책임면제보험이 1일 만원, 3박4일 일정이니 3만원을 별도 지불했다. 예약시간이외의 추가 부담금은 정상적인 계산으로 추가시간당 몇 천원씩 올라간다는 설명 듣고 차량을 인도 받으려 밖으로 나오는 길에 대여차량이 내심 허름한 차량일거라고 생각했다. 랜덤이라는 말이 생각나서..... 그런데 웬걸 예약시 집에서 타는 차량과 같은 SM5를 요청해 두었는데 정말 SM5에 제주출장 시 렌트했던 차량상태와 똑같은 대여차량이었다. 혹시 여행을 마치고 반납할 때 다른 이유를 달아 추가요금을 요구하지 않을까 약간의 의심도 했었다. 그것 역시 나 혼자만의 기우였다. 너무도 친절히 반납 절차를 맞춰준다. 픽업 셔틀버스로 공항까지 데려다 주기까지 뭐 하나 나무랄 것 없이 완벽했다.

결국 3박4일 차량렌트 비용은 LPG가스비 포함 총 8만원(3일 차량15,000원, 3일 보험 30,000원 LPG가스 35,000원)이 들었다. 정말이지 제주여행을 마치고도 횡재한 기분에 미소가 절로 나왔다. 탁월한 선택이었다고......,

작년에 제주의 다른 지인을 만나서 차량렌트 이야기를 하게 되었다. 순간 내 귀를 의심 할 수밖에 없는 내용이다. 바로 중형차 렌트카 비용이 1일 100원이란다. 5,000원도 비싼 것이라고 차량 뒷면 광고판에 1일 100원을 붙인 제주택시광고가 널려 있다는 것이다. 그렇다면 어떻게 이런 영업이 가능 할까? 곰곰이 생각해 보았다. 고객에게 보험비용을 별도 계산한 이유도 그리고 영업외 수익을 어떻게 창출해 내는지도 궁금했다. 렌트카 입장에서는 차량이 운행되지 않더라도 보험 비용는 회사전체 운영비에서 지불 될 수밖에 없다. 그런 상황이면 일단 차량이 차고지에 서있는 것보다는 고객이 보험비용이라도 대신 지불할 여건을 마련하는 영업 전략으로 100원이라도 받고 고객에게 차량을 인도하는 것이다. 보험료가 그렇게 해결이 되면 다음엔 회사운영비(인건비와 차량구입비, 회사공과금 등)을 차량 1대당 1일 5000원은 정말 계산이 안 되는 논리이다. 대폭 세일하여 5천원에 대여된 차량 말고 다수의 차량이 정상 영업이 되어야 그 회사들이 존속이 가능 할 것이다. 그러나 필자가 미처 생각하지 못했던 것이 있었다.

중형차량 정상요금 1일 155,000만원,
3일 401,500원으로 표기

렌트카 사무실에 비치된 정상 레트카 비용이 중형차량이 1일 13만-15만원으로 명기되어 있었다. 이는 차량이 출고(대여)되고 나서 사고가 나면 사고차량이 고쳐져서 정상영업에 투입되기 전까지 비용을 보험사에서 영업 손실금으로 받을 근거로 그 가격표를 눈에 뜨인 곳에 비치해 두었다. 즉 사고차량 정비소요 기간이 10일이면 그 차량이 최하 130만원 이상을 벌어오는 효과가 있다는 말이다. 그리고 실제로 제주도가 다른 도시들 보다 차량사고율이 높은 편이다. 제주여행자의 낯설은 초행길과 여행이라는 들뜬 기분이 주의를 산만하게 하는 게 주요 요인일 것이다. 그러니 레트카 업체입장에서는 일단 고객의 손에 차량이 인도되면 자체보험료 손실보존도 되고, 사고 시 영업수익이 사고차량의 정비기간만큼 발생하는 수익구조란 걸...... 이렇게 해서 보험을 통한 제주렌트카 운영방식이 이해가 되었다. 그러나 결과적으로 모든 자동차 보험 가입자의 보험료 증액요인에도 영향을 주게 된다. 왠지 가슴 한쪽엔 허전함이 남는다.

그렇다면 마리나 서비스법에서의 해양레저업 보험효과 역시 같은 사례이다. 사고 시 자동차는 쉽게 정비가 가능하지만 보트나 요트는 비용과 기간이 만만치 않다. 그러한 모든 비용을 보험사가 구상권행사로 불법을 저지른 수산업자나 어민이 지불해야하는 상황이 점점 늘어날 것이다.

해상 양식장, 공유수면 허가구역 이외의 해상설치물은 불법이다.

　바다는 공공재로 국가가 소유하고 관리감독을 함으로 당연히 해양수산부가 감독권이 있다. 그러나 이 관리권한을 지방자치단체로 이관하여 지자체장이 공유수면 허가 및 불법이용 관리 및 감독을 대행하고 있다. 그러나 지금까지는 불법 어망과 양식장이 관할 지자체장의 아량?(선출직 지자체장 선거표 관리) 행정감독이 소홀한 것이 현실이었다. 그러나 이제부터는 이러한 사고사례 몇 건이면 관리감독을 하여야 하는 지자체장의 재량에도 한계가 있고, 수산업자나 어민들 역시 공유수면을 허가받지 않은 구역에서의 불법설치물에 대한 책임에서 결코 자유롭지 못함으로 수산 양식 어민들의 자정하는 노력도 있을 것이다. 따라서 깨끗이 정비된 바다가 안전한 항로를 만들고 '해양관광과 해양스포츠・레저의 장'으로 전환될 전망이다.

　오늘날 관광은 거대한 산업 중 하나로서 양적으로 급속히 확대되고 있을 뿐만 아니라, 그 질적인 측면에서도 웰빙을 추구하고 인간성 회복의 한 수단으로서 중요한 역할을 하고 있다. 세계적으로 해양관광지로 유명한 곳은 이탈리아 베네치아로 중세 때부터 유럽의 성지순례 출발지로 각광을 받던 곳이다. 오늘날 해외여행에는 여행상품이 다양하게 패키지화 되어 여행자는 여행 경비를 지불하면 여행사 측에서 일사천리로 일정전반을 편안하게 모시는 시스템이다. 그러나 중세시기에 베네치아만의 독특한 여행도우미인 '트로마리오' 가 있었다. 옛날이나 지금이나 잘되는 곳에는 특별한 이유가 한두가 지는 반드시 있다. 베네치아는 그 생성부터 육지세력에 밀려 바닷가 라구나에 말뚝을 밖아 삶의 터전을 일군 생명력 강한 근성을 가진 해양인이다. 또한 해양을 근간으로 교황의 엄포를 뒤로하고 생업을 위해 종교의 벽을 넘어 해상무역을 통해 부를 축적했다. 그러한 노-하우와 지역간 컨넥션으로 성지순례여행까지 차별화 하는 전략을 세웠던 것이다. 해양관광의 원조라고 할 수 있겠다. 베네치아의 '트로마리오'의 역할을 구체적으로 알아보자.

그 당시 대부분 성지순례자는 초행길여행에는 정보가 매우 부족한 관계로 해상여행과 중동의 사막여행이 익숙하지 않다. 여행 시 어떤 물품이 필요한지 전혀 모른 상태에서 성지 예루살렘으로 가는 배를 타기위해 베네치아로 온 사람들이다. 그렇다고 오늘날처럼 호화 크루즈선이나 승객 위한 여객선이 있는 것도 아니고 단지 그 지역으로 가는 상선에 자리를 얻어가는 형국이 다반사였다. 그래서 심지어 침대 또는 매트, 식료품까지도 순례자가 구입하는 물품이었다. 실제로 중고품을 매매하는 가게들도 있고 여행기간중 빌려주는 가게도 있어 '트리마리오'의 도움은 거의 절대적이라고 할 수 있다.

이러한 가게는 20여 곳이 있었고 순례자는 전문가의 도움을 받아 필요물품을 구입한다. 해상 선상여행을 해 본적이 없는 순례자에게 '트로마리오'는 물품구매를 알선하는데 주로 식료품을 마련하는 것이 중요한 일이었다. 선상여행 중 지불한 요금에 식대가 포함되어 있으나 음식은 개인의 기호라 딱히 할 일이 없는 선상생활에서 입이 심심하기도하여 햄, 살라메소시지, 육포, 치즈, 비스켓, 건과류 등 장기여행에 보관이 편한 식품류를 선호한다. 또한 정부의 엄한 감시로 인해 점포가 불량품을 팔거나 바가지를 씌울 수는 없게 되어 있었고, 부정행위를 당하면 순례자들은 순례자 전담재판소에 제소 할 수 있었다.

그래서 '트로마리오'들도 호텔과 상점들과 부정한 관계를 맺을 수 없다. 선상 준비물이 끝나면 배표를 구입하는 일이 남아 있다. 그리고 프랑스의 마르세유 같은 항에서도 베네치아보다 10% 저렴한 경비로 순례자를 모집 하였어도 베네치아를 선호한 이유는 '순례사업법'이라는 법률이 있어 배에 탑승하는 승객(순례자)의 수를 제한하여 '과적'이 몰고 올 재난을 예방하고 그밖에도 배에서 제공하는 식사의 질에도 위생검열을 강화하였다. 또한 무장병과 의사의 승선을 의무화하여 여행의 안전과 쾌적한 선실공간을 유지하고, 이러한 차별화된 베네치아의 성지순례는 중세 최대의 해양관광사업의 왕좌를 200년동안 베네치아가 차지하였다. 더불어 베네치아인들은 성지순례 여행을 기획하여 점점 더 그룹화하면서 비용절감을 위한 단체 할인제도를 정착하였다. 즉 개인부담인 사무적 부담을 되도록 적게 하는 것이 관광사업을 성공하게 하는 중요한 열쇠임을 베네치아인들은 알고 있던 것이다. 그래서 순례자들로서는 시간과 수고가 그만큼 덜어진 것이 되었고 이러한 관광을 상품화하는 저력이 이어져 오늘날 이탈리아가 관광국가로 성장하는 기틀이 이미 중세 베네치아에서부터 시작된 것이라 할 수 있다(시오노 나나미, 「바다의 도시」 재구성).

앞서 설명된 것처럼 '트로마리오'의 역할은 성지순례여행을 위한 숙소안내와 선상에서 사용할 물품구매 도움뿐 만아니라 배표 구입까지 안내하는 조력자이다. 시대와 문화는 달라도 바닷가 여행은 여전히 누군가의 도움 없이 어려움이 많다. 그래서 귀어자가 어촌생활에 정착에도 도움 될 수 있고 어촌의 소득증대에 연결고리를 할 수 있는 역할이 어촌안내자로써 역할이 아닌가 싶다. 최근 도시인의 관광 트랜드가 관광 그 자체보다는 체험의 질을 중시하고 능동적인 참여와 활동성을 추구하고 있다. 또한 친환경적이고 건강을 중시하는 웰빙 관광을 원하고 있다. 귀어자도 도시인으로 생활하였기에 어촌에서의 불편사항 해소에 앞장 설 수 있고 어촌의 특산물을 적극 홍보하는 역할 역시 중요한 일이다.

이러한 어촌관광개발과 활성화를 위한 방향은 기본 원칙, 규모와 방식, 역할과 기능, 기대와 효과 등 많은 측면에서 기존 패키지관광개발의 틀과 명백히 차별적인 특징을 지니고 있어야 한다. 이 분야는 새로운 관광시장과 수요자의 정확한 욕구를 파악하고 지역별 차별화된 공급시기와 혁신적인 마케팅이 필요하다.

어촌 관광에 '공정여행(公正旅行, fair travel)'을 적용하면 어촌의 공동체 활성화의 가치를 기반으로 어촌 여행을 통해 귀어자 및 지역사회 취약계층에게 일자리를 제공하고 좀 더 다양한 사회적 서비스를 생산하게 됨으로써 어촌 내부의 커뮤니티와 주민들의 소득향상에 도움이 될 것이다.

공정여행이란 생산자와 소비자가 대등한 관계를 맺는 공정무역(fair trade)에서 따온 개념으로, 착한여행이라고도 한다. 종래의 즐기기만 하는 여행에서 초래된 환경오염, 문명 파괴, 낭비 등을 반성하고 어려운 나라의 주민들에게 조금이라도 도움을 주자는 취지에서 2000년대 들어서면서 유럽을 비롯한 영미권에서 추진되어 왔다. 전세계적으로 관광산업은 매년 10%씩 성장하지만 관광으로 얻어지는 이익의 대부분은 다국적 기업과 대기업에 돌아가기 때문에 공정여행을 통해 현지인이 운영하는 숙소를 이용하고, 현지에서 생산되는 음식을 구입하는 등 지역사회를 살리자는 취지도 담고 있다. 국내에서도 봉사와 관광을 겸하는 공정여행 상품이 등장해 인기를 끌고 있다.(pmg지식엔진 연구소, 박문각)

그리고 해양관광을 활성화에 대한 설명은 '8. 마리나 시대의 해양관광비전' 세한대학교 관광학과 최영수 교수 글로 대신한다. 「현대관광개발론」 저자이기도 한 최 교수는 한국관광공사 전남지부장을 역임하면서 한국관광 현장실무경험과 해양관광의 전문가로 마리나 시대를 준비하는 서해안 해양관광 개발에 대한 구체적인 로드맵을 제시하고 있다.

최근 들어 첨단기술과 해양스포츠·레저에 접목되면서 신종 해양레저 장비들이 선보이면서 바다가 활기차졌다. 이러한 해양스포츠·레저분야에 대한 설명은 '9. 신 해양스포츠·레저와 해양안전' 한서대 해양스포츠학과 함도웅 교수의 글로 대신한다. 한서대 해양 스포츠 교육원 원장이며 김포아라 마리나에서 2016 경기국제보트쇼의 수상쇼를 직접 연출·감독한 수상엔터테이먼트(water entertainment)

분야의 탁월한 전문가이다.

함 교수는 수상레저업을 현장에서 30년 이상 경영한 노-하우를 통해 한국해양레저의 발전을 위한 견해와 해양안전에 대한 알찬 정보를 적시하고 있다.

4) 보트·요트 셰어링 사업 적극검토 촉구

자전거 무료임대서비스는 이제 우리에게 익숙한 문화로 자리 잡혀있다. 이것을 '바이크 셰어링(bike-sharing)'이라 하고 부경대학교 캠퍼스, 한강 자전거길, 여수엑스포역 등 전국 지자체별로 심심치 않게 시행되고 있다. 셰어링의 원칙은 사용자가 필요한 만큼 편리하게 타고 미리 정해진 여러 장소 중 한 곳을 선택해서 반납하는 시스템이다.

이미 자동차 셰어링하는 우버(Uber)는 스마트폰 애플리케이션(앱)으로 승객과 차량을 이어주는 서비스로 미국의 기업인 우버 테크놀로지스(Uber Technologies Inc.)가 2015년 기준 58개국 300개 도시에서 우버(Uber)를 시행하고 있다(두산백과).

2014년부터 중국정부는 항저우에서 전기자동차로 EV셰어링(EV-sharing)프로그램을 시행하고 전기차 사업체 "칸디"가 주도하고 있다. 칸디는 이 프로그램의 취지에 맞게 시내용 차량이라 할 수 있는 씨티카(City Car)를 자체적으로 제작하여 낮은 가격과 높은 항속거리만이 관건 이었다. 차량가격은 700만원 이하였고 항속거리는 160km로 전기차 목적에 부합한 조건을 갖췄다. 이 전기차 프로젝트는 세계적으로 유례없는 국가단위의 대규모 시도가 성공적으로 안착된 것이다. 칸디 차량을 대여해 25km를 주행하면 요금은 20위안 (약 3,500원 정도)가량이다. 25km 정도 거리면 서울 여의도에서 송파까지 가는 거리이니 어느 정도 요금이 저렴한지를 짐작할 수 있다. 참고로 항저우 시내에서 택시를 이용해 25km를 이동할 경우 요금은 85위안(약15,000원 정도)가량이 든다. 중국 정부가 전기차 보급을 최대한 확대시키려는 의도는 명백하다. 지속적으로 심각하게 제기되고 있는 환경문제를 해결하기위해서다(손지우·이종헌, 2016).

2017년 광주시도 친환경 수소 및 전기자동차를 활용한 카셰어링 시범사업 발대식을 가졌다. 친환경 자동차 보급에 속도를 내고 2020년까지 300대 규모로 확대 할 예정이다.

카셰어링은 일반 렌터카보다 짧은 최소 10분 단위로 차량을 빌려 쓰는 시스템으로, 전 세계적으로 인기를 끌고 있다. 사용자가 스마트폰으로 예약, 결재, 대여하는 방식으로 완성차 메이커와 IT업계도 유사한 방식의 비즈니스 모델에 관심을 갖고 투자하고 있다. 우선 수소차 5대와 전기차 27대로 3월말 수소차 10대가 추가 투입된다.

"카셰어링 차량 1대당 연간 1000여 명에게 운전 경험을 제공하는 효과가 있어 앞으로 많은 시민들이 직접 차량 성능과 쾌적성을 체험해 수소차·전기차에 대한 홍보대사 역할을 수행해 무공해자동차 산업이 발전함과 아울러 도시 환경개선에도 기여할 것으로 전망된다.

윤장현 시장은 "시민들과 광주를 찾는 외지인들이 친환경 자동차로 대표되는 수

조경규 환경부장관(左). 윤장현 광주시장(右)'
친환경 수소 및 전기자동차 융·복합
카셰어링' 수소차 시승

소차와 전기차를 손쉽고 저렴한 가격에 이용할 수 있는 기회를 제기술력으로 공하게 됐다"며 "도시이미지 제고와 친환경차 보급을 위한 홍보에도 도움이 될 것으로 기대한다"고 말했다(박중재, 2017).

광주에 '친환경 수소 및 전기자동차를 활용한 카셰어링'을 계기로 해양수산부도 바다에서 공공마리나 개설과 연계해서 "보트・요트세어링 사업"을 정부주도하에 적극 추진해 볼만한 시점에 이른 것 같다. 이미 해년마다 친수교육차원에서 무동력 카약체험과 요트 체험 등 다채롭게 해양프로그램에 투자해 왔으나 보트・요트 사업에 획기적인 계기를 마련할 "보트・요트세어링 사업"은 고용창출과 새로운 마리나시대를 열어갈 동력이 될 것이다. 따라서 기존 어항과 거점 마리나들을 연계할 '보트・요트세어링 사업자 타당성 조사'라도 시도 해볼 만한 시기다.

중국 정부 주도의 '칸디 씨티카(City Car)'처럼 우리도 국민 보급형레저보트개발은 마리나 분야 일자리창출도 동시에 이루어진다. 지금은 중고보트 수입에 의존하고 있기에 고장 시 수리부품 교체가 원활하지 못해 운항을 포기하는 사례가 많다. 따라서 "보트・요트세어링 사업"은 기존의 중고보트 수입자제와 마리나 산업의 저변확대에 도움이 될 수 있다. 신조 선박은 국내 A/S 체계가 구축 될 뿐만 아니라 정부주도의 대량생산 물품은 정비 부품공급에도 원활해질 수밖에 없다. 보트 정비수리부분에서도 수요공급의 시장경제 원리가 작동하기 때문이다. 제주 중문마리나에 있는 63ft 카타마란을 국내의 자체 보트제작 기술력으로 직접 건조한 김인철 박사의 보트세어링에 대한 견해는 다음과 같다.

2011년 해양수산부의 지원으로 호남씨그랜트 사업단은 호남권을 대상으로 Day-sailing "요트운항안내도"를 기획 배포하였다. 이는 요트셰어링의 구성에 대한 기반조성으로 볼 수 있다. 일반조종 및 요트조

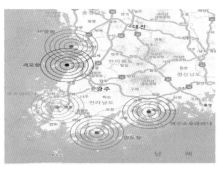

호남씨그랜트 사업단요트항로안내도, 2011

종면허를 득한 수요자를 대상으로 일정지역에서 목적하는 대상지역으로 이동하고 반납하는 프로그램으로 해양레저장비의 활용률을 최대한 높일 수 있는 현실적인 방안이 될 수 있을 것이다. 아울러 가족단위의 보트와 요트의 국내 제작은 더욱 많은 산업적 가치를 가지게 될 것이다.

5) 어촌에 희망을 "뜨는 마을 프로젝트"

바다와 어촌!

참! 너무 평범해 생뚱맞은 '머리글'일 수 있다. 지금도 바다는 도시인에게 생소하고 낯선 곳이다. 더구나 어촌~! 하면 어딘가 모를 어두운 느낌마저 든다. 그러면서도 서정적인 분위기로는 꽤나 훌륭한 언어조합이다. 하지만 희망의 메시지를 전하기엔 바닷가 어촌들의 열악한 현실에 비추어 조금은 어색한 언어조합일 수 있다. 21세기 해양의 시대, 달리 말해서 '바다의 시대'를 맞아 '바다와 불가분관계(不可分關係)에 있는 어촌에 희망(希望)'을 실현할 수 있는 프로젝트를 기획해 본다. 일명 "뜨는 마을" 조성사업이다.

잎새뜨기 생존수영법 활용을 통해 어촌마을을 "뜨는 마을"로 조성하여, 이 마을 찾는 관광객들이 물에서 나뭇잎처럼 뜰 수 있는 안전수영법을 어촌 마을의 잎새뜨기 지도자들로부터 배우게 함으로써 바다에서의 레저활동을 안전하게 즐길 수 있도록 하는 친수화 프로젝트이다.

바다는 물로 이뤄져 있다. 물, 왜 특별한가?

우리 몸의 70%이상이 물로 채워져 있다. 그러고 보면 바다와 우리 신체의 공동분모는 물로써 최소한 70%이상은 동질의 성분을 보유하고 있는 것이다. 지구상의 수많은 물질 중 '바다와 신체'는 엄청나게 가깝게 이웃하고 있다. 그리고 인간은 산소가 없이는 살아갈 수가 없다. 그런데 지구상의 산소탱크는 '바다'다. 무려 지구에서 생성하는 70%이상의 산소가 바다에서 만들어지고 있다. 그렇다고 인간은 무작정 물속에서는 살 수는 없다. 하지만 유사 이래 현재까지 물에 가깝게 살고 있던 인류 삶의 터전으로 확인된 신석기시대의 패총의 흔적이 있고 지금은 해양물류기지와 수산물과 어업의 고장으로 '어촌'이 해안에 형성되어 있다. 아는 만큼 보인다고 했다. 바다와 인류, 이제는 알아서 일까? 어촌이란 언어가 조금은 정겹게 느껴진다.

중국의 철학자 노자는 '물의 철학' 대가로 도무수유(道無水有) 즉 도(道)는 보이지는 않으나 눈에 보이는 것 가운데 가장 도(道)에 가까운 것이 '물'이라는 것이다. 특히 '상선약수(上善若水)'로 "최고의 선은 물과 같다." 하였다. '물은 만물을 이롭게 하면서도 다투지 아니하는 이 세상(世上)에서 모든 사람들이 가장 싫어하는 낮은 곳에 스스로 처하므로 도(道)에 가깝다.' 이러한 '물은 낮은 곳으로 흘러서 '바다' 즉 해양이 된다.

국민소득이 향상되고 삶에 질이 나아질수록 여가생활을 즐기는 스타일도 사뭇 달라졌다. 따라서 해양관광객이 증가하고 '보는' 관광에 비해 '체험하는' 해양 스포츠·레저를 즐기는 수요가 급격히 늘고 있다. 그리고 젊은 연인들 위주에서 가족단위체험 위주의 여가문화로 빠르게 전환되고 있다. 즉 여행문화가 새로운 패러다임으로 변화하고 있고 이를 '네오투어리즘(Neo-Tourism, 신 관광개발주의)'이라고 한다.

'네오투어리즘'은 중장기적으로 지속가능한 관광사업을 발굴하고 발전시켜 나가는 것으로 새로운 관광개발주의를 의미한다. 상지대 관광학부 유기준 교수는 네오투어리즘'을 다음과 같이 세 가지의 패러다임 변화로 설명하고 있다.

첫째, 공급자 중심의 대중관광에서 수요자 중심의 대안관광 (Alternative Tourism)을 지향 한다.

둘째, 국가중심의 환경 담보적 개발이 아닌 환경과의 상생적 관계 (Symbiosis Relationship)와 주민참여(Public Involvement)를 통한 지속가능성을 추구한다.

셋째, 아날로그형 하드웨어(관광지, 호텔, 식당 등) 중심이 아닌 디
　　지털형 소프트웨어(체험, 스토리, 이벤트, 축제 등) 중심의
　　관광이다.

　과거엔 여행의 형태가 단체위주의 '대중관광'시대가 주류를 이뤘
지만 오늘날 여행은 새로운 관광시대로의 전환되면서 가족단위 체
험·학습위주 형태로 변화되고 있다. 더구나 세월호 사태이후 해안
안전에 대한 의식이 고취되어 생존수영에 대한 교육에도 관심도가
높다. 또한 세계적인 관광트랜드도 해양관광이 증가하는 것으로 나
타나고 국내에서도 해수욕장 개장일이 점점 빨라지고 가을철까지
영업하는 형태로 변화되고 있다.

　필자는 2016년 4월 페이스 북에서 아래와 같은 기사를 접하고 신
선한 충격을 받았다. 한국인으로 자신이 8년차 파킨슨병을 앓고 있
는 환자이면서 필리핀 민도로 섬까지 가서 'Save people from
drowning '캠페인을 했다는'데일리메디팜 신문기사 '이었다.

　기사의 내용은 김 철기 대한파킨슨협회 이사가 '세계 파킨슨병의
날'을 눈앞에 둔 2016년 4월 7일에 민도로섬의 십대 소녀 소년 약
300명을 '자력으로 바다위에 떠있기' 교육과 시범행사를 주도했다는
내용이었다.

▲ 파킨슨병 환자 김철기, 필리핀 민도로 섬 청소년 300명 '대규모 바다위에 떠있기' 시범행사

이 실전 생존술 수영은 팔을 위로 뻗는 자세와 몸의 부력을 만드는 호흡을 통해 자연스럽게 온몸이 물 위에 떠 있도록 하는 영법이다. 즉, 온몸의 긴장을 풀고 자신을 믿고 마치 물위에 떠있는 나뭇잎 한 장처럼 물에 '누워서' 자신을 내맡기는 것이다. 일명 '잎새뜨기'다. 이 영법은 폴 안치권 코치(45세)가 개발했는데 비상시 신체 부력만으로 누구나 1~2시간 동안 떠서 구조대를 기다리는 기술로 남녀노소를 막론하고 10시간 내외의 훈련 과정을 거치면 습득할 수 있다. 파도치는 바다위에서조차 공포는 커녕 오히려 편안하고 즐거워서 노래가 나오고, 장애인도 노약자도 힘들이지 않고 배울 수 있는 기적의 영법이다(한정렬, 데일리메디팜, 2016.04.09.).

우리사회엔 국민 모두가 지우고 싶어 하는 뼈아픔 기억이 아직도 생생이 남아 있다. *2014년 4월 세월호사고로 단원고 학생과 일반인 300여명이 사망했다. TV 생중계로 보지 말았어야 할 해양사고의 생생한 현장을 수십번 수백번 보고 또 보고 생환을 빌면서 기도하며 봤던 세월호는 국민의 여망을 저버리고 해저로 내려앉고 말았다.*

이 사고가 있고나서 대한민국은 '해양안전대처법'이 엄청난 화두로 몇 년 동안 뜨거운 감자처럼 이슈화 되었지만 결론은 기껏 해양경찰청을 폐지하고 '국민안전처'를 신설하는 것으로 일단락되었다. 예전에도 해난구조 안전기관이 없어서 이런 사태를 불러온 것은 아닐진대 '언 발에 오줌 누는 형색'으로 보여지는 참으로 미흡한 행정 대응이 아닐 수 없다.

잎새뜨기를 직접 체험한 필자의 경우는 처음 입문하고 1시간여 만에 몸의 경직됨을 풀고 마음을 비운 채 물에 몸을 맡기니 잎새뜨기가 성공되었다. 2016년 7월 서울 용산 청소년수련관 수영장에서 남녀노소 참가자 전원108명이 2일간 교육을 받고 잎새뜨기 자세로 25분간 동시에 떠 있는 데 성공 하였는데, 이 행사에서 아들 김솔(12살)·김건(10살)과 동참하였기 에 가족의 안전을 위해 잎새뜨기 생존수영습득을 적극 권장한다.

'잎새뜨기 생존수영' 필자와 아들 김 솔(12살, 살레시오초5)군

김철기 이사장이 최동선(여수, 고2)군을
잎새뜨기 지도에 성공, 서울
용산청소년수련관 수영장, 문대영기자

수영을 하지 못하는 사람, 일명 '맥주병'도 물에 뜨는 '잎새뜨기' 기술을 전 국민에게 보급하려 한다. (사)한국안전수영협회가 지도서를 출판, 기술보급을 위한 체제 정비를 마쳤다. '국민안전처'는 2016년 12월 5일 비영리 '사단법인 한국안전수영협회' 등록을 허가했다.

"잎새뜨기 생존수영"지도서, 공동집필 6인(左 안치권, 함도웅, 육현철, 김철기, 김영돈, 안경훈) 출판 기념식 및 신년회.

이로써 (사)한국안전수영협회는 올해 2월부터 잎새뜨기 생존수영 지도자 양성을 시작으로 대국민 수상안전 홍보와 교육활동을 본격적으로 시작했다. 김철기 이사장은 "한국안전수영협회가 독보적인 잎새뜨기 기술보급을 통해 국내·외 생존수영과 안전수영의 수준을 대폭 높여 더 이상 익사 걱정을 하지 않고 물을 놀이터처럼 즐겁게 여길 수 있도록 만들겠다"고 밝혔다(신승혜, 세이프타임즈).

지난해 4월 부산소방학교가 '잎새뜨기 생존술 '을 검증하고'119 생존수영'으로 채택했다. 부산소방학교 소속 이상석 구조교수를 포함한 11명의 교수 교관요원들이 18시간 강습을 받고 '잎새뜨기 생존수영 '코치 자격을 취득하고 자체적으로 소방대원들은 물론 관내 학교장, 교감 등 관리자들을 위주로 한 잎새뜨기 체험교육을 실시해오고 있다.

한편, 2016년 9월 강원도 고성에 수학여행을 갔던 초등학생 12살 김 모군이 해변산책 중 2m가 넘는 너울성 파도에 휩쓸렸는데 구명조끼도 없이 위태롭게 바다에 떠 있다가 극적으로 구조됐다. 이는 학교에서 배운 잎새뜨기 생존수영법 덕분으로 귀한 생명을 구할 수 있는 좋은 사례이다. 당시를 회고하면 신고를 받은 해경이 현장 출동했지만, 암초와 너울성 파도 때문에 해경선이 곧바로 사고어린이에게 접근이 어려운 상태여서 결국은 해양경찰관이 직접 바다에 뛰어들어 50m를 헤엄쳐 김 군을 구조했다. 이러한 실제 상황에서 입증되었듯이 '잎새뜨기 생존수영'은 남녀노소 누구나 신체부력만으로 부력장비가 없는 상태에서도 구조를 기다리며 1~2시간을 버틸 수 있는 생존수영법으로 가히 혁명적인 수난안전 대처법이라 할 수 있다.

우리나라는 해상의 안전사고 발생 시 해경이 출동하고 있지만, 영국은 이원체제로, 해상안전사고는 RNLI(왕립구명보트기관)이 맡고 있으며, 해상의 법적 집행은 해양경비대가 맡고 있다. RNLI 조사결과 해상사고의 90%이상이 해안선으로부터 200m내에서 발생한다고 한다. 해상사고 시 구조의 핵심은 골든타임 안에 출동하여 구조할 수 있는가 이므로, 최대한 빠르게 전문 구조인력이 출동할 수 있도록 하고 여건에 맞는 다양한 구명보트를 갖추고 있어야 한다. 인명구조는 매우 전문적인 지식과 장비가 필요하므로 전국 해안가를 대응할 수 있는 촘촘한 조직에 전문 인력과 구조선을 배치되어 있어야 하므로 영국이 선택한 대안은 지역주민이었다. 바다환경을 가장 잘 아는 사람들이고, 그곳에서 거주하고 있으므로 사고 발생 시 바로 출동이 가능하기 때문이었다. 이들에게 전문성 있는 구조교육과 충분한 장비가 갖춰진다면 구조 활동에 큰 도움이 될 것이다. 영국은 이러한 관점에서 조직을 구성하고 필요한 인력을 지역의 자원봉사자로 충당하고 있다(김충환, 경기국제보.트쇼).

앞서 영국경우의 해상사고의 90%이상이 해안선으로부터 200m내에서 발생한 것처럼 우리나라도 예외 일 수 없다. 따라서 어촌을 방문하는 관광객이나 체험객의 안전문제는 어민의 경제생활과 밀접한 관계를 형성하고 있다고 볼 수 있다.

마리나 서비스업과 연계한 어촌 마을 잎새뜨기 생존수영 안전교육 프로그램
오유미(11살), 유지수(한국안전수영협회 전남지부장)

이러한 해안안전사고를 미연에 방지하고 안전교육프로그램을 체계화하여 어촌마을 소득증대 일환으로 기여하고자 한다. 어촌을 찾는 해양관광객을 대상으로 민박과 어촌체험을 겸한 '잎새뜨기 생존수영' 교육은 현지 주민이 지도자가 되어 진행하는 프로그램으로 마을 주민은 경제적으로 뜨고 여행객은 바다에서 뜨는 "뜨는 마을 프로젝트"이다. 특히 귀어자의 경우 어촌계를 통한 생업이 용이치 못하더라도 이와 같은 프로그램 지도자가 되어 어촌생활의 정착에 도움이 될 수 있다. 이들이 교육도 시키고, 어촌의 특산물을 판매 유통시키는 데 기여하는 공생관계가 될 수 있다.

한국안전수영협회에서 추진하는 "뜨는 마을" 프로젝트는 기존 어촌마을 중 자치단체의 지원이나 마을자치기구의 신청에 의해 어민을 잎새뜨기 지도자로 양성시켜 어촌 체험마을을 찾는 여행자나 가족단위 방문객들을 대상으로 잎새뜨기를 지도할 수 있게 한다. 이를 통해서 잎새뜨기를 배운 방문객들이 더 이상 물에 대한 공포심이 없이 안전하게 물놀이나 여타활동을 즐기게 되다 보니 보다 자주 바다를 찾게 됨으로써 어촌마을의 소득향상에 기여할 것으로 기대된다. 이렇게 잎새뜨기 보급을 통해 어촌을 "뜨는 마을"로 브랜드화하여 6차 산업의 어촌으로 진화시키고자 한다.

어촌 "뜨는 마을 프로젝트"

뜨는 마을 선정
- 어촌 마을선정
- 지방자치단체 추천 또는 사업 후원금 지원기관에서 선정 ,
- (사)한국안전수영협회에서 어촌마을과 협의 후 결정

자금지원 방식
- 교육비 지원 (지자체, 기부자. 기타 기관)
- 행정업무지원
- 지도자 육성에 필요한 제반사항 등

잎새뜨기 교육
- 마을 구성원 전원을 대상으로 시행
- 민박업, 어촌 체험장을 운영자를 우선하여 집중지도
- 주민과 지역 방문객의 애로사항을 해결 하기 위해 귀어자 중
- 안내요원을 선발하여 교육자의 고충을 현장에서 해결한다.

뜨는 마을 운영
- 잎새뜨기 생존수영이 어촌 지역사회 발전에 밑거름이 되도록 교육 프로그램을
- 지속적으로 관리하고 지도한다.
- 해상사고 시 생명을 살리는 교육으로써 교육생의 완전한 체득과 실력유지에
- 혼신을 쏟는다.
- "뜨는 마을" 운용상 필요한 마케팅 교육,홍보는 (사)한국안전수영협회와 협의해 운영한다.

7. 결어

마리나 시대! 굳이 언급하지 않아도 우리나라에는 이미 마리나와 관련된 법이 2009년 10월 제정되어 있다. 그리고 집행할 예산도 있고 마리나 행정을 담당하는 정부 및 지자체 공무원도 있다. 이러한 마리나정책을 선거공약으로 내세워 당선된 최고 통치권자도 있었다. 그러나 국민의 세금으로 응당 집행되어야하는 마리나 개발은 2010년 이후 지금까지 이렇다 할 만 한 실적을 찾아보기 힘든 상황이다. 이제 초심으로 돌아가 '마리나항만법' 법규내용을 보면 '마리나항만 및 관련 시설의 개발·이용과 마리나 관련 산업의 육성에 관한 사항을 규정하고, 해양스포츠의 보급 및 진흥을 촉진하고, 국민의 삶의 질 향상에 이바지하는 것을 목적으로 한다.'라고 적시되어 있다. 이 법이 공포되고 시행된 지 올해로 9년째가 되었다. 하지만 마리나 관련 시설이 미흡한데 해양스포츠 보급을 어찌 언급할 것이며 국민의 삶의 질 향상은 엄두도 못 낼 일이다.

이제라도 진정 국민을 위하고 해양여가문화 개선에 조금이라도 진전을 하려면 막대한 예산이 들어가는 대규모 마리나 시설도 좋지만 적은 예산으로도 실현 가능한 방안을 찾는 게 좋을 것 같다. 해양수산부 홈페이지에 어촌어항을 포함한 모든 항포구가 2,225개라고 명기되어 있다. 이중 어림잡아 물류항와 주요 여객항을 225개항 정도로 보고 이를 배제하면 당장 해양레저와 공유하여 사용할 수 있는 항포구가 2,000개는 된다.

우선 발상의 전환이 필요한 시점이다. 어민과 도시민이 상호 존중되고 융합할 수 있는 '해양문화의 장'을 마련하면 불가능한 일만은 아니다. 도시민은 힐링 할 수 있는 저렴하고도 편안한 공간을 원하고 반면 어촌은 고령화로 생산력이 떨어지고 복지정책의 손길이 미치지 못해 황폐화 되어가는 상황에 갈수록 줄어드는 어민 인구로는 어촌의 일을 감당 할 수 없어 여성노동력까지 총동원되는 게 현실이다. 그리고 정부의 귀어촌 정책지원에 어촌 6차 산업을 구현하려고 갖은 행정력을 기우려도 좋은 결과를 기대하기 힘든 상황이다.

이즘에 패러독스한 접근방식으로 공생과 공유경제를 생각해 볼 필요가 있다. 어촌의 자원이 수산양식과 물고기만이 돈이 되는 것이 아니다. '바다와 어촌' 자연환경 그 자체가 경제적 가치를 유발한다. 예전부터 어촌에서 생산한 수산물과 어자원을 수산도매상이나 택배를 통한 유통물류에 의존 했다. 그러나 어촌 6차산업은 도시민이 어민의 집에까지 찾아와 민박하고 서비스(어촌체험, 어촌관광, 해양생태교육, 잎새뜨기 등) 받으며 타고 온 차량에 그 고장의 특산물을 실어가는 공생의 틈새경제를 실현해야 할 때가 온 것이다.

앞서 언급한 우버(Uber)처럼 틈새경제 즉 택시 타는 것이 불편해 스마트폰을 활용했을 뿐인데 창업한지 4년 만에 천문학적인 경제적 기업가치(한화 약 74조원, 2015년 기준)를 발생 시켰던 것은 '발상의 전환과 정보통신의 융합'이 만들어낸 결과이다. 이제 우버와 같은 발상을 우리의 바다와 어촌에 적용해볼 필요가 절실해졌다. 더구나 마리나는 해양스포츠와 해양관광의 한 축으로 신 성장 동력이다. 마리나서비업이 귀어촌하는 베이비붐 세대 명예퇴직자의 노후보장

수단이 되고 청년창업의 새로운 일자리 창출의 기회가 될 수 있을 것으로 전망한다.

역사가 시작되고 오늘날까지 어느 시대엔들 '바다를 등진 민족이나 국가'는 지속되지 못 했던 걸 모두가 인지하고 있다. 필자는 바다 이야기를 3가지의 바다로 정리했다. "해친부국(海親富國)하고 해금즉망(海禁卽亡)하니 해양굴기(海洋崛起)하자" 이는 바다를 가까이하고 친해지면 부국의 지름길이고 바다진출을 통제하고 금기시하면 곧바로 망하는 길이니 다가오는 미래의 해양을 새롭게 가치를 창출하여 굴기하자는 것이다.

<참고문헌>

김대우, 헤럴드경제 2016-11-20.
김병수 외, 매경이코노미 제1874호 (2016.09.07.~09.20일자) 기사.
김영돈, 「마리나 인문학」, 문화디자인, 2016.
김재홍 연합뉴스 2017.03.08.
김철기, 김영돈 외 「잎새뜨기 생존수영」, (사)한국안전수영협회, 2017, P123.
권정환, 세계일보, 2016-12-07.
귀어귀촌 종합센터, www.sealife.go.kr
매경이코노미 제1874호 (2016.09.).
무라타 료헤이, 「바다가 일본의 미래다」, 이주하 역, 청어, 2008.2.5.
    p323-p325.
바바라 블로밍크, 허성용 외, 「소외된 90%를 위한 디자인」, 에딧더 월드, 2013.

바이코, www.vicorpower.com 보고서 자료 인용.

박영숙·제롬 글랜 외 공저, 「유엔미래 보고서 2040」, 교보문고 2014.

박영숙, KBS1 TV 2부작 미래다큐 "2030 미래를 창업하라" 인터뷰.

박정훈 서울신문 2011-02-10.

박중재 뉴스1, 2017-03-06).

이석원, SBS 뉴스, 2015년 11월 17일.

이나경 문화뉴스 MHN 2017.03.07.

이나무, 네이버, 2017-03-07.

이연춘 뉴시스 2017.3.5.

이윤재, 「말속 인문학」 페르소나, 2015, p433-p434.

이상연 일요서울, 2017.01.20.

유정영 경남도민신문 2016.12.27.

윤경철, 대단한 바다여행, 푸른길, 2009이훈성, 한국일보 2017.01.19.

오대성 kbs 2017.01.06.

시오노 나나미, 「바다의 도시」 역 정도영, p109—p111.

실무노동용어사전, 2014., ㈜중앙경제.

스테파노 자마니, 「협동조합으로 기업하라」, 한국협동조합, 북도움, 2009.

손지우·이종헌, 「오일의 공포」,프리니코노미북스, 2016.1.25. P169-P171.

정웅태·최철웅, 디자인노믹스, K-books, 2008.

장상진 조선일보 2017.02.28.

정유선, 부산국제신문, 2017-03-01.

정익기, 강원일보, 2017.1.31.

차영환, 주간기쁜소식, 2012.05.28.

최은수, 한국보험신문, 2016년 11월 6일자 기사.

최원석 CNB, 2016.01.05.

카가이, 미래 이동성 장악 노리는 구글의 야망, 네이버 포스트, 2017.02.

크리스 웰러/www.businessinsider.com 2016. 5.3.

한경 경제용어사전, 한국경제신문.

허영만·김태훈, 「뉴질랜드 캠퍼밴여행」, 랜덤하우스, 2008, P78~P86.

한정렬, 데일리메디팜, 2016.04.09.

한국해양연구소 <해양개발의 현재와 미래> 1990.

DPR via Inhabitat/www.gizmag.com 2013.

Ed Mahoney & Yue Cui, <The Importance of Verifying and Communicating the Value(s) of Marinas and Boatyards>, Recreation Marine Research Center, Michigan State University 2007.

GE 코리아 www.gereports.kr / 2016다보스포럼.

마리나 서비스업 추진과 그 전망

김 용 재

부경대학교 해양스포츠학과 생태공학과 교수

해양스포츠, 해양레저, 해양레저스포츠, 마리나산업 등 다양한 용어로 불리며, 친수공간(바다, 호수, 강)에 위치한 마리나(marina)에서 레저용 선박(요트 또는 보트)을 중심으로 여가를 목적으로 한 활동, 즉 일반적으로 해양레저 활동이라고 불리는 산업의 개발 및 발전에 대해서 많은 전문가들은 다양한 의견을 갖고 있다. 특히 해양스포츠산업의 발전에 영향을 미치는 여러 가지 성장요인과 저해요인이 있지만 어떤 요인이 가장 큰 영향을 미치며, 어떤 요인을 중심으로 발전을 이끌어 나가야할지 등 주장들은 매우 분분하고 해답이 내려지지 않았기 때문에 해양스포츠산업의 선진국들의 경험법칙을 중심으로 접근하는 것이 일반적이다.

해외 선진국들의 경험법칙에 의해서 대부분의 전문가들은 1인당 국민소득 3만 불 시대에 도달하면 꽃이 핀다는 주장을 한다. 1인당 GDP 5만 7,889달러(2016년)로 세계 7위 경제 강국 아이슬란드의 경우를 살펴보자면, 1인당 국민소득은 높지만 국가 전체 GDP는 매우 낮으며, 인구는 약 32만 명으로 인구밀도 상으로 세계에서 가장 낮은 수준이고, 연중기온은 5~6도이며, 해양성기후로 연중 흐린 날이 많은 등 해양레저산업이 발전하기에는 자연환경이 매우 열악하

다. 이러한 많은 저해요인으로 실제로 아이슬란드의 해양레저산업은 주변국에 비해 열세이다.

반대로 연중 온화한 기온과 북으로는 흑해, 남쪽으로는 지중해로 둘러싸여 있는 천혜의 자연조건을 갖추며, 인구 약 8천만 명의 충분한 성장잠재력을 가지고 있는 터키는 국민소득은 9,317달러(2016년)로 세계 69위로 경제적으로는 해양레저산업이 성장하기 힘든 조건을 갖추고 있고 최근에 와서 중국과 함께 신흥 보트 제조국가로 급성장하고 있지만 이전까지는 그리스, 이탈리아, 스페인 등 주변국에 비해서는 보트산업에 대한 관심이나 발전 정도는 매우 낮은 실정이다.

자연환경	인문환경	사회환경
• 정온수역 • 양호한 접근성 • 리아시스식 해안 • 1㎢ 당 해변친수공간 • 1인당 해안선 길이 • 친수공간까지의 거리	• 제도개선 • 장비국산화 • 마리나 개발숫자 • 관련 정책 및 법률	• 인구 숫자 (5천만명이상) • 1인당 국민소득 　(3만 달러 이상) • 전문가 양성 　(마리나 관리/운영, 　전공학과 등)

이처럼 해양스포츠산업의 발전에 영향을 미치는 요인은 자연환경(온화한 기후, 1인당 해안선 길이 등), 인문환경(국민소득, 국민인식 등), 사회환경(관련 법·제도, 인구수 등)을 중심으로 수많은 환경적 요인들이 융복합적으로 연관되어 있으면서 이중에서도 어떤 요인이 가장 중요한 요인이라고 단정지을 수 없는 복합적인 문제이다.

패러독스(역설)는 참이라고 말하거나 거짓이라고 말하거나 모두 이치에 맞지 않아서 참이라고도 거짓이라고도 말할 수 없는 모순된 관계를 말한다. 참과 거짓이라는 이분법적인 관점이 아니라, 어떤 요인의 중요도에도 패러독스는 적용될 수 있으며 지속가능한 산업의 발전을 위해서는 이러한 패러독스를 해결하려는 노력이 반드시 필요하다.

이장에서는 해양스포츠 전문가를 양성하고 배출하는 대학에서 바라본 관점에서 살펴보며, 배출된 전문가들이 직접적으로 관련되어 있으며 최근 정부에서 육성하고 장려하는 마리나서비스업의 패러독스에 대해서 집중적으로 논하고자 한다.

1. 마리나서비스업의 개요

1) 마리나(marina)의 개념

마리나란 레저용 보트의 정박시설과 계류장, 상점 식당가 및 숙박시설 등의 편의시설을 갖춘 항구를 말한다. 선진국 사이에서 마리나항의 운영실태는 고급 해양레포츠의 수준을 가늠하는 지표가 되고 있으며, 최근 우리나라에서도 마리나항 건설 및 운영이 확산 추세를 보이고 있다.

국내 대표적인 마리나, 수영만요트경기장

마리나는 요트 판매, 수리, 관광 등 다양한 산업이 연관되어 있는 신성장 동력산업, 융합산업으로 불리고 있지만 우리나라에서 마리나산업은 아직은 초기단계로 평가되고 있다.

2) 마리나산업 분류

① 한국표준산업분류로 본 마리나산업

국내에서는 마리나산업은 '마리나업'이란 명칭으로 기타수상오락서비스업에 포함되어 등록있을뿐 아직은 마리나산업이 별도의 산업분류로 지정되지는 않았지만 '기타 수상오락 서비스업(Other Water Recreation Services)'에 포함되는 산업으로 지정되어 있다. 그 외 기타 수상오락 서비스업에 포함되는 산업은 다음과 같다.

> 놀이용보트임대(물놀이시설), 땅콩보트운영, 래프팅, 레프팅체험제공, 마리나업, 바나나보트운영, 보트임대(물놀이시설), 수상스키장, 스킨스쿠버 다이빙 체험, 오락용낚시배운영, 오락용보트임대(저수지등 ; 물놀이시설내), 정박설비임대(승무원없이), 해수욕장운영 (※유료 낚시터 운영(91231)은 제외함.)

이렇게 마리나산업이 기타수상오락서비스업에 포함되어 있는 이유는 마리나를 산업적 측면으로 바라본지 얼마되지 않았기도 하고, 아직은 산업적으로 따로 구분지어 분석할만큼 마리나산업 자체의 규모 경제도 그리 크지 않기 때문이기도 하다. 하지만 앞으로 마리나산업의 성장 잠재력과 선진국의 경험 사례를 고려해본다면 충분히 별도의 산업군으로 지정할 필요가 있다.

② 해외표준산업분류로 본 마리나산업

반대로 마리나산업이 성숙단계에 이른 해외에서는 마리나를 산업 분류군에 포함시키고 있으며, 마리나 뿐만 아니라 해양레저산업의 전반적인 산업군을 매우 세부적으로 분류하여 관리하고 있다. 북미산업분류시스템(NAICS : The North American Industry Classification System)은 미연방통계청이 사용하는 산업 분류 기준이며, 미국 산업 경제와 관련된 자료를 수집, 분석하는데 사용된다. NAICS에 의하면 'Marinas'는 713930으로 지정되어 있으며, 연료공급, 해양레저 관련 생산품, 수리, 유지, 레저보트 대여 등을 할 수 있는 레저용 보트를 계류·보관하는 시설을 운영하는 산업을 말한다. (미국 산업분류표 NAICS, 2017) 특히 아래 미국표준산업분류에서 마리나의 정의속에 레저보트 대여를 포함하고 있어 우리나라의 마리나서비스업이 이 분류에 속하는 것을 알 수 있다.

(원문) 713930 Marinas :
This industry comprises establishments, commonly known as marinas, engaged in operating docking and/or storage facilities for pleasure craft owners, with or without one or more related activities, such as retailing fuel and marine supplies; and repairing, maintaining, or **renting pleasure boats.**

이 분류(713930)에는 마리나(marinas) 뿐만 아니라 마리나에 위치한 보팅클럽(Boating clubs with marinas), 해양계류장(marine basin), 마리나에 위치한 세일링클럽(sailing clubs with marinas), 요트 계류장(yacht basins), 마리나에 위치한 요트클럽(yacht club with marinas) 총 6개 세부산업을 포함한다.

요트클럽, 세일링클럽, 보팅클럽은 마리나 내에 위치하거나(with marinas) 마리나 없이 존재하는(without marinas) 두 가지 분류로 구분되어 있는데, 후자는 기타 오락여가산업(713990)에 포함되어 있는데, 이는 우리나라의 기타 수상오락서비스업에 해당한다. 즉, 미국에는 마리나산업 자체를 별도의 분류군으로 지정하여 산업을 분류하는 한편, 우리나라는 오락산업에 하위 범주로 분류하고 있다는 의미이다.

북미산업분류시스템 : 제조, 도소매, 서비스 제공 · 생산자, 소매자 등 사업종류 및
각 산업을 분류한 표로 미국, 캐나다, 멕시코가 공유함.
(좌) NAICS 2017년 산업분류표 서적, (우) NAICS 로고

영국 산업분류를 살펴보면, 그 외 오락 · 여가활동(Other amusement

and recreation activities : 9329)로 분류되어 보트대여(boat hiring for pleasure), 마리나 운영(marina operation), 물놀이시설(pleasure pier), 레저장비 대여(recreational equipment rental) 등이 포함되어 마리나산업이 우리나라와 같은 분류군으로 포함되어 있기는 하지만 마리나업에 포함하는 분류가 매우 세부적으로 분류되어 있다.

마리나 뿐만 아니라 계류시설을 의미하는 'basin'이라는 분류가 따로 있는데, 이는 편의시설 및 기타 시설이 없는 오직 계류 기능만을 하는 계류장을 의미한다. 이러한 계류장도 마리나 산업 분류에 포함되어 있어 마리나산업의 범위를 넓게 가져가고 있음을 의미한다.

3) 마리나서비스업

① 마리나서비스업의 정의 및 개념

마리나서비스업이란 용어는 2011년 한국해양수산개발원에서 발간한 '마리나 서비스산업의 국부창출 방안에 관한 연구'에서 처음으로 마리나서비스산업으로 정의되었으며, 마리나산업의 종류에 포함하며, 협의의 개념으로는 마리나 이용자들의 편의 도모를 위한 레저보트 계류, 보관, 정비, 임대, 보급기능을 제공하는 제반 활동으로 정의 할 수 있으며, 광의의 개념으로는 마리나 이용자들의 직·간접적인 편의제공과 레저보트의 구매, 중개, 보험까지 포괄할 수 있다고 정의한다.

마리나항만의 조성 및 관리 등에 관한 법률(약칭 : 마리나항만법) 제2조(정의)에서는 마리나업이란 마리나선박을 대여하거나, 마리나선박의 보관·계류에 필요한 시설을 제공하거나, 그 밖에 마리나선박 등의 이용자에게 물품이나 서비스를 공급하는 업으로 정의한다.

이후 2015년 해양수산부는 일반적인 용어를 사용하여 마리나업을 요트와 같은 마리나선박을 대여하거나, 마리나선박의 보관·계류에 필요한 시설과 함께 각종 서비스를 제공하는 업종으로 간단하게 정의했다.

(여기서 "마리나선박"이란 유람, 스포츠 또는 여가용으로 제공 및 이용하는 선박(보트 및 요트를 포함한다)으로서 대통령령으로 정하는 것을 말한다.)

관계 법령상 정의하는 마리나업에는 크게 2가지로 구분한다.

1. 마리나선박대여업	2톤 이상의 마리나선박을 빌려주는 업(마리나선박을 빌린 자의 요청으로 해당 선박의 운항을 대행하는 경우를 포함한다)
2. 마리나선박 보관·계류업	마리나선박을 육상에 보관하거나 해상에 계류할 수 있도록 시설을 제공하는 업

2) 마리나서비스업의 신설 배경

기존에 개인 소유 요트를 활용한 요트 렌탈 사업을 하고 싶어도, 현실에 맞지 않는 국내 법 기준과 각종 규제로 인한 문제점을 해결하기 위해 신설되었다. 그동안 「수상레저안전법」에 의한 '수상레저사업', 「유선 및 도선사업법」에 따른 '유선업' 등록을 통해서 일부 이뤄지던 요트 대여업 부분을 별도로 분리하여 신설한 것이라고 볼 수 있다.

기존 유사사업(수상레저업 등)을 시행하기 위해서는 사업장에는 승강장, 승객 대기시설, 매표소, 화장실 등이 필요하며, 안전장비로 비상구조선이 반드시 필요했다. 이러한 모든 비용을 생각하면 최소 수천만원에서 1억원이상의 사업 초기자금이 발생했다면, 마리나서비스업은 '계류시설' 임대료만 있으면 사업 시행이 가능하도록 규제를 완화하였으며, 이는 38개 수상레저업체의 등록비용 142.5억원을 절감하여 마리나산업에 투자하는 체감효과로 이어졌으며, 이로인해 개인요트 선주들이 최소한의 창업비용으로 신규 수익원을 창출할 수 있으며, 이렇게 증가한 공급으로 인한 가격 경쟁으로 이용요금은 저렴해지게 되어 이용자들은 보다 저렴한 요금으로 이용 가능하게 되면서 신업 진반의 수요가 승가하게 되었다.

<선박 대여업의 법기준 비교>

구 분	유선 및 도선사업법	수상레저사업	마리나항만법
사업정의	고기잡이, 관광, 그 밖의 유락(遊樂)을 위해 선박을 대여하거나 유락하는 사람을 승선시키는 사업	수상레저기구를 빌려주는 사업 또는 수상레저활동을 하는 자를 수상레저기구에 태우는 사업	마리나선박을 빌려주는 업
대상선박	1. 총톤수 5톤 이상 선박 2. 총톤수 5톤 미만 선박中 승객 정원 13명 이상 3. 노와 상앗대 등으로 움직이는 선박	모터보트, 동력요트, 수상오토바이, 고무보트, 스쿠터, 호버크래프트 등 23종 (톤수 등에 대한 제약無)	5톤 이상 마리나선박 (모터보트, 고무보트, 요트, 윈드서핑용 선박, 수상오토바이, 호버크래프트 등 8종)
사업자격	해기사 자격 인명구조요원 자격	일반조종면허 인명구조요원 자격	일반조종면허 인명구조요원 자격
사업장	승강장, 승객 대기시설, 매표소, 화장실 필요	계류장·탑승장, 승객 대기시설, 매표소, 화장실, 필요	마리나선박 계류시설 (보유 또는 임대 모두 가능)
비상 구조선	반드시 갖춰야함	반드시 갖춰야함	-
각 종 제한사항	관람유람선 또는 50톤 이상 선박만 주류반입 가능 운항구역 제한 있음	주류 판매금지	-

또한, '마리나선박 보관·계류업'도 신설하여, 기존 마리나들이 보다 다양한 편의시설과 서비스를 함께 제공해주는 선진화된 운영이 가능토록 하였다. 실제 선진국의 유명 마리나의 경우, 요트의 보관·계류비가 아닌 요트의 청소·관리부터 수리·정비 서비스, 이용객 편의를 위한 클럽라운지나 부대시설, 그 밖의 각종 이벤트를 함께 제공하여 높은 수익을 창출하고 있다. 이제 국내 마리나들도 선진국의 운영 형태를 벤치마킹하여 다양한 서비스를 함께 제공할 수 있게 되었다.

그밖에 마리나선박이나 요트 보관·계류시설도 스키장, 골프장, 콘도미니엄 시설과 같이 분양이나 회원 모집을 할 수 있는 근거를 두어, 중장기적으로 보다 전문적인 대규모 사업운영을 할 수 있는 길도 열렸다. 과거 일부 부유층의 고급 여가로 인식되던 스키산업이 90년대를 거치며 급격히 대중화되었던 것처럼, 마리나산업도 어느 순간 폭발적 성장을 거쳐 대중화 시기가 도래할 가능성이 크다. 이러한 측면에서, 고정 소비자 유치와 자본금 충당이 유리한 분양 및 회원제도의 신설은 반드시 필요한 제도적 장치라는 것이 업계 전문가들의 견해이다.

3) 마리나서비스업 규제 개선

① 등록가능한 선박 요건 완화(5톤 이상 선박 ▶ 2톤 이상 선박)(확정)

현행 마리나선박대여업에 등록 가능한 선박의 총 톤수 기준은 5톤 이상이었으나, 2017년 6월 28일 부터는 2톤 이상으로 완화된다. 5톤 이상의 선박은 전체 선박 중 약 7%(약 1천여척)이며, 2톤 이상의 선박은 약 3천여척으로 3배 이상 증가된다. 이로써 중소형 레저

선박 대여업 창업의 활성화는 물론 소비자 선택의 폭이 확대되는 기대를 한다.

② 세일링요트 대여업 선원기준 완화(추진중)

현행 25톤 이상 세일링요트의 경우, 항해사 외 기관사 1명 이상이 승선 요구되지만 기관사의 배치요건 완화를 추진중에 있다. 이는 인건비 절감으로 소자본 창업이 가능한 효과가 있다.

③ 레저선박 지방세 중과기준 개선(2016년 12월 31일 시행)

현행 시가표준액 1억원(3톤) 이상 구매시 취득세, 재산세는 중과세 대상으로 취득세는 5배, 재산세는 17배까지 과징하는 부담이 있었다. 하지만 중과기준을 1억에서 3억으로 현실화하여 세수증대 및 내수시장 확대, 중소조선업체의 수주실적 확보를 기대한다.

④ 중소조선업체의 조달청 입찰 참여요건 개선

현행 조달청 입찰 참여를 위해서는 강선 직접 생산 증명서가 필요했으나, 300톤 이하 선박의 경우, 강선 직접제작 증명서 발급 요건 완화로 육상 건조를 하는 중소조건 업체의 판로 증대를 기대할수있게 되었다.

⑤ 마리나선박 의무보험료 인하(2017년 추진중)

현재 마리나선박대여업을 등록하기 위해서는 대인보장 최대 1억5천만원의 의무 보험 가입이 필수이다. 문제는 보험사에서 요율이 없다는 이유로 승선정원 1인당 20만원 정도의 보험료를 책정하여 상품을 판매하고 있다. 그마저도 전용 상품은 메리츠화재에서 판매하는 마리나선박대여업 전용보험이 유일하여, 선택의 폭이 없이 높은 비용으로 가입하였으나, 앞으로는 공제 제도를 통한 저렴한 보험 상품을 개발중에 있어 앞으로는 창업에 대한 부담이 다소 완화될것으로 기대한다.

그밖에 내수면과 어항내 마리나 점사용료 감면, 마리나항만 내 주유소 설치 규제 개선, 동력수상레저기구 조종면허 면제교육기관 대폭 확대 등으로 마리나산업 전반의 활성화를 위해 대대적인 규제를 개선하고 있어 밝은 전망을 예상할수있게 되었다.

2. 마리나서비스업의 실제

2015년 7월, 마리나업이 신설되기 이전에도 전국적으로 주요 거점(해양관광객이 많이 모이는 곳의 개념)에는 이미 요트투어 및 요트대여를 통한 해양관광 활동이 행해지고 있었다. 우리나라에서는 요트투어, 요트대여로 가장 잘 알려진 업체는 부산권에는 벡스코 요트비, 삼주 다이아몬드베이, 더베이101 블루마린요트클럽이 있고, 제주권에는 중문마리나, 김녕요트투어, 수도권에는 한강을 중심으로 700요트클럽 등의 업체가 마리나업이 아닌 수상레저업으로 등록하여 운영되어왔다. 하지만 부산 수영만요트경기장에는 수상레저업을 등록하지 않고 불법적으로 요트대여업을 운영해온 사례가 많이 있었다. 공개적으로 마케팅활동을 할 수는 없었지만 음성적으로 지인 또는 오프라인상에서 모객하여 요트대여를 한 업체가 3~4개 정도가 오래전부터 있었던것이 사실이다. 이들은 선박의 안전 상태, 보험, 승무원의 자격요건 등 여러면에서 안전에 대한 보장을 전혀 받을 수 없었기에 매우 위험한 상황이었다. 물론 마리나업 신설 직후에 곧바로 많은 개인요트 선주가 등록 하지는 않았지만, 마리나 서비스업이 처음 도입(15년 7월) 된 지 불과 1년 6개월 만에 70여개 업체가 마리나 선박내여업 허가를 취득하는 등 그 속도가 매우 빠르다.

1) 마리나서비스업 신설로 인한 신산업의 출현

기존 요트를 활용한 해양관광의 형태는 매우 단순하고 체험형 활동에 그쳤으며, 높은 이용요금에 비해 프로그램의 다양성이 부족하고 콘텐츠 부족으로 재구매로 이어지는 경우가 매우 낮은 것이 특징이었다. 하지만 마리나서비스업 신설로 공급이 충분해지면서 이용요금이 저렴해졌으며, 다양한 프로그램 및 콘텐츠 개발로 인해 새로운 관광상품이 많이 생겨났다.

또한 사용하지 않는 요트를 밤시간동안 대여를 통해서 숙박이 가능한 요트스테이(yachtstay)와 같은 1박2일 이상의 체류형 관광상품이 생겨났다. 숙박형 관광상품은 관광객을 한곳에 오랜 시간 머물게 하며 소비를 촉진시키는 효과를 가지고 있어 지역 경제 활성화에 큰 도움이 된다. 특히, 해운대와 같은 여름 성수기 숙박지 부족으로 어려움이 있는 지역에는 대체 숙소로 활용될 수 있어 그 효과가 매우 기대된다.

뿐만 아니라 실제 바다로 나가지 않고 요트 공간만 대여를 해주는 상품도 등장했는데, 이는 저렴한 요금으로 요트라는 고급스러운 공간을 대여하여 식사 및 이벤트 공간으로 활용하는 이용자가 증가하고 있는 추세이다.

이처럼 요트투어의 다양화, 요트스테이나 요트대여와 같은 새로운 형태의 요트의 활용이 가능해져 사용하지 않는 요트의 유휴시간을 최소화 시켜 공유경제의 모델이 실현되고 있다.

2) 신산업 분야 해외 마리나서비스업 사례

국내에서는 마리나산업 자체가 초기단계이기 때문에 시설(요트, 마리나 등의 시설)을 중심으로 한 창업사례가 많이 있다면 해외에서는 시설 중심의 창업사례는 포화상태에 이르렀으며, 최근에는 신산업(ICT, O2O, 플랫폼 등)에 관련한 창업사례가 많이 두드러지는 현상이다.

보팅산업과 관련하여 미래가능성을 인정받아 투자 유치를 받은 기업을 소개하는 사이트 엔젤리스트(AngelList)에 의하면 보팅산업에 관련된 기업은 보트바운드(boatbound), 인크레디블(incrediblue), 요티코(yachtico), 세일로(sailo), 비엔비보트(bnbboat) 등 총 178개사가 있으며, 투자사 529개사에서 투자가 실제로 이뤄졌으며, 평균 340만 달러의 기업가치를 가지는 것으로 나타났다.

그중 보트바운드(boatbound) 사는 대표적인 해양공유경제 스타트업으로 온라인 상에서 보트를 예약하고 결제까지 할 수 있는 플랫폼 운영사이다. 전 세계적으로 16,000척의 보트 선주가 직접 자신의 요트를 플랫폼에 호스팅(hosting)하고 이용자는 플랫폼을 통해서 위치, 보트종류, 이용시간, 금액에 따라서 자신이 원하는 보트를 예약할 수 있다. 이 스타트업은 2013년 6월에 약 11억원의 1차 투자를 유치하고, 이어서 2014년 4월에 약 29억원의 투자를 유치에 성공하여 급속하게 성장하고 있는 기업이다.

세계 최대의 온라인 보트 예약플랫폼 보트바운드(boatbound) 로고 및 홈페이지

그밖에도 전세계 낚싯배를 검색 및 예약 할수있는 플랫폼 피쉬피쉬미(fishfishme), 계류장 검색 및 예약 사이트 독콰(dockwa), 사용자 중심 보트 구매사이트 보틀리(boatly), 하우스보트 판매 회사 플로팅 로프트(floating loft) 등 다양한 형태의 해양스타트업이 기존의 시설 기반형 해양레저 관련 산업에서 ICT, VR, O2O서비스 등 다양한 형태로 변화하고 있다.

3. 마리나서비스업의 현재와 미래

마리나산업의 발전에 영향을 미치는 요인은 인문·사회·자연환경 등 매우 많은 요인들이 영향을 미친다. 경제소득 3만불 시대가 오면 마리나산업이 꽃을 핀다는 경제 이론이 있는가 하면, 연중 온

난한 기온이 가장 큰 영향을 미친다는 이론, 구입 가능한 저렴한 국산요트의 보급이 먼저라는 주장, 또는 마리나가 개발되어 있고 구입 가능한 요트가 있어도 사람들의 인식이 전환되어야 한다는 이론 등 다양한 주장들이 있다.

닭이 먼저냐? 알이 먼저냐? 라는 인과관계에 관한 딜레마를 해결하기 위해서 해양수산부는 당시 전국에 13개소에 불과한 마리나 개수와 계류가능한 선석의 부족이 가장 큰 문제라는 판단으로 '마리나항만 조성 및 관리에 관한 법률'을 제정하고 '2010-2019 마리나항만 개발계획'을 수립하여 본격적으로 마리나 개발의 박차를 가했다. 우리나라의 앞선 정책이나 법안은 요트를 정박할 수 있는 마리나를 건설하거나, 그 안에 필요한 요트를 제작하는 하드웨어(hardware) 측면을 중점적으로 추진해왔다. 하지만 투자자 부재 및 법 제도적 마찰로 인해 개발 계획은 초기에는 실제로 진행된 사례가 거의 없다고할 정도로 속도가 나지 않았다. 물론 최근에는 거점형 마리나 개발, 외자 유치 등을 통해 전국적으로 마리나 개발이 활발히 시작되고 있지만 하드웨어 개발만으로는 마리나산업 전체의 발전을 기대하기힘들다.

이에 정부는 해양관광진흥 육성대책 등 다양한 정책을 발표하고, 해양레저산업, 마리나산업을 신성장 동력 육성사업으로 발전시키기위해 부단한 노력을 해왔다. 그중 가장 큰 변화가 바로 '마리나항만조성 및 관리에 관한 법률'의 시행령 개정을 통한 마리나서비스업시행(2015년 7월 7일)이었다. 기존에 개발 계획이 주로 하드웨어(마리나 항만 개발) 측면의 발전이었다면 이제는 소프트웨어(마리나서비스업 신설 등) 측면의 개발을 통해 마리나산업 전반의 발전을 꾀하고 있다.

그렇다면 과연 이 정책의 변화는 효과가 있었을까?에 대한 의문을 안가질수가 없다. 현장에서 체감하는 경제적 효과가 정량적인 데이터로 산출되기는 오랜 시간이 소요되고, 앞서 언급했듯이 산업적 분류 또한 마리나산업만을 별도로 분류되어 있지 않기 때문에 다른 방식의 접근이 필요하다. 아래 그래프는 실제 포털사이트에서 사람들이 검색하는 키워드를 바탕으로 특정 검색어가 검색된 횟수를 주간으로 합산하여 소회기간 내 최대 검색량을 100으로 한 상대적 지표로 표기하는 방식이다.

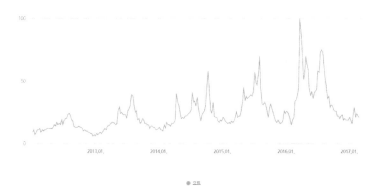

● 요트

포털사이트 검색량 변화에 따른 이용자 트렌드 분석
(2012년~2017년 3월)

2012년부터 2017년 2월까지 키워드 [요트대여, 요트투어, 요트렌탈, 마리나선박대여, 요트검색] 일반적인 요트를 대여하고 빌리는 검색어로 검색한 결과를 그래프로 나타난 결과이다. 전체적으로 여름 성수기(6~9월)에 검색량이 많고, 겨울 비수기에는 검색량이 적은 결과가 나타났다. 2015년 7월 마리나서비스업이 시행된 이후 상대적으로 검색량이 높아진 것을 확인할 수 있다. 이는 마리나서비스업 시행에 따라 일반인들의 트렌드 변화를 나타낸 결과로 볼 수 있다.

또한 해양수산부는 지난 2월 해양관광벤처 공모전을 열어 해양관광 분야의 새로운 창업을 장려하고 지원하는 사업화지원을 계획하고 있다. 이는 해양수산부에서 직접적으로 시행하는 최초의 창업지원 사업으로 정부의 마리나서비스업에 대한 정책 방향을 시사한다.

정부는 마리나산업을 고용창출 및 경제적 파급효과가 클것으로 기대하고 10개 중앙 행정기관과 함께 '동북아 마리나 허브 실현'이라는 비전을 가지고 마리나산업 일자리 8,000개 창출 및 2019년까지는 계류규모를 현재의 4배인 6,000척까지 확충할 계획을 가지고 있다. 마리나산업은 레저선박의 제조·유통 및 마리나항만 개발·운영과 관련된 융복합 산업으로 우리나라의 조선, IT, 디자인 분야의 역량을 고려할 경우 적정한 투자와 정책지원이 있다면 충분한 성장이 전망되는 분야이다.

마지막으로 오직 내수시장만을 목표로 한 마리나의 성장은 한계가 있다. 물론 현재 우리나라는 마리나산업의 초기시장이라고 하지만 지속가능한 마리나개발을 위해서는 해외 관광객 유입, 국내 유망기업의 해외 진출 등을 통한 마리나서비스업의 세계화를 반드시 고려한 채 개발계획을 수립해야한다.

마리나 개발을 위한 해안 공학의 시각

윤 한 삼

부경대학교 환경해양대학 생태공학과 교수

1. 마리나 패러독스?

일반적으로 참(옳은 것)이라고 말하거나 거짓(틀린 것)이라고 말하거나, 모두 이치에 맞지 않아서 참이라고도 거짓이라고도 말할 수 없는 모순된 문장이나 관계를 '패러독스(Paradox)' 또는 '역설(逆說)'이라고 한다. 보통 문학적인 표현이나 모순된 어법을 제시할 때 사용하는 용어라고 할 수 있다. <그림 1>과 같이 '닭이 먼저일까, 달걀이 먼저일까'와 같은 패러독스(역설)는 익히 들어 보았을 것이다.

<그림 1> 우리 주변에서 살펴볼 수 있는 패러독스의 사례들

마리나(Marina)는 해변산책길이라는 라틴어에 그 기원을 두고 있으며, 바다를 뜻하는 Marine과 경기장, 공연장을 뜻하는 Arena가 합쳐져 붙여진 이름이다. 해양 레크리에이션의 기지로서, 모터보트, 요트와 수상오토바이를 포함한 Pleasure보트 보관시설 기능과 함께 호텔, 레스토랑, 산책시설과 요트클럽 등을 포함한 종합적인 레저시설의 총칭이라 할 수 있다(김규한, 2010).「항만 및 어항 설계기준해설(2014)」에 따르면 마리나(Marina or base of marine sports)란 해양스포츠와 해양휴양 활동을 할 수 있는 복합 시설 집적지로서 요트를 포함하는 각종 보트 등을 계류, 보관하기 위한 수역시설, 외곽시설, 계류시설을 비롯하여 보트 이용자에게 편의를 제공하기 위한 시설을 포함하는 항만으로서 클럽하우스(Club house), 주차장, 주정장(Boat yard) 등 육상보관시설, 급전·급수 등 각종 지원시설과 쇼핑, 식음료, 주거 및 연수·교육·문화시설, 녹지 등을 포함한다.

따라서 두 단어를 연결한 '마리나 패러독스'는 참으로 생소한 말이다. 해안·항만공학 전공자의 관점에서 굳이 두 단어를 붙여서 해석한다면 '마리나(Marina)는 해양·해안공간의 이용에 있어서 이치에 맞지 않는 상황이나 조건들'이라고 정의하고 싶다. 혹자는 '마리나항의 정온수역 확보를 위해 외해 해양파랑을 막아내고 항내 해수순환을 원활하게 유지함으로써 해양관광객을 마리나로 유치함과 아울러 마리나에 거주하는 정주민의 안전하고 안락한 공간을 보장하는 운영의 묘'라고 정의하기도 한다.

진정 무엇이 '마리나 패러독스'라고 할 수 있을까? 향후 마리나는 다양한 방식을 가지고 지속적으로 개발될 것이다. 그렇다면 장래 마리나 개발 시 알아 두어야 할 해안 공학인의 시각에서 바라본 마리나 개발의 패러독스(역설)는 어떤 것이 있을까? 현 시점에서 그 현주소와 당면과제에 대해서 생각해 보는 것도 중요하리라 생각된다.

2. 현재 마리나 개발시 패러독스

1) 요트만 접안할 수 있다면 마리나가 될 수 있다?

우리나라 마리나 개발에 요구되는 설계기준은 「항만 및 어항 설계기준해설」에 따른다. 마리나 내 각 시설물의 계획규모에 따른 설계 및 배치, 각 시설물간의 동선 또는 상호 연관성에 대해서 명시하고 있으며 마리나 전체의 안전성, 편리성, 효율성 확보를 비롯하여 환경보전, 경관 등에 대해서도 충분히 고려해야 함을 강조하고 있다.

마리나는 해양수산부의 「마리나 항만의 조성 및 관리 등에 관한 법률」에서 '항만'으로 규정하고 있다. 이는 수역·육상의 Pleasure보트 보관시설과 최소한의 서비스 시설만으로 구성된 Yacht harbor와는 엄밀하게 구별될 뿐만 아니라, 어항을 활용한 마리나라 할 수 있는 피셔리나(Fisharina)와도 차별성을 지닌다. 하지만 일반적으로 Yacht harbor와 피셔리나도 마리나로 불리는 경우가 대부분이다(김규한, 2010).

해양수산부에서는 마리나 항만의 기본유형을 <표 1>과 같이 A종, B종, C종, D종으로 분류하였다(김창완, 2011). 먼저 A종 마리나는 대량의 지역수요에 대응하는 배치로서 대규모 도시근교기지형 마리나, B종은 고수준의 보팅수요를 대상으로 한 도시근교기지형 마리나, C종은 리조트형 마리나, 마지막으로 D종은 중간피난항형 마리나에 해당된다. 이를 토대로 마리나 항만의 기능과 역할에 따라 거점형, 레포츠형, 리조트형의 3가지 개발유형으로 특성화하였다. 각 유형은 주요 도입시설, 수용 척수, 면적 등이 상이하며, 거점형은 300척 수용에 12만 ㎡, 레포츠형은 100척 수용에 4만 ㎡, 리조트형은 200척 수용에 20만 ㎡ 규모이다(황철민 등, 2010).

<표 1> 마리나 항만의 개발유형

구분	개발유형	개발규모
거점형	• 도심권 인근으로 중간 규모 이상의 도시 근교 거점기지형 마리나 • 외곽시설 등 항만시설과 육상시설 신규개발 필요	300척
레포츠형	• 중소 규모의 수요에 대응하는 연안 중간기항지 및 간이형 마리나 • 외곽시설 등 기개발 항만시설 이용 가능	100척
리조트형	• 중·대형 복합 레저공간을 갖춘 마리나 • 외곽시설 등 항만시설과 대규모 육상시설 신규개발 필요	200척

해양수산부(구 국토해양부), 2010

또한 마리나 항만의 유형을 현황 및 이용형태에 따라 자연형, 어항형, 전용 마리나형으로 구분하고 있다(김창완, 2011). 먼저, 자연형 마리나는 개인이나 동호회 등이 중심이 되어 적당한 계류와 보관 장소가 없는 상황에서 자연지형에 의존하여 비교적 계류와 보관이 용이하고 재해 피해를 최소화할 만한 장소를 택하여 해상에 정박하여 일정한 모임을 이루고 있는 곳을 말한다. 이는 자연적 조건에 의해 어선들이 삼삼오오 모여서 이루어진 일종의 자연 어항으로서, 어선과 마리나 선박이 혼재되어 이용하는 경우가 대부분이다. 하지만 이는 마리나 선박의 이용형태로 구분할 따름이지 엄밀하게는 마리나 항만이라고 볼 수는 없다. 다만 자연적 조건이 유리하여 차후 어항 또는 마리나 항만으로 개발이 비교적 용이한 지역이라 하겠다.

어항형 마리나는 어촌 어항법에 의해 기존 어항을 정비하거나 자연발생적으로 형성된 어촌의 자연어항을 어항으로 조성하는 경우로써, 어항 일부 공간을 마리나 선박이 계류할 수 있도록 조성된 마리나형 어항이다. 어선과 더불어 공간을 이용하고 마리나 항만보다는 어항의 기능이 강하다. 2015년 해양수산부가 선정한 9개 권역 58개소 마리나 항만 개발예정구역의 대부분 어항이 이에 해당되는 경우이다. 경기도 전곡 마리나(어항)가 대표적인 예이다<그림 2>.

선용 마리나형은 마리나 항만의 개념과 같이 요트와 보트 등의 마리나 선박의 입출항 및 계류, 보관 및 유지관리 등의 기본시설을 갖추고 있으며, 배후부지에 이용자 편의를 위한 호텔, 리조트, 클럽하우스, 교육장 등의 다기능 복합시설을 갖추고 있는 마리나 선박만을 위한 전용 마리나 항만이다. 우리나라의 경우 부산 수영만 요트경기장이 유일한 OCA(Olympic Committee of Asia, 아시아올림픽평의회)기준의 전용 마리나 항만에 해당된다<그림 3>. 또한 충무 및 진해의 경우가 전용 마리나 항만에 해당된다.

http://blog.naver.com

부산시청

<그림 2>

<그림 3> 부산 수영만 요트경기장

이상과 같이 마리나 항만의 3가지 유형을 살펴보았다. 하지만 마리나 항만은 레저와 위락, 스포츠 등의 기능과 역할의 측면에서 항

만법에 의한 무역항 및 연안항과 차이가 있다. 또한 어선 중심의 어항과도 구분된다. 즉, 마리나는 엄밀히 인위적인 시설이 갖춰져야 하는 부분에서 자연항과 구분되며, 기타 지리와 지세, 건설 형태 등으로 구분하는 것은 의미가 없으며 그 기능을 수행하기 위한 시설 기반이 동반되어야함을 알 수 있다.

또한 해양수산부의 마리나 기능과 역할에 따른 거점형, 리조트형, 레포츠형의 개발 유형 구분도 다소 애매하다고 할 수 있다. 거점형에 이미 리조트와 레포츠의 기능이 포함되어 있어 구분이 명확하지 않으며, 거점이란 표현은 공간적 범위에 문제가 있기 때문이다. 더구나 규모에 따라 100척 미만을 소형, 100척 이상 300척 미만을 중형, 300척 이상을 대형으로 구분하는 것은 다소 의미가 있다고 보이지만 이 또한 마리나 항만이 계류만을 목적으로 하는 것이 아니기 때문에 구분에 큰 의미를 두기는 어렵다고 할 것이다(김창완, 2011).

2) 마리나는 일정하게 정해진 형상이 있다?

국내외 많은 사례를 통해 우리는 마리나가 매우 다양한 형상을 가지고 있음을 알 수 있다<그림 4>. 그렇다면 마리나는 특별히 뛰어나거나 독보적인 형상을 가진 사례라거나 그것들의 우선 순위를 정해줄 수 있을까? 더구나 마리나 개발에 있어서 설계기준이 존재하므로 그 모든 조건을 만족하였을 때 마리나는 일정하게 정해진 형상을 가지게 될까?

해양수산부의 제1차 마리나 항만 기본계획에 의하면 마리나의 종류를 해안공학적인 측면에서 성립조건, 지리적 및 지세적 조건, 건설 형태, 기능 및 역할 등으로 분류하고 있다. 이 부분에서 해답을 찾는 것이 가장 바람직하다고 판단된다.

첫째, 마리나는 성립조건에 따라 천연적인 만(灣) 또는 강(江) 입구 등에 형성되는 천연항과 외해와 인접해 있어 방파제 등의 외곽시설에 의존하는 인공항으로 구분된다. 둘째, 지리적 및 지세적 조건에 따라 해항(海港), 하천항, 호항(湖港), 운하항 등으로 구분된다. 셋째, 건설 형태에 따라 입지부족 등으로 바다 쪽으로 매립하여 방파제 등을 건설하여 만든 매립항과 저습지, 소만 등 바다 안쪽을 이용하여 만든 굴입항(掘込港)으로 구분된다. 마지막으로, 기능 및 역할에 따라 단기체류형, 대도시 근교에 해당하는 일상형 마리나와 장기체류형, 숙박체재형 등과 같이 주로 관광지 인근에 위치하는 리조트형 마리나로 구분할 수 있다. <그림 5>는 국외 사례를 통해서 개략적으로 마리나의 형태/형상을 구분하여 본 결과이다.

결론적으로 마리나는 어디에 위치하느냐에 따라서 그 모양과 형태가 다양하다고 할 수 있다. 마리나는 해안의 주어진 환경 조건을 어떻게 계획하고 설계하느냐에 따라서 다양한 유형으로 표출될 수 있다. 마리나의 형상은 안정성과 기능성을 담고 있어야 하며 이것이 바로 기본적인 마리나 개발의 패러다임이라 할 수 있다. 따라서 기본적으로 마리나는 주어진 조건에 따라서 무엇에 중점을 두는가에 따라 유형, 형상, 기능이 달라질 수 있다. 안정성과 기능성의 두 마리 토끼를 모두 쫓을 수는 없는 것이 현실임에도 불구하고 완벽한 마리나 적지 또는 환경을 추구하는 것이 우리의 요구사항이다. 이처럼 마리나 개발에 대한 인식의 전환이 현재 우리에게 주어진 당면과제라고 할 수 있다.

하지만 우리 해안에 건설되었거나 향후 건설될 마리나를 <그림 4> 또는 <그림 5>와 같은 타 선진국가의 마리나 사례와의 극단적인 우위 비교는 피하는 것이 합당하다고 할 것이다. 마리나는 유형, 형상, 기능에 따라서 우리 해안에 맞는 환경을 기반으로 독자적인 형태를 가지고 개발되어야 하기 때문이다.

http://theislander.net/
Port D'Alcudia Marina in Ballearic Islands, Spain

HotelTravel.com
호놀룰루 (HI), 마리나 타워 와이키키

www.hipmunk.com]
Portofino Marina

http://passporttosandiego.com/
Embarcadero Marriott Marina

http://www.yachtingandconcierge.com/
Istanbul Setur Kalamış Marina

http://www.vudamarina.com.fj/blog/
Vuda Point marina 개발계획도(Fiji island)

<그림 4> 대표적인 국외 마리나 개발 사례

http://www.sailingplace.com/   http://www.propertyturkeyforsale.com/
(a) 천연항   (b) 인공항

http://wikimapia.org/   http://www.ludington.mi.us/
(c) 인공항+굴입항 마리나   (d) 굴입항 형태의 마리나

<그림 5> 성립조건에 따른 다양한 마리나 국외 사례

3) 마리나에 적합한 해안환경은 따로 있다?

마리나 개발을 위해서 이용 측면에서 안전하고 개발측면에서 효율적인 해안환경 조건은 어떠한 것이 있을까? 마리나는 <표 2>와 같이 기상, 수상, 지형조건 등 자연조건에 높은 의존도를 가진다. 아니 절대적이라 할 수 있다. 이는 마리나를 통해서 이루어지는 해양 레크리에이션은 해양의 다양한 자연조건을 이용하여 다양한 방법으로 즐기는 활동이기 때문이라 할 수 있다(전매희, 2012).

결론적으로 마리나에 적합한 해안환경은 따로 있다고 할 수 있다. 마리나 적지 선정 및 시설물 설계와 관련하여 요구되는 자연조건(해양환경)은 항내외 수심과 해양 파랑, 조류 등이 고려되어야 하는데, 이는 항만 시설의 건설비에 직·간접적으로 영향을 주며 요트 활동의 안전성과도 직결되는 요소이다. 마리나는 요트 등 해양 레크리에이션을 즐기기 위한 일정 수준 이상의 수심을 갖는 정온수역이 필요하며 이러한 조건을 위하여 방파제나 호안시설 및 선착장 등의 기반 시설의 설치가 필수적이다. 조류속은 1~2.5 m/sec이하, 해상에 조성할 경우 해양 파랑은 1~1.5 m 이내인 곳이 안전하다. 조위는 상시 이용적인 측면에서 최고·최저 수위의 차이가 심하지 않은 곳이 적합하며, 이 외에도 태풍, 해수 투명도, 수온 등의 자연 조건을 고려하여 입지 조건을 선정하는 것이 필요하다.

<표 2> 마리나의 입지 조건

구 분		세부 내용	이유
기상 조건	기온	10~20 ℃ 이상	연평균 기온이 높은 곳이 활동 및 이용객 수 증가
	일조	많을 수 록 유리	
	강수	강수량이 여름철에 극단적으로 많지 않은 지역	성수기인 여름철에 강수량이 많게 된다면 이용객 수 감소
	풍향	관련 있음	
	풍속	2~15 m/sec 또는 5~10 m/sec	소형 요트 14 m/s이하, 대형 25 m/s 이하 적당
	시계	1.8 km이상(1마일 이상) 확보	돌발적인 시계 불량은 항해 안전상 회피
수상 조건	조류속	1~2.5 m/sec이하	풍속, 흐름의 방향에 따라 큰 영향을 받기 때문
	조위	조수간만의 차가 적은 곳	요트 계류장 설치에 관한 고려
	파랑	1~1.5 m 이하	세일링 요트의 활동을 위해
	표사	사후 관리 비용과 관련	
	수온	가급적 10 ℃ 이상	이용객 안전을 고려
	수질	양호한 수질이 유리	
	해양생물	관련 없음	

지형 조건	사질	관련 없음	
	수심	최소 2.5~3.0 m	기본 소형 요트의 경우 2 m 필요
	여유 수심	5~10 m	다양한 요트의 정박을 위해서
	배후부	관련시설 용지 필요	
	경관	자연 경관 우수 지역 유리	
	저질	시설 공사시 제약 요인으로 작용	

이동지(2009) 및 지삼업(2007) 자료의 재구성

마리나 이용 측면에서 대기 기상 조건은 마리나의 주요 환경인지가 될 수 있다. 요트 활동은 비교적 계절의 영향을 받지 않지만, 기온의 경우, 20~30℃ 정도가 적정 환경이며 연평균 기온이 높은 쪽이 활동에 적합하다. 강수의 경우, 여름철 성수기에 강수량이 집중되는 곳은 좋지 못하며 시계 확보를 위해서 맑은 일수와 일조시간이 많을수록 마리나 이용 및 관련 활동에 유리하다. 바람의 경우, 평상시 보트의 계류 방향에 대해 횡풍 영향이 적은 곳이 적합하며 세일딩기요트 등은 구조물 배후를 항해하는 경우 무풍상태가 되지 않도록 고려해야 한다. 이처럼 요트 활동 관련 조건과 더불어 항내 및 구조물 주변에서 요트의 활동에 문제가 되는 흐름이 발생하지 않도록 마리나 시설 관련 조건도 함께 고려되어야 한다.

또한 해상 공간 이용측면에서는 안전을 고려하여 대형 선박의 선로 또는 일반 선박의 출입이 많은 항과의 근접은 가급적 피하는 것이 바람직하다. 하지만 연계 활동측면에서는 낚시, 수상스키, 스킨다이빙, 수영 등 뱃놀이 이외의 각종 레크리에이션에도 마리나 내 또는 인접한 지역의 알맞은 장소에서 이루어질 수 있다면 시너지 효과를 거둘 수 있을 것이다.

육지에서 공공시설과의 연계성에 있어서는 병원 등 필수공공시설과 기타 선호 공공체육관 등 공공시설과 가까이 있는 것이 좋다. 사회 환경적인 측면의 공해문제에 있어서는 각종 공해, 예로 들면 공장배수에 의한 수질오염과 보트 도장에 영향을 미치는 미세한 먼지 등이 존재하지 않는 장소에 마리나가 입지하는 것이 바람직하다(신동주·신혜숙, 2005).

4) 마리나는 깨끗한 주변 환경을 가지고 있다?

마리나가 위치하는 연안지역은 육지와 해양환경이 교차하는 지역으로서 인위적인 환경변화에 민감한 생태계를 이룬다고 할 수 있다. 이용 방법 및 정도에 따라서 폐기물 배출지로서 매우 취약한 환경구조를 가지고 있을 뿐만 아니라 연안지역에서 이루어지는 해양관광은 환경오염에 대한 높은 민감도와 긍정적/부정적 영향을 받는다고 할 수 있다.

마리나는 기능적 측면에서 보트 관리 시설, 상하 이동시설, 보수 및 유지, 급수, 급전 등 보트의 계류 업무와 보관 업무를 중심으로 호텔, 콘도미니엄 등 숙박시설과 각종 레크리에이션 시설 등 다양한 편의 시설을 갖추고 있다. 대부분의 나라에서 지역주민들은 마리나 개발을 놓고 부정론이 우세한 실정이다. 여러 가지 이유가 있지만 자동차 매연, 동력보트사용으로 인한 수질오염, 집객성으로 인한 인원 혼잡으로부터 유발되는 소음 및 쓰레기투기 등 마리나 활동 자체가 환경에 민감하고 한번 오염되면 회복이 오래 걸리기 때문이다(지삼업, 2011).

보트에서 발생하는 오수를 적절히 처리하지 않고 마리나 항내에 방출시킨다면 국부적인 환경오염이 발생할 수 있다<그림 6>. 그 외 마리나 환경오염의 다른 요인으로는 선상 오수처리용 화공약품, 보트 연료, 보트 배기가스, 선체 도료, 갑판 청소, 선체 표면 청소 (scraping) 및 샌딩, 육상 우배수 및 오수 등이 있다. 「항만 및 어항 설계기준해설(2014)」에 따르면 보트나 요트 등 소형선의 오폐수 발생량은 대체로 해변 주거지에서 나오는 일일 평균 배출량(1인당 170 l/day)을 기준으로 이의 약 1/4 또는 최소 1인당 38 l/day로 가정하고 있다. 또한 주거용 보트일 때는 해변 주거지의 일일 발생량과 같은 1인당 170 l/day로 가정한다. 즉, 마리나 환경이 절대적으로 깨끗한 것만은 아님을 나타내고 있음이다.

따라서 마리나 수질 보존을 위해서는 ⓐ 직접적인 오염원의 제거(하수처리, 오수/우수 처리, 쓰레기 투기 방지 등), ⓑ 주기적인 청소 관리, ⓒ 적절한 해수 교환의 3가지 방법이 많이 사용된다.

해안공학적 측면에서 해수교환을 효과적으로 달성하기 위해서는 설계 시 다음 사항을 고려할 수 있다. ⓐ 항 입구를 두 개로 한다. ⓑ 항내의 예각 구석을 없앤다. ⓒ 연결 수로 뒤쪽에 인공 못 (Lagoon, Flushing basin)을 둔다. ⓓ 항내 수심의 급격한 변화를 피한다. ⓔ 방파제 하부에 통로를 두어 해수 교환이 원활히 일어날 수 있도록 한다. ⓕ 강제 해수 순환을 발생시킬 수 있는 설비를 둔다.

<그림 6> 화재로 인한 요트 침몰(좌)과 수질 오염에 따른 어류 폐사 장면(우)

5) 마리나는 자동차로 2시간 정도 거리가 적당하다?

연안에 위치하는 마리나는 도시지역으로부터 접근성이 용이하지 않은 경우가 많으며, 이러한 점은 마리나 개발 시 취약성으로 나타나기도 한다. 마리나의 표적시장인 대도시와 수도권과의 낮은 접근성은 항로나 도로, 해로 등의 접근경로와 교통 기반시설 연계성의 부족에 기인하며 이러한 접근의 취약성은 마리나의 이용측면에서도 불리한 특성이기도 하다(안종현, 2003).

우리나라는 국토를 이용한 스키 및 산악형 리조트가 많이 발달해 있다. 이와 더불어 해안에 마리나 시설을 통해 접근성을 높이고 그로 인한 도로의 확충을 통해 전반적인 국토를 발전시킬 수 있다. 마리나 개발은 중장기적으로 해안의 균형 있는 발전을 제공할 수 있을 뿐만 아니라 연안지역의 이익 창출을 유도함으로써 국내 경제발전에도 도움을 줄 수 있다(전매희, 2012).

일반적으로 육상에서의 접근환경으로 주요 도시로부터의 이동시간 거리는 마리나가 대도시 입지형이면 자동차로 2시간 정도의 거리가 적당한 것으로 알려져 있으며, 편리성의 측면에서는 간선도로까지의 거리가 짧고 접근성이 좋은 것이 바람직하다고 한다. <그림 7>과 같이 요트를 가지고 마리나까지 접근하는 이용자에게는 도로폭, 접근로의 포장 재질 및 차량 회전반경, 상하가 시설 설치 여부 등은 중요한 마리나 선택 조건이 되므로 이들을 고려하는 것이 필요하다(박진우, 2011).

(a) 이동하는 요트 트레일러   (b) 상하가 시설을 이용한 선박 이동

<그림 7> 마리나 활동을 위한 이동 과정

3. 마리나 개발의 시설요소

1) 마리나 시설 배치 및 운영

전술한 바와 같이 현재 마리나는 해양수산부의 「마리나 항만의 조성 및 관리 등에 관한 법률」에 근거하여 '항만'으로 규정하고 있으며, 설계기준은 「항만 및 어항 설계기준해설」에 따른다. <표 3>은 마리나와 어항의 시설요소를 비교한 것이고, <그림 8>은 보트 이용자의 시설 사이 동선의 형태를 제시한 것이다. 즉, 마리나 개발의 시설 배치 및 운영은 기본적으로 이용자의 안전하고 효율적인 동선에 맞추어서 시설계획 되어져야 함이 강조된다고 할 것이다.

<표 3> 마리나와 어항 시설요소 비교

구분	마리나	어항
수역시설	항로, 박지 및 선류장	항로, 정박지 등
계류시설	안벽, 잔교, 부잔교, 계선말뚝, 계선부표	안벽, 물양장, 계선부표, 계선항, 잔교, 부잔교, 선착장, 선양장 등
외곽시설	방파제, 호안	방파제, 방사제, 파제제, 방조제, 도수제, 수문, 호안, 제방, 돌제, 흙벽 등
보관시설	Boat yard, 보트창고, 수리시설, 세정시설	어선건조·수리장, 어구건조장, 어구제작·수리장, 야적장, 기자재 창고 등
상하가 시설	경사로, Rail ramp, Boat lifter	경사로
보급시설	급수·급유·급전시설	급수·급빙·급유시설, 전기수용설비·선수품 보급장 등
관리운영 시설	클럽하우스, 연수시설, 녹지, 녹도, 오폐수처리시설	- 공공시설 : 어항관리시설, 해양관측시설, 선박출입항 신고기관 등 - 정화시설 : 환경오염방지를 위한 도수시설, 폐유·폐선처리시설 등
서비스 시설	숙박시설, 상업시설, 레저시설	- 문화복지시설: 진료시설, 체육시설, 전시관, 학습관, 공연장, 광장, 조경시설 등 - 관광휴게시설: 레저용 기반시설, 식당, 지역특산품 판매장, 숙박시설, 오락시설 등 - 기타 편의시설: 여객선·생활필수품 운반선, 도선 등 선박의 계류시설과 대합실 등
임항교통 시설	도로, 주차장	철도, 도로, 교량, 주차장, 헬리포트 등
안전시설	항로표지, 구조정, 감시정, 보트와의 연락을 위한 통신시설, 소화시설	항로표지, 신호·조명시설, 육상무선전신, 전화시설, 어업기상 신호시설, 소화시설 등
판매가공 시설	-	수산물시장, 위판장, 직매장, 집하장, 활어일시 보관시설, 하역기계, 제빙·냉동·냉장시설, 수산물 가공공장 등

해양수산부, 2005, 항만 및 어항 설계기준, p.1289
김성귀·홍장원, 2006
Akio Kuroyanagi, 1997, 海洋觀光 計劃論, pp.71-72, pp.85-92.

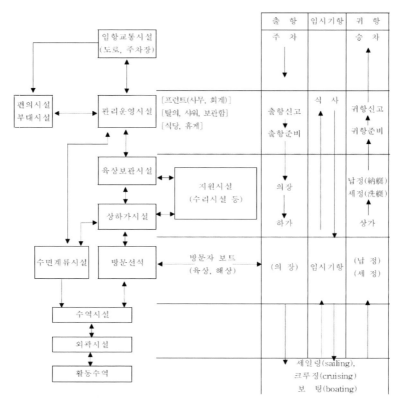

출 항	임시기항	귀 항
주 차		승 차
출항신고 출항준비	식 사	귀항신고 귀항준비
의 장		납정(納艇) 세정(洗艇)
하 가		상 가
(의 장)	임시기항	(납 정) (세 정)
		세일링(sailing), 크루징(cruising) 보 팅(boating)

임항교통시설
(도로, 주차장)

편의시설
부대시설

관리운영시설 [프런트(사무, 회계)]
[탈의, 샤워, 보관함]
[식당, 휴게]

육상보관시설

지원시설
(수리시설 등)

상하가시설

수면계류시설 방문선석 방문자 보트
(육상, 해상)

수역시설

외곽시설

활동수역

해양수산부, 2014, 항만 및 어항 설계기준해설

<그림 8> 보트 이용자의 시설 사이 동선의 형태

2) 마리나 수역시설 – 설계수심

어떤 항만이나 어항이든 항행 중의 선체침하로 선저(船底)가 해저면에 충돌되거나 좌초되어 배가 움직이는데 장애를 받게 되는 사고가 없어야하며, 항행 중에 선박의 Propeller가 해저물질을 너무 교란시켜 생태계에 치명적인 손상을 주어서는 안되는 수심을 유지하는 것이 필요하다.

일반적으로 어항 설계시 계획수심은 선박의 적재흘수(Drift)에 선박의 바닥으로부터 항로바닥까지의 여유고(z)로 결정(기준면하 만재흘수에 여유수심을 확보한 수심)한다. 즉, 계류시설을 이용하는 어선 중 최대어선의 만재흘수에 해저 지반이 경질지반일 경우 0.5 m 이상, 해저지반이 연질지반일 경우 0.5 m를 더하는 것이 일반적이다. 또한 휴식용 물양장의 경우 공선 흘수를 사용하여도 무방한 것으로 항만 및 어항설계기준에 제시되어 있다. 항만 및 어항설계기준서의 어선 표준 선형에 따르면 원양어선을 제외한 일반 어선의 경우 최대 어선 접안에 따른 선석의 수심은 4.0 m 이상이면 적정한 것으로 보고 있다.

아울러 마리나에도 레저 선박에 적합한 수역시설이 조성되어야 한다. 영국의 마리나 수심 기준에서는 Power boat의 경우 최대 2.7 m, Sail boat의 경우 최대 4.7 m로 규정하고 있다. 일본 기준에서는 요트 전장이 20 m 이내일 경우 수심을 4.5 m로 규정하고 있다(김성귀 등, 2006). 이에 반해 우리나라의 경우 마리나 수역시설의 설계수심은 앞서 일반 어항의 설계기준에 따른다.

기존 어항 내에 마리나를 조성할 경우에는 어업활동에 지장을 주지 않는 범위 내에서 마리나 수역시설을 조성하여야 할 필요가 있다. 즉, 기존의 어선에서 사용하던 항로, 박지 및 선류장 등의 수역시설과는 별도로 레저선박이 사용할 수 있는 수역시설을 확보해야 한다. 만일 함께 사용하는 경우에는 레저 선박의 특성을 고려한 적정한 수심과 항내 정온도 및 어선과의 마찰을 최소화하는 수역시설을 조성해야 한다.

위에서 살펴본 바와 같이 어항의 경우 설계수심은 최대 4.0 m이면 적당하다. 반면 마리나의 경우 4.5~4.7 m 이상이어야 대형 Sail boat의 정박이 가능하다. 따라서 어항에 마리나 시설을 설치할 경우

수심의 제약을 받을 수 있으므로 계획시 준설 여부나 대상 선종의 제약 등에 대한 검토가 따라야 할 것으로 판단된다.

　하지만 지형적 특성상 조석간만의 차가 큰 항이나 포구(浦口)인 경우에는 수역 수심은 간조시 바닥이 들어나고 만조시에만 선박의 운항이 가능해진다. 이는 조수차가 심한 지역에서의 포구는 영국의 킬쿠드브라이튼 마리나(Kirkcudbright marina)와 서퍽 요트 하버(Suffolk yacht harbour) 등 강 하류 지역인 기수억에 주로 발달한 경우이다(김영돈, 2016). 또한 항내 지형이 퇴적형으로 지속적으로 연안표사의 영향으로 수심 변화가 빈번히 발생하는 경우에는 마리나 적지로서 합당하지 않은 것으로 분류되어 마리나 개발 예정구역에서 제외되는 경우가 많다. <그림 9>의 경우 간조시 항내 바닥이 표출되는 환경에서 선박의 정박 조건을 선체의 개선으로 극복하고 있는 사례를 나타내고 있다. 이는 마리나 설계기준에 해당하는 수역시설의 설계기준이 정답이 아닐 수 있음을 보여주는 일례라고 할 수 있다. 즉, 우리나라 서해안과 같이 조수간만이 큰 해안에 마리나를 조성할 경우 설계수심 유지를 위해 준설을 하거나 수심이 유지되지 않음으로써 마리나 적지에서 사전 배제되는 상황은 극복할 수 있음을 의미한다.

<그림 9> 조수간만의 차를 극복하는 마리나 이용 사례

3) 마리나 외곽시설 - 방파제

일반적으로 외곽시설(外廓施設, Counter facilities)이란 방파제, 방조제, 방사제, 호안, 돌제, 이안제, 잠제, 도류제 등이 있다<그림 10>. 외곽시설의 주된 기능은 항내 정온도 확보, 수심 유지, 내습하는 파랑의 감쇄, 파랑과 조석에 의한 표사이동 방지, 해안선의 토사유실 방지 및 하천으로부터의 토사유입 방지, 그리고 항만 시설 및 배후지를 파랑, 고조, 쓰나미로부터 방호하는 것 등이다. 또한 바다의 자연경관을 확보하고 해안환경에 어울리게 하기 위해 친수성도 추구해야 한다. 그러므로 외과시설의 설계 시에는 수역시설, 계류시설 및 기타 시설과의 관계를, 외곽시설 건설 후에는 인근 해역, 지형, 환경, 흐름, 시설 등에 미치는 영향을 충분히 고려하여 기능, 구조, 배치 및 위치를 선정해야 하며 항만의 장래 발전방향 또한 고려해야 한다(해양수산부, 2014).

대표적인 외곽시설로서 방파제(防波堤, Breakwater)는 선박이나 항만 또는 어항의 항내 시설을 보호하고 항내 정온을 유지하여 선박의 안전한 항행을 도모하기 위하여 축조되는 것으로, 항 입구는 빈도와 파고가 가장 높은 파랑에 대하여 효과적으로 항내를 보호할 수 있도록 배치, 설계되어야 한다. 항 입구에서는 선박의 항행에 있어 지장이 없어야 하며, 항 입구 부근의 조류 속도는 가급적 작도록 설계·시설되어야 한다. 이런 측면에서 방파제 건설에는 많은 경제적 비용과 건설 기간이 요구되고 안정한 구조물로 조성되어야할 필요성이 따른다.

(a) 방파제　　　　　　　(b) 방조제

(c) 방사제군　　　　　　(d) 호안

(e) 돌제　　　　　　　　(f) 도류제

(사)한국해양공학회, 2015

<그림 10> 외곽시설물의 종류

　일반적인 항구에 방파제 건설시 고려해야할 유의사항을 간략히 제시하면 다음과 같다. ① 파랑이 집중되는 형상을 피한다. ② 갑(Headland)이나 섬 등 지형상 용이할 수 있는 것은 적극적으로 이용한다. ③ 지반이 나쁜 곳은 되도록 피하고 시공이 용이한 위치를 선정한다. ④ 사빈해안에 있어서는 항내로 표사가 침입하지 않도록 배

치한다. ⑤ 방파제 축조 후 인근 해역에 끼칠 영향에 대하여 충분히
고려하여야 한다. ⑥ 항구의 위치와 방향을 결정할 때는 파향, 파고
및 조류 등을 고려한다. ⑦ 항 입구 부근의 조류속도가 적은 환경이
좋으며, 방파제 끝의 반사파로 인해서 항구 부근 해면의 파고가 높
아지지 않도록 한다. ⑧ 쇄파점 부근에 방파제가 위치하는 경우에는
시공이 곤란한 동시에 쇄파압에 의해 규모가 커질 가능성이 있으므
로 피하는 것이 바람직하다. 마지막으로 ⑨ 항내 해수가 정체되지
않도록 해수교환에 유의하여야 한다.

하지만 실제 방파제가 필요한 일수는 1년 365일중에 적게는 20일
에서 많게는 2개월도 되지 않을 정도로 불필요한 날이 많다. 또한
방파제는 그 어느 구조물보다 '큰 변위와 파괴를 허용하고 월파를
허용하는 구조물'로서 최외곽에서 파랑을 막는 '자기희생'적인 역할
을 한다고 할 수 있다(강윤구, 2012). 역설적으로 항상 필요한 것은
아니지만 꼭 있어야 하고 대단히 많은 비용이 들 뿐만 아니라 가끔
씩 부숴지기까지 한다는 것이다.

① 방파제 평면 배치

<그림 11>은 일반적인 항만, 어항 등의 방파제 배치 예를 보여주
고 있다. 지형 및 외력환경을 고려한 방파제 배치 형태를 A형~E형
으로 구분하여 제시한 것이다.

여기서, A형은 강풍 및 파랑의 진행방향이 한쪽으로만 치우쳐 있
는 경우 또는 전면의 한쪽만이 열린 바다에서 다른 쪽이 폐쇄되는
경우, 그러나 제두부로부터의 회절 파랑이 많고 표사 매몰 현상이
발생하기 쉽다. B형은 심해까지 얕은 바다에서 3방향으로 열려 있는

바다에 사용하는 경우이나 언제나 항구가 좁고 회절파의 영향이 적은 까닭에 배치되는 방파제이다. C형은 표사, 조류에 역습되지 않도록 항구의 바로 앞에 설치하는 것이 많고 육지로부터 급격히 깊게 되는 곳에서 공업항과 같이 가늘고 긴 박지를 필요로 하는 경우에 사용되는 방식이다. D형은 도제의 전단으로부터 회절 파랑의 일부를 막을 필요가 있는 경우의 방파제이며 만형(灣形)이 정돈된 곳으로 항구가 몇 개 필요할 경우에 사용된다. 마지막으로 E형처럼 중복식 배치의 경우 파랑을 방지 혹은 분산시켜서 그 영향을 점차 저감시키는데 목적이 있다. 외곽 제체만으로 파랑을 방지하는 경우, 선류장과 같은 작은 박지를 항내에 설치하는 경우에 사용된다. 하지만 될 수 있는 한 단순한 배치가 요구된다.

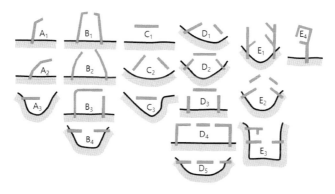

(사)한국해양공학회, 2015

<그림 11> 외곽시설물 방파제 배치에 따른 구분

② 방파제 마루높이(천단고) 결정

2000년 이후 항만 및 어항 설계기준서를 비롯하여 여러 설계보고서에 제시된 마루높이(천단고) 산정은 다음 4가지 방식으로 결정한다. ⓐ 제1방법: 항만구조물설계기준에 의한 방법, ⓑ 제2방법: 파의 처오름 높이에 의한 방법, ⓒ 제3방법: 허용 월파량에 의한 방법, ⓓ 제4방법: 항내 전달파에 의한 방법이다.

여기서 제1방법은 설계조위에 안정성 검토를 위한 설계 유의파고 ($H_{1/3}$)의 0.6배 이상의 적절한 높이로 하는 것이 표준이다. 또한 방파제 배후 정박지에 정박하는 선박이 소형이고 또 정박지 면적이 좁아서 월파를 적극 억제하고 싶은 항의 방파제에 있어서는 마루높이를 설계조위상 $1.25 H_{1/3}$로 결정할 수 있다. 즉, 마루높이는 0.6~1.25 $H_{1/3}$의 값으로 설계한다는 것이다. 제2방법은 방파제를 친수공간으로 이용하는 경우에 월파에 의한 사람의 안전에 대응하기 위한 방법이고, 제3방법은 ⓑ와 같이 방파제 배후에 시설물을 계획한 경우에 그 중요도를 고려하여 적용한다. <표 4>는 배후지의 중요도 및 이용 상황, 피해 한계에 따른 허용 월파유량을 나타내고 있다. 일반적으로 어항 방파제의 경우 <표 4>의 기준에 따라 마루높이를 정할 수 있으며 지역에 따라 태풍 대형화, 지진 해일 가능성 등 이상 기후나 천재지변에 대비하여 마루높이를 더 높게 설계하는 경우도 있다(강윤구, 2012).

결과적으로 대부분의 방파제 마루높이는 제2방법이나 제4방법으로 결정되며, 이들 방식을 적용하는 과정에서의 모순에 의해 마루높이가 최근 상향되는 것으로 알려져 있다.

<표 4> 배후지의 중요도를 고려한 허용월파량

요건	월파량($m^3/m\cdot sec$)
· 배후에 민가, 공공시설 밀집으로 월파, 물보라 등의 유입으로 중대한 피해가 예상되는 지역	0.01 정도
· 기타 중요한 지역	0.02 정도
· 기타 지역	0.02~0.06

해양수산부, 2014, 항만 및 어항 설계기준해설

③ 마리나와 어항 방파제 시설의 차이점

일반 마리나와 어항 방파제는 기본적으로 항내 정온을 유지하여 운영 효율을 높이고, 항내 항행 및 정박 중인 선박의 안전을 확보하며, 항내 시설을 보전하기 위하여 설치된다. <표 5>에 일반 마리나와 어항 방파제 시설의 차이점에 대하여 요약하였다.

<표 5> 일반 마리나와 어항 방파제 배치의 차이점

마리나	어 항
·해수 교환을 효과적으로 하기 위하여 항 입구를 두 개로 하는 경우가 많다. ·방파제 하부에 통로를 두어 해수 교환이 원활히 일어날 수 있도록 한다. ·평면 배치시 급격한 방파제 굴곡은 유지 관리면에서 불리하므로 되도록 피하여야 한다. ·방파제의 마루높이는 정온도 유지 가능 범위 내에서 되도록 낮게 하여 주변 경관과 조화를 이룰 수 있게 하고 바람의 소통이 원활하게 한다. ·항 입구는 요트 및 보트가 원활히 소통할 수 있도록 바람과 조류, 파랑의 방향을 고려하여 배치한다.	·국내 어항의 방파제는 해수교환 여부 등을 고려하지 않은 경우가 많아 항내 오염이 심각하다. ·방파제의 마루높이는 항내 정온도 유지와 월파 방지를 위하여 높게 설계하는 경우가 많다. ·어항은 주로 동력선이 이용하므로 항 입구 배치시 바람과 조류, 파랑의 방향을 크게 고려하지 않은 경우가 많다.

김성귀·홍장원, 2006

일반 마리나에서는 관광 레저 시설로서의 기능을 위해 심미적 관점과 쾌적한 환경, 편리한 입출항 등을 고려한 방파제 시설의 설치가 우선시 되는 반면에, 어항의 경우 항내 정온도 유지와 안전을 최우선으로 하다 보니 수질오염 문제, 높은 마루높이로 인한 조망권 저해, 바람 유입 차단 등의 문제가 발생하고 있다. 즉, 어항 방파제의 경우 항내 안전을 위해 태풍, 해일, 풍랑에 의한 월파를 고려하여 마루높이를 산정하고, 조망권이나 유입되는 바람 차단 등은 크게 고려하지 않는다. 또한 방파제로 인한 항내 수질 악화 역시 현재 많은 문제시되고 있어 통수형 방파제 등이 적용되고 있다. 반면 일반 마리나의 경우 방파제를 설계하고 배치할 때 항내 정온 유지뿐만 아니라 심미적 관점에서의 조망권이나 바람 유입, 수질 악화를 막기 위한 적절한 배치 등이 고려되어야 한다는 측면에서 다소 차이를 보인다.

기존 어항 내에 마리나를 설치하는 경우, 기존에 설치된 방파제, 호안 등의 외곽시설은 해양파랑을 저감하여 항내 안정성 확보 차원에서 마리나 시설에도 적합할 것으로 판단된다. 하지만 딩기 보트와 같이 바람을 이용하는 레저 선박의 경우에는 바람이 불어오는 방향에서 45°사이로는 나아갈 수 없기 때문에 외곽시설 중 항 입구방향 설정시 이를 고려해야 하며 방파제 시설의 높이가 높을 경우는 딩기 보트와 같이 바람을 이용하는 레저 선박의 운항에 지장을 초래하는지에 대한 검토도 필요하다. 또한 높은 마루높이로 인해 조망권이 나빠지고 바람 유입이 차단되어 조종성이 떨어지거나 바람을 동력으로 사용하는 요트의 경우 운항이 어려울 수 있으며 항내 부유물의 정체 가능성이 크므로 수질악화에 특별히 유의하여야 한다.

4) 마리나 항내 정온도

항내 정온도 문제는 파랑, 바람, 선박 동요 또는 작업기기의 내풍성, 내파성 등의 물리적인 요소 뿐만 아니라 선박 입출항의 난이, 악천후 시 피박(避泊), 해상작업 한계조건 등의 판단 요인과 더불어 하역효율, 선박가동율, 정온도 향상을 위한 제반시설의 건설비 등의 경제적 요인과도 관계되는 극히 복잡한 과제이다. 이 중에서 정온도의 판단기준의 기초가 되는 파랑에 관한 항내 교란파의 원인에는 ⓐ 항입구 침입파, ⓑ 항내로의 전달파, ⓒ 반사파, ⓓ 장주기파, ⓔ 부진동 등과 같은 요소가 있다. 이외에 대형 항만에서는 항내 발생파, 소형선박에 관해서는 대형선박의 항주파가 문제가 될 수 있다.

일반적으로 어항 설계시에는 박지의 정온도는 방파제의 배치와 마루높이, 항내 물양장의 배치와 구조형식에 따라 다르게 나타난다. 성박 가능한 최대 파고, 항로에서 항행이 가능한 최대 파고와 양육작업, 출어 준비작업, 휴식을 위한 계류가 가능한 물양장 전면에서의 한계파고는 대상어선의 선종, 선형, 이용실태 등을 파악하여 정해진다. 이는 항만 및 어항설계기준에 제시되어 있는 수역시설 사용이 가능한 최대 파고이다.

정박지 또는 선유장내의 이용한계파고($H_{1/3}$)는 0.3 m이하로 하고 이상 기상 시 파고($H_{1/3}$)는 0.5 m이하를 확보하도록 계획·설계되어진다. 항내 정온도를 확보함에 있어서 방파제의 배치, 연장 마루높이 등을 적절히 계획함과 동시에 소파호안, 투과호안, 경사로 등의 설치 또는 배치와 자연해안의 소파기능을 유효하게 활용하는 것이 바람직하다. 특히 이상 기상시의 파고는 대상 보트, 이용 상황에 따라서 파고를 작게 설정하는 것이 바람직하다. 하지만 모든 보트가 육상보관이 가능한 경우에는 이 제한을 받지 않는다.

위에서 살펴본 바와 같이 어항의 경우 작업 종류에 따라 다르지만 항내 파고는 0.3~1.2 m 사이이다. 반면 마리나의 경우는 항내 파고가 평상시 0.3 m이하이고 이상 기상시에는 0.5 m 이하가 되어야 한다. 따라서 어항에 마리나 시설을 설치할 경우 항내 정온도에 제약을 받을 수 있으므로, 계획시 필요하다면 부소파제 설치와 배치 등에 대한 추가 검토가 요구된다고 할 것이다.

5) 마리나 설계 자연조건

마리나 설계에 있어 검토되어야 하는 조건들을 살펴보면 다음과 같다. 이는 항만 및 어항의 설계에 있어서도 동일하게 적용되는 사항이라 할 수 있다((사)한국해양공학회, 2015).

① 기상

풍향과 풍속으로 표현되는 바람은 지역에 따라 매우 다양하게 변한다. 어떤 지역에서의 지배적인 풍향은 한 방향 또는 두 방향이 될 수도 있고, 때로는 상반되는 풍향이 나타나기도 하는데, 이러한 경우의 풍향은 선박의 접안과 이안에 있어서 지대한 영향을 미칠 수 있다. 선석은 가능한 한 지배적인 풍향과 평행으로 배치하는 것이 좋다. 크레인과 같은 고정하역장비들은 강한 바람에 민감하여 작업능력이 감소되거나 작업이 중단될 수도 있다.

바람에 관한 풍향과 풍속의 평균발생빈도는 통계적인 분석과 천기도에서 얻을 수 있다. 바람에 관한 통계는 지역적인 바람의 특성을 파악하는 데 유용하며, 일반적으로 시각적인 관찰보다는 실제적 측정에 근거를 둔다. 천기도는 파랑추정방법을 통해 파랑을 계산하거나, 바람과 기압의 영향으로 발생하는 고조(surge)와 흐름을 계산하는 데 이용된다.

또한 마리나 운영에 악영향을 미치고 운영 또는 하물의 하역 능률을 저하시키거나 중단시키는 주요요인은 이상적인 온도, 강우, 습도 등이다. 기온이 30 ℃ 이상이거나 5 ℃ 이하일 때에는 콘크리트의

타설과 양생 등에 있어 특별한 주의를 필요로 하며, 이상 강우현상
은 집중호우에 대한 배수와 배수관의 설계를 좌우한다.

② 파랑

파랑은 방파제와 외해에 노출된 접안시설에 직접적인 영향을 미
치고, 계류된 선박의 거동을 발생시키며, 표사의 이동, 침식 및 퇴적
등에 영향을 주는 등 항의 배치와 해안 구조물 설계에 있어 지대한
영향을 미치는 요소이다.

③ 조석, 고조 및 부진동

조석은 천체의 운행에 의해 발생하는 규칙적인 해수면의 상하변
동으로 장기간의 관측자료를 바탕으로 설계조위를 결정하여 구조물
설계에 반영한다. 그리고 태풍, 저기압의 통과 시 기상의 급격한 변
화 등에 의해 수위가 이상 상승하는 고조와 항내공진에 의해 발생하
는 부진동 등도 구조물과 화물의 적하에 큰 영향을 미치는 중요한
요소이다.

④ 흐름

조석에 의한 조류, 바람에 의한 흐름, 쇄파대 해안측 수역에서 발
생하는 연안류 등의 흐름은 이동 중 또는 계류된 선박에 영향을 미
치며, 표사의 침식 또는 퇴적을 발생시키는 원인이 된다.

⑤ 표사이동

파랑과 흐름에 의한 모래 해안과 하구에서의 표사이동은 항만 및

어항 계획에 있어 중요한 문제를 제기한다. 표사의 이동, 침식 및 퇴적은 대단히 복잡한 현상이어서 아직도 정확한 예측이 어렵다. 그러므로 상당한 표사이동이 있는 지역에서의 계획은 신중한 판단을 필요로 한다.

⑥ 결빙

결빙이 잦은 수역에 해안구조물을 설치할 때에는 바람이나 흐름에 의해 표류하는 얼음덩어리 또는 구조물이 닿아 있는 상태에서 바람이나 흐름에 의해 힘을 발휘하는 얼음덩어리를 구조물 설계에 반영해야 한다.

⑦ 지형 및 수심

마리나 또는 어항 건설을 위한 대량의 토사 및 암석의 제거, 운반, 적치에는 많은 비용이 소요되며, 항내 적정 수심을 확보하기 위한 준설 또한 많은 유지비용을 필요로 한다. 그러므로 건설은 깊은 수심을 가진 넓은 수역에 배후에 넓고 잘 정지된 육지가 이용가능할 때 매우 효과적이다. 이러한 이유로 마리나 또는 어항/항만건설을 위한 부지선정에 있어서는 지형도나 수심도를 이용하여 육지의 지형조건과 인접해안의 수심조건을 조사하고, 양호한 입지여건을 갖추고 있는지를 사전에 검토해야 한다.

⑧ 지역적 지질

마리나 또는 어항/항만의 계획과 설계에 있어서는 그 지역의 지질에 대한 조사가 초기단계에 이루어져야 한다. 기존의 자료, 현장조사 등을 통하여 내인성암과 외인성암의 분포를 파악하는 것이 필요하며, 지표면 부근의 암석뿐만 아니라 파랑에 대한 내구성을 알 수 있는 노출된 해안절벽의 암석도 조사의 대상이 된다.

⑨ 해안지형

미약한 지진에 의해서도 발생할 수 있는 사면활동과 경사가 급한 절벽에서의 사면붕괴 등이 조사되어야 하고, 지진발생 시 액화현상을 일으킬 수 있는 느슨한 세사층의 존재여부 또한 조사되어야 한다.

⑩ 토질

마리나 또는 어항/항만구조물의 배치 형태나 형식, 시공방법 등은 그 지역 토질의 현장조사, 실내시험 등을 통해 신중하게 결정해야 한다.

6) 마리나 계류시설

어항은 어선을 물양장 안벽에 계류하는 시설로 조성되는 것이 일반적이다. 항만 및 어항의 일반적 계류시설로는 중력식 안벽, 널말뚝식 안벽, 잔교식 안벽, 계단식 안벽, 부잔교식 안벽 등이 있다<그림 12>.

하지만 마리나 계류시설은 일반적으로 잔교 형식의 계류시설을 사용하며, 또한 마리나에 정박하는 레저 선박은 어선과는 크기와 형태가 다르기 때문에 레저 선박에 적합한 계류시설이 요구된다. 마리나의 계류시설에는 안벽, 잔교, 계선말뚝, 계선부표 등이 있다<그림 13>. 이 중 잔교가 일반적인 계류시설로서 가장 보편적으로 사용되고 있으며 임시계류용으로는 계선말뚝과 계선부표가 사용되고 있다. 잔교는 구조에 따라 말뚝으로 고정된 고정식 잔교와 수위의 상·하 움직임에 연동될 수 있는 부잔교로 나뉘며, 기능적으로는 주로 이용자의 보행과 화물의 운반 등에 쓰이는 주 잔교와 보트의 계류에 쓰이는 보조 잔교로 나뉜다. 그리고 형상에 따라 단잔교<그림 14>와 빗살형 잔교<그림 15>로 나뉜다. 고정식 잔교는 주로 조수간만의 차가 비교적 적은 동해안에 적합하며, 부잔교는 간만의 차가 비교적 큰 서남해안에 적합하다. 계선말뚝 및 계선부표는 일시 계류 목적이며 조수간만의 차가 비교적 적은 수역에서 안벽 및 잔교와 병용될 때 매우 효과적이다.

어항의 어선 계류시설과 마리나의 요트 계류시설을 비교해 보면, 어선과 요트의 선형이나 계류형태로 볼 때 어항의 잔교식 안벽이나 계단식 안벽, 부잔교식 안벽의 경우 요트 계류시설로의 전환이 가능할 것으로 판단된다. 그러나 국내 어항의 경우 중력식 안벽이 계류시설의 대부분을 차지하고 있는 실정이며 어항 구역과 마리나 구역으로 구분하여 마리나 전용 계류시설에만 요트를 계류시키는 것이 어민과 마리나 이용객이 편리하게 사용할 수 있는 방법이라 생각된다.

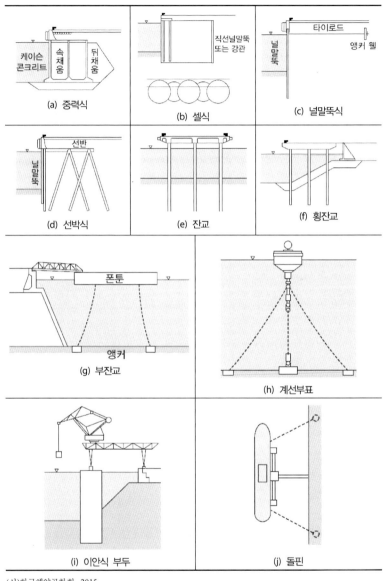

(사)한국해양공학회, 2015
해양수산부, 2014, 항만 및 어항 설계기준해설

<그림 12> 일반적인 항만 또는 어항에서의 계류시설의 구조양식

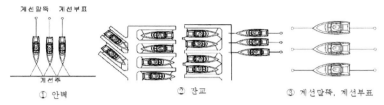

해양수산부, 2014, 항만 및 어항 설계기준해설

<그림 13> 마리나에 적용되는 계류시설의 형식

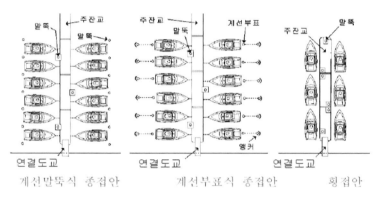

해양수산부, 2014, 항만 및 어항 설계기준해설

<그림 14> 단잔교

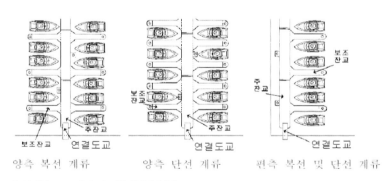

해양수산부, 2014, 항만 및 어항 설계기준해설

<그림 15> 빗살형 잔교

7) 기타 필요 시설

<표 6>은 요트의 종류별 마리나 시설요소의 필요 유무를 요약한 것이다. 전술한 바와 같이 기본시설에 해당하는 외곽시설, 수역시설,

<표 6> 요트의 종류별 마리나 시설 요소

구분	시설구성		Dinghy	소형 Motor boat	Cruiser	대형 Motor boat	최소 필요시설	어항공유 가능시설
기본 시설	외곽시설		◎	◎	◎	◎	●	●
	수역시설		◎	◎	◎	◎	●	-
	계류시설		○	○	◎	◎	●	-
	계류시설 보관시설	보트 야드	◎	◎	◎	◎	●	-
		선박창고	△	△	×	×	-	-
		선반(랙)등	△	△	×	×	-	-
상하가 시설	경사로		◎	△	×	×	-	●
	레일윈치		×	◎	△	△	-	-
	포크 리프트		×	◎	×	×	-	-
	크레인, 리프트 등		×	○	◎	◎	●	●
보트 작업용 시설	급유시설		×	◎	◎	◎	●	●
	전기, 급수시설		○	○	◎	◎	●	●
	수리공장		×	◎	◎	◎	●	-
	수리 야드		◎	◎	◎	◎	●	●
	세정시설		◎	◎	◎	◎	●	-
관리운 영시설	클럽하우스		◎	◎	◎	◎	●	-
	연수시설 등		○	△	△	△	-	-
임항교 통시설	헬리포트		△	△	△	△	-	-
환경정 비시설	녹지, 녹도, 광장 등		△	△	△	△	-	-
안전 시설	항로표지		◎	◎	◎	◎	●	●
	구난정		◎	◎	◎	◎	●	●
	감시정 등		◎	◎	◎	◎	●	●
서비스 시설	숙박시설		△	△	△	△	-	-
	상업시설 등		△	△	△	△	-	-
관리시설	배후레저시설 등		△	△	△	△	-	-

김성귀·홍장원, 2006
Akio Kuroyanagi, 1997, 海洋觀光 計劃論, pp.71-72, pp.85-92.

계류시설들도 요트의 종류별로 필요 유무가 달라질 수 있으며, 특히 기타 시설로서 아래에 제시되는 다양한 시설들에도 해당된다는 것을 보여주고 있다(김성귀 등, 2006).

① 보관시설

어항에는 어선의 수리와 어구의 제작 및 수리장 등의 보관시설을 사용하고 있지만, 마리나 보관시설을 레저 선박 보관을 목적으로 하여 기능상 함께 사용하는 것은 다소 무리라고 판단된다. 따라서 선박수리시설의 경우 기존 시설의 증설과 개·보수를 통해 함께 사용할 수 있지만, 마리나를 위한 레저 선박 보관시설은 독립적으로 설치되는 것이 바람직하다.

② 상하가 시설

어항에 있어 상하가 시설은 육상에서 어선수리 또는 어패류 운송 등을 행하기 위해 박지 또는 선류장에서 육상시설로 들어 올리거나 내리는 시설로 사용되며, 마리나 시설에서도 육상에 레저 선박을 보관하거나 수리하기 위해 레저선박의 선종 및 선형, 척수, 처리능력 등을 고려하여 설치해야 할 것으로 판단된다. 따라서 어선과 레저 선박 모두에 적합한 상하가 시설을 설치한다면 공유가 가능할 것이다. 상하가시설은 기능적으로 <그림 16>과 같이 분류할 수 있다.

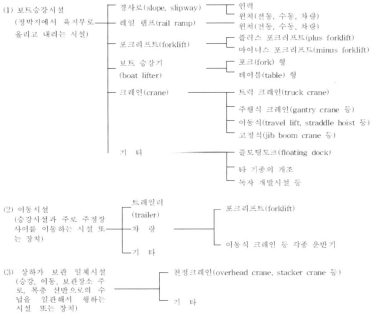

해양수산부, 2014, 항만 및 어항 설계기준해설

<그림 16> 상하가시설의 기능 분류에 따른 종류

③ 보급시설

기존 어항시설에 보급되는 급수, 급유, 급전시설을 공유할 수도 있으나 마리나 규모가 큰 경우에는 마리나 시설을 위해 별도로 설치해야 한다.

④ 관리운영시설

마리나 조성시 마리나의 전체적인 관리운영을 위한 시설이 필요하다. 관리운영시설로 클럽하우스, 정화시설 등이 있고, 이들을 어항시설과 공유할 수도 있지만 가급적 별도로 설치하여야 한다.

⑤ 서비스 시설

마리나 조성 후 수요를 예측하여 기존 어항의 숙박, 상업, 레저 등의 서비스 시설을 공유하여 조성한다. 또한 마리나 시설과 연계한 관광지를 개발하여 어촌의 활성화와 소득에 기여하는 방향으로 시설을 조성하는 것이 효율적이라 할 수 있다.

⑥ 임항교통시설

마리나 조성에 따른 수요를 예측하여 기존 어항시설에 조성된 임항교통시설을 증설하거나 공유할 수 있다. 기존 어항에 마리나를 추가 조성할 경우에는 마리나 조성시 소요되는 도로 또는 주차장 시설을 보완할 필요가 있다.

⑦ 안전시설

마리나의 조성규모에 적합한 안전시설과 장비를 확보하여 발생 가능한 사고에 대비해야 한다. 더불어 기존 어항에 설치된 안전시설을 공유하여 사용하거나 증설 또는 개보수하여 다기능 어항 조성시 필요한 안전시설을 구비한다.

⑧ 판매 · 가공시설

이는 기존 어항시설로서 마리나 시설에 필요한 시설 요소는 아니지만, 관광자원으로 연계가 가능할 것으로 판단된다.

4. 마리나와 어항

1) 마리나와 어항은 공존할 수 있는가?

마리나는 요트 하버(Yacht habor)로 불리기도 하며, 레저선박을 위한 정박지 또는 중계항으로서의 시설 및 관리체계를 갖춘 곳으로서 요트 계류와 더불어 모터보트, 수상오토바이 등 각종 해양레저 선박들을 계류하는 시설이라고 정의하였다(김성귀, 2007).

우리나라에서 생각하는 마리나는 일본 항만법에서 정의하는 스포츠 또는 해양레크리에이션에 사용되는 요트, 모터보트, 어선 및 기타 보트들이 계류된 장소라는 하드웨어적인 이미지가 매우 강하다는 점에서 일본의 영향을 많이 받았음을 시사하고 있다(이재빈, 2010). 또한 2015년 해양수산부의 전국 마리나 항만 개발 예정구역 선정 내용을 살펴보면 전반적으로 기존 어항 공간에 어항 구역과 마리나 구역으로 나누어 조성하는 것이 기본 골격이라 할 수 있다.

그렇다면 마리나와 어항은 공존할 수 있는가? 항만 및 어항 설계기준(2014)에서 제시된 어항과 마리나 관련시설 및 해양성 레크리에이션 시설에서 제시된 마리나 시설을 기준으로 어항과 마리나 시설을 비교하면 앞서 <표 3>과 같다. 기본적으로 어항과 마리나 시설을 비교한 결과 어항의 판매·가공시설을 제외하고는 모든 시설이 서로 긴밀하게 연결되어 있다. 즉, 어항에 마리나 시설 조성시 기존 시설의 공유가 부분적으로 가능하고 마리나 시설의 특징을 고려하여 추가적으로 시설을 보완한다면 충분히 마리나와 어항은 공존이 가능하다고 할 수 있다.

하지만 마리나를 어항과 같이 조성할 경우 특별히 주의할 점도 있다. 선박간 안정성 확보이다. 항내 선박의 항행에 상호 지장을 주지 않을 뿐만 아니라 이용자들간의 안정성도 동시에 고려되어야 한다. 또한 어선과 레저용 선박은 외형뿐만 아니라 목적이 완전히 다른 것으로 필요시설도 각각 달리 요구한다(황철민 등, 2010). 일반적으로 외국의 사례에서 보면 어항과 마리나를 구분하여 조성하는데, 어항과 마리나가 별개로 건설하기보다는 구역개념으로 조성되는 경우가 많은데 이는 위와 같은 이유에 따른 것이라 할 수 있다.

마리나를 어항과 별도로 계획하여야 할 이유로는 다음과 같다. ⓐ 어업관계자와 유어선 등의 이용자와의 분쟁을 막을 수 있다. ⓑ 어항은 어업생산 내지는 유통을 위한 지원시설이고 마리나는 해양성 레크리에이션을 위한 시설이므로 성격이 상이하다. ⓒ 성격이 상이하므로 개발주체가 다를 수 있다. ⓓ 이렇게 함으로써 각각 특성이 맞는 계획을 할 수 있으며, 비어업용 소형선을 한 장소에 집약할 수 있으며 총괄 관리할 수 있다. ⓔ 해양성 레크리에이션의 안정성 및 편리성의 향상을 도모할 수 있다. ⓕ 해양성 레크리에이션 관련 산업을 유치하기가 용이하다.

2) 다기능 어항과 마리나

어촌에서는 수산자원의 감소로 상당수의 어선이 감척되거나 폐선되어 어항에 유휴 공간이나 시설이 많이 생겨나고 있다. 또한 노령화로 인하여 인구가 줄어들어 어업을 위한 인력의 감소로 이어지고 있다. 특히 어업인들의 소득은 도시근로자 소득의 70% 수준으로 하락하여 새로운 어업외 소득원 개발이 절실한 상황이다. 따라서 유휴

어항 등의 활용을 통한 새로운 수익 창출도 대단히 필요한 부분이다 (김성귀 등, 2006). 즉, 수산업의 여건 및 환경이 변하면서 어촌·어항 역시 다양한 길을 모색해야할 시점이 된 것이다.

최근 해양수산부가 어업활동의 거점인 어항에 관광, 휴양 등의 기능을 추가해 새로운 공간을 조성하는 '10항 10색 국가어항 만들기' 사업이 그 일례라고 할 수 있다. 해양수산부가 제시하는 다기능 어항의 개발 사업 유형은 3가지이며 그 내용은 다음과 같다. ① 유형 1 : 복합형(수산·교통·관광·문화 등 종합적인 기능을 갖춘 어항으로 특화) - 5개항 : 다대포항(부산), 저동항(경북 울릉), 서망항(전남 진도), 남당항(충남 홍성), 욕지항(경남 통영), ② 유형 2 : 낚시관광형 (어항 내 유휴공간을 활용하여 낚시와 관광으로 특화) - 3개항 : 위도항(전북 부안), 능포항(경남 거제), 안도항(전남 여수), ③ 유형 3 : 피셔리나형(어업활동과 연계한 해양레저공간으로 특화) - 2개항 : 위미항(제주 서귀포), 물건항(경남 남해).

우리 정부는 어촌활성화 대책의 일환으로 2005년부터 전국 어촌어항 24개소를 다기능 어항(Ⅱ모델 사업), 어촌어항복합단지사업(Ⅰ모델 사업) 등으로 조성하려고 계획을 수립하고 추진하고 있다. '가고픈 바다, 살고픈 어촌, 다시 찾는 관광어촌'을 모토로 어항과의 연계성에 따라서 <표 7>과 같이 2가지 형태의 다기능 어항 모델을 제시한 바 있다(김성귀 등, 2006).

<표 7> 다기능 어항 모델

모델명	개념
Ⅰ모델	□ 내용 : 기존어항·어촌 + 관광기능 ⇒ 어촌·어항 복합공간 　◦ 기본 개념 : 어촌과 어항이 어우러진 「어촌·어항 복합공간」의 조성 → 　　배후 어촌과 연계되는 국가어항을 대상으로 어항과 어촌의 특색을 연계 　　하여 통합적으로 개발 　◦ 투자방향 　　- 기존 국가어항사업비를 전면 재편하여 집중투자 → 어촌·어항 개발 예 　　산을 어촌관광 중심의 복합공간 창출에 집중투자 　　- 기존 어항개발비, 어촌종합개발비, 어촌관광사업비를 통합 지원하되, 예 　　산과목(국비, 지방비)에 따라 분리집행 방안 마련
Ⅱ모델	□ 내용 : 기존어항 + 관광기능 ⇒ 다기능 어항 　◦ 기본 개념 : 어항자체의 관광기능을 대폭 보완한 「다기능 어항」개발 → 　　배후 어촌이 없어 어항과 어촌의 연계성은 낮으나, 어항 자체가 관광수요 　　가 높은 국가어항을 대상으로 집중 개발 　◦ 투자방향 　　- 어항과 어촌마을의 연계성은 낮으나 어항 자체만으로 관광수요가 높은 　　지역을 대상으로 집중 개발하되, 우선 관광잠재력이 높은 해역의 기존 　　어항에 대해 기능 보완 　　- 배후 어촌 없이 어항 자체만을 개발하는 관계로 기존 어항사업비의 우 　　선순위를 재편하여 집중투자 　　- 사업의 원활한 추진을 위하여 필요시 민간자본 유치도 검토

김성귀·홍장원, 2006

　이 중에서 가능한 지역은 어항 내에 마리나가 개발되도록 하고 있고 이 외에 지역 어항에서도 마리나 개발계획이 늘도록 유도한다는 것이다. 이 시점에서 우리는 스스로에게 몇가지 질문을 던지고 이에 대한 대답을 찾을 필요가 있다. 우리나라 모든 어항을 마리나로 개발할 것인가? 마리나 개발의 목표는 정량화할 수 있는가?

　다기능 어항은 기존 어항 시설을 그대로 이용해야 하므로 방파제의 마루높이나 항내 수심, 수역 배치 등에 따라 입항이 불가능하거나 항내 계류에 어려움이 따르는 선종이 있을 수 있다. 또한 전술한 바와 같이 다기능 어항의 경우 월파 방지 등으로 인해 방파제의 마루높이가 일반 마리나에 비해 높게 설계되므로 시야가 좁아지게 되고 바람의 유입이 원활하지 못할 수 있다. 따라서 조종 성능이 떨어지거나 바람을 동력으로 사용하는 선종의 경우 다기능 어항에 입항 또는 계류하는 데 어려움이 따를 수 있다. 또한 보통 어항 계류시설의 전면 수심은 4.0 m이면 적당하나 요트의 경우 흘수가 깊은 특성을 갖고 있어 규모에 따라 그보다 더 깊은 수심을 요구하게 된다. 따라서 다기능 어항 계획시 어항의 수심을 파악하여 수심에 부적절한 요트 및 보트에 대해서는 계류를 보류시켜야 할 것으로 판단된다. 또한 모터보트에 의한 항내 항주파 발생과 소음에 대한 대책도 강구되어야 한다. <표 8>은 마리나 선박의 특징과 수역시설 이용시 고려사항을, <표 9>에는 다기능 어항 내 마리나 건설 및 운영시 문제점과 해결 방안에 대한 공법 및 시설을 제시한 것이다.

<표 8> 마리나 선박의 특징 및 수역시설 이용 고려사항

선종		특성	고려사항
Yacht	크루저 요트	· 흘수가 깊음 · 항내에서는 모터를 동력으로 사용하며, 항외에서는 바람을 동력으로 사용 · 바람을 동력으로 사용 시 조종성능 떨어짐	· 수심의 제약으로 인해 적정 흘수심의 선형 검토 · 조종 성능 향상을 위한 보조 동력기 설치
Yacht	딩기 요트	· 흘수가 깊음 · 항내와 항외 모두 바람을 동력으로 사용 · 조종성능 떨어짐	· 수심의 제약으로 인해 적정 흘수심의 선형 검토 · 항 내 조종성 여부 확인
Motor Boat	Cruiser Motor Boat	· 흘수가 얕음 · 모터를 동력으로 사용	· 항주파 및 소음에 대한 영향 검토
Motor Boat	Run-about Boat	· 흘수가 얕음 · 모터를 동력으로 사용	· 항주파 및 소음에 대한 영향 검토

김성귀 · 홍장원, 2006

<표 9> 다기능 어항내 마리나 건설 및 운영시 문제점 및 해결 방안

구분	문제점	해결방안
서해안	낮은 수심	수심 확보 해역까지 도교를 설치하여 방문객의 원활한 접근 유도 수심 확보를 위한 준설은 비경제적이며 환경오염의 위험성 있음
	큰 조위차	마리나 구조형식을 부유식 시설로 대체, 경제적이며 환경오염 최소화
	퇴적작용	유지 준설 필요
남해안	낮은 수심	수심 확보 해역까지 도교를 설치하여 방문객의 원활한 접근 유도 수심 확보를 위한 준설은 비경제적이며 환경오염의 위험성 있음
	큰 조위차	마리나 구조형식을 부유식 시설로 대체, 경제적이며 환경오염 최소화
	태풍의 영향	태풍을 고려한 방파제 설계, 태풍 방재 시설 설치
	해양오염	친환경 방파제(해수교환 방파제, 부유식 방파제 등)
동해안	너울, 해일 등 높은 파도	방파제 및 월파 방지 시설
	매몰 및 침식	매몰 및 침식 방지 시설(제방, 돌제군, 이안제, 방사제, 도류제 등)

김성귀·홍장원, 2006

3) 상생(相生)을 위한 이용자간의 협력이 필요하다.

현시점에서 해양수산부의 마리나 항만 개발계획은 어쩌면 기존 어항의 일부 공간을 정비하여 요트, 보트 등의 마리나 선박의 정박을 위한 폰툰 시설(계류시설의 일종)만 갖춘 마리나 항만으로 개발하려는 수준에 머물고 있지는 않은가?

전술한 바와 같이 마리나 항만시설은 정온수역과 요트나 보트를 고정하기 위한 계류기능은 기본이고, 수면·육상보관이 가능한 보관기능, 크레인 시설인 상하가(上下架) 기능, 수리·점검기능, 보급(물, 연료, 식료 등)·청소(쓰레기, 폐유, 폐기물, 세정 등) 기능을 비롯하여, 숙박, 휴식, 교육, 연수, 입출항·안전관리, 문화교류, 기상·해상 정보제공기능 등의 다양한 기능의 복합시설을 반드시 갖추고 있어야 한다.

하지만 요트나 보트는 상대적으로 고가(高價)에 해당되며, 비교적 호화로움을 요구하는 요트나 보트의 수요자 측면에서는 낡고 허름한 어선과 섞기는 것을 절대 원치 않는 것이 현실이기도 하다. 이러한 시각의 차이는 어쩌면 무분별한 발전 우선주의에서 초래된 것이라 할 수 있을 것이다. 상생을 위한 이용자간의 협력이 필요한 이유이기도 하다. 마리나 개발 시에는 지역주민의 배려 및 참여가 반드시 고려되어야 한다. 바다를 어민들의 전유물로 생각하고 있고, 정부의 정책도 이러한 상황을 뒷받침하고 있는 현실 하에서 지역주민들을 배제한 마리나 개발은 여러 가지 문제에 봉착할 수 있다. 지역주민이 참여하여야 개발에 따른 마찰도 줄일 수 있으며, 지속적인 지역경제 활성화도 도모할 수 있을 것이다. 이를 위하여 지방자치단체에서는 지형 여건이 양호하고 지역주민들을 고려 할 수 있는 마리나 개발 적지를 선정, 세일을 실시하고 타 산업 지원의 예에 따라 여러 가지 혜택을 부여하면 마리나 개발이 더욱 효율적으로 이루어 질 수 있을 것이다(유상준, 2009).

마리나를 개발할 때 무분별한 발전보다는 타 사례에 비추어 주변 환경이 무너지지 않고 자연스럽게 시설이 자리 잡을 수 있게 하여 지역 주민과의 연계에서도 문제점이 발생하지 않게 하는 것이 중요하다. 편의시설 중에서도 워크샵이나 회사에서 잠깐 이용하는 공간을 만들기 보다는 지역주민들이나 관광객들이 요트시설 외에도 편하게 이용할 수 있는 헬스장, 테니스장, 수영장 등을 통해 연계성을 높이고 방문수를 늘려야 한다. 또한 대중 매체의 광고를 통해 국민들에게 마리나 시설에 대한 존재를 인식시키고 그로 인해 관심을 갖게 하는 것이 필요하다. 정부 지원뿐만 아니라 각 지자체 기관 및 진흥회를 통해 매체와 접촉하여 꾸준한 교류를 진행하는 것도 필요하다. 어쩌면 <그림 17>의 경기도 전곡 마리나와 여수 소호 요트장 등의 경우가 현재 그러한 시험대에 있다고 할 수 있을 것이다.

연합뉴스(www.yonhapnews.co.kr/)   남도방송(http://www.nbn-news.co.kr/)
(a) 전곡항   (b) 여수 소호요트장

<그림 17> 마리나 항만으로 개발을 준비하는 사례

5. 마리나 운영시 고려 사항

1) 안전성은 유지되는가?

① 태풍 방재

우리나라 남해안은 태풍의 길목에 있어 방파제 파괴, 해안 침수, 어선의 파손 등 어항시설물에 대한 피해가 해마다 일어나고 있다. 다른 해안도 마찬가 지겠지만 특히 남해안은 다기능 어항 또는 마리나 건설 및 운영시 태풍에 대한 대비가 필요하다. 태풍 피해를 최소화하기 위해서는 해안의 지형적 특성을 잘 활용할 필요가 있고 방파제와 계류시설, 육상 시설물 설계시 태풍의 영향을 충분히 고려하여야 한다. <그림 18>은 허리케인 등으로 인해 피해를 받은 마리나 사례를 나타내고 있다.

Coffs Harbour marina
http://www.coffscoastadvocate.com.au/

http://www.sailing-women-on-yachts.com/

<그림 18> 허리케인 등으로 인해 피해를 받은 마리나 시설 모습

ⓐ 월파 방지 시설

우리나라 동해안은 수심이 깊고 해양 파랑을 막아줄 섬들이 없어 너울 현상이 자주 일어나며 지진 해일로 인한 피해 가능성도 큰 지역이다. 따라서 외곽 시설로서 월파 방지를 위한 방파제를 설치할 필요가 있고 적절한 설계파를 산정하여 마루높이를 충분히 높임으로써 월파로부터 내부 선박과 시설물들을 보호할 필요가 있다.

ⓑ 친환경 방파제

우리나라 남해안의 항들은 주로 만 내에 형성되어 있는 경우가 많고 수많은 섬들로 둘러싸여 있으며 주변에 양식 시설이 넓게 분포하고 있어 적조 등 해양 오염이 심각하고 그 피해 또한 만만치 않다. 따라서 남해안에 다기능 어항 또는 마리나를 건설할 경우 파랑, 바람, 조류 등 자연 환경과 지정학적 조건들을 잘 파악하고 신설 방파제의 친환경적 구조 선정 및 적절한 배치가 필요하다. 또한 정화시설을 철저히 갖춰 육상으로부터의 오염물 방류를 최소화시켜야 어민들로부터 지지를 얻을 수 있을 것이다.

중력식 방파제는 사석이나 콘크리트 등을 해양에 투석해 파를 막는 방식인 반면에 부유식 방파제는 파 에너지의 대부분을 포함하고 있는 자유수면하 20% 정도만을 육지에서 제작한 부유구조물을 띄워 파를 막는 방식이다. 이러한 방식은 해수흐름을 방해하지 않아 해양오염을 줄일 수 있을 뿐만 아니라 파 에너지가 집중된 자유수면하 20%만을 막는다는 의미에서 중력식 방파제보다 효율적이다. 따라서 어항 내 마리나 조성시 기존에 설치된 방파제와 함께 부유식 방파제를 활용할 경우 정온 효과뿐만 아니라 항 내 오염을 저감시킬 수 있을 것으로 판단된다.

해수 교환 방파제는 기존 방파제의 일부를 제거한 후 방파제 외측에 반원형 월류제(바다물이 넘칠 수 있도록 하는 구조물)를 설치해 바닷물을 가두고 도수로를 통해 깨끗한 해수를 항내로 공급해 주는 시설이다.

② 매몰 및 침식 방지 시설

최근 동해안 지역은 방파제 등 연안 개발 및 해수면 상승 현상으로 인해 해안 침식 및 매몰 현상이 심각하게 발생하고 있으며 사회적인 문제가 되고 있다. 이는 구조물 설치로 인해 해수 유동에 변화를 일으키게 되는 것과 무관하지 않으므로 다기능 어항 또는 마리나를 위한 방파제 등을 확장할 경우 해수 유동 변화를 최소화할 수 있는 공법을 적용하거나 구조물을 사용하여 생태계 교란이나 지형의 변화 등을 최소화시켜야 한다.

ⓐ 제방과 호안 설치

해빈 연안의 비탈면을 둘러싸서 배후의 토사가 파랑이나 흐름에 의하여 파괴 또는 유실되지 않도록 제방과 호안을 설치한다.

ⓑ 돌제군 설치

해안으로부터 돌출한 가늘고 긴 구조물로서 계절적인 전진 후퇴가 심한 정선을 안정시키거나 연안 표사가 많은 해안에서 해빈을 전진시키려는 경우 또는 제방 및 호안 비탈면에 따른 모래의 이동을 저지하여 비탈기슭의 세굴을 방지하려는 경우에 설치한다.

ⓒ 이안제 설치

이안제란 정선에서 조금 떨어져 정선과 거의 평행으로 설치된 구조물이며 간단한 방파제로 볼 수 있다. 이는 배후에서 일어나는 회절파를 이용하여 톰볼로를 형성하고 연안표사를 저지할 목적으로 축조하는 경우와 배후 해빈에 작용하는 파력을 감소시켜 해빈의 침식을 저지시킬 목적으로 축조하는 경우가 있다.

Tel Aviv's Marina, Israel
http://s-ec.bstatic.com/

Makronisos Marina, Ayia Napa, Cyprus
http://www.kathimerini.com.cy/

<그림 19> 매몰 및 침식 방지 시설과 공존하는 마리나 사례

ⓓ 양빈공 설치

자연해빈은 파랑의 에너지를 감소 내지 분산시켜 배후지를 방호하는 기능을 가지고 있다. 이러한 기능 이용을 목적으로 해안에 토사를 보급하여 인공적으로 해빈을 조성·유지하는 공법이다.

ⓔ 퇴적방지

마리나 수역의 토사에 의한 퇴적 방지를 위한 시설물로는 방사제, 도류제, 잠제 등을 예로 들 수 있다. 방사제는 파랑, 흐름, 지형특성, 저질특성, 조석 등의 원인에 의하여 퇴적하는 표사를 막는 모래막이의 기능을 목적으로 축조한다. 또한 도류제는 토사의 퇴적으로 인해 유로(流路)가 교란되는 것을 방지하기 위하여 하천이 합류하는 곳이나 하구 부분에 설치하는 제방이다. 수류의 흐름을 조정하기 위하여 항만 입구나 하구에 설치해 해안이나 하안(河岸)을 보호하고 수심을 유지하는 기능을 가지고 있다. 마지막으로 잠제는 이안제 및 방파제의 상부가 정수면보다 낮은 수중 방파제로 해빈 양성에 따른 모래막이 잠수제방을 말한다.

2) 기능 유지 검토 항목은?

항만 및 어항시설물인 방파제 등의 항만공사의 경우 해수의 순환 장애를 거의 필연적으로 동반하게 된다. 매립용 토사의 공급, 해역의 준설 등에 따른 부유물질에 의한 오염증가가 발생됨은 물론 이에 따른 자연적인 해양정화 능력이 크게 격감된다. 이에 따라 어업 및 양식업에 대하여 악영향을 줄 수 있으며 동식물플랑크톤의 감소, 저서동물인 갯지렁이 등의 매몰, 섭이활동의 장애, 해조류 및 어패류 등에 대한 영향도 크게 나타난다. 이와 같은 항만 및 어항, 마리나 개발에 따라 항내 시설물 및 항 고유의 기능들은 <표 10>과 같이 해양환경에 직간접적으로 영향을 미치게 된다((사)한국해양공학회, 2015). 따라서 시설종류별로 적절한 대응을 수립하는 등 마리나 항만의 기능을 유지하기 위한 다양한 검토가 요구된다.

<표 10> 항만 및 어항, 마리나 시설과 해양오염에의 영향

시설종류	주요시설	해양환경에 미치는 영향	
		오염외적(오염가중)요인	오염요인
수역시설	항로, 박지, 선회장		-준설사업에 따른 부유물질 확산 -선박폐유 등 오염물질 배출
외곽시설	방파제, 방사제, 방조제, 수문, 호안돌제 등	-해수의 통수단면 축조 -해·조류 유황변경 -토사이동 및 퇴적 -해수교환율 저조	
계류시설	호안, 잔교, 물양장, 선양장 등	위와 농일(다만, 시설이 항내에 설치되므로 외곽시설에 비하여 영향은 적음)	-선박폐유 등 오염물질 배출 -선박수리 등에 따른 폐유배출
화물처리시설	고정하역기계, 궤도 주행식 하역기계, 화물처리장 등		-석탄, 시멘트 등 화물의 양하 선적, 운반 등에 따른 해양유입 -하역기계, 설비 등의 운영에 따른 폐유 등 오염물질 배출
여객시설	여객승강용 고정시설 소화물 취급소, 대합실 등		-오수, 분뇨, 폐기물 등 오염물질 배출
선박보급시설	선박용 급유, 급수 시설		-유류유출사고에 따른 유류오염 -선박폐유발생
항만후생시설	선박승무원, 부두노동자 및 항만이용자의 휴게소, 숙박소, 치료 및 후생시설		-오수, 분뇨, 폐기물 등 오염물질 배출

(사)한국해양공학회, 2015

아울러 마리나 항만의 안전하고 원활한 기능 유지를 위한 검토 항목을 살펴보면 다음과 같다.

① 도교 설치

우리나라 서해안은 수심이 낮고 조위 차가 크기 때문에 어항 내 마리나 시설을 설치할 경우 수심 확보 해역까지의 접근성을 용의하게 해야 한다. 수심 확보 해역까지 매립을 할 경우 비용이 많이 들고 해양 오염과 지역 주민의 반발을 살 수 있어 건설 자체가 용이하지 못하다. 따라서 육상과 마리나 시설을 연결해주는 도교 시설을 설치하여 방문객의 원활한 접근이 가능하도록 하는 것이 바람직하다.

아래 <그림 20>은 함평에 설치될 부유식 해상 마리나와 육지를 도교를 통해 연결한 사례를 보여주고 있다. 함평만의 경우 최대 조위차가 6.99 m로 매우 크며 갯벌이 발달되어 있어 수심이 낮은 특성을 보이고 있다. 따라서 함평만 내 마리나 시설 설치를 위해 수심확보 해역까지 도교를 연결하여 방문객들의 왕래가 가능하도록 하였다.

함평 마리나 계획조감도
시민의 소리(http://www.siminsori.com)

여수 웅천 거점형 마리나 항만 계획조감도
http://cfile5.uf.tistory.com/

<그림 20> 우리나라의 마리나 개발 계획 조감도

② 부유식 시설

<그림 21>은 단순히 폰툰형 부유식 마리나를, <그림 22>는 복합형 부유식 마리나 시설에 대한 한 예를 보여주고 있다. 함체 상부에 각종 편의시설을 배치하고 함체 내 수역에는 계류시설을 배치할 수 있다. 또 함체가 좌우로 움직이는 것을 막기 위한 계류 시스템으로서 재킷식 돌핀을 설치할 수 있다.

이와 같은 부유식 구조물의 특징은 큰 조위 차에도 적정 흘수를

유지할 수 있고 하부가 개방되어 있어 해수유통에 의해 해양 오염을 줄일 수 있다. 따라서 매립, 준설 등이 불필요하여 육상에 건설하는 마리나보다 공사비가 크게 저렴하다는 강점을 가진다.

우리나라 서해안은 조위 차가 크기 때문에 계류시설이나 클럽하우스, 편의시설 등을 부유식으로 할 경우 건설에 따른 비용 절감과 수질 오염 방지 등에 유리할 수 있다.

http://www.i-land.kr/　　　　　　　http://archive.media-resources-ordp.com/

<그림 21> 폰툰형 부유식 마리나 시설의 사례

https://s-media-cache-ak0.pinimg.com/　　　http://cfile240.uf.daum.net/

<그림 22> 복형형 부유식 마리나 시설의 사례

③ 준설 및 매립

우리나라 서해안과 같이 수심이 낮고 조위 차가 큰 경우 준설은 마리나 시설 설치시 또는 운영시 퇴적에 따른 수심 확보를 위해 필요하다<그림 23>. 그러나 준설은 조류, 해류 등의 연안흐름을 변화시킬 수 있으며, 그 결과 연안침식 또는 퇴적이 발생한다. 또한 해저면의 퇴적물을 교란시켜 퇴적물의 부유, 확산 및 재퇴적을 초래함으로써 마리나 수역의 수질오염, 해수 오탁, 해저 수심의 변화에 따른 선박의 항행에 지대한 영향을 줄 수 있다. 그리고 준설토의 육상 투기는 오염물질, 연안육역에서의 배수, 염류 및 악취를 확산시키고, 자연경관을 훼손한다. 따라서 이는 마리나가 가지는 문제를 극복하기 위한 영구적인 해결 방법이 될 수 없으므로 되도록 피하는 것이 바람직하다.

http://fhmarina.com/   https://www.premiermarinas.com/

<그림 23> 마리나 수역내 준설을 하는 장면

또한 매립은 일반적으로 임해지역에 부지를 확보하는 것을 목적으로 연안 해면이나 하천, 호소 및 저습지의 공유수면에 용지를 조성하는 공사로 볼 수 있다. 하지만 이는 조류, 연안류 등 흐름의 방향을 바꾸고 정체시킨다. 연안흐름이 정체되는 수역에서는 퇴적이 가속화되는 한편, 해저퇴적물에 의해 오염이 발생한다. 또한 해수의 부영양화로 인해 치사한 플랑크톤의 퇴적은 해저에 유기물질의 양을 증가시키며, 연안매립은 해저생태계의 서식처를 파괴하고 어족자

원을 감소시킨다. 그러므로 이러한 경우에는 인근 수역에서의 흐름 변화는 수리모형실험과 수치모형실험을 통해 검토할 수 있고, 오염된 퇴적물을 준설하거나, 깨끗한 토양으로 해저면을 덮어 해저퇴적물로부터 야기되는 오염을 차단해야 한다. 아울러 매립에 따른 해양 수질에 대한 영향을 최소화하기 위해서는 항만 및 어항, 마리나의 부지선정 및 설계에 있어 해수의 정체가능성을 최소화할 수 있는 방안을 강구해야 한다.

한편, 매립지가 공유수면인 경우, 공유수면매립법이 정하는 바에 따라 매립면허 및 실시계획인가 등 인·허가를 받아야 한다. 공유수면상에 이권(어업권, 광업권 등)이 존재할 경우, 이권을 보상해야 하므로 사전에 조사하여 해결할 필요가 있다. 이처럼 매립은 어업인과의 이해관계, 환경오염, 건설비용 증가 등 많은 문제점을 갖고 있으므로 되도록 피하는 것이 바람직하다.

<그림 24> 매립을 통한 마리나 개발 사례(Fort Pierce City Marina, FL, USA)

④ 선박 오염물

선박의 빌지 워터(Bilge water), 밸러스트 워터(Ballast water), 폐유, 하수, 쓰레기 등의 해상 투기와 연료유, 윤활유, 유성액체 등의 유출은 해양수질오염의 주요 원인이 된다. 더불어 유류, 유성폐기물 등의 유출은 수산자원, 해양생물군 및 생태계에 치명적인 영향을 미친다. 이러한 선박으로부터의 오염물 배출은 주변 해양레저 활동과 관광산업에 부정적인 영향을 미칠 수 있다. 또한 선박 통항이 증가하게 되면 레저용 요트 및 보트, 어선 등의 활동과 조업이 위축될 수 있다.

또한 선박에서 배출되는 가스, 연기 등은 대기를 오염시킨다. 특히, 이산화질소(NO_2), 이산화황(SO_2) 등은 선박의 항해 또는 정박 중 발생하는 대표적인 오염물질이다. 선박으로 인한 대기오염을 최소화하기 위해서는 오염물질배출에 대한 적절한 규제와 감시체제가 필요하다.

6. 글을 마치며

우리는 앞서 마리나 패러독스라는 주제로 해안공학의 시각에서 마리나 개발을 생각해 보았다. 마리나 개발에 요구되는 설계기준의 관점에서 현실과 부합되지 않는 몇 가지 사실들을 살펴보았고 이에 대한 해답을 찾고자 하였다. 다시 한번 더 되묻는다면 진정 무엇이 '마리나 패러독스'라고 할 수 있을까? 그 해답은 아직도 미지수라고 할 수 있다. 이는 앞으로 우리 모두가 풀어가야 할 숙제라고 생각한다.

향후 마리나 개발에 있어서 중요하게 검토되어야 할 항목이라면 '안정성'과 '기능성'이라고 주장하고 싶다. 마리나 개발을 위한 계획을 수립하거나 실제 시공하는 정책입안자 또는 기술자의 관점에서뿐만 아니라 이용자의 관점에서도 위 두 가지 키워드는 대단히 중요하다. 하지만 현실에서 두 가지 모두를 만족하기는 대단히 어렵다는 것도 우리는 알고 있다. 안정성과 기능성의 두 마리 토끼를 모두 쫓을 수는 없는 것이 현실임에도 불구하고 완벽한 마리나 적지 또는 환경을 추구하는 것이 우리의 당면과제라고 할 것이다. 이것이 바로 '마리나 패러독스'가 아닐까 생각해 본다.

〈참고문헌〉

강윤구 (2012), 최근 항만구조물 설계상의 문제점 고찰-(1)최근 방파제 설계의 마루높이는 높아지는 경향이 있다., 항만, 한국항만협회, pp.54-64.

김규한 (2010), 해양 레크리에이션과 마리나 산업 동향, 항만, 한국항만협회, 제112호, pp.5-14.

김성귀, 홍장원 (2006), 다기능 어항에서의 마리나 조성방안 연구, 동향자료, 한국해양수산개발원, pp.1-311.

김성귀 (2007), 해양개발을 위한 해양관광론, 서울:현학사.

김영돈 (2016), 마리나 인문학, M&F문화연구원, 문화디자인, pp.338-339.

김창완 (2011), 마리나 항만 개발의 문제점 및 개선방안에 관한 연구, 한양대학교 석사학위논문, pp.7-13.

박진우 (2011), 탄소저감형 마리나의 표준 모델에 관한 연구:2014 인천아시안게임 요트경기장을 중심으로, 세종대학교 대학원 박사학위논문.

(사)한국해양공학회 (2015), 해안·항만·해양공학, 청문각, pp.90-136,

pp.195-197, pp.212.

신동주, 신혜숙 (2005), 해양관광개발론, 대왕사, pp.179-183.

안종현 (2003), 해양 관광지 활성화 방안에 관한 연구, 목포대학교 대학원 석사학위논문.

이재빈 (2010), 라이프 스타일에 따른 해양스포츠 전진기지 활성화 전략에 관한 연구, 부경대학교 박사학위논문.

유상준 (2009), 해양레저스포츠 활성화 방안에 관한 연구, 연세대학교 행정 대학원 석사학위논문.

이둥지 (2009), 마리나 조성을 통한 한강수상여가활동 활성화 계획:한강 여의도를 중심으로, 서울시립대학교 대학원 석사학위논문.

지삼업 (2011), 마리나 개발 및 운영론, 대경북스.

지삼업 (2007), 마리나 조성계획과 실제, 대경북스, pp.170.

전매희 (2012), 국내 마리나(Marina) 시설 활성화 방안 연구, 경기대학교 교육대학원 석사학위논문, pp.12-20.

황철민, 장병상, 남광훈, 이창수 (2010), 마리나 항만의 조성과 어항개발방향, 어항어장, 제90호, vol.4-2, pp.35-40.

해양수산부 (2005), 항만 및 어항 설계기준, p.1289.

해양수산부 (2014), 항만 및 어항 설계기준해설.

해양수산부(구 국토해양부) (2006), 해양관광 기반시설 조성에 관한 연구용역.

해양수산부(구 국토해양부) (2008), 자원순환형 물류체계구축 등 기본계획 용역 마리나 개발 기본계획편.

해양수산부(구 국토해양부) (2010), 제1차(2010~2019) 마리나 항만 기본계획(국토해양부고시 제2010-41호).

Akio Kuroyanagi (1997), 海洋觀光 計劃論, pp.71-72, pp.85-92.

한국 서·남해안에서 활용 가능한
요트·보트 개발

김 인 철

(주)해운조선 기업부설연구소 소장

(사)아태마리나학회 사무국장

1. 도서지역의 마리나는?

한반도를 세계와 비교해 볼 때 가장 경쟁성이 있는 자연자원은 아름다운 해안선과 섬들이라고 할 수 있다. 지표로는 약3,200여개의 섬과 2,660여개의 항구, 360여개의 해수욕장과 12,000km의 긴 해안선을 갖고 있는 삼면이 바다로 둘러싸인 해양 국가이다. 이러한 자원이 비교적 가장 온전한 형태로 우리의 곁에 남아 있는 것은 현재를 살고 있는 우리에게는 큰 축복이라고 할 수가 있다. 그러나 이러한 자원은 몇 가지 지켜야만 하는 기준을 마련한 후 에 개발의 첫 삽을 떠야 만 할 것이다. 즉 자연친화적이고, 복지지향적인 기준 하에 개발의 방법을 모색하여야 한다는 것이다. 그 선상에 우리는 마리나와 해양, 레저와 여가의 풍요로움을 맞이하고 있다고 본다.

해양수산부는 지리적, 지세적 조건, 건설형태, 기능 및 역할 등으로 마리나를 분류하고 있다. 본 장에서는 천연항으로 조수간만의 차가 크고 지리적, 지세적 조건이 해안에 가까우며, 매립이나 굴입하지 않고 방파제나 기타 인공적인 건설과 개발을 경제적 자연적 측면에서 지양하는 지역에서 해양레저 선박을 정류 및 계류할 수 밖에 없는 한국의 서·남해 도서지역을 중심으로 마리나 패러독스를 해석하고자 한다.

한반도는 지형적인 원인으로 동해와 남해 서해안의 조수간만의 차가 대략 1m,3m,8m로 늘어나는 특성을 가지고 있다. 특히 서해안으로 갈수록 수심과 저질, 사질의 차이가 분명하고 이러한 해양환경에 따라 인공적인 마리나 시설의 구축에는 많은 경제적 한계에 접하게 된다.

한국 서·남해 도서지역을 마리나로 개발한다면 해안공학적 설계에서 말하는 수역시설, 외곽시설, 가공시설, 판매시설, 관리운영 및 보급과 상하가 시설, 계류 시설등이 상대적으로 필요하지 않을 수 있고, 반면에 이러한 시설에 상응하는 기반비용은 사용자 측면에서 선박의 형태가 변형되어야 하거나 특정선형으로 한정되어 질수 있다.

따라서 항포구의 천연공간을 활용한 마리나는 한국 서·남해안에서 적용되어야 할 과제로써 앞으로 더욱 많은 연구와 분석이 필요할 것으로 보이는 이유이다.

마리나의 개념에서 자연형 마리나는 개인이나 동호회 등이 중심이 되어 마땅한 계류와 보관 장소가 없어 자연지형에 의해 비교적 계류와 보관이 용이하고 피해를 최소화 할 만한 장소를 택하여 해상에 정박하여 일정한 해양레저 활동을 하는 소규모 혼합형 항구로 활용된다고 정의되어진다. 하지만 해양레저 활성화 측면에서 보면 활동자의 환경에 따른 대응은 필수적이며 이는 대형 마리나와 거점형 마리나, 지역특성에 따른 특화된 마리나와 함께 육성되어야 할 과제인 것이다.

마리나 디자인의 핵심과제는 부지실험과 바다와 해안에 대한 연구를 통하여 문제점을 시험하는 것이 선행 작업이다. 대부분의 연안

요트 마리나들은 그 장소에 적합한 규모의 방파제가 필요하다. 대서양 혹은 북해 근처의 영국이나 유럽국가들은 지중해 지역의 국가들과는 달리 1~2km에서 10km까지 다양한 조수간만의 차이에 의한 영향을 받는다. 이러한 간만의 차이는 마리나의 구조물 설계와 비용에 영향을 주게되고 그에 따른 비용이 높으면 높을수록 요트맨들에게 비용이 전가되게 된다. 마리나의 기본적인 건설 장소는 주로 두 가지 범위에서 고려된다. 강이나 갯벌, 섬이나 반도지역으로 바다와 바람에 노출된 지역에 건설되어 진다. 이러한 항구는 수로의 상태나 수심을 고려하여 선박이 항구에 출입이 용이하도록 바람을 받을 수 있는 방향으로 건설되고 파도의 에너지 효과를 최소화 할 수 있는 곳에 통항로가 구축되고 있다.(김천중,2008)

일반적인 마리나 개발의 필요 요소인 설계 수심과 마리나 항내 정온도나 물양장, 안벽 잔교나 계선 말뚝 등 여타 개발시설이 없어도 요트나 보트를 활용하여 해양레저를 즐길 수 있는 도서형 마리나는 결국 사용되는 레저선박의 선형 변화에서 그 출발점을 찾아야 한다.

한국 서·남해안 대부분의 어항에서 간조시에 갯벌이나 사질에 선박이 안전하게 안착되어 창조시에 어로 작업이 이루어지듯이 해양레저 선박도 수면하부의 기능을 변경하여 활용된다면 마리나 개발의 고비용이 투입되지 않고도 해양레저 활성화는 이루어 질수 있다 생각된다.

실제로 한국 서·남해안과 유사한 조수간만의 차가 있고 갯벌과 갯등의 환경을 가지고 있는 유럽 도서지역에서는 기존의 어항포구를 활용하거나 자연적인 항구에서 어업과 레저활동이 공존하고 있으며, 선박의 변형을 통해 우리가 구축하고자 하는 마리나역과 같은 기능을 수행하고 있어 한국에서도 이러한 환경적 접근과 장비적인 접근이 시도되어야 할 것으로 보인다.

<그림 1> 프랑스 노르망디 서안 영국령 저지섬(Jersey I.)의
조위차에 따른 자연형 마리나 사례

　자연형태의 마리나 개발이라는 사고의 지평을 넓혀보면 선박이
물에 잠기는 면적, 즉 흘수 하부의 형태가 평저형으로 설계되어야
하며 간조시에 갯벌에 안착되는 데 필수적으로 걸리는 부가장치의
개선에 대한 고민을 하게 되는데 이 고민은 우리의 전통한선에서 찾
고 세일링 요트, 파워보트의 형태에서 분류작업을 거쳐 궁극에 도서
지역의 마리나에서 활용 가능한 요트와 보트를 개발하는 시각으로
접근하고자 한다.

2. 서·남해안의 특성

1) 서·남해안의 특성

　한반도 근해 해저지형을 살펴보면 동해안에서 남해안, 서해안으
로 완만한 수심과 대륙붕의 형성을 확인할 수 있고 특히 서·남해에

많은 유무인 도서가 발달한 특성을 가지고 있다.

<표 1> 서남해안의 특성과 마리나 개발과제

구분	특성	마리나 개발 과제
동해안	-평균 수심 1,684m, -최고수심 4,049m -200―이하 천해는 전체 면적의 1/5 -급경사의 대륙붕과 기복이 심한 대륙사면, 심해저 평원으로 구성	-너울, 해일등 높은 파도 -매몰 및 침식
남해안	-평균수심 101m, -최고수심 227m -급경사는 거의 없는 평탄한 지형 -대륙붕으로 구성	-낮은수심 -큰 조위차 -태풍의 영향
서해안	-평균수심 44m, -최고수심 103m -완만한 경사 -대륙붕으로 구성	-낮은 수심 -큰 조위차 -지속적인 퇴적작용

2) 서·남해안 항구와 어촌 마리나역

서·남해안 및 도서지역의 항구는 오랜 기간 기상, 수상, 지형조건의 변화에 대응하여 하절기에 남동풍, 혹은 동절기에 북서풍의 차단과 함께 만과 갯골의 형성을 바탕으로 자연적으로 발생되어 왔다. 이러한 자연조건의 어항은 대부분 대단위 굴착이나 준설공사 없이 지역 해안환경에 따라 생성되어졌고 동, 서, 남해안의 환경을 고려하여 2015년부터 해양수산부는 어업과 해양레저 활동이 공존하는 어업겸용 소규모 마리나 시설, 즉 해양레저 활동을 안전하고 편리하게 연계하는 해상 간이역을 구축하고자 하였다. 이는 거점형 마리나 시설들을 연계 지원하는 해양레저 활동 공간이자, 비상시 피항과 휴식을 비롯해 지역의 소규모 레저형 선박을 안전하게 수용하는 해상 간이역이 될 전망이다. 이 같은 어촌 마리나역 개발 대상 항은 거점 마리나와 거리 등 입지 적합성과 항내 여유수역 및 정온수역 보유,

어업인등의 동의가 절대적이며 적합조건을 모두 충족하는 국가어항 109곳 중에 현장 실태를 통해 단계적으로 개발되어 지고 있다.

국가적 계획으로 시행되어지는 어촌 마리나역은 어촌 어항법에 의한 기존 어항을 정비하거나 자연발생적으로 형성된 어촌의 자연 어항을 동법에 의한 어항으로 조성하는 경우로써, 어항의 일부공간을 마리나 선박이 계류할 수 있도록 조성된 마리나형 어항이다.

특히 개발하고자 하는 어촌 마리나역 사업은 해상간이역의 역할로 긴급 상황시 피항지 역할과 해양레저 활동 기반확충, 해상교통 및 관광루트 다각화, 지역관광 활성화를 목적으로 1개소 당 약 20억 원의 사업비로 국가어항을 기반으로 해양레저 활동 선박 이용자의 안정성을 확보하며, 어항 유효수역을 해양레저공간으로 개발, 어항의 이용 효율성을 제고하고 해양레저 관광의 새로운 어촌관광활성화에 기여할 것으로 보인다.

한국의 유, 무인도서는 3,200여개로 보고되고 있으며, 그중에 62%에 해당하는 1,970여개의 섬이 전라남도지역에 위치하고 있다. 아울러 이러한 섬들은 각각의 역사와 독특한 해양문화를 가지고 있어 향후 지속가능한 관광자원으로서 활용가치가 매우 높다고 할 것이다. 해양문화자원과 자연자원의 활용을 고민하는 전라남도는 2017년 2월 요트마린 실크로드 사업을 발표하였다. 이는 2025년 까지 해양레저 관광시설을 갖춘 마리나 23곳을 조성해 섬 요트 관광 시대를 열고, 마리나 산업을 미래 먹거리와 신성장 동력산업으로서 열악한 지역경제를 살리기 위한 대안으로 제시하였다. 구체적으로는 전라남도 목포항, 완도항, 여수 웅천항, 영산강 주변 나주 영산포등 4곳을 중심으로 모두 23개 항에 845.8km에 달하는 요트마린 실크로드를 조성하여 다도해 절경을 요트에서 즐기는 여행상품으로 개

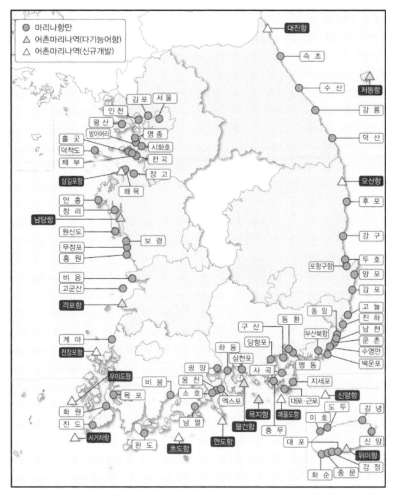

<그림 2> 2015 해양수산부 어촌 마리나역 개발계획

발하여 해양관광을 활성화하고 섬, 해안선, 갯벌 등 전라남도의 해
양비교우위 자산을 활용해 지역 환경에 맞는 마리나 환경을 구축하
는데 있다.

(출처: 전라남도,2017.2)

<그림 3> 2017 전라남도 요트마린 실크로드 계획

3) 변형수심과 갯골

우리나라 서·남해안의 특성에서 확인되듯이 낮은 수심과 큰 조위차로 발생되어지는 해안지형의 변화는 지역별로 다양하게 형성되어지고 지속적으로 형태가 변화되어가고 있다. 이는 섬, 지형, 유속, 수심 등의 변화에 따라 퇴적과 침식작용이 일어나는 영향으로 확인되어진다. 이러한 변형수심과 갯골은 간조시에 갯골을 타고 항포구로 이동되는 선박의 통항로가 되고, 만조시에 항포구의 선박은 갯등이나 갯골에 안착 또는 부유하게 되며 이러한 지형은 해당지역을 대상으로 하는 해양레저 활동자에게 명확한 정보로 전달되어야 할 것이며 항로 안전과 해양루트탐사에 중요한 요인으로 작용된다.

특히, 이러한 지역환경을 해양레저 활동자에게 제공하는 것은 지역관광과 함께 안전한 항해의 지표로 활용되도록 많은 실해역 탐사가 이루어 져야 한다. 2011년 호남씨그랜트 사업단은 세일요트 항로 가이드를 제작 배포하였고 주요 내용은 전북 비응항, 격포항, 전남 목포항, 완도항, 여수항을 중심으로 세일링 요트의 항로의 안전성 확보를 목적으로 하였다. 거점형 지역에서 출항하여 실 해역 항해를 통해 거리, 방위각, 항해정보, 교통정보, 지역의 관광정보, 주유소, 수리시설유무나 공공기관의 정보를 세밀하게 수록하여 해당지역을 항해하거나 목적지역에서 계류하는데 매유 유용하고 실질적인 자료를 포함하고 있다. 이러한 자료가 자연형 마리나와 연계 한다면 다양하고 안전한 한국 서·남해안의 해양레저 길잡이 역할을 수행할 수 있다고 판단된다.

전남 해남군 화원만 변형수심　　　　전남 무안군 해제만 변형수심

전북 부안군 변산만 갯골　　　　　전남 함평군 함평만 갯골

<그림 4> 서·남해안의 변형수심과 갯골

| 경기도 화성시 제부도 마리나 준설(2016.11) | 경기도 안산시 탄도항 마리나 개발(2016.05) |

<그림 5> 서·남해안의 특성에 따른 마리나 개발

국가 마리나 계획에 따른 시행으로 경기도 전곡항 마리나와 함께 경기도 화성시 제부도 마리나는 그림 5와 같이 굴착 및 수로확보공사가 이루어지고 있고, 전곡항 맞은편에 위치한 안산시 탄도항의 기선에는 폰툰타입의 파일형 요트·보트 접안장이 개설되어 활용되고 있다. 이러한 해안환경에 수반되는 마리나 건설은 기초부터 서해안, 남해안, 동해안이 서로 다른 환경을 가지고 있고, 결국에는 건설비용이나 유지 관리 비용면에서 현격한 차가 발생되리라 예측된다. 또한 해안 공학적 환경을 자연형 마리나의 개발과 개선으로 다양한 레저선박의 활용과 수상레저 활동이 다방면에서 양적, 질적으로 팽창되어야 마리나 산업과 해양레저산업은 성장되고 발전되리라 생각된다.

3. 전통한선에서 보는 평저선형

1) 조선어선 조사보고서

우리나라의 서·남해안은 간조와 만조 때의 변화가 심하다. 해안의 드나듦이 복잡하며, 평평하고 길고도 넓은 갯벌을 가지고 있다. 따라서 우리나라에서는 이러한 지리적, 지형적 조건에 가장 적응하기 쉬운 형태인 평평한 배 밑을 가진 뗏목배가 발달하게 되었다. 배 밑이 평평한 배는 만조 때 밀물을 타고 갯가로 들어와서 간조인 썰물 때는 그대로 갯바닥에 편하게 앉을 수 있기 때문이다. 제주도의 티우나 명주군 정동진의 토막배는 그 배의 몸체 자체가 한선의 배 밑이 된다. 이러한 배 밑의 만듦새는 어느나라에서도 찾아볼 수 없는 독특한 것이다.(이원식,1990)

국립해양유물전시관의 2005년 신라인 장보고선과 고려시대 조운선(마도1호선)의 복원선을 비롯해 많은 문헌에서 확인되듯이 우리의 전통 선박은 배 밑이 평저의 구조를 가지고 있어 간조시에 갯바닥에 편하에 앉을 수 있는 구조로 형성되어 있다. 많은 문헌 중에 조선어선 조사보고서를 기초로 그 독특한 구조와 쓰임새를 면밀히 검토하여 2007년 재해석을 통해 전통한선의 우수성을 실체적 진실로 밝힌 21척, 우리고유의 돛단배(박근옹, 최미순)는 오랜 시간 지역별 특성을 반영하여 자연적으로 만들어진 항포구와 어법, 전통어선을 이해하는데 도움을 준다.

일본은 1868년 한일 합병과 함께 한국을 자국의 압제 하에 두면서 일본식 어업보급의 필요성으로 제도적인 어선개발사업을 시도했고, 당시 우리 어민들은 그것에 굴하지 않고 전통적인 재래형 어선의 사용을 고집해 왔다. 그것에 대한 자료가 1928년도 조선총독부 수산시험장의<어선조사 보고서> 제3책 재래형 어선의 개량에 관한 시험에서 통계로 나타나 있으며, 21척중 18척은 과거 조선시대의 3대 어업에 활용되어 온 것이다.(박근옹, 2007)

이를 근거하면 우리 고유의 돛단배는 우리 해역의 자연적 여건에 따른 독특한 선형 및 구조적 특징과 조형적 특성을 가지고 있는데 이는 자연친화적으로 진화해온 우리의 전통선들은 그저 조잡하고 단순한 목적의 보잘 것 없는 배가 아닌 숙련된 장인에 의해 잘 지어 졌으며 용도에 맞는 다양한 기능을 갖추어 우리 해역에 적합한 배라 는 것을 보여주고 있다.(박근옹, 최미순, 2007)

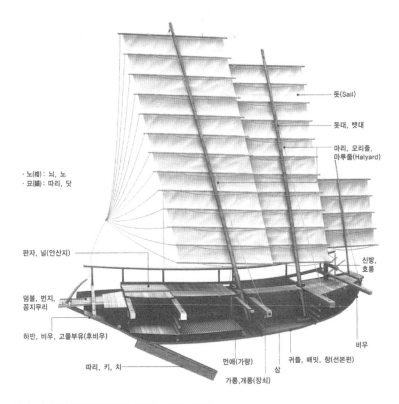

(출처: 어선조사보고서의 재해석, 박근옹, 최미순, 2007)

<그림 6> 서·남해안 지방 선체 각부 및 속구명칭도

서·남해안의 특성에 따른 어선조사보고서의 재해석의 내용을 보면 남해안은 먼저 서해안과 동해안이 가지고 있는 해역의 중간적인 특성을 가지고 있다 이러한 남해안의 전통한선의 분포는 주로 도서 연안지역으로 어업의 활용 및 종류가 다양함을 알 수 있다.

오랜 시간 동해, 남해, 서해안의 특성을 고려한 선형은 계절별, 시기별로 어획되는 수산물의 획득을 위해 많은 고민에서 출발한 결과물이다. 도서지역에서부터 해안, 큰 강을 거슬러 올라 물이 들고 남에도 다양한 경제 활동을 하였고 특별한 접안장이 없이도 활용가능하게 고안된 것으로 볼수 있다. 따라서 우리는 이러한 전통한선의 특성을 면밀히 검토하고 평저형의 저판구성을 연구하는 노력을 아끼지 말아야 할 것이다.

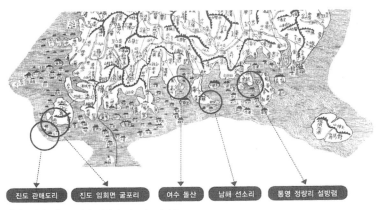

| 진도 관매도리 | 진도 임회면 굴포리 | 여수 돌산 | 남해 선소리 | 통영 정량리 설방렴 |

(출처: 어선조사보고서의 재해석, 박근옹, 최미순, 2007)

<그림 7> 남해안 어선 분포도

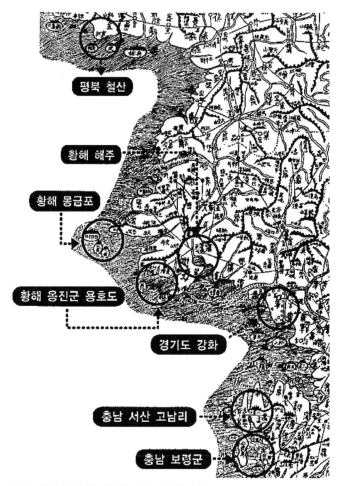

<그림 8> 서해안 어선 분포도

한선의 선형을 조사한 자료에 의하면 기능적으로 서해안 및 서남
해안과 같이 조수 간만의 차가 큰 지역에서는 물이 빠져 갯벌에 앉
아 있던 배가 물이 들 때 잘 뜰 수 있으며, 뭍에다 끌어 올려 둘 때

도 평평한 선저판을 활용 쉽게 상가 시킬 수 있는 장점을 확인할 수 있다. 또한 동해, 남해, 서해의 한선조사통계를 확인해 볼 때 깊이 조절용 타심재는 동해에서 남해, 서해로 갈수록 그 경사각이 작아 저수심과 변형수심에서 쉽게 키를 상승시켜 범선고유의 역할을 수행하도록 제작되었음을 알 수 있다.

이는 자연형 마리나의 활용성을 전통한선에서 찾고 깊이 조절용 타심재의 역할과 세일링 요트의 용골(킬)에 대한 다양한 변형개념을 찾아주는 기회로 인식된다.

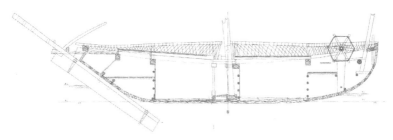

(출처: 어선조사보고서의 재해석, 박근용, 최미순, 2007)

<그림 9> 깊이 조절용 타심재의 상세도

(출처: 어선조사보고서의 재해석, 박근용, 최미순, 2007)

<그림 10> 세일링 요트 선형의 진화유형

아울러 현재 연구되는 대회용 쾌속요트에 대한 선형개발에서 한선의 대표적 선형은 검증적 자료를 통해 IOR의 선체 단면 형상과

유사하며, 이는 데프트 모델의 경배수량 모형과도 흡사하다고 볼 수 있고 현재 진행되고 있는 외양경기정의 중안횡단면도와 유사성이 높음을 알 수 있다.(박근옹, 최미순,2007)

고대에서부터 현재에 이르기까지 선박은 지역 해양환경에 맞도록 오랜 시간동안 발전되어왔다. 특히 선형의 중요성은 어로작업의 장비로 선박을 정의하는데 활용된다. 동,서양을 비롯하여 선박의 활용은 그 가치에 따라 국부의 표출로 이어져 왔으며, 우리나라는 아쉽게도 전통선박의 우수성을 입증하는데 자료가 부족하고 어렵게 조선어선조사보고서를 기본으로 하여 재해석한 "21척 우리고유의 돛단배"(2007.10)라는 고유자료로 접할 수 있고, 우리 산하의 환경에 맞도록 "한선을 바탕으로 한 세일링 보트 개발 프로젝트"(한해해양문화연구소, 박근옹소장)를 통해 31피트급 세일링 요트를 국내에서 제작하였고, 2008년 국제요트대회에 출전시켜 우승하는 실험적 경험(대불대학교 산학협력단,2008)도 확인되었다.

2) 남해 선소리 배

한선 현대화를 위한 노력의 성과로 28피트급 남해 선소리 배를 세일링 요트형태로 바꾸고 핀킬의 형태를 갯벌의 수용높이인 50cm로 하는 용골과 현외 부재(Outrigger)를 탑재하여 서·남해안의 레저형 선박으로 개발하는 과제가 2010년 정부사업으로 (주)요트인에서 시행되었다. 이는 서·남해안의 큰 조차에 따른 활동성이 높은 레저선박의 개발 필요성으로 세일링 요트의 특성과 자연환경의 융합에 적합한 또 하나의 해양활성화를 위한 기반 기술로 인식되었으며, 전통한선의 장점을 살려 계류의 안전성과 어망, 로프, 저수심등 활동 제약에 따른 해소방안을 목적으로 실행되었다. 세일링 요트의 추진력은 바람에서 얻는다. 바람을 거슬러 올라가는 풍상범주시에는 돛에 걸리는 양력을 적절히 이용하고 바람을 타고 내려가는 풍하범주에서는 돛에 압력을 최적으로 활용하여 항해하게 된다. 아울러 이러한 범주는 바람의 힘과 물속에서 횡으로 밀리지 않도록 하는 킬의 형상에 따라 평형을 유지하는 합력에 의해서 추진하게 되는데 목적하는 방향으로 항해하고자 할 때 횡력은 필수적으로 만들어 질 수밖에 없는 특성이 있다. 따라서 물속에서 횡저항을 감소시키는 킬의 용도는 중요하며 효과 높은 성능을 유지하기 위해 물속에 깊게 잠기고 무게중심도 낮게 설계하도록 하는게 일반적인 견해이다. 하지만 이러한 횡경사의 환경을 조금 낮게 하고 세일링 요트의 역동적인 환경을 보존하기 위해 현외부재를 탑재시켰다. 또한 개발선은 간조시에 갯벌에 안착되도록 킬의 깊이는 낮게 설계하였고, 무게중심을 잃지 않도록 선수에서부터 선미까지 길게 용골을 설치하도록 고안되어 서·남해안에서 항해 하는데 제약요소를 줄이는 레저장비로 기획되었다.

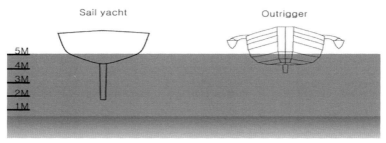

(출처: 요트인 28ft과제, 2010)

<그림 11> 세일링 요트의 킬 수심과 현외부재 요트의 킬 수심비교

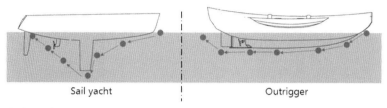

Sail yacht | Outrigger

(출처: 요트인 28ft과제, 2010)

<그림 12> 세일링 요트와 현외부재 요트의 항해안전성 비교

(출처: 요트인 28ft과제, 2010)

<그림 13> 현외부재(Outrigger)적용 세일링요트 디자인 개발

4. 세일링 요트와 킬(Keel)

1) 킬의 역할

세일링 요트는 공기에 대한 양력과 물속에서 작용하는 부력, 횡력, 복원력 등 다양한 힘의 균형을 필요로 한다. 이때 킬의 역할은 돛에 발생하는 공력학적 횡력(Side Force)과 맞물려 수력학적 횡력의 대부분을 만들어 내고 있기 때문에 돛의 면적에 비례하여 커지게 되고 향상된 추진력을 발생시키기 위해 더 깊어지며, 무게 중심도 더욱 선저방향으로 낮아지게 된다. 그래서 일반적인 핀킬 형태의 세일링 요트는 수심확인이 필수적이고 이러한 구조적 한계는 운항자의 과실, 준비부족, 항해능력부족 등과 맞물려 다양한 안전사고로 연결된다. 따라서 세일링 요트의 복원력과 횡력의 안정화를 위해 존재하는 킬의 파손 방지는 매우 중요하게 다루어 져야 하며, 조수 간만의 차와 갯골, 갯등의 해안환경을 정확하게 인식하지 못하면 좌초되거나 갯벌에 앉게 되어 고립되는 사고가 발생하게 된다. 세일링 요트의 운항자 측면에서 선수의 측심을 알려주는 센서가 선체의 최저 확보수심을 알려주지만 처음 입항하는 곳이나 처음 항해하는 지역에서 발생되는 문제는 매우 다양하게 나타나게 된다. 갯골이나 갯등은 조수간만의 차에 의해 토사가 퇴적되거나 파이는 이상현상이 지속적으로 일어나 예측할수 없고, 해도나 안내지도등에도 세밀하게 나타나지 않기 때문에 사전정보를 확인하거나 지역 어촌계등 전문가의 자문이 필수적이다.

따라서 파워보트에 비해 예비적 수심이 반드시 필요한 일반적인 단동성 핀킬형태의 세일링 요트는 확보된 수심과 안전한 접안시설이 갖추어져야 한다. 운항자의 부주의에 의해서 킬이 파손된다면 세일링 요트의 기본적인 구조에 큰 영향을 미치게 되며, 선체의 노후화와 평형을 유지하고 횡력을 방지하는 목적을 상실하게 되는 매우 위험한 환경에 직면하게 될 것이다.

<그림 14>세일링 요트의 킬 파손 사례

(출처: 해양백서 사고사례, 2009)

<그림 15> 세일링 요트의 킬 걸림 사례

2) 킬의 형태

세일링 요트는 선저(Bottom)의 구조나 킬(Keel)의 구조에 따라 다양하게 구분된다.

명칭	특성	서·남해안의 적합성
센터 보드킬 (center board keel)	선체 중앙부의 킬을 뚫어서 마음대로 상하가 시켜는 센터보드를 설치	적합
벌브킬 (bulb keel)	핀킬을 변형한 것으로 얇은판 형태의 핀 자 체를 밸러스트로 구성하고 판하부에 포탄 모 양의 벌브를 붙임	부적합
트윈킬 (twin keel)	킬의 길이를 짧게 하여 선체를 육지 가까이 접안 할 수 있도록 2개이 핀을 선체중앙의 양현 아래쪽으로 비스듬히 설치	적합
롱킬 (long keel)	킬 자체가 저항체를 형성하는 전형적인 서양 범선에 해당	부적합

특히 센터 보드킬과 같이 상하운동을 통해 수심에 따른 가변적인 역할을 수행할 수 있는 장치와 두 개의 강력한 구조체로 형성된 트윈킬은 조수간만의 차가 큰 서·남해안의 환경에 매우 적합하다 판단되고 더해서 롱킬 형태의 구조적 세일링 요트는 킬의 높이를 갯벌 수용 깊이로 작게 설계한다면 충분히 사용될 수 있는 장점을 가지고 있다고 분석되어 진다. 트윈킬은 선체 중심부에서 좌우의 힐링 각도를 예측하고 선체가 갯벌이나 수중바닥에 안착되는 중심점에 위치하게 설계된다. 고려될 사항은 안착시에 선체에 미치는 파도의 주기에 따라 하부는 바닥에 걸리고 선체는 부력을 유지하고 흔들리는 상태의 불안전성을 극복하도록 튼튼하게 구성되고 제작되어야 한다는 것이다. 따라서 트윈킬은 세일링 요트가 항해시에 받는 횡력과 복원력의 기능을 기본적으로 포함하고 안착시에 선체무게를 완만하게 분산시켜 지지시켜주는 구조해석이 필수적으로 고려되어야 할 것이다.

<그림 16> 세일링 요트의 트윈킬

<그림 17> 프랑스 노르망디 서안 영국령 저지섬(Jersey I.)의 트윈킬 사용 사례

5. 가변형 킬

1) 가변형 킬의 구상

소형 요트에서 많이 사용되는 보드(Board)는 분해와 조립이 용의하게 가변형으로 구성되는 특성을 가지고 있고 실제적으로 보드의 상하 운동이나 집이식 방법은 사용자의 입장에서 이동성과 공간 확보면에서 보면 많은 장점을 내포하고 있다.

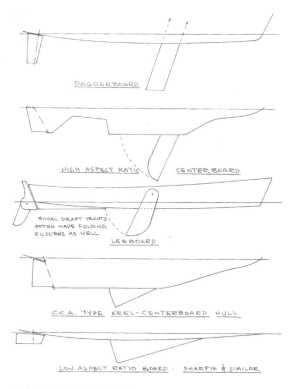

(출처:Understanding Boat Design)

<그림 18> 다양한 세일링 요트의 가변형 킬 구성사례

수면아래의 횡류방지장치인 보드나 킬의 가변은 자유로운 항행을 보장해주고 핀 접이식과 상승식, 부분 접이식 등 다양하게 고안되어 설계에 반영되고 있다. 먼저 핀 접이식은 선저 복판에 납과 안티몬의 합금재료나 스틸, 스테인리스 재질의 소재로 핀 구동의 명확성과 내식성 등을 유지할 수 있도록 매우 튼튼하게 설계 제작되어야 하며, 이 구조체는 다시 선체의 소재인 FRP와 최적으로 조립되어야 한다. 또한 핀 접이식의 단점은 선저 복판으로 핀이 접어질 때 선실의 공간이 미리 배정되어야 한다는 것이다. 쌍동형 킬을 장착하고 있는 세일링 요트 타입에서 핀 접이식은 선내의 공간은 많이 차지하지 않지만 킬과 선체 내부는 견고하게 핀을 잡아주는 장치가 필수적이다. 이러한 핀 접이식은 최저수심에서 활용하는데 특히 유용하고 선체의 안착에 많은 도움을 주게 되어 자연형 마리나에서 활용도가 높다고 판단된다.

<그림 19> 핀 접이식 킬과 트윈킬의 핀 접이식 장치 사례

2013년 중소조선연구원에서는 다양한 레저선박의 효율성과 기술 보급을 위한 목적으로 선저 복판을 관통시키는 리프팅 킬의 개념설계를 진행하였다. 세일링 요트 하부에서부터 견고한 킬을 리프팅 시켜 수심의 변화와 세일력의 가변에 상응하는 장치로 고안되어 가상 구동관계를 연구하였다. 이러한 리프팅 킬은 가변의 반응이 빠르고 전통한선의 선미에 장착되는 키와 유사한 개념으로 상용화가 가능하다고 판단된다. 하지만 단점으로는 선내의 가변공간은 필수적으로 확보되어야 하고 킬의 상승에 따른 무게중심의 변화에도 선체 복원성은 유지 되어야 하는 등 기술적인 연구가 지속적으로 진행되어야 할 것으로 보인다.

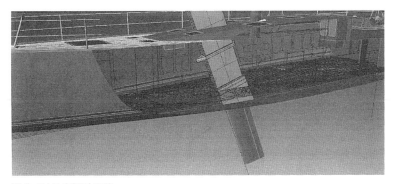

(출처: 중소조선연구원,2013)

<그림 20> 리프팅(Lifting) 킬의 개념설계

국가 마리나 시설이나 세일링 요트 및 파워보트의 접안시설이 지역적 도서환경에 비교해 매우 부족한 한국 서·남해안 해역에서 고정식 킬의 파손에 대한 해결방안이라는 연구로 2007년 가변형 킬에 대한 개념설계가 대불대학교 자동화 기계과를 중심으로 진행

되었다.

가변형 킬은 상하 높이를 조절할 수 있어야 하고 좌우로 회전이 가능해야 한다. 상하 높이 조절은 접안 시설의 해수면 깊이와 관계가 있고 좌우회전 가능성은 횡력 조절과 관계가 있다. 유압 텔레스콥 실린더로 상하위치를 조정하는 방법으로 외형을 유선형으로 제작하여 부착하는 다단계 킬과 킬을 여러 단계로 분할하고 이를 드럼에 감길 수 있도록 함으로써 상하 위치를 조절하는 접이식 킬로 개념이 정리되었으며, 이중 실현가능한 접이식 킬의 설계가 진행되었다.(박종철, 최평규 2007)

구동방법은 유압 및 전동 제어장치를 통해 모터를 작동시켜 킬을 감아올리게 되고 적정 위치에 도달하면 센서 감지신호에 따라 모터나 유압 고정구가 정지시키게 된다. 특히 킬 하단부의 Ballast가 배의 밑바닥 부분과 밀착될 수 있도록 설계되어 배가 바닥에 닿더라도 킬 부위에 의해 손상을 입지 않도록 설계된 것이 특징이다. 이러한 가변형 킬은 목적 항해시 세일력을 활용한 양력과 압력에 상응하는 횡력 방지의 역할을 수행할 것으로 예측되고 저수심이나 가변수심 및 갯골, 갯등의 환경에서는 킬을 상승시켜 항해하거나 갯벌에 안착시키는데 적절한 시스템이라고 파악된다.

(출처: 박종철, 최평규, 2007)

<그림 21> 접이식 나비킬(Butterfly-Shape Keel) 구성도

6. 다동선의 특성

1) 카타마란(Catamaran) 세일링 요트

세일링 요트를 선체의 형상에 따라 분류하게 되면 선체가 하나인 단동선(Mono-hull)과 선체가 두 개로 나누어진 쌍동선(Catamaran), 선체가 세 개로 나누어진 삼동선(Trimaran)으로 각각의 목적과 특성이 존재하게 된다. 특히 쌍동선이나 삼동선은 멀티 헐(Multi-hull)에 해당하며, 단동선에 비해 많은 장점을 가지고 있다. 이를 살펴보면 횡적안정성이 우수하고 정수중이나 파랑중에서 고속을 유지할 수 있도록 설계된다. 최대 장점은 레저활동을 할수 있는 승선정원을 많이 확보할 수 있고, 선적량 증가와 공간 활용도가 다양하며 공간 운용에 유리한 점을 들 수 있다. 아울러 멀티 헐의 특성상 갯벌에 안착하는데 무리가 없어 선형 자체로 평수구역이 많고 평균수심이 낮은 서·남해안에 적합한 레저선박으로 활용가능성이 매우 높다.

(출처: 제이와이요트 630시리즈, 2012)

<그림 22> 카타마란 세일링 요트

2) 카타마란 파워보트

추진력을 동력으로 하는 파워보트 또한 쌍동형은 넓은 공간을 자유롭게 활용가능하고 선내외기를 장착하여도 엔진트림을 구동시켜 무난하게 갯벌에 안착 시킬 수 있는 장점을 가지고 있다. 서·남해안의 많은 섬들과 갯벌 등 자연환경은 낚시와 해양레저의 활동을 하는데 다양성을 제공해 준다. 이러한 자원의 활용을 위해서 필요한 장비가 쌍동형 파워보트로 인식되고 있으며, 가족단위 활동의 필수적인 화장실과 객실 등 편의사양을 포함하기위해 넓은 선내공간은 매우 이상적이다. 또한 묘박이나 정류시에 선체의 안전성으로 갯벌에 안착시키고 상승시키는데 무리가 없는 선체구조로 되어있다.

충분한 편의시설과 조수간만의 영향에도 해양레저를 즐길 수 있는 지역적 한계를 비교할 때 자연 친화형 마리나 개발은 사용자의 시간적 제약을 필수로 하게 되는 단점을 내포한다. 하지만 오랜 시간 많은 예산과 개발을 통한 환경 파괴면에서 우리는 고민을 아끼지 말아야 할 것이며, 이러한 고민은 개발적 여건이 부족한 도서형 마리나에 사용될 요트와 보트를 다른 시각에서 바라보고 활용함으로써 해결되어 질 것으로 판단된다.

(출처: 신영FRP조선-SM300C, 2007)

<그림 23> 카타마란 30피트급 파워보트

7. 결론

본 장에서는 마리나 항만의 유형을 이용형태면에서 보면 자연형과 어항형에 가깝고, 개발유형으로 봤을 때 레포츠형에 근접시켜, 최소한의 편의시설과 함께 파일, 방파제, 굴착 및 매립 등 마리나 항의 인프라시설을 줄여 경제적이며 효율적인 마리나의 필요성을 인식시키고 그 방법을 선박의 변형에서 찾고자 하였다.

그 중 전통한선이 가지고 있는 평저형태의 선체와 수심에 따라 올리고 내려 쓸 수 있는 키의 장점을 파악하였다. 현대 세일링 요트의 설계개념에서 헐과 킬의 변화는 충분히 가능하다는 판단으로, 세일링 요트의 선체를 단동형에서 다동형으로 바꾸고 고정형 킬에서 가변형 킬로 접근을 이루었다. 또한, 멀티형 선체 형상은 갯벌 안착이 가능한 서·남해안 및 도서지역에서 활용 가능한 선박으로 정리하였다.

한국의 서·남해안 및 도서지역은 국가의 마리나 항만개발 목적과 방법, 실행에서 다소 소외되어 왔으며, 지역별 환경이 단점으로 작용되었고, 접근성 및 리조트 편의시설 연계 면에서도 부족한 부분이 많다고 할 수 있다. 하지만 한국의 서·남해안 및 도서지역은 결국에 수천여개의 섬들과 섬들의 연계선상에서 해양관광 보고로 활용되어야 할 아껴둔 지역으로 인식 변화를 가져야 할 것으로 판단된다. 이러한 측면에서 2017년 전라남도에서 계획한 요트마린실크로드는 지속가능한 섬 요트 관광시대를 앞당기는데 큰 역할을 할 것으로 기대된다.

자연형 및 어항형 마리나는 도서지역의 발전에 영향을 미칠 것이며, 시설적인 부분이 미쳐 따라주지 않는 지역일수록 더욱 이상적으로 다가올 것이다. 우리는 현재 마리나의 기능적 측면에서 두 가지 공통 영향이 있는 곳을 주목해야 할 것이다. 첫째 마리나 시설과 유지 및 보수, 인프라 등이 구축되지 않은 곳 이며, 둘째 대규모 개발에 대한 지역주민의 부정론이 낮은 곳을 대상지로 하여 관광, 레저를 다양하게 즐길 수 있도록 마당을 열어야 할 것이다.

결과적으로 한국의 서·남해안 및 도서지역은 인공적인 개발에서 한발 물러나 자연환경과 조화롭게 어울려 운영될 수 있도록 기본적인 최소한의 마리나 시설을 지향하고, 어항과 지역민이 함께 공유하는 자연형 마리나에 대해 고민해야 할 것이다.

〈참고문헌〉

국립해양유물전시관 (2005), 신라인 장보고, 대한인쇄정보산업협동조합.
국립해양문화제연구소 (2015), 고려시대 조운선(마도1호선)복원보고서, 국립해양문화제연구소.
김영돈 (2016), 마리나 인문학, 문화디자인, 240-290.
김성귀 (2007). 해양개발을 위한 해양관광론, 현학사.
김천중 (2008), 요트관광의 이해, 백산출판사.
김천중 (2007), 요트의 이해와 항해술, 상지.
박근옹,최미순 (2007), 21척, 우리고유의 돛단배(어선조산보고서의 재해석), 대불대학교 출판부.
박근옹 (2007), 전통한선을 바탕으로한 크루저급 세일링보트의 개발, 부경대학교 대학원 박사학위논문.
박종철,최평규 (2007), 서해안 해역 특성에 맞는 가변형 Keel개발, 대불대학교 자동화기계과 공학사논문. 2-20.
이원식 (1990). 한국의 배, 대원사, 10-15.
지삼업 (2011). 마리나 개발 및 운영론. 대경북스.
중소조선연구원 (2013), 20-40ft급 세일요트 엔지니어링 통합관리 및 핵심부품 생산기술보고서, 중소조선연원.
호남씨그랜트 (2011), 서남권 세일요트 항로 가이드, 성문당, 1-20.
Roger marshall (2007), All about Powerboats, International Marine.
Uffa Fox (2008), Sailing, seamanship and yacht construction, Dover maritime book, 120-125.

바다위의 명품을 디자인하다
Design masterpiece over the sea

정 은 채
목포과학대학교 요트디자인융합과 교수

1. 서론

우리 인류는 지금까지 아무도 미리 내다보지 못할 정도의 빠른 기술혁신에 따른 새로운 산업혁명의 시대를 맞고 있다. 기존의 일하는 방식이나 소비 행태뿐 아니라 생활방식 전반에 걸친 혁명적 변화가 가속화되는 시대에 들어서 있는 것이다. 따라서 우리는 새로운 산업이 몰고 올 무한한 기회와 도전을 남보다 먼저 내다보고 지혜롭게 대응해 나갈 준비를 서둘러야 한다. 삼면이 바다인 우리나라는 1970년대 제3차 경제개발5개년 계획이 발표된 이후 조선업이 수출장려사업으로 꾸준히 발전하여 2003년 이후 부터는 1위 일본을 제치고 수주량, 수주잔량, 건조량 등 전 부문에서 모두 1위를 차지하였다. 2014년 11월 기준 세계 5위까지 우리나라의 기업이 차지하고 있지만 5년 전부터 중국의 급부상으로 그 위치가 위협받고 있는 실정이다. 특히 전남지역은 조선산업에 종사하는 기능 인력의 고령화, 전문기능인력 및 우수한 인력부족, 교육훈련기관 부족 등의 문제점과 중국의 급부상 및 글로벌 금융위기로 2007년 이후 전 세계 조선 산업경기가 침체 되면서 전남지역 중소형조선업체가 주로 건조하는 탱크선 및 벌크선 등에 대한 수주가 크게 감소함에 따라 새로운 돌파구가 필요한 실정이다. 이에 유망 산업으로 떠오르고 있는 해양레저산업을 활성화시킬 수 있는 방안이 절실하며 한미 FTA 타결에 의한 요트 및 보트 등 미국의 해양레저장비가 2012년 한국시장에 전면 개방됨에 따라 미국 유수 보트제조업체들이 국내 해양레저장비 시장을 선점할 우려도 증대되고 있다. 그에 따른 경쟁력 확보와 4차 산업혁명에 걸 맞는 해양디자인센터를 설립하여 해양레저산업을 위한 전문인력양성, 디자인 데이터베이스구축, IT기반을 통한 한국적 제4세대 핵심 요트디자인 개발 등을 통해 지역경제 활성화 및 고용창출 등 나아가서는 조선강국의 새로운 비전을 위한 바다위의 명품 디자인이 필요하다.

※ 130ft급 대형요트 설계/건조 기술개발 및 시제선 건조사업(해수부),
40ft CATAMARAN Design

2. 해양레저산업의 정의

해양레저산업이란 취미, 오락, 체육, 교육 등 해양레저를 목적으로 이루어지는 모든 활동과 관련된 제조, 기반시설 및 서비스산업 전체를 의미한다. 세부적으로 마리나 산업 등 해양레저 기반산업, 보트나 요트를 생산하는 해양레저 장비산업과 해양레저와 관련된 관광·서비스산업으로 구성된다. 특히, 해양레저장비산업은 설계와 생산기술이 조선산업에 근간을 두고 있으나 일부 생산품(슈퍼보트와 메가보트)을 제외하면 소재와 제품 규모, 용도 등이 상이하여 중대형선박을 건조하는 조선업체가 생산하기에는 다소 불리하다.

생산시스템은 자동차산업과 유사하고 다품종 소량 생산형 제품이 많아 부가가치가 높고 자동차, 전기전자, IT, 섬유, 가구 등 다양한 산업분야에서의 신규 진입과 제품 다각화가 용이하며 해양레저산업은 다음 표의 세가지 산업이 상호 유기적으로 연계되어 발전하는 산업이다.

해양레저산업의 3대 구성요소

해양레저 기반산업	해양레저 장비산업	해양레저 관광서비스산업
· 마리나 · 방파제 · 항만/어항 · 피셔리나 · 해양레저산업단지 · 해양레저컴플렉스 · 리조트/실버타운	· 보트/요트 · 엔진/추진기 · 각·종 의장품 · 전자장비 · 자동화설비 · 설계/디자인 · 생산기법 · 신소재	· 해양관광/이벤트 · 보트쇼 · 운용/AS/관리 · 교육/면허시험 · 렌탈/차터링 · 레이싱 · 팩토링 · 금융/보험

* 자료: 경기개발원, 「경기도 해양레저산업 육성전략 연구」

해양레저산업의 구조

| 생산단계 | 소재 제조업 | 장비 제조업 | 제조설비 제조업 | 해양레저 장비산업 |
| 의장품 제조업 | | 운송설비 제조업 |

공급유통순환

유통단계	금융업	보험업	관련 도소매업
무역업	중고매매업	전시업
출판업	운수업	보관업	해양레저 장비산업의 후방산업

유통소비순환

소비이용단계	공공분야	유지보수분야	장비이용분야
건설업	수리정비업	장비 판매업
시설운영업	안전검사업	운송, 운수업
운영설비제조업	연료류유통업	관광, 임대업
등록, 검사업	보관업	의료, 숙박업

자원활용순환

| 폐기단계 | 폐기, 폐선업 | 자활용업 |

자료 : 중소조선연구원(2010), '경기도 해양레저산업 육성을 위한 연구'

3. 해양레저산업 현황

1) 해양레저이용자 현황

내수면과 해수면에서 일어나는 해양레저활동은 크게 해양의존형과 해양연관형 활동으로 구분되며 해양의존형은 다시 스포츠형, 휴양형, 유람형 활동으로 구분할 수 있다.

해양레저활동의 종류

구 분		내 용
해양의존형	스포츠형	· 보딩(서핑, 윈드서핑) · 요트 및 보트(세일링 요트, 카누, 제트스키, 파워보트 등) · 다이빙(스노클링, 스쿠버다이빙 등) · 고무보트, 패러세일링, 수상스키, 수상오토바이 등
	휴양형	· 해수욕(바다수영, 물놀이, 일광욕, 모래찜질 등) · 조개잡이, 갯벌체험, 해변캠프 등 · 바다낚시(보트낚시, Trolling, 해중 전망대 등)
	유람형	· 해상유람(관광유람선, 여객선 등) · 해중경관관람(관광잠수정, 해중전망대 등)
해안연관형		· 비치스포츠, 모래놀이, 해변 레크리에이션 활동 등 · 해양경관조망, 산책, 조깅 등 · 해양문화탐방(해양 생물 관찰, 문화재 답사 등)

*자료: 경기도(2008), 「해양레저 및 유관산업 활성화 방안 사전 타당성 조사」

우리나라의 2010년중 해양레저인구는 554만명으로 2009년중(559명)에 비해 0.9% 감소하였으며 이중 사업장을 이용한 해양레저이용자가 477만명으로 대부분을 차지하고 있으며 가족단위의 레저생활이 보편화되면서 2007년까지 해양레저를 즐기는 사람이 지속적으로 증가하였으나 2008년 금융위기 및 유가 상승 등으로 모터보트나 수상오토바이 이용자가 크게 감소하고 있는 실정이다.

2) 해양레저 장비업체 현황

우리나라의 해양레저장비 생산업체는 총 53개이며 이중 전남지역 생산업체는 11개로 전체 해양레저장비 생산업체의 약 21%를 차지하고 이들 업체는 대부분 소형업체이며 대불산단 및 목포, 무안 등에 주로 산재하고 있다.

해안선에 인접한 지역에 요트, 보트 등 대형장비를 생산하는 업체가 밀집되어 있고, 내륙지역에는 고무보트, 카약, 카누 등 소형업체가 위치하고 있다.

국내 해양레저산업 관련 기업체는 2009년 기준 사업장이 2,862개, 종사자는 7만 2,292명으로 2005년에 비해 연평균 5.6%, 12.6% 증가하였으며 전남지역의 관련 기업체는 사업장이 171개, 종사자가 8,280명으로 2005년에 비해 증가하였으며 특히 선박부품 제조업의 사업장과 종사자가 크게 증가하였다.

지역별 해양레저장비 생산업체 현황

지역	업체명	계
광주, 전남	푸른중공업(대불산단), 마스터마린조선(대불산단), 여천마린(보성 미력), 리치마린(무안 삼향), 신영FRP조선(목포), JY요트(대불산 단), 신우산업(대불산단), 요트인(무안 청계), 라온하제(무안 삼향), 현진조선(목포 삽진), 신신마린(광주 동구)	11
부산	광동FRP산업, 대원마린텍, 강남조선, 마린스포츠, 코리아터빈, 순신기술, 한국목조선박, 리딩선박개발, 반도마린	9
경남	우남마린, 창남FRP, 중앙조선, 한남조선, 세양마리녹스, 제트코리아, 메리노엔지니어링, ㈜해림, 중앙조선, 블루마린테크	10
울산, 경북	현대라이프보트, 현대요트, 한일뉴즈, 만투산업, 스코트라, 인플라B&B, 두알보트, 태양마린	8
충청	동양조선, 미산조선공업, 녹산선박, 군장조선	4
서울, 경기	AMTEC, 우성아이비, 인프라콤비, A1마린텍, DK마린, 우성보트, 신화마린테크, 다우엔지니어링	8
기타	보고엔지니어링, 한양마린, 영동마린	3
합계		53

*자료: 중소조선연구원(2009.3), 전남 업체는 2012년 기준 자료임

3) 마리나 산업 현황

우리나라에는 총 14개소의 마리나가 운영되고 있으나 계류시설 규모는 외국에 비해 작을 뿐만 아니라 단순 계류기능만을 수행하고 있는 실정으로 전남지역에는 여수의 웅천 이순신마리나와 목포의

목포마리나 등 2개의 마리나가 운영중이나 시설규모는 약 200척 수준으로 외국 마리나에 비해 작다.

2010년 현재 국내에 등록된 동력해양레저기구는 총 9,534대이며 이중 전남지역에는 총 587대(전국의 6.2%)가 등록되어 있으며 이중 모터보트의 등록대수는 448대(전국의 7.6%)로 대부분을 차지하고 있다.

국내 마리나 운영 현황

마리나명	개 발	운영주체	개발 근거	개발 년도	개발 구역	개발 사업 비	투자주체	시설규모 해상 (척)	시설규모 육상 (척)	고용 인원
수영만	(주)대우	부산시 체육시설 관리사업소	공유수면 매립법	`86	기타	711	민간	293	155	36
전 곡	화성시	화성시 시설공단	어항법	`09	지방 어항	453	국 비(92) 지방비(361)	60	53	8
충 무	금 호	금 호	공유수면 매립법	`97	무역 항	654	민간	30	40	124
삼천포	(주)삼천포	(주)삼천포	어항법	`06	기타	5	민간	22	20	4
수 산	양양군	강원도 요트협회	어항법	`09	국가 어항	50	국 비 (36) 지방비(14)	60	-	2
소 호	여수시	전남 요트협회	공유수면 매립법	`07	기타	16	국 비(7) 지방비(9)	-	36	5
목 포	목포시	대불대 산학협력단	항만법	`09	무역 항	70	국 비(35) 지방비(35)	32	25	5
도 두	제주 한라대학	제주 한라대학	어항법	`09	국가 어항	31	민간	15	-	2
김 녕	(주)에니스 제주도	(주)에니 스제주도	어항법	`07 `10	국가 어항	10	민 간(5) 지방비(5)	19	-	12
중 문	퍼시픽 랜드	(주)씨푸드 샹그릴라	공유수면 매립법	`91 ~10	기타	160	민간(160)	10	10	100
양 포	국가 (농림부)	포항시	어항법	(`11)	국가 어항	10	국가(10)	36	-	-
강 릉	(주)시 마스터	(주)시 마스터	어항법	`11	국가 어항	30	민간(30)	40	-	2
서 울	(주)서울 마리나	(주)서울 마리나		`10	기타	270	민간(270)	60	30	75
김 포 (아라마 리나)	수공	워터웨이 플러스	항만법	`11	무역 항	776	민간(776)	136	58	-

*자료: 국토해양부

마리나 운영 현황(해수부마리나 서비스업 창업 설명회자료 2016 기준)

■ 전국 38개 업체 창업

마리나 선박 대여업 29개소, 마리나 선박 보관 계류업 9개소
  * 마리나 선박 40척, 계류시설 345개소 운영

지방청	부산	인천	여수	마산	동해	군산	목포	포항	평택	울산	대산	제주	계
대여업	12	4	1	3	2	-	-	1	5	-	-	1	29
보관계류업	-	1	-	2	5	-	1	-	-	-	-	-	9
합 계	12	5	1	5	7	-	1	1	5	-	-	1	38

■ 마리나 인프라 현황

전국 32개소 마리나 항만 운영 중
  * 총 1,750선석 운영/ 12개소 기업 및 대학,20개소 국가 및 지
    자체 운영 중

7개소 마리나 건설 중
  * 총 950선석 운영/ 민간건설 1개소, 국가 및 지자체 건설 6개소

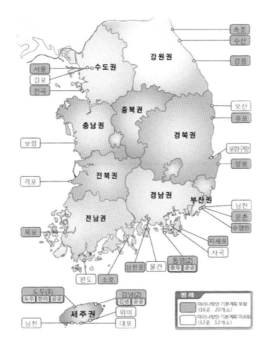

해양안전

수상레저과
032-835-2352

동력수상레저기구 등록 현황

<기준일자 : 2014.12.31.>

□ 동력수상레저기구등록 현황 (이경미, 대국민)

(단위 : 대)

구 분	모터보트	고무보트	수상오토바이	세일링요트	비고
합 계	5,781	1,002	1,915	429	
2014년	2,165	403	723	155	
2013년	1,971	338	626	175	
2012년	1,645	261	566	99	

정은채 |

4. 세계 해양레저산업의 동향

세계 해양레저산업의 총 매출규모는 약 895억 달러(Southwest 2008)이며, 이 가운데 해양레저장비산업(보트와 요트 등)이 약 500억 달러(ICOMIA 2009) 규모로 가장 큰 비중을 차지하는 가운데 미국, EU 등 기술력과 유명브랜드를 보유한 선진국이 세계 시장을 선점하고 있으며 중저가형 레저선박은 경기침체의 영향으로 시장이 축소될 것이나 길이가 24m 이상인 고가형 슈퍼요트 시장은 지속적인 성장세를 유지할 전망으로 매우 부가가치가 높은 산업이라 하겠다.

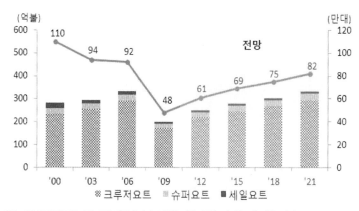

자료: (AMTEC(2011), '국내외 해양레저보트산업 기술 동향 및 글로벌 진출 전략')

세계 해양레저보트 관련 시장 현황 및 전망

주요 국가의 레저 선박 보유 대수

국가	보유 대수
미국	1545만4000척
스웨덴	81만5000
호주	78만4000
영국	54만1000
독일	50만
일본	23만1000
한국	1만

자료: 국제해양산업협의회(ICOMIA), 국토해양부

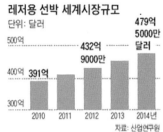

레저용 선박 세계시장규모

단위: 달러

2010: 391억
2011: 432억 9000만
2014년: 479억 5000만 달러

자료: 산업연구원

세계 레저보트 제조업체 현황을 살펴보면 전세계에 약 4만개 이상의 레저보트 제조업체가 있으나 이중 상위 5개 업체*의 시장점유율이 21%를 차지하며 나머지는 대부분은 중소형 업체로 구성하고 있다.

　* 이들이 차지하는 시장점유율은 다른 산업 상위 5개 업체의 시장점유율인 자동차 56%, 조선 35%에 비해 낮은 수준이다.

해외 주요 업체 현황

업체명	현 황	제품 라인업		
		플레저 보트	크루저 보트	수퍼 보트
Brunswick (미국)	・세계 1위 업체로 보트엔진 제조에서 출발하여 M&A를 통해 Full Line-up 구축 ・SeaRay 등 일부 공장에 대해 자동화설비 도입	○	○	○
Genmar (미국)	・2010년 재무구조 개선 차원에서 보트브랜드 13개 중 7개를 미국 LA를 기반으로 사모펀드인 하는 Platinum Equity에 매각	○	○	
Ferretti (이탈리아)	・2012년 중국 산동중공업 그룹이 총 6.74억 유로 규모의 채무재조정에 참여하여 지배 지분(75%)을 확보		○	○
Azimut (이탈리아)	・수퍼보트 분야 1위업체로 최고급 생산및 고가정책 유지・목형/몰드 등 제품개발을 위해 삭성기 등을 자동화		○	○
Beneteau (프랑스)	・플레저~크루저보트의 자동화 및 대량생산체제 구축 ・저가 소형시장에서 증가/고급 시장으로 확대중	○	○	

　* 자료 : ㈜암텍, '국내외 해양레저보트 산업 기술 동향 및 글로벌 진출 전략'(2011) 수정

5. 해양레저산업의 여건 분석 (전남중심)

1) 지리적여건

1,969개(유·무인도서)의 크고 작은 섬(전국 섬 개소의 62%, 면적의 49%)은 태풍과 해일 등 자연재해로부터 인명과 재산을 보호하는 역할을 수행하며 전남 서남해안은 겨울철에도 온도가 크게 내려가지 않고 따뜻하여 해양레저 활동의 최적지이다.

2) 생산 여건

전남지역의 중소형조선업체는 총 65개(중형조선업체 8개, 소형조선업체 57개)로 전체 조선업체(총 66개)의 대부분을 차지하고 있으며 전남 조선산업은 소형조선업체의 비율이 높고 소형조선업체 중에서도 FRP선박(약 60%) 및 알루미늄선박 제조업체가 많아 해양레저장비업체로의 전환이 용이하다. 또한 전남 영암의 대불산단에 산·학·연이 참여하는 해양레저 미니클러스터를 구축하여 지역 해양레저장비산업의 육성을 위한 전국적인 네트워킹을 구성하고 특히 전남 서남권은 요트선체 완성품 및 인테리어, 부산·경남·울산 등 동남권은 요트부품·기자재 및 성능시험평가, 경기권은 요트 전자부품 및 부품소재에 세부적으로 특화하여 클러스터간 연계성을 강화하고 시너지 창출을 위해 노력하고 있다.

3) 수요여건

전남지역은 목포와 여수 웅천 마리나항을 운영 중이며, 추가로 해남 화원, 진도 팽목, 완도, 고흥 남열에 마리나항을 건설할 계획이고 여수 웅천에 400척 규모의 해상계류을 추가로 더 증설 계획이 되어 있다. 전남지역의 9개 지구(전국 25개)가 해양수산부의 「국민여가휴양지」 건설사업에 선정(2012.2월)되어 2019년까지 해양관광자원 개발에 총 1,410억원(국비 1,182억원)이 투입될 예정으로 있다.

전남지역 해양레저장비 제조업체 현황

	회사명	주소지	주력 상품 및 특징
1	푸른중공업	대불산단	- 지경부 추진사업으로 수퍼요트 제작(62ft) - 강선, 알루미늄선 제조 - 크루저보트, 슈퍼보트, 세일링요트 - 해수부 100ft 메가요트 제작 예정
2	마스터마린	대불산단	- 2010 레저보트 제조판매 실적 1위 - 해상펜션 제작 - 수지몰드공법 도입으로 제작기간 단축 - 플레저보트, 크루저보트, 세일링요트
3	여천마린	보성미력	- 차세대 알루미늄 선박 건조기술 보유업체 - 국내 관공선 최다 제작업체 - 플레저보트, 크루즈보트(46ft), 세일링요트
4	리치마린	무안삼향	- FRP선 제조 및 수리
5	신영FRP조선	목포	- FRP선박 제조 및 수리 - 레저보트 제작
6	(유)JY요트	대불산단	- 2010.12월 75ft 규모 슈퍼요트 4척 수주 - 요트 및 보트 제조
7	신우산업	대불산단	- 선박구성품, PLANT시설, 레저보트 건조·수리 - 에코파워요트단을 구성하여 20ft와 60ft급 FRP 국산화 파워보트 2014년까지 개발
8	요트인	무안청계	- 요트 건조·수리·임대, 마리나시설 관리·운영, 해양 레저 공간디자인업, 예술스포츠 및 여가관련서비스업
9	라온하제	무안청계	- 해양레저장비 제조 -2인승 반잠수정 개발
10	(유)현진조선	목포삽진	- 500톤이하 FRP, 1000톤이하 강선 건조 - 2010년 매출액 40억원
11	카나리아오션	대불산단	- 국내최초 요트 설계 및 디자인 전문회사 - 36ft~120ft 까지 30여종의 설계 기술 개발 - 2009년 이탈리아 시택(DEATEC) 디자인 공모전에 자체 디자인 요트 출품
12	한국종합설계	무안삼향	- 선박설계, 건조감리, 연구개발 - 화물선 6척, 유람선 2척, 여객선 3척 및 관공선 13척 설계

4) 종합평가

자연·지리적인 장점으로 해양레저활동에 유리한 환경과 다른 지역과 달리 FRP선박(약 60%) 및 알루미늄선박을 제조하는 소형조선업체가 많아 요트 및 보트제작업체로의 전환이 용이하며, 영암 대불산단에는 산·학·연이 참여하는 해양레저 미니클러스터가 조직되어 해양레저산업 육성을 위한 기반이 마련되어 있으며 또한 국민소득 2만 달러 돌파, 주 5일 근무제 정착 등으로 새로운 레저 활동에 대한 욕구가 증가하는 가운데 KTX 호남선 개통 등으로 전남 서남해안으로의 접근성도 향상됨에 따라 전남지역이 해양레저산업의 최적지로 평가할 수 있다.

6. 해양레저산업의 육성화 방안

1) 해양디자인센터 설립

디자인센터는 서울, 광주, 대구경북, 부산 등 4개의 디자인센터가 있으며 각 지역 특성에 맞게 광역권디자인사업, 디자인기반구축사업, 디자인애로사항 해결지원사업, 중소기업 시제품제작 지원사업 등 지역산업의 근간이 되는 분야를 지원함으로써 국가경쟁력을 높여 지역경제활성화와 부가가치 높은 제품들을 만들어 낼 수 있게 한다.

전남지역은 대불공단 등에 조선관련 업체가 많음에도 불구하고 광주디자인센터를 이용하기에는 접근성이 떨어지고 추진하고 있는 사업분야도 지역특성과 맞질 않고 동 떨어져 있다. 부산은 부산디자인센터가 있어 동남권에 자리한 산업체들에 대한 지원이 원활하게 이루어지고 있으며 정부지원 사업들이 추진되고 있다. 추진되었던 사업과 추진 예정인 사업들을 살펴보면 지역 특성에 맞춰져 있음을 알 수 있다.

따라서 전남지역에 일반적인 디자인센터가 아닌 전문성과 지역특성에 맞는 해양디자인센터를 설립함으로써 해양레저산업의 3대 구성요소인 해양레저 기반산업, 해양레저 장비산업, 해양레저 관광서비스 산업의 제품개발 및 디자인개발, 전문인력양성 및 지역 산업체들에 정보공유와 애로사항 지원 등의 중추적인 역할을 할 수 있는 서남해안 지역거점 해양디자인센터 설립을 제안한다.

부산디자인센터 해양관련 사업

사업기간	사업명	사업내용
2010. 3. 1.~ 2011. 2. 28	지역디자인혁신사업에 관한 지식경제 기술혁신사업(디자인기반구축사업)	·동남권 해양레저장비산업 디자인경쟁력 강화방안 연구 ·해양레저장비 디자인 연구개발 외
2014. 6. 1.~ 2015. 5. 31	동남권 해양레저산업 육성을 위한 디자인기반구축사업	·해양디자인 전문인력양성 ·해양디자인 공모전 ·해양레저장비 디자인컨설팅 외
2015~2020 (예정)	동남권 해양디자인 경쟁력 강화를 위한 기반구축사업(해양산업 및 문화 중심지인 동남권의 해양 디자인 기반을 구축하는 사업)	해양 관광상품, 해양 레저제품, 수산식품 패키지 등 세 분야에 제품 디자인 시제품 개발, 시각·포장 디자인 시제품 개발, 해양 디자인 상품 홍보, 동남권 해양디자인 수요기업 대상 교육, 디자인전문기업 대상 교육 등

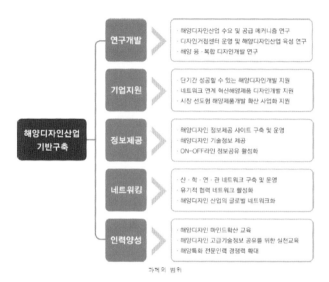

*자료: 부산디자인센터(2011), 지역디자인혁신사업에 관한 지식경제 기술혁신사업의 과제의 범위

<도시디자인연구소(2016) 요트디자인개발>

<도시디자인연구소(2016), 학교기업지원사업>

2) 선박 내부 인테리어 전문업체 육성

요트 및 보트 제조업체와 전남 해양디자인센터 등이 지역 인테리어 및 디자인 관련 단체와의 연계를 통해 공동 디자인 기술을 개발하고 사업화를 추진하며 또한 국내외 요트 및 보트 내·외부 디자인 공모전을 정기적으로 개최를 통해 선진기술을 도입하고 국내 IT기반으로 제4세대 요트디자인개발과 제품기술개발로 글로벌디자인전문기업으로 선진화에 진입해야 한다.

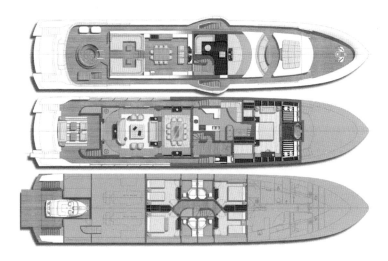

<학교기업지원사업2016 - Staff Design>

3) 대불해양레저 미니클러스터 활성화

전남 영암의 대불산단에 조성된 해양레저 미니클러스터* 사업을 활성화한다. 대불산단은 전국에서 레저보트산업체가 가장 잘 집적화된 클러스터로 부상하고 있다.

* 중소조선업체 29개(푸른중공업, 신우산업 등), 지역 대학 3개(목포과학대학교, 목포대, 목포해양대 등), 연구소 3개(중소조선연구원, 한국기자재연구원, 목포과학대학교부설 도시디자인연구소) 및 지원기관 5개(전라남도 등) 등 총 29개의 회원으로 구성.

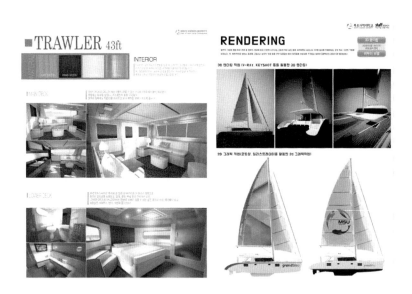

4) 대형조선업체의 호화유람선(크루즈선) 건조를 유도

고부가가치 해양레저장비 관련 기술을 습득하기 위하여 다양한 선박건조기술을 보유하고 있는 지역 대형조선업체(예: 현대삼호중공업)가 호화유람선(대형 크루즈선)을 적극 수주·건조하도록 유도한다.

5) 남해안관광에 해양레저관광 벨트 구축

고흥, 여수, 남해, 통영, 거제 지역을 잇는 해양레저관광 벨트를 구축하여 지중해의 '리비에라(Riviera)*'와 같은 고급휴양지로 조성한다.

* 프랑스의 칸과 이탈리아의 라스페치아 사이에 있는 지중해 연안 지대로 1년 내내 햇볕이 많아 겨울철 여가를 즐기려는 많은 관광객이 찾는 지역으로 니스·칸·몬테카를로·산레모 등의 유명관광지가 있음

6) 내수면 수상레저활동 활성화 우선 추진

해수면에서 이루어지는 레저활동은 파도와 조류, 바람 등의영향으로 내수면 레저활동에 비해 상대적으로 위험성이 높다. 는 점을 감안 내수면 레저활동 활성화를 우선 추진한다.

해수면 레저활동으로 나아가기 위한 전단계로 비용이 상대적으로 저렴한 내수면 레저활동이 활성화될 수 있도록 기반 시설을 확충할 필요가 있으며 전남지역에 있는 3,232개의 저수지*(수혜면적 99,390ha), 4개의 다목적댐과 2개의 용수댐에서 수상레저를 즐길 수 있도록 제반시설을 건설한다.

7) 국제보트쇼 및 국제요트대회 참가 지원

지자체에서 지역내 해양레저장비 제조업체들이 해외에서 개최되는 국제보트쇼 및 국제요트대회의 참가를 지원한다.

지역내 장비제조업체가 국제보트쇼에서 마케팅을 통해 해외수주를 이끌어 낼 수 있도록 지원하고 또한 전남요트협회 소속 선수가 각종 국제요트대회에 참석할 수 있도록 후원한다.

<국제요트대회>   <경기국제보트쇼>

<국제보트쇼 - 모나코 2016>

7. 바다위의 명품을 디자인하다

1) 제4차 산업혁명 시대를 맞아

현재 인류는 지금까지 아무리 미리 내다보지 못할 정도의 빠른 기술혁신에 따른 '제4차 산업혁명'시대를 맞고 있다. 기존의 일하는 방식이나 소비 행태뿐 아니라 생활방식 전반에 걸친 혁명적 변화가 가속화되는 시대에 들어서 있는 것이다. 인공지능과 로봇, 빅 데이터와 클라우딩, 3D 프린팅과 퀀텀 컴퓨팅, 나노, 바이오기술 등 거의모든 지식정보 분야에 걸친 눈부신 속도의 발전이 제4차 산업혁명을 이끌고 있다. 제4차 산업혁명의 특징은 과거의 인류가 경험했던어느 산업혁명에 비해 광범위한 분야에 걸쳐 눈부시게 빠른 속도로진전될 것이라는 점이다.

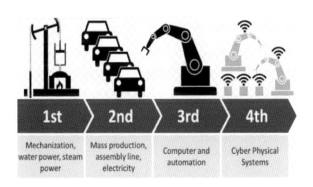

<제4차 산업혁명의 진화>

2) 새로운 비즈니스 모델

삶과 일, 인간관계의 방식을 근본적으로 변화시키는 혁명의 문 앞에서 서 있다. 수십억 인구가 모바일 기기로 연결되어 유례없는 저장 및 처리 능력과 지식에 접근성을 가지게 될 때 발생할 무한한 가능성을 상상해보라. 혹은 인공지능(AI), 로봇공학, 사물인터넷(lot), 자율주행자동차, 3D 프린팅, 나노기술, 생명공학, 재료공학, 에너지 저장기술, 퀀텀 컴퓨팅 등 폭넓은 분야에서 새롭게 부상하는 과학기술의 약진을 통해 이루어질, 믿기 어려울 정도의 엄청난 융합은 또 어떠한가. 새로운 비즈니스 모델의 등장과 기존 시스템의 파괴, 그리고 생산과 소비, 운송과 배달 시스템의 재편으로 산업 전반에 걸쳐 거대한 변화가 이루어지고 있다.

전남지역은 서남해안 지역에 분포된 크고 작은 섬들이 태풍과 해일 등에 대한 방파제 역할을 수행하고 온화하고 따뜻한 해양성 기후를 가지고 있는 등 자연·지리적인 장점으로 해양레저활동에 유리한 천혜의 환경과 전남 영암의 대불산단에 조성된 해양레저 미니클러스터 등을 기반으로 해양디자인센터가 설립되어 제4차 산업혁명의 첨담기술에 디자인이 융합된 순수 국내디자인 기술로 경쟁력과 고부가가치를 가질 수 있는 바다위의 명품해양레저디자인 산업의 기반이 될 것이다.

제품의 차별화(Product Differentiation)   디자인의 차별화(Design Differentiation)

이미지 차별화(Image Differentiation)   인재의 차별화(Manpower Differentiation)

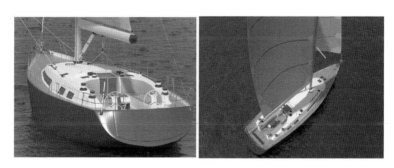

<New Model, 50FT Sailing Yachts 3D Modeling>

〈참고문헌〉

· 클라우스슈밥 「제4차 산업혁명」.
· 한국항만경제학회지 26권 4호(2010), 전남지역 전략산업분야 인력양성
　　지원사업의 수요조사에 따른 문제점 및 개선방안.
· 한국은행 광주전남본부 보도자료(2012), 전남 해양레저산업 육성방안.

· 부산디자인센터 보고서(2011), 지역디자인혁신사업에 관한 지식경제 기술혁신사업(디자인기반구축사업).
· 부산디자인센터 보고서(2015), 동남권 해양레저산업 육성을 위한 디자인 기반구축사업.
· 경남발전연구원(2007), 「남해안시대 해양레저스포츠 활성화 기본구상」.
· 김동주, 이동렬, 이은간, 박지섭(2011), 「서남해안 해양관광 활성화 전략」, 한국은행 목포본부.
· 김동주, 김정빈, 오병태, 박경석(2008), 「전남해안의 지형·지질 및 관광자원화 연구」, 전남발전연구원.
· 김성국, 「남해안 시대를 대비한 해양레저산업의 발전전략」, 성균관대학교
· 김영표, 최도석, 우석봉(2007), 「부산지역 해양레저관광 활성화 방안」, 부산발전연구원.
· 김진근(2009), 「경남의 요트산업 육성방안」, 경남발전연구원.
· 김태훈(2008), 「해양레저·스포츠 관광을 통한 어촌·어항 지역경제 활성화에 관한 연구」, 성균관대학교.
· 신동주, 손재영, 「해양관광발전을 위한 여건분석과 정책과제」, 해양정책연구 제22권 2호.
· 우석봉, 황영우, 김도관, 주덕, 유정우(2009), 「부산지역 해양레저장비산업 육성 방안」, 부산발전연구원.
· 유영성(2011), 「경기도 해양레저산업 육성전략 연구」, 경기개발연구원.
· 이경우, 김동주(2011), 「전라남도 해양레저장비산업 활성화 방안」, 전남발전연구원.
· 이상홍(2011), 「국내외 해양레저보트산업 기술 동향 및 글로벌 진출전략」, ㈜어드밴스드 마린테크.
· 이승우, 이종훈, 홍장원, 이윤정(2009), 「해양 레저보트산업 발전 전략연구」, 한국해양수산개발원.
· 중소조선연구원(2010), 「경기도 해양레저산업 육성을 위한 연구」, 경기도.
· 중소조선연구원(2008), 「해양레저장비산업 현황 및 전망」.
· 홍성인(2006), 「크루즈선 시장현황과 한국의 진출전략」, 산업연구원.
· 국민안전처(2015).

해양디자인개론

조 정 형

부경대학교 공업디자인학과 교수/공공디자인학박사

한국해양디자인학회 부회장

부경대 디자인연구소 소장

1. 해양시대를 보다

1) 해양문화산업의 필요성

3면이 바다인 한반도는 지리학적으로 대양한국으로 변화 할 수 있는 무한한 잠재적 조건을 가지고 있는 가능성의 위치에 자리하고 있다.

우리에게 주어진 이러한 주변여건을 감안하여 주변국들의 변화를 발 빠르게 감지하고 대응을 하지 못한다면 그 결과는 우리 후손들에게 큰 짐을 넘겨주게 될 것이다.

오늘날 해양산업분야에서 해양레저산업시장의 규모는 세계적으로 550조원에 달하며, 고용창출의 효과는 40만명에 이르고 있다. 조선 관련 산업이 대기업 중심의 산업이라면 해양레저산업은 중소기업 중심의 산업으로 발전가능성이 높은 산업으로 미래 지속성장 산업이기도 하다고 생각된다. 또한 해양문화산업은 이러한 환경을 함께 연계하여 다양한 지역 문화와 스토리텔링기법을 통하여 체험과 관련한 지역의 관광산업으로도 연결이 가능하여 이에 대한 고용창출 등 파급효과가 무궁무진하다고 볼 수 있다.

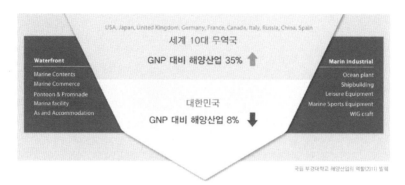

<그림 1> 해양산업의 역할

<표 1> 해양수산부의 기능과 역할. (1996년 8월)

해양분야	연안공간의 체계적 관리, 해양분야 첨단 과학기술 개발
해운.항만분야	해운산업 육성, 항만 건설 및 국제 경쟁력 제고
수산분야	수산업 육성, 어족자원 개발, 수산분야 국제협력 기능

1994년 UN에서 해양법이 발효됨에 따라 연안국가간 해양관할권 확보를 위한 경쟁이 치열하게 되었다. 해양산업과 관련 기술력이 곧 국가경쟁력이란 공감대가 형성이 되면서 1996년 8월 해양수산부가 설립이 되었다.

<표 2> 해양수산부의 출범 배경

해양수산부 출범 (1996년 8월)	1961년 해무청이 폐지가 된 이후로 건설교통부, 통상산업부, 농림수산부, 과학기술처, 해운항만청, 수산청, 해운경찰청 등 7개 부처와 3개 청에 분산되어 있던 해양업무를 일원화 하여 1996년 8월에 해양수산부로 신설하였다. 이후 이명박정부가 출범하면서 2008년 2월 정부조직법 개정에 따라 일부는 농림부와 통합하여 농수산 식품부로 일부는 국정홍보처 및 건설교통부와 통합하여 국토해양부로 개편되었다. 장관 아래 정책보좌관, 차관 아래 차관보, 감사관, 감사담당관 총무팀이 있었다. 하부조직으로는 정책홍보관리실, 해양정책본부, 해운물류본부, 항만국, 수산정책국, 어업자원국, 국제협력관 등을 두었다.

그러나 2008년 2월 작은 정부를 지향한 이명박정부의 정부조직법 개정에 따라 해양수산부가 폐지되고, 국토해양부로 통합되어 해양산업분야가 위축이 되고 많은 난고 끝에 박근혜후보의 공약사항에 해양수산부의 필요성과 중요성을 인식하고 다시 부활을 하게 되었다.

<표 3> 해양산업의 범위

박근혜정부 출범전 공약에 의한 개편안

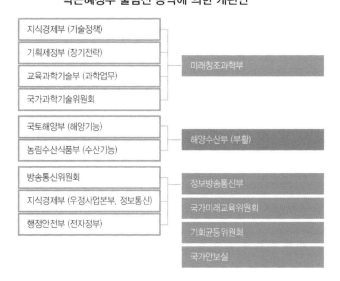

이후 세월호사건과 해양사고가 빈번하여 지는 상황에서 그 중요
성은 더욱 강조가 되고 있다.

정부에서 새로이 출범을 하게 되면서 우리의 수산업계와 대양에 대
한 관심은 더 없이 증가 하고 있다. 최근 이렇게 증가하고 있는 해양
산업분야의 무한한 가능성에 대한 관심과 시대적 요구환경에 비하여
해양디자인 관련 연구나 논문은 아직까지 크게 미흡한 실정에 있다.

2) 해양산업의 범위

국내의 해양디자인 영역 및 분류는 현재 명확한 기준에 의해 제시
되기보다는 각 관련단체나 주체에 따라 다양한 '해양산업의 분류'를
제시하고 있음을 고찰하였으며, 기존의 '해양산업 '과는 차별화된
'해양디자인'분류에 대한 일관성 있고 통합된 이론적 연구가 시급한
실정이다.

<표 4> 해양산업의 범위[1]

구분	해양공간의 이용	해양자원의 이용	해양환경의 보전	관련기기 및 소재
전통적 해양 산업	· 해운 · 항만 · 해수욕장 운영	· 어업 · 수산양식 · 종묘 · 수산유통 · 가공 · 해사(海沙)채취		· 조선 (여객선, 화물선) · 어망 · 어구제도 · 해상구조물
새로운 해양 산업	· 해중공원 · 낚시공원 · 수족관 사업 · 해양스포츠 지 도 및 장비 대여 · 마리나 운영 · 크루즈 관광 · 유어선 사업 · 해상 호텔 · 해 상 레스토랑 · 해상도시 개발	· 해저광물개발 · 해저열수광상 개 발 · 가스 하이드레이 트 개발 · 해수유용금속 회 수 · 해수 담수화 · 조류 발전 · 파력 발전 · 해수온도차 발전	· 해양 정화 · 방 제 사업 · 선박환경대책 기술 사업 · 해양관측 · 파랑 · 조류 제 어 사업 · 해양생물 보호 사업 · 인공갯벌 조성 사업	· 수상오토바이 제조 · 서프보드, 보트 · 요트제조 · 조선(관광잠수선, 초고속화물선 등) · 잠수관련 기기제조 · 초대형 해상구조 물 제조 · 해중작업로봇 제조 · 해양 관련 소재 (유 · 무기, 금속)

| | ·해상공항 개발
·해중·해저터미
널 개발 | ·염분 농도 차 발전
·바다 목장
·생명공학 이용
어종 개량 사업
·해양생물 이용
신 물질 추출·
개발 | ·어장 청소 | ·해양산업정보 제공
·해양관련기기 부
품 제조
·해양관련 기기 소
프트웨어 제조
·생분해성 플라스
틱 제조 |

<표 5> 해양산업의 활용분야[2]

구분	해양공간의 이용	해양자원의 이용	해양환경의 보전	관련기기 및 소재
전통적 해양 산업	·해운 ·항만 ·해수욕장 운영	·어업 ·수산양식·종묘 ·수산유통·가공 ·해사(海沙) 채취		·조선(여객선, 화 물선) ·어망·어구제도 ·해상구조물
새로운 해양 산업	·해중공원 ·낚시공원 ·수족관 사업 ·해양스포츠 지도 및 장비대여 ·마리나 운영 ·크루즈 관광 ·유어선 사업 ·해상호텔·해상 레스토랑 ·해상도시 개발 ·해상공항 개발 ·해중·해저터미 널 개발	·해저광물개발 ·해저열수광상개발 ·가스 하이드레 이드 개발 ·해수유용금속 회수 ·해수 담수화 ·조류발전 ·파력발전 ·해수온도차 발전 ·염분 농도 차 발전 ·바다목장 ·생명공학 이용 어종 개량사업 ·해양생물 이용 신 물질 추출, 개발	·해양 정화, 방제 사업 ·선박환경대책 기술사업 ·해양관측 ·파랑, 조류 제어 사업 ·해양생물 보호 사업 ·인공갯벌 조성 사업 ·어장 청소	·수상오토바이 제조 ·서프보드, 보트· 요트제조 ·조선(관광잠수선, 초고속화물선 등) ·잠수관련 기기 제조 ·초대형 해상구 조물 제조 ·해중작업로봇 제조 ·해양관련소재 (유·무기, 금속) ·해양산업정보 제공 ·해양관련기기 부품제조 ·해양관련 기기 소프트웨어 기기

1) 윕스(주), 해양산업 발전을 위한 해양네트워크 구축 및 활용방안 연구, 국토교통부, 2012.04, p.8~11.
2) 최재선 외, 글로벌 해양전략 수립 연구, 한국해양수산개발원, 2009. p.33.

<표 6> 해양산업의 활용분야[3]

구분	해양공간의 이용
미국	해양건설업, 해양생물자원산업, 해양광업, 조선 산업, 해양관광 산업, 해양운송 산업
캐나다	해양건설, 해저석유·가스개발 조선산업: 해군구조물 제작, 선박건조 공공부분: 항만개발 및 운영, 해양국방, 해양안보, 해양헬리콥터 프로그램, 헬리콥터·선박 인터페이스 설계, 해양연구기관, 기타 해양기관 운영
호주	해양관광, 해양석유·경제, 수산 및 수산식품, 해양운송, 조선 산업, 항만산업
영국	해저 석유가스 산업, 항만산업, 해운산업, 해양 레크레이션, 해양장비 산업, 해양 방위, 해저 케이블 산업, 해운관련 서비스 산업, 조선 산업, 수산업, 해양환경관리, 해양 R&D, 해양건설, 해양 안전, 해양관업, 해양 라이센스, 해양교육, 신재생에너지
프랑스	연안관광, 수산식품산업, 조선 산업, 해양 및 내륙 수상 케이블, 해사·골재 채취, 발전 산업, 해저 케이블, 해저 석유 가스, 해양 금융, 해양국방, 해양공공 정책, 해양 공공 R&D
중국	주요 해양산업: 수산업, 조선 산업, 해양 발전 산업, 해양석유가스, 해양화학공업, 해수이용업, 해양광업, 해양생의학산업, 해양운송, 해양 염전 업, 해양공학·건설업, 연락관광 공공 해양산업: 해양과학연구·교육, 관리 서비스업 등 해양연관 산업: 해양산업에 투입요소를 제공함으로써 부가가치를 창출하는 산업
일본	해양 공간 활동형 업종: 해양 공간 내에서 전적으로 해양공간에 존재하는 자원의 채굴·채취 및 개발, 해양 공간 에너지 및 해면·해저 이용, 해양공간의 환경보전·안전관리 등에 관한 재물·서비스 생산업 소재·서비스 등 공급형 업종: 해양 공간 밖에서 전적으로 해양공간의 사업 활동을 지원하는 원재료· 자본재·서비스의 생산업 해양자원 활용형 업종: 해양 공간 밖에서 전적으로 해양공간에 부존하는 광물·에너지자원·생물자원 등을 활용한 재무·서비스 생산업

한국과 인접하여 있는 중국과 일본의 해양산업 규정범위를 살펴

---

3) 윕스(주), 해양산업 발전을 위한 해양네트워크 구축 및 활용방안 연구, 국토해양부, 2012.04, p.8～11.

보면, 중국은 국가 해양국이 직접 그 정의 및 분류를 규정하고 있으며, 12개 주요 해양산업과 공공부문 2개, 해양연관 산업을 정의하고 있다. 일본은 해양기본법을 규정하고 있으며 이를 근거로 관련 산업을 정의하고 있다.

2. 연안해양의 특징

1) 연안 해양의 특징

연안이란 육지와 바다를 연결하고 있는 곳을 말한다. 바다와 육지의 경계부를 일반적으로 해안이라고 부르지만, '연안'이라는 용어는 이 경계에서 발생하는 여러 작용들에 의해 영향을 받는 넓은 지역을 일컫는다. 연안관리법 제2조에 의하면 연안이라 함은 연안해역과 연안육역을 말하며, 연안 해역은 바닷가와 만조 수위선 으로부터 영해의 외측 한계까지의 바다를 말한다. 그리고 연안육역은 무인도서와 연안해역의 육지 쪽 경계선으로부터 500m의 항만법에 의한 지정항만, 어항 법에 의한 제1종 어항 및 제3종 어항 또는 산업입지 및 개발에 관한 법률에 의한 산업단지의 경우에는 1000m범위 안의 육지지역으로서 연안통합관리계획에서 정한 지역을 말한다.6) 연안의 개념은 학술적으로 보느냐 또는 법이나 제도적으로 보느냐에 따라 그 정의와 범위가 달라질 수 있다. 연안관리법에 의하면 연안은 영해 12해리의 바다와 해안선을 접한 최대 1km까지의 육지도 포함한다. 공간적 개념으로는 육지와 바다가 만나는 지역으로 해변, 갯벌, 해안절벽, 삼각주 등 다양하고 특수한 자원 및 환경대로 구성된다. 우리나라는 1만2,682km의 해안선을 가지고 있으며 3,167개의 도서를 가진 연안국으로서, 연안해양은 하천 및 해류의 퇴적활동으로 영양염이 풍부하게 형성되어 외해에 비해 약 25배 높은 생산성을 갖는 각종 생태계의 보고라고 할 수 있다. 연안과 비슷한 의미로 워터프론트(Waterfront)가 있는데 [그림 1-1]과 같이 바다의 해안뿐만 아니라 하천에서 강과 호수에 이르기까지 넓게 정의하고 있다.

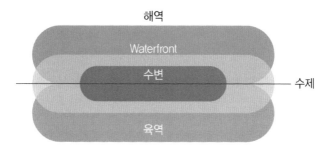

<그림 2> Waterfront영역의 개념도[4]

우리나라 연안 해양환경의 특징을 살펴보면,

첫째, 만, 해면, 갯벌, 해안절벽 등 다양한 자연환경과 가치를 보유하고 있다.

둘째, 각종 동식물의 서식과 산란의 장소로서 생태계의 보고라 할 수 있다.

셋째, 기후변화에 의한 해안잠식이 가속화되고 있다는 것이다. 우리나라 연안의 환경적 특징을 살펴보면, 지형고도 100m미만 경사도 20°미만의 이용 가능한 면적은 서해연안의 경우 연안 읍·면·동 전체의 89.9%(4,814㎢), 남해연안은 67.6%(3,747㎢), 동해연안은

4) 해양수산백서(2004~2005), 해양수산부, 2006. p.275.

45.1%(1,866㎢),제주연안은 34.4%(4,814㎢)이다. 서해연안은 비교적 평탄하며 월등히 낮은 반면 남해안과 동해안은 험준한 지형 구조를 나타낸다. 서·남해안은 지형고도가 낮고 완만하여 간척매립이나 산업단지 등 임해공업 용지가 집중적으로 배치되어 있다. 연안의 토지이용은 임야가 59.9%로 대부분을 차지하고 농경지 26%, 대지나 공장용지, 공공용지는 6%에 이른다. 연안의 주요시설은 무역항, 연안항 등의 항만시설, 어항시설, 방조제시설, 친수 공간 시설 등이 있다. 연안 친수공간은 연안관광 및 휴양지의 경우 해수욕장이 대부분을 차지하며, 해양종합 관광단지로는 제주도 중문과 성산포지구, 경주 감포지구, 해남 화원지구 등이 있다. 전국 연안에 분포하는 해수욕장은 224개소, 28.94㎢에 이르며 자연경관이 수려한 관광자원은 100개소 83.15㎢에 이른다.[5]

2) 블루오션인 바다의 규모

지구표면의 70.8%를 차지하며 면적은 3억 6100만㎢에 이른다. 우리나라는 삼면이 바다이다. 코흘리개 삼척동자도 실제로 바다가 얼마나 큰지는 모르면서 삼면이 바다라는 말을 서슴없이 하고는 한다. 그만큼 우리 민족은 바다에 친근하고, 또 그 중요성을 인식해 왔다.

우리의 식탁에는 하루에 한 끼도 거르지 않고 적어도 김 한 조각 또는 생선 반 토막이라도 오르는 것이 상식으로 되어 있다. 그러면서도 정작 우리들 마음속에 형성되어 있는 바다에 대한 인상은 그다지 친근하다고만은 말할 수 없다.

---

5) 출처: 국토연구원, 연안정비사업 관련자료, 1999.

<그림 3> 블루오션으로 주목 받는 해양환경

　대부분의 사람들은 바다는 위험한 곳이라고 잠재적으로 생각하고
있다. 위험하니까 물가에 가지 말라든가 배를 타는 것 자체를 위험
시하는 말들을 많이 들어왔다. 이런 경향은 필시 우리 민족의 뿌리
와 관련이 있지 않나 생각된다. 왜냐하면, 우리 민족은 본래 넓은 대
륙을 말을 타고 달리던 기마민족의 후손일 가능성이 높기 때문이다.
　따라서, 우리 국토가 삼면이 바다라고 곧잘 이야기하면서도 정작
바다를 개척하거나 바다에서 모험을 하거나 도전하는 데는 소극적
이었던 것 같다. 그러나 때때로 우리 민족 중에도 가끔 바다를 정복
하여 위명을 떨친 장보고(張保皐)·이순신(李舜臣) 같은 몇몇 훌륭한
분들이 있으므로, 우리에게도 바다를 개척할 능력이 전혀 없는 것이

아니라는 점은 증명된다. 더욱이, 오늘날은 우리 민족의 슬기와 지혜를 총집결하여 해양개발에 주력하지 않으면 안 될 상황에 있다. 세계는 해양을 미래자원의 보고(寶庫)로 보고 있을 뿐만 아니라 과거와 마찬가지로 해양을 지배하는 국가가 세계를 지배한다는 법칙이 오늘날에도 변함없기 때문이다.

이러한 시점에 입각하여 우리나라에서는 2030프로젝트로 해양개발전략의 장기계획을 세우고 막대한 예산과 인력을 동원하여 우리나라 연근해의 자원개발은 물론, 남극대륙 주변 해양을 포함한 세계의 오대양에 우리의 관심을 쏟으려 하고 있다.[6]

<그림 4> 블루오션으로 주목 받는 아시아시장

---

6) [네이버 지식백과] 바다 (한국민족문화대백과, 한국학중앙연구원), 2017. 02.

3. 해양디자인의 출발

1) 한국해양디자인협회

한국해양디자인협회는 부경대학교 유상욱교수를 초대회장으로 하여 해양디자인관련 조사, 연구 교육 등 관련 사업을 통하여 해양 문화발전에 이바지하고, 해양디자인 정체성 확립을 통해 미래의 무한 경쟁의 대외시장변화에 대응하고 해양산업육성에 기여하기 위하여 문을 열게 된 국내유일의 해양산업과 연계된 디자인관련 협회이다.

<그림 4> 대한민국 해양디자인 공모전 시상식

한국해양디자인협회는 2009년 7월경, 국내 디자인협회로는 유일하게 국토해양부에서 법인 허가를 받은 협회이다. 출범 배경을 보면 우리나라는 삼면이 바다이면서도 해양문화의 후발국이다. 또 해양산업 등의 다른 분야는 시대를 선도하고 있음에도 불구하고, 산업과 문화를 잇는 가교 역할을 하는 디자인은 거의 전무한 실정이다. 그러다 보니 융합의 중요성과 관련산업의 성장에 필요한 고급화, 통합된 디자인, 설계의 효율성을 융화시키기 위하여 조직된 단체이다. 한국해양디자인협회는 이런 배경에서 필연적으로 태동하게 되었다.

협회가 창립되면서 가장 필요성에 손을 든 단체가 한국해양산업협회였다는 것만 봐도 해양산업계가 얼마나 디자인에 목말라 있었던가를 쉽게 알 수 있다.

오늘날 한국의 산업분야에 디자인 기여도를 보면, 가전의 경우 30～40%, 자동차는 30%인데 해양산업분야는 8%정도에 그치고 있다. 선진국의 경우는 15～20%에 이른다. 디자인은 Coordinator, Communicator, Collaborator이다. 현재 조선업계의 불황과 위기를 타계하기 위해서는 3면이 바다인 한반도의 자산인 바다를 활용한 경쟁력을 회복하고 본격적인 해양에 디자인을 심어 경쟁력을 높여야 한다.

이러한 변화를 진행하기 위해서는 우선 관련분야의 네트워킹이 중요하다. 이는 해양산업의 각 분야를 경쟁력 있는 미래를 변화시키기 위한 출발선이며, 서로의 장점을 엮는 작업이다. 이러한 과정을 통하여 서로 다른 분야와의 협력 프로세스도 만들어야 한다. 또한 해양산업분야에서 필요한 해양디자인에 대한 DB를 구축하는 일도 빠른 결정과 준비가 시급한 상황이다. 이 세 가지를 작업을 통해 해양디자인 산업과 문화를 구축하기 위해서 2010년 10월 해양디자인 저변확대를 통한 해양산업 경쟁력 강화, 해양디자인 수준 향상, 해양산업 및 디자인 분야의 산·학·연·민·관 교류 기반 조성을 위해 '제1회 대한민국 해양디자인 공모전'을 개최 하게 되었으며, 이후 한국해양디자인협회의 중심적인 역할을 가지는 계기가 되었다.

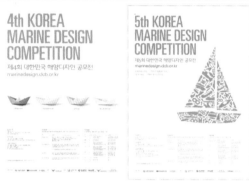

<그림 5> 대한민국 해양디자인 공모전 포스터

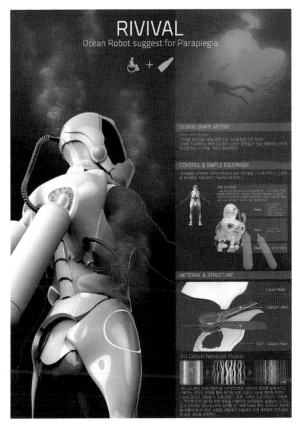

<그림 6> 제3회 대한민국 해양디자인 공모전 대상작'리바이벌'(부경대
공업디자인학과 김형진. 김소영)

2) 해양디자인의 중요성

해양은 지표면의 약 70%를 덮고 있으며, 거대한 물의 총칭으로서
바다라고도 한다. 해양산업을 영어로 표현하면 Marine Industries,
Ocean Sector, Maritime Industries, Marine Economy, Ocean Economy
등 다양하게 지칭되고 있지만 그 개념은 대체로 동일하다. 해양디자

인은 해양자원을 개발하고 활용하는 산업적·기술적인 부분과 더불어 바다를 중심으로 이루어지는 관광이나 휴양과 같은 문화적 활동과도 밀접한 관계가 있다. 해양 문화적 활동은 특히 중요한 요소인데, 우리나라는 오랫동안 바다와 함께 생활 하면서도 바다를 배경으로 하는 문화를 적극적으로 발전시키는데 부족한 점이 있다.

우리가 늘 가까이에서 보아온 바다는 늘 새로운 대상 이였다.
그리고 생각하여보며 바다는 늘 우리에게 가깝고도 먼 존재였다. 특별히 섬을 비롯한 해안가에서 태어나지 않고서는 바다는 1년에 한 번, 작심하고 굳은 마음을 먹고 찾아야 그 존재를 확인할 수 있는 꿈과 같은 대상 이였다. 일반인들이 평소 생각하는 사정이 이러한데 바다를 위한 디자인 역시 멀게만 느껴지는 것이 당연지사였다. 하지만 바다를 중심으로 한 해양디자인은 우리가 모르는 사이에 조금씩 그 저변을 확대해왔다. 물류를 운송하는 화물선에서부터 마리나시설을 확보한 대표적인 명소인 해운대 수영만에 가득한 요트까지 굳이 그 용도를 나누지 않더라도 해양디자인의 제 분야는 이미 화려한 변신을 거듭하고 있었다. 2017년 한국을 선도하던 제조기반의 조선업계의 몰락으로 한국은 위기를 맞이하고 있다. 이러한 상황에서 전통적인 손기술을 발휘하는 기법을 동원하는 전략으로 우리의 바다를 디자인하는 해양디자인분야를 정착시켜 그 특별한 세계로의 항해를 시작할 때이다.

지금은 해양의 중요성이 어느 때보다 주목받고 있는 상황에서 해양디자인의 문화적 활동을 활성화해야 할 시점에 놓여있다.
해양디자인이란 해양과 연안에서 이루어지는 모든 활동과 연관된 것으로서 물을 중심으로 한 특수한 조건의 영역을 포함하고 있는 디자인을 말한다. 해양디자인은 기술력, 기능성, 창의력, 아름다움을 통합한 개념으로서 조선, 크루즈선과 레저보트, 수산업, 관광레저, 패션, 건축, 경관공학 등 해양개발과 해양문화의 개념이 바다와 관련된 폭넓은 영역에 결합되어 있다. 기술과 디자인의 균형에 의해 부가가치와 공공성·안전성 그리고 미적 성취도를 보다 높은 수준으로 끌어올리는 것을 목표로 하는 분야이다.

3) 한국해양디자인학회

한국해양디자인학회는 동북아 물류의 해양중심국가인 우리나라가 해양강국으로 발돋움하는 기반을 형성코자 출범하였으며, 해양디자인 보급 확산 및 관련 신기술 연구, 전문 인력 양성 등의 활동을 목표로 해양수산부 소관으로 2013년 9월 공식적인 항해를 시작한 민간단체이다.

<그림 7> 한국해양디자인학회 출범식

200여명의 관련기업과 공공기관이 참석한 출범식에서는 학회 준비위원장이었던 부경대학교 유상욱 위원장이 초대 학회장으로 선임되었다. 유상욱 회장은 출범 개회사를 통해 "부산은 이미 환경/산업구조/인적자원 등이 국내 최고수준으로 해양디자인을 위한 최적의 요소를 갖추고 있다. 그러나 디자인적인 측면에서는 그 기술력과 인재 등을 공유할 수 있는 공식적인 네트워크체제가 부재함에 따라, 그간 다양한 해소방안들을 모색해왔다. 이에 본 학회가 (데이터베이스/인재)공유네트워크 형성은 물론 해양디자인 문화 활동의 공식적인 플랫폼이 되기를 바란다"고 취임 소감을 남겼다.

'해양 공간 디자인 유형 및 사례'에 대해 발표한 조형장 건축사는 거제 고현항 수변경관계획 과 부산시 플로팅 아일랜드 개발계획, 신호항 해양요트마리나 조성계획 등의 프로젝트의 중요성을 부각시켰으며, '향후 해안지역의 정체성을 살린 정성적인 가이드라인을 수립하는 등 해안지역의 난개발을 막기 위한 해양디자인 분야의 꾸준한 노력이 필요하다"고 강조했다.

조 건축사의 강연에 이어 김영돈 이사는 '마리나와 해양관광 발전을 위한 디자인(창조적 발상) 필요성'에 대한 발제를 하였으며, 부경대학교 조정형교수는 '해양디자인학회의 방향과 전략'을 주제로 세미나를 진행하였다. 조정형교수는 해양디자인학회의 핵심전략을 '융합'으로 꼽으며, "건축·디자인, 스포츠·관광, 조선·해양 분야의 꾸준한 소통으로 한국 해양디자인산업의 경쟁력을 갖추어 나갈 것"이라고 전했다.

4) 해양디자인의 가능성

한국은 조선·해운업계가 불황이 장기화 되면서 이를 극복하기 위한 타개책으로 사업 분할을 택하고 있다. 2003년 이래로 수주량과 건조량, 수주잔량에 있어서 세계 1위를 차지하고 있는 세계적인 조선강국(造船强國)이었다. 하지만 해양산업분야의 몰락으로 2017년 현재 상력하세 1위로 올라선 중국의 부상과 2위권을 회복한 일본에 이어 어렵게 3위를 유지하고 있는 불행을 겪고 있다.

세계 선박 건조량 순위

[2015년 기준]   (단위 : 만 t)

순위	업체	국가	건조량
1	현대중공업	🇰🇷	626
2	대우중공업	🇰🇷	365
3	현대삼호중공업	🇰🇷	328
4	삼성중공업	🇰🇷	307
5	이마바리조선	●	298
6	현대미포조선	🇰🇷	244
7	재팬마린유나이티드	●	218
8	다렌선박중공집단		205
9	STX조선해양	🇰🇷	181
10	상하이화이가오차조선		163
11	오시마조선소	●	131
30	나무라조선소	●	62
63	미쓰비시중공업	●	20

미쓰비시의 기술력 엔지니어링 능력과 저가격으로 배를만드는 3사가 제휴협상 시작

2016년 니혼게이자이신문 자료 참조

<그림 8> 세계선박 건조량 순위

해양산업의 기술력은 현재까지 최상이지만 해양디자인에 있어서는 아직 초보 상태에 머무르고 있다. 그러나 부가가치에 있어서는 유럽과 일본의 뒤를 이어 3위에 머무르고 있다. 이는 조선 산업의 경쟁력이 노동집약적이기 때문이다. 값싼 노동력을 무기로 국내 조선 산업을 위협하고 있는 중국을 감안하면 한국 조선 산업의 미래를 예측하기가 어려운 실정이다.

우리만의 해양 문화가 거의 전무하다 보니 하청공장처럼 생산만 하게 되었다는 이유도 있다. 미래의 해양 산업을 이끌어 가기 위해서는 우리만의 문화를 만들어야 한다. 스페인의 빌바오는 프랭크 게리가 설계한 구겐하임 미술관으로 단숨에 문화관광도시로 발돋움했다. 해양산업의 지속가능한 발전을 위해서는 세계 해양산업의 구조개편에 대비하여 새로운 가치를 창출해내야 한다. 그런 가치를 만들어 낼 수 있는 것이 바로 디자인문화와 콘텐츠에서 발생된다.

하지만 현재 한국은 해양 기술에 대한 투자율은 높은데 비해, 해양관련 산업에 대한 투자율이 낮고 디자인과의 연관성도 낮은 편이다. 세계 10대 무역국의 경우 국민총생산(GNP)의 35% 이상을 해양관련 산업이 차지하고 있다. 한국이 10% 정도만 차지하는데 비해서, 디자인적 관점에서 보면 문제는 더욱 심각하다. 해양 산업에서 디자인의 기여도가 8%를 밑돌고 있다.

<그림 9> 디자인 인프라의 중요성과 가능성[7]

    가전제품과 같은 산업 분야의 디자인 기여도가 30~40%라는 것을 보면 매우 낮은 수치이다.

    해양 디자인 육성을 위해서는 우선 국가적인 투자가 이루어져야 한다. 특히, 해양디자인기술개발과 해양디자인 인프라를 적극적으로 구축하여야 한다.

---

7) 해양산업 활성화를 위한 해양디자인 기반기술 개발. 한국해양디자인협회2012.

<그림 10> 해양디자인 기반기술의 배경[8]

4. 해양디자인 정의

1) 해양디자인의 개념

해양디자인(Marine Design)이란 바다라는 환경을 둘러싼 모든 공간과 해양산업의 전 범위에 디자인요소를 부합함으로써, 새로운 가치 및 문화를 형성하고 인간의 삶의 질을 높이는데 목적을 둔 디자인으로 정의한다. 기존의 해양활동이 기능이나 이익, 유용성의 목적만으로 이루어진 것에 반해 해양디자인에는 미적 조형 요소와 인간

---

8) 해양산업 활성화를 위한 해양디자인 기반기술 개발. 한국해양디자인협회2012. p02.

중심·자연중심의 의미가 추가된 것이다. 사실 이런 개념이 세계적으로 보편화 되어있지만, 한국에서 최초로 해양디자인에 주목하고 개념을 정립해 나가고 있다고 볼 수 있다.

해양산업분야에 대한 관심이 높아지면서 2000년 중반부터 해안을 둘러싼 지역별 개발계획이 이루어졌다. 이 시기부터 해상의 경관을 이루는 것들을 총칭하는 워터프론트나 요트, 보트 등의 선박사업, 해양레저에 디자인이 도입되기 시작하였으며, 해양디자인개념의 정확한 도입은 2008년 해양대학교 씨그랜트(Sea Grant) 사업단과 부경대학교에서 공동으로 연구한 해양디자인 인프라구축방안 프로젝트를 통해 시작되었다고 할 수 있다.

세계적인 석학으로 알려진 저명한 미래학자 앨빈 토플러는 '차기 인류사회의 미래는 해양에 달려있다고 해도 과언이 아니'라고 주장하였다. 육지는 과대한 개발로 현재 포화상태이지만 해양은 상대적으로 개발이 덜 된 상태이다. 미래의 중요한 자원들도 다양성을 가지면서 많은 양이 존재하며, 산업적, 환경적인 관점에서 사람들이 해양에 눈을 돌리기 시작하면서, 디자인의 중요성이 커지고 있는 것이다. 물론 바다라는 것이 깨끗한 환경을 우선하는 것이기 때문에 당연히 디자인도 환경 중심적이어야 한다는 요즘의 에코디자인 트렌드와도 연계가 된다.

우리가 일반적으로 판단하며, 이해하고 정의하는 디자인.
이 디자인을 가지고 해석하여 나가는 커뮤니케이션 능력 또한 주목 받는 이유 중 하나이다. 해양 디자인은 건축, 제조업, 관광업 등 굉장히 넓은 범위를 아우르고 있기 때문에 여러 산업군을 통합적으로 바라볼 수 있는 안목이 필요하다. 큰 그림을 보고 여러 산업을 묶어 설계할 수 있는 것이 바로 디자인이며, 디자인이 이들 사이를 이어주는 가교, 커뮤니케이터의 역할을 하는 것이다.

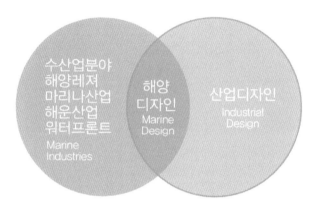

<그림 11> 해양디자인 개념

분류		시각전달디자인	제품디자인	환경디자인
해양디자인 해양·수산분야를 매개체로 한 특수성을 고려하여 기술적 요소를 포함하는 모든 분야	2차원 디자인 [평면]	그래픽디자인 포토디자인 사인디자인 심볼디자인 편집디자인 광고디자인 타이포그래피 일러스트레이션 레터링	텍스타일디자인 편지디자인 패브스트럭디자인 인테리어 패브릭디자인	
	3차원 디자인 [입체]	포장디자인 POP디자인 디스플레이디자인	패션디자인 가구디자인 완구디자인 액세서리디자인 조명디자인	점포디자인 조경디자인 정원디자인 인테리어디자인 스트리트퍼니처디자인
	4차원 디자인 [공간]	TV.CF,영상디자인 컴퓨터 애니메이션 무대디자인		

공공디자인
[공적인 분야변화 및 개선]

<그림 12> 해양디자인 적용 가능성

세부적으로 해양디자인의 적용 가능한 영역을 설정하기 위해서는 해양디자인이 필요한 분야를 분류하고 이에 따라 각 분야별로 어떠한 디자인이 적용 가능한지 검토하여 적용 할 필요가 있다. 그러나 현재 해양디자인의 분야와 분류는 디자인을 적용하고자 하는 방향과 소재 및 사업 분야별로 고려하고, 이러한 관점에 따라서 다양한 해양산업 분류가 제시되어야한다.

<그림 13> 해양디자인 적용사례

<그림 14> 캠핑보트디자인 적용사례

<그림 14>에서 보는 보트는 평범한 캠핑트레일러처럼 생겼지만, 무려 수륙양용이다. 물에 띄우면 사람들이 북적거리는 복잡한 캠핑장이 아닌 조용한 호수나 강에서도 캠핑을 즐길 수 있으며, 현재 가격은 2천만원정도이다. 길이는 391cm, 폭은 168cm 정도이고, 침대를 펴면 성인 2명이 누울 수 있는 공간이 나온다. (200 x 156cm)

<그림 15> 캐터필러로 해변을 달리는 보트 (이구아나29)

　　<그림 15>의 디자인은 평범한 모터보트처럼 보이지만 2개의 캐터필러로 해변이나 도로를 통해서도 이동이 가능하며, 최대10명까지 탑승가능하다. 트럭이나 SUV가 없어도 쉽게 이동이 가능하다는 게 최고의 장점이다. 길이 8.6미터, 무게 2톤, 속도 35노트 (바다), 8km/h (해변),

　　가격은 21,500유로(약2600만원), 개발사는 IGUANA YACHTS (프랑스)이다.

<그림 16> The Streets of Monaco 초호화 요트디자인 Concept

<그림 16>에서 보는 요트는 무려 $1 billion (약1조원) 에 달하는 초호화 요트의 컨셉이다. The Streets of Monaco라는 이름의 이 요트는 실제 모나코의 랜드마크들 (Monte Carlo 카지노, Hotel de Paris, Cafe de Paris, La Rascasse, Loews 호텔 등)을 그대로 옮겨놓은 것으로 유명하며, 16명의 게스트가 70명의 스탭과 함께 머무를 수 있다. 길이 약 155미터이고 영국의 Yacht Island Design이라는 회사에서 준비 중인 컨셉디자인으로 소개가 되고 있다.

<표 6> 해양분야 산업별 디자인 적용대상[9]

분류	업종	디자인 적용대상
1차 해양수산업	어로양식	소량어획관련도구(낚시대, 루어, 찌, 대량 어획 관련 도구, 어류탐지기, 컨베이어 장치, 집어등)
2차 해양수산 가공업	조선업	상선 및 특수선(선박인테리어, 구조물, 구명보드)
	건설업	토목디자인 및 건축포장디자인 (해상교량, 해안도로정비, 펜스, 테트라포트, 항만)
	해양수자 원산업	자원개발관련시설 및 장비 (해저탐사장비, 해양플랜트, 인공어초 등)

3차 해양 경영업	운수업	여객서 및 화물선(선박도장, 인테리어, 선박 외관디자인)
	상업	건축 및 구조물 (공동어시장, 어획물공판장, 트레일, 스트럭처, 조형물, 사인보드, 어획용 바구니, 수족관 및 진열대 등)
4차 해양 지식기반산업	통신	통신관련 기반시설물(기지국, 문전기, 안테나 등)
	광고	옥외광고 및 대중매체광고(간판, 게시판, 포스터, 홈 페이지 등)
5차 해양 문화·여가 산업	스포츠	해양스포츠 관련 장비 및 시설 (요트, 수경, 수모, 스쿠버 다이빙 장비, 수상 스키)
	관광	관상 관련 시설물 및 상품 (유람선, 친수공간, 기념품, 홍보책자, 조형물 등)
	레저	해양관련레저장비, 위락시설물 (파라솔, 비치볼, 튜브, 요트, 바나나보트 등)
	패션	해양 활동용 의복 (수영복, 잠수복, 수영모, 구명조끼 등)
6차 해양공공산업	공공시설물 산업	교통 · 교통관련 기반시설물 (가드레일, 도로표지판, 가로등, 로드 그래픽)
		근린생활 · 해양관련 복지시설 및 편의공간 (프롬네이드, 도시계획, 도시경관, 친수공간)
		의료 · 의료시설 및 인명구조 장비 (구명장비, 복지시설, 사인보드)
		문화·집회 · 집회 공연장 및 시설물 (공연무대, 포스터, 브로슈어, 판촉물 등)
	해양환경 보전산업	환경보전구조물, 장비 및 시설 모래포집기, 오일펜스, 홍보물, 방제도구 등

5. 결론

새로운 세대를 앞서가기 위해서는 다양성을 가진 분야로 끊임없이 변화하여야 한다. 오늘날 한국의 위상과 역할은 많은 국가에서 변화와 지원을 요구하고 있다. 이처럼 선진화 문화로 접어든 우리의

---

9) 프롬나드디자인연구원, 프롬나드디자인-디자인의 미래, 디자인정책을 생각하며, 한국학술정보
(주), 2009.

모습을 중심으로 새롭게 접근하는 해양디자인분야를 여러 방향으로 연구하고 변화시켜나가야 할 것이다.

대형 조선업체들이 크루즈 선박이나 요트 등 부가가치가 높은 고급 여객선의 설계를 위해 회사 내에 디자인부서를 설립하여 운영하고 있다. 현재까지는 많이 부족한 실정이긴 하지만 정부 주도 하에서 해양디자인 관련 연구도 조금씩 이뤄지고 있다. 해양산업분야 가운데 디자인의 필요성을 가장 절감하며 지속적으로 투자하고 있는 세계 1위 조선분야에서조차 디자인기여도는 선진국의 10%정도에 불과한 것으로 볼 때, 해양 산업이 지속적으로 발전을 꾀한다면 향후 해양디자인의 수요는 폭발적으로 증가할 것이다.

<그림 11> 부산 북항재개발지구 계획도

따라서, 해양수산부를 중심으로 관련기관과 대학들이 참여하고 해양디자인 기술의 개발을 위한 장단기 종합 로드맵을 작성하며, 해양관련분야를 관장하며, 지원을 적극적으로 할 수 있는 해양수산부 관할 공공기관인 해양디자인 지원센터의 설립이 요구되고 있으며, 이러한 공공기관을 통하여 연구와 인프라 확충 및 다양한 정부주도

형의 국가적인 투자를 통해 전문적인 해양디자인관련 전문인력과 인프라를 구축해야 한다. 부족한 디자인 인력에 대해서도 해양디자인 관련 디자인 전문기업체를 설립한다면 디자이너의 일자리 창출에도 도움이 되고, 국가의 디자인경쟁력에도 기여할 수 있을 것이라 판단된다.

〈참고문헌〉

· [네이버 지식백과] 바다 (한국민족문화대백과, 한국학중앙연구원), 2017. 02.
· [도서문화]1·2(목포대학 도서문화연구소, 1983~1984).
· [한국기행문학연구] (최강현, 일지사, 1982).
· [한국민속종합조사보고서] (문화재관리국, 1969~1981).
· [표주록연구] (이용민, (청천강용권박사송수기념논총), 1986).
· 조선기자재 및 해양레저용품 산업인력 수요조사, (부산인적자원개발원, 2008).
· 투톱 클러스터 구축을 위한 남해안권 경제구조 개편방향 : 부산·경남·전남지역의 수송기기.
산업과 바이오산업을 중심으로:남해안시대/경남발전연구원 남해안발전연구지원센터[편], (경남발전연구원, 2007).
· 해외사례조사 자료집, 2007/ 경남발전연구원 (경남발전연구원, 2007).
· 남해안시대 해양레저스포츠 활성화 기본구상/ 경남발전연구원 남해안발전연구지원센터 [편], (경남발전연구원, 2006).
· 2008 기술수준 평가보고서, 교육과학기술부.
· 세계 레져보트 및 마리나 산업의 이해(2007.07) 및 경상남도, 남해안시대 요트사업 종합발전 계획 수립 (류효종, 2007).
· 한국조선협회 자료.

· 부산해양수산분야 산학관연 Net Work 구축방안 (영남씨그랜트대학사업
    단, 2007).
· 생명·해양분야 R&D 동향분석 및 발전전략 수립 (과학기술부, 2007).
· 부산 RDC운영방안 연구, (2006, (사)한국산업디자이너협회 부산경남지회).
· 제조업 디자인 투자실태 조사결과 : 디자인투자실태조사(공공근로사업)결
    과보고서 (산업자원부, 1999).
· 전략기술 분야별 해외 주요 로드맵, 2008/ 박의석 [외제] ; 한국산업기술
    재단 기술정책 연구센터 [편] (부산인적자원개발원, 2008).
· 프롬나드디자인연구원, 프롬나드디자인-디자인의 미래, 디자인정책을 생
    각하며, 한국학술정보(주), 2009.

구굴어스로 본 세계의 마리나 항구

김 정 태
부경대 해양디자인 박사과정
문화디자인 대표

1. 글머리

 '구르는 돌에는 이끼가 끼지 않는다'라는 말이 있다. 필자는 대학에서 시각디자인으로 시작하여 시각디자인 전반에 걸쳐 20여년을 생활고를 해결하기 위한 디자이너로 여러 분야의 디자인 일을 해왔다. 환경·제품·공공디자인까지 모든 분야에 걸쳐 시대와 유행에 따라 작업하다가 2013년 부경대학교 평생교육원, '마리나 CEO과정'을 통해 마리나에 관심을 갖게 되었다. 이미 2009년 10월 '마리나 항만법'이 시행되고 있었으나 일반 대중이 채 인지하지 못한 상태에서 우리사회는 마리나 시대에 진입한 것을 느끼게 되었다. 그 후 '마리나 해양디자인 분야'에 관심을 갖고 부경대 대학원 박사과정에 입학하고 생업과 해양디자인 공부를 겸하다보니 연구가 부진한 상태였다. 더구나 국내 마리나 개발 진척상황도 더디어 지루한 5년의 시간이 지나도록 아무런 결과를 내지 못했다.
 그래도 해양디자인의 대한 학구열은 꺼지지 않아 수시로 페이스북과 구굴어스를 통해 각종 정보를 수집하고 '해양·마리나 관련 세미나'를 참석하고, 전문가들과 소통하면서 마리나에 대한 식견을 조금씩 넓혀갔다. 이러한 활동이 모든 디자인의 연구과정의 일부였고 '마리나 개발과 연계된 디자인'에 대한 개념을 이해하고 적립하는데 많은 도움이 되었다.

얼마 전 지인이 '연못위에 다리를 만드는 일'에 대해 자문을 요청했을 때 짧은 지식과 해양디자인을 통해 습득한 식견을 제시하자, 매우 흡족해하는 모습을 보면서 해양디자인을 공부했던 것에 조금 우쭐해졌던 일이 있었다. 이 분야를 연구하면서 처음으로 자문해준 결과치곤 아주 후한 점수를 받아서 좋기도 했지만 친수 공간의 디자인이 주는 느낌이 누구에게나 환상적인 분위기를 준다는 점을 깨우치게 되었다. 그 후 인터넷의 구글어스를 통한 세계 각국의 유명 마리나 항구를 속속들이 찾아 헤매고 관련 자료를 찾아 동분서주하였다. 요트 세일링이나 보팅을 직접 하지는 못해봤지만 '마리나 CEO 과정'을 통한 지인들의 교류로 마리나 현장의 경험과 친수공간개발 시 필요하고 융합해야 할 다양한 분야에 대해 연구하고 소통하고 있다. 최근에는 M&F문화연구원과 주)아론비행선박이 추진 중인 '위그선 전용터미널에 대한 R&D사업'을 위한 사전작업을 하고 있다. 위그선만을 위한 전용 터미널은 국내뿐만 아니라 세계 어느 나라에도 존재하지 않는 항만시스템이여서 논의해야 할 것이 많았다. 그래서 제주 중문의 상그리아 63피트 카타마란 요트를 제작하고 코리아요트컵에서 우승했던 요트 스키퍼 이기도 한 김인철 박사와 함께 팀원이 되었다.

위그선 터미널 예상도   현재의 위그선 터미널

　위그선의 특성에 맞게 접안과 이안 그리고 육상보관을 위한 전용 터미널 디자인은 쉽게 접하기 어려운 분야로 해양에 대한 전문 지식을 더욱 요구하는 작업이다.

　마리나에 대한 사전 지식 습득과 적합한 지형의 마리나 연구를 위해 더욱 더 구글어스를 통한 세계의 마리나 항구를 심도 있게 둘러보았다. 인터넷을 통한 구글어스 사이트가 내포하고 있는 방대한 현장정보에 놀라게 되었다. 지형적 특성과 주변 환경, 상공에서의 형태, 도로를 따라 둘러보는 주변 경관들 그리고 작가들이 찍어놓은 사진들, 실제로 둘러본 것 보다 훨씬 다양한 각도에서 볼 수 있었고 피곤한 줄도 모르고? 몇날며칠을 보냈는지 모른다. 다시 보기를 수백 번, 사진을 모으고 보니 인터넷을 통한 지식 습득의 만족감이 대단했다. 그리하여 저의 작은 경험을 공유하고자 '구글어스로 본 마리나항구' 를 서술하게 되었다.

2. 구글어스로 본 마리나 항

1) 모나코

지중해는 아프리카, 아시아, 유럽의 3개 대륙에 둘러 싸여 있으며 서쪽의 지브롤터 해협으로 대서양과 통하고 동쪽으로는 수에즈 운하로 연결되며, 북쪽으로는 이스탄불을 지나 흑해와 연결되어있지만 2곳은 해협(좁은 바다)이고 한쪽은 그나마 운하로 연결되어 있어 마치 거대한 호수처럼 보인다.

그렇기 때문에 조석(潮汐)의 수면차가 0.3~0.4m로 매우 작다. 우리나라의 서해안이 9.3미터인 것에 비하면 호수 수준이다. 즉 파도가 잔잔하고 조석(潮汐)의 차가 작아 요트를 계류하는데 위험 요소가 적어 지중해 연안은 마리나 시설이 잘 발달되어 있다. 구글어스를 통해 지중해 해안과 인접한 프랑스 남쪽지역을 검색해 보면 곶[cape, 串]이 발달해 있고, 해변이 갖춰져 있으며 인근에 도시가 형성되어 있다는 3가지의 조건만 갖추어진다면 그 곳엔 반드시 마리나 시설이 있음을 볼 수 있다.

지중해 연안 (출처 : 구글어스)

이러한 이유는 지중해의 해류가 지브롤터 해협으로부터 들어오는 대서양의 표면류와 흑해로부터 표면류가 흘러들기 때문에 시계와

반대 방향의 약한 해류가 전역을 흘러 곶[cape,串]의 좌측에는 곶이
방파제 역할을 하기 때문에 해류의 영향을 적게 받아 이곳에 마리나
시설이 발달하게 된 것으로 보인다.

지중해 연안을 구글어스를 통해 따라가다 보면 유독 눈에 띄는 항
구가 눈에 들어온다. 그랑카지노(Grand Casino)로 유명한 곳으로 바
티칸시국(Vatican)에 이어 세계에서 두 번째로 작은 나라 '모나코'다.
1950년대 마릴린 먼로와 쌍벽을 이뤘던 헐리우드 스타 그레이스 켈
리와 모나코 전 국왕인 레니에 3세의 러브 스토리로도 유명하다. 그
리고 모나코는 세금이 없기 때문에 세금도피처로 이사 온 세계 각국
의 부호들은 몬테카를로 마리나 항에 슈퍼호화요트를 콩나물시루처
럼 빼곡하게 정박해 두고, 수시로 드나들어 검푸른 바다에 백색 포
말의 흔적이 마치 바다위에 수를 놓고 있는 것처럼 보인다.

CAP MARTIN(갚 마흐땅)곶이 만들어준   모나코의 몬테카를로 해변의 요트들이
천혜의 요새 - 모나코의 몬테카를로 해변   남긴 백색 포말 (출처 : 구글어스)

구글어스에서 마리나 항을 확대해서보면 슈퍼요트의 크기와 그
척수에 놀라지 않을 수 없다. 지중해연안에 위치한 모나코가 관광도
시가 된 이유는 F1그랑프리를 보기 위함과 연중 부드러운 햇살이

모나코의 몬테카를로 요트항
(출처 : 구글어스)

비추고 푸른 바다가 출렁거리는 이유 이외에 2가지가 더 있다. 하나는 카지노, 다른 하나는 세금이 없다는 것이다. 부자들이 좋아할 만한 모든 조건을 모두 갖추고 있는 셈이다.

모나코는 BC10세기경 페니키아인이 최초로 이 항만에 들어온 뒤, 그리스, 카르타고인, 로마인 등에 의해 이용되다가 로마시대에는 무역항으로 번영하였으나 민족 대이동의 혼란기에 항구와 도시가 함께 파괴되었다 7세기 이래 모나코는 격변기를 거쳐 10세기에 들어와서 제노바의 명문 그리말디 가(家)가 프랑스의 원조를 받으면서 1297년부터 그리말디가의 영지가 되었다. 프랑스 대혁명 이후 그리말디가의 재정이 악화됨에 따라 독립된 주권국가를 지탱하기 어려운 경제적 난국을 맞아 1863년 개설한 카지노인데, 그것이 성공을 거두어 새로운 도시 몬테카를로로 크게 발전하였다. 1911년 해양학자로도 유명한 알베르 1세가 헌법을 제정하고 국왕을 보좌하는 국회도 성립시켰다. 그 밖에도 프랑스와 안전보장협약·관세동맹을 체결하였고, 모나코의 모든 국민은 국가가 부여하는 조세가 없다. 즉 납세의무에서 면제시키는 획기적인 법안을 성립 시켜 세금 없는 나라가 되었고, 외국인에게도 세금이 없어 세금을 피하려는 각국의 부자들이 몰려들게 되어 현재의 모나코 몬테카를로 항이 있게 되었다.

모나코 몬테카를로 항에는 타 마리나와 비교하여 슈퍼요트의 비율이 높고 운항 빈도가 높다. 마리나 항의 규모가 타 지역에 비해 특별히 크거나 요트의 척수가 많지는 않아도 위성사진에서도 뚜렷이 나타날 정도의 현상을 보더라도 세계적인 휴양 관광지임에 틀림이 없다.

모나코의 몬테카를로 해변 풍경
(서쪽에서 보는 풍경)

(동쪽에서 보는 풍경)
(출처 · 구글어스)

2) 프랑스 뽀흐 코골란 (Port Cogolin Sa Du Port de Plaisance-marines)

뽀흐 코골란은 프랑스 유명 관광지인 생뜨호뻬에서 멀지 않은 지역에 위치해 있다. 뽀흐 코골란은 인구 약 12,000명의 아주 작은 도시이지만 생뜨호뻬의 주변 도시로써 마리나 시설은 대체로 잘 갖추어진 곳이다. 칸느(Cannes)에서 서쪽으로 80km 떨어진 곳에 위치하고 있으며 1,600척을 계류할 수 있다. 이곳 역시 내륙으로 바다가 많이 들어가 있는 부분에 위치해 있으며 주변에는 6km에 달하는 모래사장이 발달해 있어 해

뽀흐 코골란 구글어스 사진 (출처 : 구글어스)

양관광지로서의 좋은 여건을 지니고 있다. 그러나 이곳은 프랑스의

다른 마리나 항과 특별한 다른 점을 지니고 있다.

지스크 (La Giscle)강을 사이로 북쪽으로는 뽀흐 코골란과 남쪽으로 코골란으로 나뉘어져 있는데 북쪽의 뽀흐 코골란은 마리나 항 자체가 주거공간과 하나가 되어 있다는 점이다. La Giscle강을 기점으로 북쪽은 중앙으로 도로가 있고 도로를 사이에 두고 양쪽으로는 주택이 있다. 여기까지는 일반 도시의 주택과 다를 것이 없지만 도로가의 주택 반대쪽으로 바다가 있고 이 바다에는 보트계류장이 있어 주택을 기점으로 한쪽으로는 차도, 다른 한쪽으로는 해상로가 있는 셈이다. 이러한 구조로 이루어진 뽀흐 코골란 마리나는 다른 마리나 항에 비해 상공에서 보았을 때 특별한 아름다움을 전달해 준다.

사진에서 보았을 때 La Giscle 상부는 마리나 시설과 주택 또는 상업시설과 일체형의 굴입항 형태이며 하단은 마리나 계류장이 주를 이루는 인공항+굴입항 형태로 되어있어 이 둘이 조화를 이루어 아름다운 모습을 연출해 내고 있다. 특히 해변과 맞닿아 있는 모래사장은 바닷물을 에메랄드빛으로 물들여 항을 더욱 아름답게 펼쳐져 있다.

상가와 주택, 마리나 시설이 어울어진 뽀흐 꼬골랑 전경 (출처 : 구글어스)

뽀흐 코골란에서의 전경은 요트의 세일을 올리기 위한 마스터의 풍경이 이색적이다. 도로 어느 곳에서든지 지붕위로 솟아오른 Mast 의 풍경은 흡사 우리나라의 전봇대와는 다르지만 어수선 하면서도 활기찬 모습을 보여준다. 사진으로 보는 모습은 정지되어 있지만 실제로 Mast의 조금씩 흔들리는 모습을 상상해 보면 요트 위에 있든 땅에 있든지 간에 지중해를 떠다니는 느낌이 들 듯하다.

건물들은 바다 쪽을 향하여 면해 있다. 건물입구는 분명 노도 쪽으로 되어있지만 건물 내부로 들어가면 바다를 향한 면이 로열석으로 배치되어 있다.

뽀흐 꼬골랑 식당의 바다 방향 전경　　뽀흐 꼬골랑 도로 방향 전경
　　　　　　　　　　　　　　　　　　　(출처 : 구글어스)

바다 방향은 배를 정박하기 위한 공간이기도 하지만 시각적 사치를 위한 장소이기도 하다. 그렇다고 바다방향의 모든 곳이 건물들을 위한 공간은 아니다. 도로의 곳곳에 정박 및 계류가 가능한 장소를 두어 도로를 지나면서도 건물들만 보이는 것이 아니라 바다풍경을 볼 수 있어 확 트인 도시를 보여주고 있다.

3) 영국의 사우 샘프 턴 (Southampton)

사우 샘프 턴 구글어스 사진

영국의 사우샘프턴은 잉글랜드 남부 해안에 위치한 햄프셔 (Hampshire)의 가장 큰 도시이며 런던의 외항이다. Southampton 은 수로로 영국 해협과 직결되고 있어 정유, 선박수리, 석유 화학 등의 공업이 성하고 1620년 영국 뉴잉글랜드 최초의 이민(移民)인 청교도(102명의 필그림 파더스, 즉 순례시조(巡禮始祖)를 북아메리카로 수송한 선박인 메이플라워호의 출항지로 유명하다. 멀리서 본 위성사진으로 한눈으로 보아도 곧게 뻗은 도로와 영화에서 나올 법한 기하학적 직선으로 이루어진 항구가 한눈에 보아도 대단위 항구임을 알 수 있다. 이곳은 런던의 남서쪽으로 75마일(121km)떨어진 곳에 위치하고 있으며 Rivers Test와 Itchen의 합류점인 Southampton Water의 최북단 지점에 있으며 Hamble강이 도시 지역의 남쪽에 합류하는 위치해 있다. 이곳은 Southampton공항이 있으며 세계에서 가장 큰 유람선이 정박해 있는 곳이기도 하다.

1838년 10월에 부두의 기초 돌이 놓이고 1842년 개항한 이래 두 차례의 세계 대전에 사용 된 선박을 건조 및 수리했던 장소이다.

지리적으로 Southampton의 지형은 바다와 강에 의해 만들어진 지형으로 두 강과 바다가 만나는 지점에 자리 하고 있으며 빙하기가 끝날 때 형성된 리아 (ria)- 산지가 침강했거나 해면이 상승하여 구릉지나 산줄기는 섬 또는 반도가 되고, 낮은 곳은 물이 들어와 만이

| 전라남도 강진 위성 사진 | 영국 Southampton 위성 사진 |
| | (출처 : 구글어스) |

된 침강(침수) 해안-지형으로 우리나라의 전남 강진과 유사한 모양을 하고 있다. 다만 강진군의 경우는 폭은 마리나 항이 들어서기에 충분하지만 수심이 낮아 배가 정박하기에는 적합하지 못한 지형을 지니고 있다는 것이 다른 점이다. 위성사진으로만 보아도 물의 깊이를 확인 할 수 있을 정도로 확연이 차이가 난다. Southampton의 경우는 큰 강의 양쪽 줄기가 만나는 지점으로 도시가 형성된 부분까지 물의 깊이가 평균 9m에 이르지만 강진군의 경우는 물이 빠졌을 경우 바닥이 들어날 정도여서 마리나 항으로 적합하지 않게 보인다.

강진군의 강진만도 탐진강과 만나는 지점으로 연결되어 있으나 조수 간만의 차가 1.5~1.8m의 큰 차로 서해안과 남해안의 중간 위치로 조수간만의 차를 극복하고 마리나 시설이 들어서기위해서는 서해안 지형에 맞는 요트 시설이 들어서야 할 것이다. 이 책의 4장에서 김인철 박사의 한국 서남해안에서 활용가능한 요트 및 보트 개발이 큰 역할을 할 것으로 보인다.

Southampton은 1840년 부터 시작하여 로열카브래해(Royal Caribbean) 카니발 코퍼레이션 (Carnival Corporation & plc) 과 같은 세계에서 가장 큰 유람선 중 다수를 볼 수 있으며, 1977년부터 시작된 Whitbread Around the World 요트레이스는 Southampton이 마리나 기반 항으로서의 위치를 설명해 주고 있다

Royal Caribbean 유람선

Southampton Boat Show
(출처 : 구글어스)

매년 9월에 개최되는 Southampton Boat Show는 600개 이상의 전시 업체가 참가 한다. 또한, 이 행사는 유럽에서 가장 큰 보트 쇼에 속하며 8~16세 어린이에게는 무료로 마리나 탐험(요트승선 체험, 요트 선내 개방행사 등)이 가능하다고 한다. 앞서도 언급 했듯이 두 개의 강이 만나는 지점으로 바다에서 보았을 때 우측 리버이첸 방향으로는 마리나 시설이 지속적으로 연결되어있으며, 좌측의 리버 테스트방향으로는 마리나 시설 이외에 무역항으로써 더 많은 기능을

하고 있음을 볼 수 있다.

이처럼 지형적으로 외력으로 부터 직접적인 보호를 받지 못하는 영국의 경우는 마리나 시설이나 항구가 바다면에 직접적으로 면해 있기 보다는 내륙으로 들어온 큰 강을 기점으로 마리나 항이 발달되어 있음을 볼 수 있다. Southampton이외에도 킹스브리지 에스투아리, 다트강의 다트머스항, 리버 일름, 리버 플림, 이스트 루 강 등 바다와 연결되는 영국의 남쪽에 위치한 큰 강에는 마리나 시설이 자리하고 있다. 즉 조건만 가능 하다면 마리나 시설이 들어와 있음을 볼 수 있다. 영국에서의 마리나시설은 도로에 차가 있듯이 배가 다닐 수 있는 곳에 마리나 시설이 있음을 보여주고 있다.

4) 호주 골드코스트 (Gold Coast)

골드코스트 구글어스 사진

위성에서 보더라도 골드코스트는 거점형의 굴입항 형태의 마리나로 그 규모가 지금까지 보와왔던 마리나 시설과는 엄청난 차이를 보인다. 그리고 구분되는 한 가지는 바다 면에 접해 있는 것이 아니라 내륙으로 들어와 강기슭을 굴착하여 형성한 굴입항 마리나이다.

영국의 사우샘프턴의 보트계류방식은 강기슭을 따라 내륙으로 들어와 있는 모습은 같지만 내륙 깊숙이 들어온 바다의 형태였던 것에 비해 골드코스트의 주변 환경은 인위적으로 강 하구의 포락지(강물

집집마다 계류장이 보이는 골드코스트
구글어스 사진

이나 냇물에 씻겨서 무너져 침식되어 수면 밑으로 잠긴 토지)를 매립하고 정비하여 물길을 만들어 놓은 것이다. 또한 친환경적 개발정책에 따라 최대한 자연을 훼손하지 않으려는 노력이 위성사진으로도 쉽게 알 수 있다.

　이는 배를 정박하기 위한 목적이기 보다는 배가 들어올 수 있도록 수로를 만들었다고 보는 것이 맞는 표현일 것이다. 호주의 경우도 해안이 대양과 마주하고 있어 외파에 큰 영향을 받기 때문에 이를 대비한 형태로 보여 진다. 그래서 인지 골드코스트는 지중해의 모나코처럼 큰 슈퍼요트의 정박 비율보다 소형의 요트·보트가 주를 이루고 있다. 돈 많은 부자가 큰 슈퍼요트를 소유하고 있는 것이 아니라 일반인이 자동차처럼 보트나 요트를 소유하는 개념이다. 그래서 인지 해안에는 커다란 방파제도 없고 마리나 항도 없어 요트나 보트는 내륙의 마리나나 워터프론트 하우스의 자가 계류장에 정박한다.

　골드코스트는 파도타기를 즐기는 관광객이 많다. 즉 파도가 높다는 뜻이다. 여기에 태평양을 가려질것 하나 없이 마주하고 있어 해변에 많은 요트 선박을 정박할 수 있으려면 어마어마한 대 공사가 이루어져야 하며, 이 또한 자연의 힘에 얼마가지 않아 붕괴되는 위험을 감수 해야만 할 것이다. 콜드코스트는 마리나 시설이 육지로 들어와 있다. 바다에 폰툰이나 선착장을 만든 형태가 아닌 그 반대로 육지에 물길을 만들었다. 한집에 하나의 요트 계류장이 있다. 마치 각 집마다 주차장이 있듯이 각 집마다 하나의 계류장이 있다. 참부러운 그림이다.

Gold Coast는 오스트레일리아 퀸즐랜드주(州)에 있는 도시로 북쪽의 사우스포트에서 시작하여, 서퍼스파라다이스·벌리헤즈·쿨랑가타 등 4개 시로 이루어진 연합도시이다. 즉 퀸즐랜드주 남동해안 쪽으로 30km에 걸쳐 있고, 주도(州都) 브리즈번의 남쪽 교외에 위치하는 해변 관광휴양도시이다. 앞쪽으로 널리 전개되는 모래사장은 초대형의 해수욕장을 이루어 파도타기 장소로도 유명하다. 배후의 국도 1호선 일대에는 숙박·휴양·관광 등의 시설이 고루 갖추어져 있어 많은 관광객이 모여든다. 이 지역은 사빈 해안으로 이곳의 모래는 하와이 해안으로 수출되기도 할 만큼 양도 많고 질도 우수하다.

오스트레일리아는 남반구에 위치 해 있고 열대부터 온대까지 다양한 기후가 나타난다. 국토의 60% 이상이 연강수량 50㎜ 이하인 사막지대며 나머지 10%만이 연강수량 100㎜ 정도 인 반 건조 기후를 띤다. 대부분 온화한 온대지역인 해안지역에 주거지가 형성되는데, 여름에는 덥지 않고 겨울에 영하로 내려가는 일이 거의 없어 세계에서 살기 좋은 도시로 거론 된다.

북반구와 달리 여름이 12~2월, 겨울이 6~8월이다. 12~2월이 여행하기 적합한 시기인데, 평균기온 23℃이고 흐리거나 비 오는 날이 잦다. 오스트레일리아는 그들의 성격처럼 명랑한 축제들이 열리는데 골드코스트에서는 골드코스트와 매직 밀리언 카니발 등 크고 작은 축제가 열린다. 또한 휴양지답게 특급

골드코스트 구글어스 사진

호텔부터 리조트, 모텔 등 다양한 숙박지가 있다.

외부 바다의 파도와 내부 계류장의 파도의 차가 확실하게 보여 주는 사진
(출처 : 구글어스)

연중 내내 일조하는 햇빛 때문에 매년 1000만 명이 넘는 방문객
이 골드 코스트를 찾는다. 방문객의 상당수는 다양한 수상 활동(제
트 보트, 패러 세일링, 카이트 서핑, 다이빙 등)을 즐기며, 씨월드와
같은 세계적인 유명 유락시설도 있어 돌고래와 수영하기, 동물원의
코알라를 포옹하기 등의 특별한 체험도 가능하다.
골드코스트 마을에 안쪽 도로로 들어서면 잘 정비된 도로와 깨끗
한 주택, 그리고 이국적인 열대식물이 거리를 아름답게 가꾸고 있다.
이러한 길의 양쪽으로 주택이 늘어서 있고 주택 반대쪽에는 바다로

골드 코스트 마을 전경   골드 코스트 마을의 막다른 길
(출처 : 구글어스)

나아갈 수 있는 물길과 연결되어 있으며 보트를 정박할 수 있는 계류시설이 되어있다.

　시가지와 외곽전경의 특색은 주택가의 막다른 물길과 연결된 워터프론트 하우스들에는 보트와 계류시설이 있음을 볼 수 있다.

물길과 연결된 건물에는 보트와 계류시설이 있음을 볼수 있다.
(호주 골드코스트 도시 전경 출처 : 구글어스)

　특히 지중해의 프랑스 뽀흐 코골란 지역 건물은 대부분의 모든 건축물이 물과 면해 있지는 않은데 반해 골드 코스트 지역의 상당수의 건물은 일반상가들 보다는 개인 주택으로 형성되고 집집마다 보트를 보유하고 있는 점이 마리나 시대의 정점에 사는 모습 같다.

　이런 그림 같은 풍경은 아직 마리나 시대 진입을 목전에 두고 있는 현재 대한민국에 살고 있는 필자로서는 이해하기 힘든 부분이 있다. 마치 70년 현대그룹 고 정주영 회장이 '마이카 시대'가 올 것이라고 이야기 했을 때 그 당시 국민들의 반응은 하나같이 '허풍'이라고 했지만 우리사회는 꿈만 같았던 '마이카 시대'를 90년대 중반 실현시켰다. 그래서 필자도 해양시대를 맞아 이미 시행되고 있는 '마리나항 법'에 의해 마리나 개발에 관한 뉴스가 심심찮게 흘러나오고 있어, 머지않아 내심 'My Yacht' 날이 올 것이라는 조심스런 예측을 해 본다.

5) 호주 달링하버 (Darling Harbour)

2017년 9월 서울시 도시재생본부장(진희선)은 "서울 대표상징공간인 한강을 문화·관광 핵심공간으로 영역을 확대시키고자한다"며 "선도 사업으로 본격적으로 시작되는 통합선착장 조성을 차질 없이 추진하고 후속 사업도 보완·발전시켜나가겠다"고 말했다.

그리고 이를 다루는 기사에 "여의도 한강공원, 2019년 한국판 '달링하버'로 탈바꿈한다."라는 기사로 페리·유람선 등 대형 선박은 물론, 개인요트·수상택시 등 소형선박까지 모두 정착 가능한 통합선착장이 만들어지고 한강변에 상점·카페 등을 조성한다. 현재는 가로수만 심어져 있는 윤중로 역시 문화·상업시설이 들어서 새로운 관광명소로 부상할 전망이다. 라고 소개하고 있다. 그만큼 '달링하버'((Darling Harbour)는 워터프론트의 자태를 뽐내는 오페라하우스와 함께 어우러진 스카이라인이 아름다운 건축물로서의 선망의 대상이며, 우리와는 거리가 있는 이국적 풍경이라고만 생각해왔다.

호주의 달링하버를 둘러보며 우리의 미래를 예측해 보자.

'달링하버'((Darling Harbour)는 시드니 지역에 위치한 세계에서 가장 거대한 항구중 하나로 시드니의 관광지이다.

달링하버 구글어스 사진 (좌)중심지 모습과 (우)오페라하우스 (출처 : 구글어스)

1984년 뉴사우스웨일스의 200주년 기념사업으로 재개발되었는데 이곳은 100년 전만 해도 대단위 공업지대로 상업과 경제의 중심지였으며, 방직, 곡물, 석탄 등을 운반하는 선박터미널이 있었지만 1984년 지역의 상업적 부흥을 위해 달링하버 건설 특별위원회가 구성되어 1988년 복합체건물을 설립해 현재와 같은 유명한 오스트레일리아 국립해양박물관과 시드니수족관이 들어섰으며, 컨벤션센터, 페스티벌 마켓 플레이스 등 다양한 쇼핑센터가 자리 잡게 되었다.

이곳에서 세계에서 가장 큰 규모의 새해맞이 불꽃놀이가 펼쳐지며 재즈연주가들이 많이 참여하는 달링하버 축제가 열리기도 한다. 또한 세계3대 미항답게 수상택시가 있다. 수상택시를 타며 하버 브릿지, 오페라하우스, 아름다운 요트 등을 가까이서 볼 수 있다고 한다.

이렇듯 우리가 보는 달링하버는 오페라하우스만이 유명하게 알려져 있지만 마리나 시대를 준비하는 우리는 시야를 좀 더 넓혀 볼 필요가 있다.

물길을 따라 내륙으로 들어가 보면 그 동안 볼 수 없었던 달링하버의 새로운 모습을 볼 수 있다. 바로 달링하버 주민들의 생활형마리나 시설이다.

달링하버의 일반 주택지 모습 (출처 : 구글어스)

필자는 지금까지 보아온 사진들의 달링하버의 모습보다 이곳의 생활형 마리나 시설이 훨씬 부럽게 느껴졌다. 관광지는 관광지 일뿐 내 것이 아니지만 생활형 마리나는 내가 살고 싶고, 갖고 싶은 현장이기 때문이다. 경제적 연건만 된다면 정말 이런 곳에서 살아보고 싶을 정도로 아름다운 모습이다.

우리나라는 달링하버에 뒤지지 않는 좋은 여건을 지니고 있다.

우리나라의 해안에서도 달링하버와 같은 아름다운 그랜드라인을 만나 볼 날을 기대해 본다.

6) 미국 마이애미 & 마이애미 비치 (Miami City & Miami Beach)

마이애미 전경 (구글어스 사진)

미국 플로리다 주 남쪽에 있는 대도시로 대서양에 접해 있으며 바다와 가까운 쪽은 호텔, 리조트, 펜션, 크루즈 터미널, 글로벌 어학연수 학원인 EF 등이 들어서 있다. 세계적인 휴양지답게 마이애미 국제공항은 도심에서 얼마 떨어지지 않은 곳에 자리하고. 대중교통 기차역도 잘 연계되어 있다.

TV에서 보던 마이애미는 카리브의 대서양에 펼쳐져 있는 백사장과 미국 드라마 베이워치 등의 무대가 되는 풍경이 있는 곳으로 마이애미의 위성도시이다. 마이애미 비치 (Miami Beach My 애미 bitch)라는 독립된 행정구역이지만 여기서는 함께 다루기로 한다. 이 지역의 기후는 1월 평균 20도, 7월 평균 29도 정도로 여름기온은 마이애미나 대한민국이나 별 차이가 없다.

위성 지도상의 마이애미와 마이애미비치를 보면 거대하기 이를 데 없다. 현재 지도상에 표시된 북쪽 방향으로도 스트라나한 강, 산타바버라 호, 힐스보러 비치, 보카라톤 호, 굴프스트림, 인디언 강까지 이어져, 필자가 캡쳐한 현재 위성사진 보다 10배가량 더 큰 규모로 생활형 마리나 주거시설로 이루어져 있다. 마치 유럽의 베네치아 운하를 길게 늘어드려 놓은 듯한 워터프론트 하우스 주거단지가 해안선 안쪽으로 길게 형성되어 있다.

구글 어스의 위성지도에서 한곳, 또 한곳 둘러보면서 스캔하다보면 도대체 어디까지 이어지는 거야? 할 정도로 길게 이어져 있다.

마이애미 북쪽으로는 바다라기보다는 지명에서 보아 알 수 있듯이 커다란 강, 호수 등으로 이루어진 생활거주 밀착형 마리나 시설로 이루어져 있다.

마이애미 구글어스 사진

마이애미 구글어스 사진

마이애미는 크고, 아름답다. 광대한 지역에 펼쳐진 마리나 시설은 '마리나 시설이 있다'라기 보다는 생활의 자체처럼 보인다. 이미 이곳엔 마이요트 시대가 정착되고 일상이 되어 있는 것 처럼 보인다. 바다 안쪽으로 잔잔한 바다가 있고 잔잔한 바다를 둘러쌓고 도시가 형성되어 있으며, 그 도시는 바다의 푸른색과 어울리는 초록으로 그리고 또 거기에 잘 어울리는 황토색의 주거공간이 배색을 잘 마무리한 수채화처럼 아름답다.

마이애미 구글어스 사진 (생활형 마리나 시설 모습) (출처 : 구글어스)

여느 해안의 도시도 마찬가지 지만 바닷가의 도시는 스카이라인을 갖는다. 셰드 수족관이 바라다 보이는 시카고, 오페라하우스가 보이는 호주 시드니, 468m동방명주로 아시아에서 가장높은 타워가 있는 상하이, 패트로나스 트윈 타워로 세계에서 가장 높은 쌍둥이 빌딩의 쿠알라룸루르, 그리고 뉴욕, 바닷가나 큰 강이 있어 도시의 단면을 보여주고 그 도시의 단면은 아름다운 스카이라인을 만든다. 마이애미도 아름다운 스카이라인을 만들기는 하지만 그 보다 아름 다운 건 땅과 물이 만나서 아름다움을 조성하는 '그랜드 라인'이다. '그랜드 라인'은 게임에서 사용되는 지도에 대한 설명으로 사용되는 언어이지만 위에서 지구를 보는 아름다운 모습을 이렇게 표현하고 싶다.

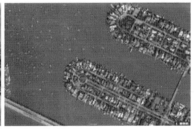

마이애미 구글어스 사진 (생활형 마리나 시설 모습) (출처 : 구글어스)

7) 두바이 팜 아일랜드

두바이의 팜 아일랜드는 인간이 만든 건축물 중 위대한 건축물로 손꼽힌다. 지금까지 살펴보았던 마리나 시설은 지형적으로 안전한 곳에 설치하거나 외파의 영향으로 부터 안전한 위치를 선점하였다 면, 팜아일랜드는 인간의 힘으로 이러한 지형적인 조건을 모두 만들 었다는 것이다. 두바이는 위치상으로 지중해 보다 아래쪽의 대양에

팜아일랜드 구글어스 사진

비해 육지로 둘러싸인 페르시아만에 위치해 있으나 전면이 바다와 정면으로 마주하고 있다. 그래서 이곳은 마리나 시설이 들어서기 위해서는 방파제가 반드시 필요하다.

그런데 이곳은 방파제를 만들기보다 인공 섬을 만들어 버렸다. 이 모두를 콘크리트나 철제를 사용한것이 아니라 거의 대부분을 자연 재료를 사용하여 만들었다고 하니 인간의 능력에 경의를 표할 뿐이다. 두바이 팜 아일랜드를 더 정확히 구분하면 섬들의 좌측부터 워터프런트, 팜 주메이라, 팜 제벨알리, 더 월드, 팜 데이라(데이라 아일랜드)로 이루어져 있다.

모두 팜 이라는 이름처럼 야자나무를 모티브로 하여 디자인 되었으며 이를 둘러쌓고 있는 원형 섬은 방파제 역할과 더불어 호텔, 고급식당들이 들어서 있다. 육지랑 다리로 연결되어 있고, 가운데를 관통하는 줄기 부분에는 별장들로 들어가는 통로 그리고 방파제 역할을 하는 섬으로 들어가기 위한 모노레일이 설치되어 있다. 당연히 개인소유 별장들로 가는 잎과 줄기의 경계선에는 거주민의 안전을 위한 검문게이트가 있다. 이곳 방문을 위해서는 개인 소유별장이 있다는 증명서와 방문자의 신원을 확인하고서야 통과할 수 있다. 별장지역 이외 초입

에 위치한 호텔이나 식당으로 가는 것은 검문대상이 아니다.

두바이의 워터프런트 개발은 크게 세 가지 형태로 첫 번째는 인공섬을 만들어 호텔이나 빌라 등의 시설을 만들고, 두 번째는 초고층 호텔과 연계한 호수 또는 바다, 셋째는 사막에 운하를 만들는 신도시 개발이다. 국토의 90%인 사막을 전혀 새로운 땅으로 변모시키는 창조적 개발이다. 첫 번째와 두 번째는 잘 알려져 있지만 세 번째는 잘 모르는 사실이다. 아라비아 운하 프로젝트는 두바이의 남·서쪽에서부터 육지 쪽으로 약 35km 길이의 운하를 파고 해안선과 평행하게 약 20km, 또다시 바다 쪽으로 약 20km 길이의 운하를 파서 이 운하에 바닷물을 채워 거대한 인공 섬으로 만들 계획이다. 아라비아 운하를 만들려면 25억㎥의 흙을 파내어 계단식 토지로 만들고 그 위에 새로운 도시를 만들어 모래사막인 두바이를 물의 도시로 만들 계획인 것이다.

내부는 더 놀랍다. 두바이 몰의 내부에는 외부온도 40도의 사막에 실내 스키장이 있다. 돈이 많다고는 하나 이 얼마나 창의적인가?

팜 아일랜드 방파제 부분　　　팜 아일랜드 육지로 바라본 전경
　　　　　　　　　　　　　　　(출처 : 구글어스)

공사에는 유조선급 큰 배를 개조하여 사막 모래를 가득 싣고 강력

한 펌핑호스로 모래를 바다에 뿌려 육지가 올라 올 때까지 뿌린 모래로 인하여 바다가 흙탕물이 되는 난리과정을 겪었다고 한다.

해양생태적인 것을 무시한 개발 위주의 시공으로 한동안 해양오염도가 심해 악취가 났었다고 한다. 위성에서 보더라도 모래만 보이고 가장 큰 팜 데이라 역시 무산되어 위성에서는 모습을 볼 수 없고 더 월드는 작은 모래섬들이 뭉쳐서 세계지도의 모습을 갖추고 있는 모습을 볼 수 있다.

섬과 섬은 다리로 연결되어 있으며 모래섬으로 이루어져 있다.

사막의 모래가 바다로 나와 하나의 섬을 만들고 바다의 색을 바꾸어 놓았다. 검푸른 바다가 모래로 채워지니 하얀 백사장과 에메랄드 빛 바다가 만들어지고 모래섬 위에 나무들이 자라고 도시가 만들어져 가치 있는 땅이 되었다.

뿐만 아니라 두바이는 지금 1,000만 명의 관광객으로 한국의 1.7배의 관광객과 관광산업의 국내총생산(GDP)기여도는 17%로 한국의 4배에 이른다.

현재 우리나라의 바다는 어떠한가? 너무 단순하다. 자연이 만들어 준 그대로를 활용하는 것도 좋고 우리나라의 특수한 핸디캡의 상황이지만 지금까지 여러 나라에서 살펴보았듯 현재 우리의 바다는 개발이라는 이름과는 멀리 떨어져 있는 모습이다. 지형을 이용하고 기술을 접목해 간다면 태평양을 향해 뻗쳐나온 대한민국은 바다의 역사를 장보고의 시대처럼 세계 속에 용맹함을 펼쳐 낼 것이라 생각한다.

모래는 해수욕장으로, 개뻘은 양식장으로, 육지면에 깊은 곳은 어항으로, 그리고 갯바위, 우리나라의 해양레저는 대부분이 해수욕에 한정되어 있다고 볼 수 있다. 우리나라의 해양레저기구 보유율은 인구 11,700명중 1명, 미국은 17명중 1명, 3면이 바다인 우리나라에서 개선되어야 할 또는 관심을 가져야 할 통계가 아닌가? 싶다.

그러나 현재 우리나라에도 2007년 시작한 한일친선 아리랑레이스를 비롯하여 부산컵요트레이스, 해상왕 장보고배 요트대회, 이순신 장군배 요트대회, 경기도 코리아매치컵 세계요트대회, 해군 참모총장배 요트대회, 해양 경찰청배 요트대회, 한국선주협회장배 요트경기가 열리고 있고 요트에 대한 인식과 이를 향유하려는 인구가 점차적으로 늘고 있음을 보여준다.

그렇다면 우리나라의 해양 마리나 시설에 대한 여건과 조건은 어떠한지 살펴보겠다.

3. 마리나 시대의 한반도

1) 서해안

인천   목포와 신안 (출처 : 구글어스)

우리나라는 3면이 바다로 서해안이라 함은 해남 반도까지 이지만 행정상으로 영암군 해안까지 이며 해안선의 길이는 4,900km이다. 서해안은 해안선의 출입이 매우 심하여 만, 반도, 곶, 섬 등이 많다. 이러한 지형은 간척사업을 통해 간척됨으로써 현재는 지형의 많은 변화가 되어 이름의 변경도 되어져야 할 것이다. 새만금의 경우 변산반도는 새만금 간척사업이 완공된 지금은 더 이상 반도로 불리기 어려울 것이다.

앞서 선진국의 사례에서 살펴보았듯이 바다 조망의 간척사업은 마리나 시설과 주택 또는 상가를 함께 조성함으로써 토지의 효율을 높이고 지가상승의 효과를 가지고 올 수 있어 계획도시를 더욱 아름답고 바다와 육지의 경계면에서 보다 활용이 높게 되어질 수 있는 토지이용계획이 되어져야 할 것이다.

서해안은 경사가 완만하고 대하천이 흘러들어 토사가 퇴적되는 장소로 간석지가 발달한 지형 이므로 토지의 이용계획 시 이러한 지형적 특성 또한 고려되어야 하며, 간척 사업으로 사라진 간석지에 대한 환경문제에도 대책이 필요한 시점이다. 외국의 경우처럼 잘 정비된 마리나 시설도 아름답기는 하지만 우리나라의 지역적 특색을 활용한 새로운 형태의 마리나 시설도 고려해볼만 하다. 대단위의 생활형 거주형 마리나 시설이 분명 지가상승이나 개발의 효율적 측면에서 당연시 되는 것도 사실이지만 현재 우리나라의 국민의 바다에 대한 이미지는 직접적 체험, 또는 대면의 바다보다는 멀리서 바라다 보는 바다를 좋아하는 국민적 특색 또한 고려 해볼 사항이다. 풍수지리에서도 집터에 대해서는 물을 조망할 수 있는 곳이 좋지만 물을 너무 가까지 집을 짓지 말라는 말이 있다. 이유야 여러 가지가 있지만 이러한 무조건적인 막연한 터부현상도 있는 것 같다.

여하튼 우리나라의 자연환경과 국민들의 생활관습, 사회적 현상들을 고려해야 할 것이다. 영국의 마리나 시설과 비교해 보자면 우리나라의 강과 연결되는 서해안은 모두 마리나 시설로 가득 차 있어야 하고, 지중해와 비교해 보자면 남해안 역시 곳곳에 마리나 시설이 빼곡히 들어서야 정상이다.

2) 동해안

동해안은 어떠한가? 동해는 지중해와 유사하게 조수 간만의 차이가 30~50cm 정도이여서 보트계류 시설이 용이하다. 그리고 태평양을 향해 섬나라 일본이 커다란 방파제 역할을 해서 비교적 안전적인 바다와 확 트인 바다 전망은 심미적 효과를 높여 해양관광객이 선호하는 장소이긴하나 남해안과 달리 단조로운 해안선을 가지고 있다.

기장군 일광해수욕장   포항시 (출처 : 구글어스)

그래서 남해안과 같은 섬과 어우러지는 천혜의 조건을 찾긴 힘들지만 강과 연결되는 해안에는 모래사장의 발달과 더불어 도시가 발달해 있으며 물의 깊이도 깊어 큰 배들도 정박이 가능하여 항구로 이용되고 있다. 그러나 항구로 이용되어지는 면 이외에도 마리나 시설이 들어오기에 충분한 조건을 지니고 있다.

3) 남해안

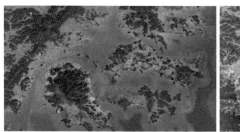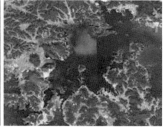

진도와 완도   남해 거제도 인근 (출처 : 구글어스)

우리나라의 남해안은 서해안과 마찬가지로 해안선이 복잡하다. 여기에 많은 섬들이 있고 반도의 발달로 섬과 섬 사이에 대규모의 마리나 시설이 들어오기 적합한 위치들이 많이 있었다. 산지와 접하는 해안의 돌출부는 파랑의 영향을 받아 해식애와 파식대가 발달하고 있어 위험 요소를 가지고 있으나, 물이 깨끗하고 해수욕장이 발달되어 있으며 수온이 따뜻하여 서해안에 비해 훨씬 좋은 조건을 가지고 있다. 여기에 반도와 연결되는 작은 섬들은 바다의 풍경을 더욱 아름답게 하고 있으며 이러한 섬들의 활용이 세계의 다른 마리나 시설과의 큰 차별을 줄 수 있는 여건으로 보여진다.

우리나라의 남해안 해안선을 따라 드라이브 하다보면 산들이 작고 아기자기한 것이 마치 커다란 거인이 한삽 한삽 떠서 산을 연결해서 육지를 만든 것처럼 보인다. 딱히 높은 산들은 없는데 작은 산들이 모여 계곡을 만들고 또 이런 작은 산들이 바다로 떨어져 나가 섬을 이룬다. 이렇게 펼쳐진 바다 풍광 덕분에 힐링 할 곳을 찾는 여행자는 누구나 편안한 정감을 느껴 많이 찾아 온다.

지구의 온난화로 지구가 점점 뜨거워지고 있다. 바람직한 일은 아니지만 이제 우리나라의 남해안은 지구상의 파라다이스로 부상하게 될 것이다. 마리나 항으로 갖추어야 할 것은 갖추었으되 1년 중 해양문화를 즐길 수 있는 날들이 부족 했었는데 이제는 계속해서 늘어나고 있기 때문이다.

2017년 2월에 목포과학대의 요트 융합디자인과 신설로 학생들에게 안목을 높여주기 위해 여수 화양면에 있는 디오션CC를 찾았다. 세계낚시월드컵협회 최진호 이사님과, 목포과학대 교수님과 학생들 그리고 김영돈박사님, 필자와 함께 20여명이 학생들에게 미래의 우리나라 마리나 산업에 대한 그림을 보여주기 위한 시간이었다.

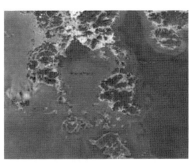

여수 앞바다 (가막만)

공사중인 웅천 택지지구와 웅천마리나
(출처 : 구글어스)

봉화산에서 내려다본 여수 앞 바다(가막만)전경

　디오션CC 뒷편에 있는 봉화산에 올랐다. 옛날 봉화를 피웠던 곳이라 봉화산인데 산 정상에 봉화대가 있었다. 그 곳에서 내려다본 여수바다의 전경은 너무 아름다웠다. 산을 올라 온 산 길을 빼면 마치 바다위의 섬인 양 사방을 둘러봐도 바다가 보였다. 이런 곳에 마리나 시설이 들어온다면 지금까지 살펴 본 세계 어느 곳의 마리나환경과 비교해 절대로 절대로 뒤지지 않을 것이란 확신이 들었다. 15년 전에 최진호 이사님이 통일그룹 총재의 지시로 우리나라 마리나항의 최적지를 알아보라는 지시로 해외 유명 마리나 전문가들과 5개월의 답사를 통해서 가장 최적지를 이곳으로 선정했다고 전해 들었다. 위성에서 보듯 천혜의 조건을 지니고 있다. 섬들로 둘러쌓여 있어 자연 방파제를 형성하고 있으며, 해외에서 보아왔던 망망대해의 황량한 바다가 아닌 작은 섬들이 망망대해를 아름답게 수놓고 있어 한폭의 동양화를 연상케 하는 그림이다. 거기에 수심도 깊은 편이고, 조수간만의 차도 적어 마리나 시설이 들어 올 수 있는 완벽한 조건을 지니고 있는 곳이었다. 실제로도 웅천택지지구가 조성되어 이곳에 조성된 아파트가 높은 프리미엄에 팔려 나가고 이순신마리나항이 생겼다. 이러한 시작은 말 그대로 시작에 불구하고 선진국의 마리나 시설 진행에 비추어 본다면 향 후 100배 이상의 발전이 이루어질 것으로 보인다.

향후 10년 후면 여수 앞 바다는 백색 포말로 뒤 덮힌 구글사진을 볼 것으로 기대된다.

4. 맺음말

결론적으로 조차가 적은 지중해의 호수 같은 바다가 아니라 우리나라의 해안은 동해, 남해, 서해가 특별한 조건을 지니고 있다. 그것이 악조건이든 호재든 그 독특함은 한국적인 마리나 항으로 디자인되기 위해서는 마리나 선진국의 모습만 따라 가기보다 우리만의 특색을 살려 디자인되어야 한다.

일반적으로 디자인의 영역은 거의 모든 분야에 침투해있고 적용되어지고 있다.

해양 분야에서도 예외는 아니다. 여타의 다른 분야에서 그러하겠지만 해양 분야의 디자인은 해양에 대한 이해가 없이는 디자인의 결과물은 그냥 실패로 끝나는 것이 아니라 큰 재앙을 일으킬 수 있다. 그러한 사례를 우리는 어렵지 않게 찾아 볼 수 있다. 모래 해변을 주변으로 건물을 빽빽이 지었더니 바람이 지나는 길을 막아 해변의 모래가 모두 사라져 버린다거나, 수천억 원을 들여 만든 마리나 항구가 물의 흐름을 이해하지 못해 토사가 쌓여 출입구가 막혀 버린다던 지 등의 사례를 어렵지 않게 접할 수 있다. 이렇게 바다의 지형·조류·바람 등의 이해가 부족한 해양디자인은 불편함에서 끝나는 것이 아니라 재앙으로 돌아온다는 것을 우리나라의 4대강 사업으로 뼈저리게 깨닫게 되었다. 또한 수영만 마리나의 방파제구조의 미흡으로 항내에 수영강을 통해 유입된 모래가 적체되어 항의 출구를 막아 세일요트운항이 불가능한 상태가 되어버렸다.

해양디자인의 이해는 마리나 설계 시 항만전문가와 마리나 운영 전문가의 조언이 반드시 필요하다. 그 지역의 기후와 특징적 지형은 물론 파도와 바람과 그리고 주변생태계까지 고려하고 지속가능한 마리나가 되도록 철저히 관리하여야 한다. 이중 하나라도 소홀히 하게 되면 엄청난 재산상의 피해는 물론이거니와 자연경관 파괴와 인명피해까지 입게 되기 때문에 여러 분야에 폭 넓은 이해와 전문가들의 필터링을 거쳐 예측 가능한 오류를 최소화 하여야 한다.

특히 우리나라의 경우는 세계 어느 나라와 견주어 보아 오랜 역사적 해양문화를 가지고 있다. 그러나 우리의 우수한 해양문화가 면면히 이어져 온 것이 아니라 정치적, 또는 서구문명의 무분별한 유입에 의해 그들의 방식이 정착된 것이 비일비재하다. 또한 외국의 해양선진문화가 검증되었다 하더라도 그것을 우리문화에 맞게 전환하여 사용되었으면 한다.

앞서 서술하였듯이 우리는 세계 어느 나라와 비교해도 뒤지지 않는 역사 깊은 해양문화를 보유하고 있고 각 분야의 전문가들이 포진해 있기에 이들의 전문적인 의견을 수렴하여 시행하면 해양굴기를 이룰 수 있을 것이다.

2016년 스위스 다보스에서 개최된 세계경제포럼(WEF) 발표에 의하면 국가경쟁력 평가 결과 한국이 138개국 중 26위, 불과 9년 전 2007년에 11위였던 것에 비하면 우리의 미래산업에 대한 투자가 떨어지고 있고, 곧 중국에 추월당하기 직전이다. 국가경쟁력은 경제 인프라, 경제 효율성, 기업혁신 활동 등 3개 분야 12개 부문의 경쟁력을 토대로 산출하는데 해양산업은 경제 인프라를 크게 확장 시킬 수 있는 큰 먹거리임이 분명하다.

〈참고문헌〉

권오순, 안희도 (2012), 바다위 인공섬, 시토피아 _ 사람이 만드는 미래의 해양 도시, pp.68~76.

2016 Google, 구글 위성지도, Google Earth. US Dept of State Geographer & 구글 사진, 위키백과, 우리 모두의 백과사전.

김영돈 (2016), 마리나 인문학, 문화디자인. pp.260~270. pp.278~282.

이경훈. (2014). (주)도서출판 푸른 숲. 못된 건축. pp.52~53.

정웅태, 최철웅. (2008). 디자이노믹스. k-books.

김천중. (2012).해양관광과 마리나산- 마리나의 계획과 관리. 백산출판사. pp16.

김천중. (2008). 요트항해입문. 백산출판사. pp57~77. pp88~91.

마리나 시대의 해양관광 비전
-제4차 산업혁명과 지속 가능한 마리나 해양관광

최 영 수
세한대학교 관광경영학과 교수

1. 지속 가능한 해양관광

1.1 해양과 해양관광의 올바른 이해

1.1.1 해양의 시작

인류 문명의 시작은 해양문명과 함께 공존하면서 시작되었다고
할 수 있다. 지구의 형성 또한 해양과 밀접한 관계를 갖고 있다. 지
구의 대기와 해양의 기원에 대해서는 여러 가지 학설이 제기되고 있
으나, 대체적으로 지금으로부터 45억 년 전 성운 가스나 미립자가
응축하여 원시 지구가 탄생한 것으로 추론하고 있다.

현재의 지구 현상은 일정의 태양력에 의한 태양풍의 강렬한 영향
으로 고속 입자가 지구를 덮고 있는 성운가스의 분자와 충돌하여 에
너지 일부가 지구로부터 탈출하여 버리고, 일정 기간의 진공상태를
유지하다 지구 내부로부터 유출된 화산의 분출가스, 온천가스 등 가
스로 채워졌을 것이다.

화산의 분출가스는 약 85%의 수증기, 약 10%의 이산화탄소, 질

소, 유황 및 그 화합물, 나트륨, 염소 등으로 구성되었고, 이중 수증기의 행방은 현재 지구 표면상에 여러 형태로 수분이 존재하고 있다. 이중 해수가 전체의 97%를 차지하고, 남극 대륙이나 북극해에 있는 얼음이 2.4%에 해당한다. 또한, 대기 중에 수증기는 0.001%에 불과하지만, 수증기는 구름이 되어 비나 눈을 내리고 이것이 지구 표면의 저지대에 모여 거대한 바다를 형성하게 되는데, 이를 총체적으로 해양(Marine)이라고 총칭한다.

따라서 해양(Marine)이란 지구표면을 덮는 모든 바다 수역을 의미한다. 어떤 목적을 가지고 활용하는 경우 '해양'으로 표기하며 일반적으로는 '바다(sea)'라고 한다. 해양은 면적이 3억 6,200만㎢에 달하는데, 지구 표면적의 약 71.8%를 차지하며, 육지 넓이의 2.42배에 달한다.

해양을 구분하여 정리하면 해(海)는 육지와 가까운 바다로 동해(東海), 황해(黃海), 지중해(地中海)라 할 수 있고, 양(洋)은 육지에서 멀리 떨어진 바다로 태평양(太平洋), 대서양(大西洋), 인도양(印度洋) 등으로 구분할 수 있다. 따라서 해양은 여러 개의 주요 대양과 작은 소해로 분류되며, 태평양·대서양·인도양·남극해·북극해 등 오대양으로 이루어져 있다. 이를 종합하면 해양(海洋)이란 넓고 큰 바다라고 말할 수 있다.

한편, 독일의 알프레드 베게너는 1915년에 '대륙과 해양의 기원'에서 대륙의 이동설(Continental Drift)을 제시하였다. 그의 이론은 원래 하나의 초대륙으로 이뤄져 있던 대륙들이 점차 갈라져 이동하면서 현재와 같은 대륙들이 만들어졌다는 이론이다. 베게너가 제시한 대륙 이동의 증거는 아프리카 대륙의 서부 해안선과 남아메리카 대륙의 동부 해안선이 유사하고, 같은 종의 고생물 화석이 멀리 떨어진 여러 대륙에서 발견된다는 것과 여러 대륙에 분포한 빙하의 흔적과 이동 방향이 대륙을 하나로 하고 있으며, 멀리 떨어진 대륙에서 지질 구조가 연속적이고 같은 지층의 분포가 발견된다는 것이다. 베게너의 대륙 이동설은 현재까지 학자들 사이에 검증과 연구가 이루어지고 있다.

해양의 특성은 첫째, 해수는 염분을 많이 함유하고 있어 바닷물이 짜다. 둘째, 바닷속에는 다양한 금속류가 자리하고 있다. 셋째, 해류의 존재이다. 넷째, 바다에서 가장 먼저 느낄 수 있는 현상은 파도이다. 다섯째, 해수와 대기는 밀접한 관계를 유지하고 있다.

이러한 해양을 관리하기 위해 기본적인 규범으로 해양개발기본법이 있다. 대한민국의 내수, 영해, 대륙붕 등 대한민국의 주권 또는 관할권이 미치는 해역에 대한 질서를 규범하고, 국제협약, 외국의 동의에 의하여 대한민국 정부나 국민이 개발, 이용, 보전에 참가할 수 있는 대한민국 관할권 외측의 해역에 대한 규범을 정하고 있다.

또한, 해양을 중심으로 이루어진 산업을 해양산업이라고 한다. 해양산업은 해양공간을 기반으로 이루어지는 활동(해양기반형 활동) 또는 해양기반의 활동으로부터 파생된 생산·서비스를 제공하는 활동(해양연관형 활동)과 관련된 산업이다.

해양기반형 활동은 해양자원을 채취·활용하거나, 해양공간 이용 또는 해양환경 보호와 관련한 활동으로 어업, 해양관광, 해양광업, 해양신재생에너지산업, 해양토목·건축업 등이 포함된다. 해양연관형 활동은 해양 활동에 투입재를 공급하거나, 해양으로부터 산출된 재화·서비스를 생산의 주요 요소로 사용 또는 해양이용과 보호활동에 필요한 기반서비스를 제공하는 활동으로 수산물 가공·유통업, 해양바이오산업, 해양플랜트산업 등이 포함된다.

우리나라는 해양수산발전 기본법 제3조에 해양산업은 해운·항만·수산·해양과학 기술개발·해양환경·해양관광 및 해양정보 관련 산업 그 밖에 해양 및 해양자원의 관리·보전과 개발·이용에 관련된 산업이라고 정하고 있다.

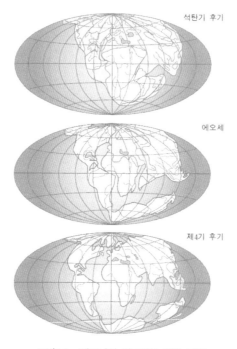

<그림1-1> 베그너의 대륙이동 진화 과정

1.1.2 해양관광의 이해

현대사회는 예전보다 소득의 증대, 교육수준의 향상, 여가시간 등의 확대로 시간적·물질적 여유를 갖게 되어 삶의 질적 향상을 위한 여가 및 관광행태에도 변화가 일어나고 있다. 이에 관심이 증대되는 분야는 관광 분야이며, 관광분야 중 세계적으로 가장 빠르게 성장하는 분야는 해양관광(Hall, 2001)이라 할 수 있다.

그동안 바다는 주로 어업의 대상으로 생각되어 왔지만, 여가·관광공간으로서의 중요성이 주목받으면서 바다와 인접한 많은 지역에서 지역개발수단의 하나로 해양관광에 관심을 갖게 되었다(김가야 외,2008). 해양관광(Ocean Tourism)은 공간적으로 해안선에 인접한 육지, 바다, 연안(沿岸), 해안, 해역 등에서 이루어지는 관광으로 연구자에 따라 매우 포괄적이고 다양한 개념으로 정의되고 있다. 해양관광은 해양에서 이루어지는 관광활동을 의미하므로 개념 정의는 동기,공간,활동 측면이 포함되어야 한다(기동주 외, 2011). 해양관광(Ocean Tourism)은 현대관광에서 가장 급속하게 성장하고 있는 분야로 간주하여 왔다. 세계적으로 관광형태가 보다 다양해지고 생활수준이 향상됨에 따라 새로운 관광대상으로서 해양관광에 대한 잠재수요가 빠른 속도로 성장하고 있다(이재섭, 2003).

또한, 해양관광 개념정의에 관한 내용을 살펴보면, 육상관광과 다른 해양관광 동기의 차별성을 개념에 포함시키지 못하고 있다. 활동적 측면에서는 관광활동에 한정하여 개념을 정의한 것과 관광활동과 더불어 레저·스포츠 활동을 제시한 것으로 크게 대별할 수 있다. 일상생활을 벗어나 변화를 추구하기 위한 행위로서, 해역과 연안에 접한 단위 지역사회에서 일어나는 관광목적의 활동이고, 직·간접적으로 해양공간에 의존하거나 연관된 활동이라고 할 수 있다. 또한, 해양이나 해양자원이 있는 곳으로 이동해서 관람, 운동, 휴양 등의 활동을 통해 감동을 얻는 체험과정을 말하기도 한다.

해양공간은 해변, 해상, 해저와 같은 다양한 공간으로 구성되어 있고, 공간마다 특유의 환경을 지니고 있다. 그러므로 관광과 접목되어 건전한 여가활동이 공간으로 각광받고 있으며, 레저산업 측면에서도 다양한 레저방법이 존재하며 그 활용 가능성 또한 무한하다고 볼 수 있다.

우리나라는 육지 면적에 비해 해안선이 길고 그만큼 바다에 접근하기 쉬워 해양 물류, 해양 레크리에이션 등 각종 해양산업과 레저활동이 효율적으로 이루어질 수 있는 장점이 있으며, 최근 들어 해양레저 활동에 관심을 가지는 계층이 증가하고 있다. 이에 대한 총괄적인 개념을 해양관광이라 할 수 있다.

해양관광은 일상적인 관광·휴양·여가 활동을 해양의 공간으로 이동하여 공유하는 즐거움을 수반하는 활동이다. 따라서 해양관광은 일상생활을 벗어나 다시 돌아올 예정으로 다양한 관광욕구를 충족하기 위하여 해안선에 인접한 바다나 육지 등의 해안지대에서 부존하는 유·무형의 자연을 이용하여 행하여지는 총체적인 관광활동을 말한다.

생활을 벗어나 새로운 변화를 추구하기 위한 행위이며, 해변, 해상, 해중, 해저와 연안을 중심으로 이루어지는 활동으로서, 직·간접적으로 해양공간, 해양자원, 해양에너지에 의존하거나 연관된 관광활동이라고 말할 수 있다. 현대사회에 있어 해양관광은 관광 영역의 확대, 발전 및 해양개발에 있어서 큰 의미를 갖는다. 이는 해양공간이야말로 인류의 삶을 펼쳐나갈 또 하나의 공간임을 말해주고 있는 것이다. 해양관광은 연구자들 사이에서도 여러 가지로 그 뜻을 달리하고 있지만 <표 1-1>의 관광 개념에서 정의된 바와 같이 기본적으로 일상생활에서 벗어나 변화를 추구하기 위한 행위(목적)이며, 해역과 연안에 접한 지역사회에서 연관된 활동(행태)이라고 말할 수 있다(한흥룡, 2014).

<표 1-1 > 해양관광의 개념 사례

연구자(연도)	개 념
박인태(1958)	해안선에 인접한 육지와 도서, 바다의 공간에서 발생하는 모든 여가·관광 행위
이태우(1996)	바다의 조망미와 더불어 해양 스포츠, 레저활동을 가능하게 하는 해양성 복합자원인 기온, 해풍, 맑은 공기, 바다 색깔, 주위환경, 촌락형태 등을 대상으로 일어나는 활동
송태호(1997)	해양스포츠 활동과 휴식 및 레저 등을 포함한 관광
정무형(1997)	바다, 연안, 강하구 및 육지 집수 지역과 그들의 이용을 모두 포함하는 곳에서 행해지는 활동
김성귀 외 2인(1998)	일상생활을 벗어나 변화를 추구하기 위한 행위이며, 해역과 연안에 접한 단위 지역사회에서 일어나는 관광목적의 활동이고, 직·간접적으로 해양공간에 의존하거나 연관된 활동
해양수산부 (2001)	국민의 건강·휴양 및 정서생활의 향상을 위하여 해양과 연안에서 이루어지는 관광활동 및 레저·스포츠 활동
정석중·이미혜 (2004)	일상생활에서 벗어나 다시 돌아올 예정으로 다양한 관광욕구를 충족하기 위하여 해역과 해안에서 이루어지는 해양형태적 관광활동
신동주(2005)	해안선에 인접한 육지와 바다의 공간에서 해양레크레이션 행위를 하는 활동
김성귀(2007)	해양과 도서, 어촌, 해변 등을 포함하는 공간에 부존하는 자원을 활용하여 일어나는 관광목적의 모든 활동

자료 : 김영준(2007), 해양 관광개발 사례 연구, 한국문화관광연구원.

또한, 해양관광과 내륙관광의 개념을 비교구분하면 <표 1-2>와 같다.

<표 1-2> 해양관광과 내륙관광의 비교

형태	해양관광	내륙관광
안전성	격변하는 해양환경과 더불어 안전이 일차적인 목표임	해양보다 변화가 덜한 내륙 환경상 관광시설의 안전 우선순위는 다소 떨어짐
시설의 내구성	바다의 파도, 바람 등에 견디기 위하여는 내구성이 크게 요구 됨	육상의 일반적인 상황에서 견딜 수 있는 내구성 필요
시설 투자비	바다의 환경에서 견디기 위하여 투자비가 크게 요구됨	일반적인 투자비 수준
계절성	기온, 수온 등의 영향을 많이 받아 계절성이 높음	계절성이 있으나 해양관광만큼 심하지 않음

자료 : 김성귀(2007), 해양개발을 위한 해양관광론, 현학사.

관광의 행태가 다양화, 전문화되고 직접 체험이 선호됨에 따라 관광의 대상 또한 내륙·산악중심에서 해양으로 다변화되고 있다. 그동안 바다는 주로 어업의 대상으로 생각되어 왔지만, 여가·관광공간으로서의 중요성이 부각되면서 바다와 인접한 많은 지역에서 지역개발 수단의 하나로서 해양관광에 관심을 갖게 되었다. 해양관광(marine tourism)의 개념은 연구자의 연구목적에 따라 다양하게 정의될 수 있다(신동주, 2006).

첫째, 해양관광이란 일상생활을 벗어나 변화를 추구하기 위한 행위이며, 해역과 연안에 접한 단위 지역사회에서 일어나는 관광 목적의 활동이고, 직·간접적으로 해양공간에 의존하거나 연관된 활동이다.

둘째, 해양과 도서·어촌·해변 등을 포함하는 공간에 부존하는 자원을 활용하여 일어나는 관광 목적의 모든 활동이다.

셋째, 해역과 해안선에 접하여 해양 환경의 영향을 받는 영역에서 이루어지는 관광활동이다.

넷째, 바다·연안·강 하구 및 육지 집수지역과 그들의 이용을 모두 포함하는 곳에서 행해지는 활동이다.

다섯째, 해안선에 인접한 육지와 도서 및 바다의 공간에서 발생하는 모든 여가·관광행위를 의미하는 것이다.

여섯째. 목적과 공간, 행태에 의한 분류이다.

이상의 정의를 종합하여 볼 때, 해양관광이란 목적이 일상생활에서 벗어나 변화를 추구하되, 공간적으로는 해역과 연안에 접한 단위 지역사회에서 일어나는 관광 목적의 활동으로서 직·간접적으로 해양공간에 의존하거나 연관된 활동이라 정의 할 수 있다.

해양관광은 자원과 입지적 측면에서 육상관광과 구분되는 특성을 지니고 있다. 일반적으로 바다·강·호수는 바다의 조류현상, 강의 유수(流水)현상, 호수의 물결 파동과 같은 동적인 움직임이 계속 일어나고 있다. 따라서 해양관광은 움직이는 현상을 접하는 활동으로 기본적으로 안전성 측면이 요구되는 한편, 관광활동의 매력성이 매우 높다고 할 수 있다.

이를 바탕으로 해양관광의 특성은 다음과 같이 정리할 수 있다.

첫째, 해양이라는 자연환경에 대한 의존도가 절대적이다.

둘째, 해양생태 및 환경보전에 대한 배려가 필요하다.

셋째, 접근성에 있어 상당한 제약이 뒤따른다.

셋째, 인위적 변형이 곤란하며, 건강과 보양 및 휴양적 경향이 강하다.

넷째, 기후와 기상 변화에 민감하다.

다섯째, 도로·철도·항공 외에 해운교통수단 이용이 필요하다.

여섯째, 장·노년층과 청소년층의 이용을 고려한 시설 배치가 절대적으로 필요하다.

1.1.3 해양관광의 유형

해양관광의 유형에는 해양 의존형, 해양 연관형 등으로 구분할 수 있다. 해양 의존형에는 해양스포츠, 해양휴양, 해양유람, 해양경관관람 등으로 구분할 수 있고, 해양 연관형은 참여형, 감상형, 탐방형, 체험관찰형, 교육훈련, 해양식도락 등으로 구분 할 수 있다. 해양관광은 수평선을 바라보거나 경관을 감상하는 단순한 형태에서부터 일광욕을 즐기는 휴식형 활동, 대단히 활동성이 강한 서핑에 이르기까지 다양한 형태가 존재한다. 활동형 해양관광은 서핑·윈드서핑·

낚시·스쿠버다이빙·수상스키 등의 수상레저 와 항해. 해수욕이 있으면, 자연·생태형 해양관광은 자연적 해양자원의 감상과 관람 및 생태체험(갯벌체험, 조개잡이)등이 있다. 사회·문화형 해양관광은 해양관련 전시시설, 전통축제와 지역축제 및 어촌민속, 역사박물관 등이 있다. 해양의존형 해양관광은 활동성에 따라 스포츠형, 휴식·휴양형·유람형·경관관람형으로 구분할 수 있다.스포츠형 해양관광은 해상공간에서 바람, 파도, 해류의 흐름 등 역동적인 자연조건을 활용하여 수면 및 주중공간에서 이루러지는 운동으로서, 장비나 보조기구의 도움이 필요하며, 기본강습을 이수해야하는 등 활동에 따른 기본 장비와 강습·훈련이 필요하다.

<표 1-3> 해양관광의 유형

유형	구분	체험	활용도
해양의 존형	해양스포츠	보팅	서핑, 윈드서핑 등
		요트와 보트	세일링요트, 카누, 제트스키, 모터보트 등
		다이빙	스노쿨링, 스쿠버다이빙 등
		해양체험	고무보트, 패러세일링, 수상스키, 수상오토바이
	해양휴양	해수욕	바다수영, 물놀이, 일광욕 등
		조간대 수렵	조개잡이 등 해변 동식물 채취
		바다낚시	해안낚시, 해양낚시, 암벽낚시 등
	해양유람	해상유람	관광유람선, 여객선, 크루즈 등
	해양경관관람	해중경관감상	관광잠수정, 해중전망대 등
해양연 관형	참여형		해변스포츠, 레크레이션 활동, 해변축제, 이벤트 참가 등
	감상형		해안경관 조망, 낙조 감상 등
	탐방형		어촌민속전시관, 어촌역사유적답사 등
	체험관찰형		갯벌생태 체험, 철새 관찰
	교육 훈련		연수, 회의, 연구, 교육 등의 방문
	해양식도락		수산물시장 쇼핑, 각종 음식점 방문 등

1.2 해양관광의 공간적 구조

1.2.1 연안 및 연안역

연안(沿岸)은 일반적으로 바다와 육지가 맞닿아 서로 밀접한 영향을 미치는 지역 및 해역을 총칭하며 해안(海岸)이라고도 한다. 영문으로는 Coast, Nearshore, Coastal, Seashore로 표기되고 있다. 연안은 해변, 갯벌, 만, 삼각주 등 다양한 모습을 보이고 있고, 해양 생물 및 철새 등에는 산란장과 서식지이자, 사람들에게는 항만, 임해공단, 어항 및 어촌, 관광지 등이 되고 있다.

바다가 육지와 맞닿은 선을 해안선(海岸線) 또는 정선(汀線)이라 하는데, 육지면은 단기간에는 거의 일정하다고 볼 수 있으나, 해면은 조석, 파랑, 기압 등의 변화에 따라서, 혹은 주기적, 부정기적으로 오르내리므로 해안선은 일정한 선이 아니고 계속 이동하고 있다고 할 수 있다. 최저조일 때의 해안선을 저조 해안선, 최고조일 때의 해안선은 고조 해안선이라 한다. 파랑이 높아지면 바닷물은 고조 해안선보다 더 육지로 밀려든다. 지도에 그려진 육지의 연변선은 이 파랑이 미칠 수 있는 한계의 선이다.

따라서 연안(沿岸)은 바다와 육지가 맞닿아 서로 밀접한 영향을 미치면서 특수한 자원·환경시스템을 이루는 공간이라 정할 수 있다.

또한 연안은 연안해역과 연안 육역으로 나눈다. 연안 해역은 해안선으로부터 12해리 이내의 해저 및 하층토를 포함한 바다와 바닷가를 포함하며, 연안 육역은 무인도 전체와 유인도 및 내륙의 경우 바다로부터 일정한 거리까지 연안으로 규정한다. 유인도의 경우에는 섬의 크기가 큰 편이어서 섬 전체를 연안에 포함시키지는 않는다. 다만, 각 나라마다 지정하는 범위는 약간씩 차이가 있다.

따라서 연안 해역은 만조 수위 선으로부터 지적 공부상에 등록된 바닷가와 만조 수위 선에서 영해 외측까지의 바다를 말하며, 12해리 이내의 수역과 바닷가, 해저 및 하층토를 포함한다.

연안 육역은 무인도와 연안해역의 육지 쪽으로부터 500m(항만법의 지정항만, 어항법의 어항, 산업단지의 경우 1,000m) 범위 내의 육지 지역을 말한다.

연안역(沿岸域)은 해안선을 사이에 두고 일정한 범위의 해역과 육역을 말하는데, 영어로는 Coastal Zone, Near Shore Zone으로 표기된다. 연안역은 인근 해양환경에 영향을 미치는 배후 육지와 바다를 합친 지역이다. 우리나라에서는 연안역의 공간이용 효율성을 높이고 부존해양자원의 체계적인 개발과 보전을 위해 「연안역관리법」특별법으로 관리하고 있다.

1.2.2 해안의 공간적 구조

해안의 공간적 구조에는 해안, 해변, 해빈, 해안선, 해안역으로 구분 할 수 있다.

<표 1-4> 해안의 공간적 구조

공간적 구조	영문표기	세부 설명
해안 (海岸)	Coast, Beach Coastal Area, Shore	· 지리학적으로 바다에 접해 있는 부분
해변 (海邊)	Beach Seashore	· 바다와 접하고 있는 육지의 좁고 긴 부분 일반적으로 저조위로부터 지층이 현저히 변화하는 곳까지
해빈 (海濱)	Beach Seashore Shore	· 해안선으로부터 외해 쪽의 모래 또는 자갈 부분 · 해안선을 따라서 해파와 연안류가 모래나 자갈을 쌓아 올려서 만들어 놓은 퇴적지대

해안선 (海岸線)	Beach Seashore Coastline	・육지와 바다의 경계선 ・항만 및 해안공학에서는 파랑이나 조석의 작용이 미치는 한계선 즉 언덕 또는 절벽의 밑뿌리 등을 일컫기도 함
해안역 (海岸域)	Shore region, Supralittoral organism Mediolittoral organism	・해양생태계에서 육지에 접한 해역. 해저역(海底 域), 수층역(水層域)을 통해 양광성(陽光性) 식물 에 의한 1차 생산이 활발하게 진행 일반적으로 육지 측의 해안 산계(山系)와 바다 측의 대륙붕 지대 및 그 위에 있는 해수의 언저리를 기준 ・대륙붕 지대나 해안 산계의 구분이 불분명하고 통 일된 기준이 없어 국가별로 편입도에 따라 다양

1.3 해양관광자원의 근간

1.3.1 해양관광자원의 이해

해양관광(marine tourism)은 해양과 도서, 어촌, 해변 등을 포함하는 공간에 부존하는 자원을 활용하여 일어나는 관광목적의 모든 활동을 말하며 해양관광의 기본적 요소인 해양관광자원(marine tourism resources)은 관광자원의 성격을 지닌 해양자원으로 자연적・인문적 환경과 시설, 그리고 관광객의 관광동기・욕구・목적을 충족시킬 수 있는 매력성을 지닌 유・무형의 자원을 말한다. 해양관광자원은 다음과 같은 특징이 있다.

① 레크리에이션적 요소 : 일상생활을 벗어나 스포츠, 휴양과 오락을 통해 정신적・육체적 변화를 추구하는 레크리에이션적인 활동이 이루어진다.
② 해양공간적 요소 : 직・간접적으로 해양공간에 의존하거나 연관된 활동으로 해양공간에서 이루어지는 활동이다.
③ 관광목적의 활동 : 해역과 연안에 접한 단위지역 사회에서 일

어나는 관광 목적의 활동을 할 수 있다.

④ 생태관광적 요소 : 연안해변은 바다와 육지가 만나는 생태적인 점이지대(漸移地帶)로서 많은 생물종이 서식하고 파괴되기 쉬운 생태환경을 가지므로 환경 친화적인 개발과 활동이 필요하다.

해양관광자원은 정적(靜的)인 자원과 동적(動的)인 자원으로 분류할 수 있다. 정적 자원은 해변의 정경, 해돋이, 저녁노을 등이며, 동적 자원은 수상스키, 보팅, 스쿠버, 해수욕 등이다. 다만, 해양관광자원의 대상은 관광객이 추구하는 목적에 따라 다를 수 있으며, 낚시와 같이 두 가지 모두가 동시에 추구되는 것도 있다.

<표 1-5> 해양관광자원의 종류

구 분	내 용
자연자원	해수욕장, 도서, 바다낚시터, 철새도래지, 갯벌
사회·문화자원	어촌, 지역고유축제, 각종 이벤트, 어촌역사사적지, 어촌문화
산업자원	어항·어장, 수산물판매장, 수산물 관련 음식점·향토음식점, 산업시찰(조선소, 제철소 등)

1.3.2 해양관광개발이란?

해양관광개발(marine tourism development)이란 개발의 대상이 되는 해양공간을 여러 다양한 측면에서 효용의 가치를 더욱 높이기 위하여 개발하는 것이다. 즉 해양관광개발이란 자연 그대로의 해양관광자원을 인간의 노력과 기술, 그리고 자본을 투입하여 보다 나은 상태의 자원으로 만들어 해양지역의 자원적 특성을 살리고, 관광객의 관광성향 및 동태분석을 통해 관광지의 유인력(流引力)을 높이며, 관광객의 관광욕구 충족을 극대화하기 위한 것이라 할 수 있다. 따라서 해양관광개발의 특징은 첫째, 개발의 대상이 바다 혹은 섬으로 한정한다. 우리나라의 해안은 지형 및 지세, 기상, 해상 등 그 자원 특성이 다르기 때문에 해안별로 관광개발을 특성 있게 개발할 수 있는 자연조건을 지니고 있다(이상훈, 2004). 우리나라의 해양자원을 중심으로 한 관광단지는 제주 중문, 전남 해남 화원, 경주 감포 관광단지 등이며, 다도해, 한려, 태안, 변산반도 등 4개의 해상국립공원이 있으며, 해수욕장이 전 해안에 고르게 분포되어 있다. 섬은 독특한 자연조건과 문화 조건을 구비하고 미개발된 상태로 남아있어 개발의 잠재력이 매우 높다.

둘째, 해양관광은 해양이라는 자연환경에의 의존도가 절대적이다. 대부분의 해양 레크리에이션은 역동적인 해양의 자연조건을 다양한 방법으로 즐기기 위한 활동이라 할 수 있다. 예를 들어 요트를 즐기기 위해서는 일정수준 이상의 수심을 갖는 정온수역이 필요하며, 해수욕을 즐기기 위해서는 해변의 넓은 공간과 해역의 완만한 경사 및 일정수준 이상의 수온이 유지되어야 한다. 이러한 조건을 유지하기 위해서는 경우에 따라서는 환경보전 혹은 복구적인 시책이 수행되거나 방파제·호안·선착장과 같은 기반시설의 설치를 통한 환경개선 개조적인 기술이 적용되어야 한다. 즉 해양관광개발은 그 목적에 따라 보전에서 개조까지 해양환경에 미치는 영향이 매우 다양하게 나타난다고 할 수 있겠다. 이는 해양관리측면에서 중요한 의미를 갖는다. 예를 들어 부존하는 해양자원의 보전가치는 높지 않고 재개발이 필요한 연안지역의 경우에는 자연환경을 해양 레크리에이션 활동에 적합하도록 개조하거나, 수족관·수중 전망탑·해상호텔 등 해양 간접체험시설을 설치하여 다수의 관광객을 위한 집약적 개발방식을 고려할 수 있다. 이 경우 관광시설의 도입을 통해 재개발을 촉진하는 효과를 달성할 수 있다. 보전가치가 뛰어난 해양자원 부존지역은 자연 의존형 해양 레크리에이션 지역으로 개발하여 자연 조화형 해양관광지로 조성하거나, 또는 '보는 관광'을 중심으로 한 해양경관지로 조성해 나갈 수 있을 것이다. 해양관광개발은 적절히 계획되고 추진될 경우 해양환경에 대한 일방적 역기능만을 초래하지는 않는다는 점에서 매립에 의한 농지 및 산업단지 조성과 같은 해양이용방식과 구별된다고 하겠다.

셋째, 입지에 따른 지역사회와의 마찰을 들 수 있다. 해안지역은 해상통로로 연결되는 입지성과 수산자원·수자원이 풍부하게 부존하는 자원성에 따라 경제적 활동이 활발히 이루어지고, 인간의 주거지가 밀집되는 지역이다. 우리나라의 경우 해안지역에 위치하는 대표적인 지역사회는 어촌이라 할 수 있다. 어촌은 산촌에 비해 대체적으로 인구밀도가 매우 높은 편이다. 이러한 여건으로 인해 국내에는 해양관광지 조성을 위한 가용지가 부족한 경우가 많고, 해면 쪽으로는 공동어장이 밀집하여 해양 레크리에이션 공간의 확보가 어려운 실정이다. 따라서 해양관광지 조성이나 관광시설의 건설을 위해서는 공유수면매립이 수반되는 경우가 많은데, 이는 공유 자산인 해양자원 관리 차원에서 매우 중요한 정책적 판단을 요하는 사안이며, 지역주민의 참여 및 협조가 필요한 사안이라고 할 수 있다(한국해양수산개발원, 1998).

지역주민의 입장에서 해양관광개발은 긍정적인 효과 못지않게 부정적인 결과를 많이 유발한다. 예를 들어 일부 해안지역에서 이루어지고 있는 관광시설에 대한 선점식 난개발은 주변 어촌사회의 미풍양속을 저해하고 해양환경에 대한 압력을 증가시켜 수산업에 피해를 주며, 해안경관을 악화시키고, 경제적 혜택이 지역사회에 환원되지 않고 일부 계층에 집중됨으로써 지역사회에 커다란 위화감을 조성할 수도 있는 것으로 파악되고 있다.

많은 전문가들은 우리나라의 관광개발이 그동안 경제적 효과에 치중한 나머지 지역주민의 요구나 편익을 소홀히 하는 방식으로 이루어져 왔다고 지적하고 있다. 즉 정부주도에 의한 하향식 관광개발이 주민 이익의 경시와 지역 내 불균형 성장 및 시설 기준의 모호성 등의 문제점을 야기한 것으로 알려지고 있다. 특히 인구밀도가 상대적으로 높고 고유한 생활문화를 보유한 어촌지역에서는 관광시설 조성에 따른 부작용이 더욱 심각하게 나타날 수 있다.

다양화하는 국민의 관광욕구 충족과 해양자원의 이용 효율을 극대화하기 위한 수단으로서 해양관광개발은 점차 많은 사람들에 의해 그 필요성이 제기되고 있다. 오늘날 관광수요는 급증하고 있으며, 관광의 행태도 보고 감상하는 관광에서 직접 체험하는 관광으로 변화하고 있다. 이에 대처하기 위한 방안으로 지금까지 낙후되어 왔던 해양관광의 개발을 적극 추진하여 일반 대중에게 해양레저 활동을 보급함으로써 건전한 관광활동과 국민건강 진흥에 기여하고자 하는 것은 시대적 차원에서 매우 중요한 과제라 할 수 있다.

여가활동을 그 형태에 따라 산악형, 해안형, 휴식·행락형, 스포츠형으로 나눌 때 앞으로의 추세를 전망하면 스포츠형과 해안형이 가장 높은 증가를 보이게 될 것이다. 해양·섬을 비롯한 해양공간은 요트·서핑·다이빙 등 활동적인 여가를 지향하는 남녀노소의 각계각층을 끌어들이는 매력을 갖고 있다. 또한 도시의 '자극'과 지방의 '여유'가 상호 교류하게 됨으로써 서로 이해하고 배우는 기회를 갖게 될 것이다. 도시생활에서 탈피하여 자연이 숨 쉬는 해양·섬은 뛰어난 자연조건과 여유 있는 생활 사이클을 제공함으로써 도시인들에게 생애교육의 장으로써 점차 비중 높은 역할을 담당하게 될 것이다. 해양·섬 관광에 대한 기호도가 높아지고 있어 해양 섬 관광은 동기부여와 최소한의 투자로 그 개발 가능성이 크다고 할 수 있다.

해양·섬은 지금까지 자연의 보전과 이용의 밸런스를 이룬 공생공간으로서 현 도시생활에서 잃어버린 자연과 전통문화체험공간을 제공할 수 있는 장이고, 앞으로 적절한 개발만 있게 되면 이 같은 역할은 더욱 크게 늘어나게 될 것이다.

1.4 해양관광의 현황

1.4.1 세계 해양관광 추세

세계 해양관광 추세는 내륙관광에서 해양관광으로 이동하고 있다. 선진국의 해양관광을 살펴보면 참여율은 40~50% 수준이며, 주로 친수공간 개발사업을 통해 해양관광지를 개발하고 있다. 주요 해양관광 거점은 해수욕장, 마리나, 크루즈 터미널이며, 주요 관광활동은 크루즈, 스킨스쿠버, 윈드서핑, 요트 등 해양스포츠의 비중이 높다.

<표 1-6> 세계 해양관광 추세

구 분	내 용
관광 추세	(과거) 내륙관광 중심 → (현재·미래) 해양관광 중심
선진국의 해양관광 참여율	40~50% (유럽과 미국 등)
선진 해양도시의 공통점	Water Front (친수공간) 개발을 통한 해양관광 개발
해양관광 활용거점	해수욕장, 마리나, 크루즈 터미널
선진국의 해양관광 활동	크루즈를 비롯하여 스킨스쿠버, 윈드서핑, 요트 등 해양 탐방 및 해양스포츠형이 높은 비중을 차지함
해양관광활동 패턴	해수욕에서 점차 해상·해중·해저로 해양관광 공간적 범위 확대 추세

세계관광기구(UNWTO)에 따르면 세계 관광시장은 최근 10년간 연평균 4.3%의 성장세를 기록하고 있다. '12년 세계 관광객 규모는 10억명, 시장규모는 1조2천억 달러로 크게 성장하고 있다. '02년에 주요 권역별 관광객 비율은 유럽(51%), 미주(24%), 아시아·태평양 (20%)에서'12년에는 유럽(42%), 미주(20%), 아시아·태평양(31%) 등으로 변화하고 있다.

최근 10년간 권역별 관광객 비중은 미국·유럽시장은 13%p 감소한 반면에 아시아·태평양시장은 11%p 증가 추세를 보이고 있다. 또한, 전체 관광시장에서 해양관광의 비중은 약 50%로 추정된다.

<그림 1-2> 최근 국제 관광의 트렌드

2016년 국제관광시장은 어려운 여건 속에서도 지속적인 성장을 하였다. 세계관광기구(UNWTO)의 World Tourism Barometer에 따르면 2016년 국제 관광객수는 전년 대비 3.9 % 증가한 12억3천5백만 명이었다. 2016년은 2009년 세계 경제 및 금융 위기 이후 7년 연속으로 성장하고 있으며, 2008년의 세계 위기 전 기록과 비교하여

2016 년에는 3억 명 이상의 국제 관광객이 증가하였다.

세계관광기구(UNWTO) 사무총장 Taleb Rifai는 "관광은 특히 안전과 보안과 관련된 많은 어려움에도 불구하고 최근 몇 년 동안 특별한 힘과 탄력성을 보여주고 있다. 그러나 국제 관광은 계속해서 강하게 성장하고 일자리 창출과 전 세계 공동체의 복리에 기여한다."고 하면서 2017년 유엔이 지속 가능한 개발 관광의 해로 지정한 것을 기억하면서 "경제 성장, 사회적 포용, 문화 및 환경 보전 및 상호 이해에 관광 산업이 기여할 수 있도록 긴밀히 협력해야 한다"라고 했다.

<표 1-7> 세계관광 지역별 현황

International Tourist Arrivals by (Sub)region

	Full year							2015*	Share (%)	change 14/13 (%)	change 15*/14 (%)	Monthly/Quarterly data series (percentage change over same period of the previous year) 2016*						2015*			
	2000	2005	2010	2011	2012	2013	2014	(million)				YTD	Q1	Q2	Q3	Jul	Aug	Sep	Q1	Q2	Q3	Q4
World	674	809	950	994	1,040	1,088	1,134	1,186	100	4.2	4.6	3.7	6.9	1.4	3.3	4.2	2.3	4.0	5.5	3.7	3.2	4.1
Advanced economies	424	470	516	541	562	586	622	653	55.0	5.7	4.9	4.9	7.9	2.8	4.6	5.6	3.1	5.2	4.4	4.6	4.3	5.0
Emerging economies	250	339	434	453	478	500	512	533	45.0	2.4	4.1	2.3	6.0	-0.5	1.8	2.0	1.2	2.4	6.5	2.6	1.5	3.2
By UNWTO region:																						
Europe	386.6	453.2	489.4	520.0	541.1	567.1	580.2	607.2	51.2	2.3	4.6	1.6	6.5	-0.5	1.0	1.5	-0.1	1.8	6.0	4.7	5.7	3.4
Northern Europe	44.8	59.9	62.8	64.5	65.6	67.2	70.8	75.4	6.4	5.3	6.5	6.4	10.4	3.0	6.5	6.4	5.2	5.6	4.8	5.7	8.1	10.0
Western Europe	139.7	141.7	154.4	160.4	166.2	170.6	174.4	180.3	15.2	2.1	3.4	-1.3	4.8	-4.6	-1.9	-1.8	-2.9	-0.6	4.4	4.1	5.3	-0.5
Central/Eastern Eur.	69.6	95.3	98.9	108.9	118.9	128.1	120.2	126.4	10.7	4.2	5.1	5.3	6.8	4.1	5.4	6.5	4.7	5.2	8.2	5.2	7.6	4.0
Southern/Medit. Eur.	132.6	156.4	173.3	186.9	190.4	201.0	214.8	225.2	19.0	6.9	4.8	0.4	6.4	-1.1	-0.5	0.3	-0.2	0.9	6.3	4.5	4.6	5.2
- of which EU-28	330.5	367.9	384.3	404.8	417.0	433.4	454.1	477.9	40.3	4.8	5.2	4.1	8.3	2.1	3.7	4.3	2.4	4.6	5.7	6.0	5.2	5.1
Asia and the Pacific	110.4	154.0	205.5	218.3	233.8	249.8	264.4	279.2	23.5	5.8	5.6	9.2	9.4	8.1	9.3	13.3	7.0	9.1	4.1	4.9	5.4	6.1
North-East Asia	58.3	85.9	111.5	115.8	122.8	127.0	136.3	142.1	12.0	7.3	4.7	9.3	8.9	8.6	10.3	16.7	6.5	7.8	4.5	4.6	1.6	8.4
South-East Asia	36.3	49.0	70.5	77.8	84.9	94.5	97.3	104.6	8.8	3.0	7.5	9.4	9.9	7.3	11.0	10.9	9.2	10.9	4.0	6.7	9.7	5.1
Oceania	9.6	10.9	11.4	11.5	11.9	12.5	13.1	14.3	1.2	6.1	7.6	10.1	10.1	9.3	13.0	12.0	9.8	10.7	8.3	5.6	6.7	8.5
Americas	128.2	133.3	150.2	155.6	162.6	167.5	181.9	192.7	16.3	7.5	6.0	4.4	6.6	1.0	5.5	3.6	5.7	5.3	7.9	4.6	5.2	6.2
North America	91.5	89.9	99.5	102.2	106.4	110.2	120.9	127.6	10.8	8.7	5.5	3.8	4.9	0.8	5.6	5.6	4.9	6.5	9.1	5.9	5.3	5.6
Caribbean	17.1	18.8	19.5	19.9	20.6	21.1	22.3	24.1	2.0	5.3	8.1	4.3	6.3	2.1	4.2	5.9	2.9	3.1	7.6	7.2	4.9	7.8
Central America	4.3	6.3	7.9	8.3	8.9	9.1	9.6	10.2	0.9	5.8	6.8	5.5	8.8	3.1	4.3	7.9	2.8	1.4	8.0	5.5	7.7	8.0
South America	15.3	18.3	23.2	25.2	26.8	27.2	29.1	30.8	2.6	7.1	5.5	5.5	12.5	0.6	6.1	4.4	9.2	4.9	17.5	-4.8	1.6	4.7
Africa	26.2	34.8	50.4	50.1	52.4	54.6	55.2	53.4	4.5	1.0	-1.2	8.4	8.2	2.9	13.0	13.2	12.9	12.9	-4.3	6.4	4.9	1.9
North Africa	10.2	13.9	19.7	18.0	19.6	20.7	20.4	18.0	1.5	-1.4	-12.0	1.9	4.7	-13.2	14.2	11.7	13.6	9.2	14.4	-12.7	-10.2
Sub-Saharan Africa	16.0	20.9	30.7	32.1	32.8	33.9	34.7	35.4	3.0	2.5	1.9	12.4	14.2	9.9	12.9	12.1	13.8	12.6	-2.0	-1.3	1.5	1.8
Middle East	22.4	33.7	54.7	49.5	50.6	49.1	52.4	53.3	4.5	6.7	1.7	-6.4	-1.4	-4.9	-8.1	15.2	-6.1	-4.7	9.6	-5.0	7.4	7.0

Source: World Tourism Organization (UNWTO)

지역별로 아시아 태평양 지역은 지역 및 지역 간 소스 시장의 강력한 수요로 인해 2016년에 국제 관광객 수가 8% 증가하였다. 아프리카 8%, 아메리카 대륙 4%, 유럽 2%의 성장세를 보였으나, 중동 지역은 -4%의 감소를 나타냈다.

세계관광기구(UNWTO)의 전문가 패널에 대한 최근 조사에서 2017년에 대한 신뢰가 계속 높아졌으며 300 명 응답자 중 대다수 (63%)가 2016 년보다 '더 좋거나 더 나은'결과를 기대하고 있다. 2017년 패널 점수는 2016년과 비슷한 수준으로 성장할 것으로 예상하고 있다. 2017년 전 세계 관광시장은 3~4% 증가를 예상하고 있다. 유럽은 2~3%로 성장할 것으로 예상하고, 아시아 태평양 지역과 아프리카 지역 모두 5~6%, 미주 지역은 4~5%, 중동 지역은 2~5%로 증가를 예상하고 있다.

이를 종합하여 세계관광기구(UNWTO)는 세계 관광활동인구를 향후 연평균 4%의 성장세가 지속될 것으로 전망되며,'30년에는 '12년 대비 80%가 증가한 18억명으로 예상하고 있다.

세계관광기구(UNWTO)가 발표한 '미래 10대 관광 트렌드' 중 해변, 스포츠, 크루즈 등 6개가 해양관광과 관련된 관광 활동으로 예상하고 있어 전체 관광 중 해양관광이 차지하는 비중은 계속 증가할 전망이다.

<표 1-8> 세계관광 지역별 성장률

Outlook for International Tourist Arrivals

	2008	2009	2010	2011	2012	2013	2014	2015	2016* Jan-Sept	average a year 2005-2015	projection 2016 (issued January) between
World	1.9%	-3.9%	6.5%	4.6%	4.7%	4.6%	4.2%	4.6%	3.7%	3.9%	+3.5% and +4.5%
Europe	0.3%	-5.1%	3.1%	6.4%	3.9%	4.8%	2.3%	4.6%	1.6%	3.0%	+3.5% and +4.5%
Asia and the Pacific	1.1%	-1.6%	13.2%	6.2%	7.1%	6.9%	5.8%	5.6%	9.3%	6.1%	+4% and +5%
Americas	2.7%	-4.7%	6.3%	3.6%	4.5%	3.0%	8.5%	6.0%	4.4%	3.8%	+4% and +5%
Africa	2.9%	4.5%	9.3%	-0.7%	4.6%	4.3%	1.0%	-3.2%	8.4%	4.4%	+2% and +5%
Middle East	20.0%	-5.4%	13.1%	-9.6%	2.2%	-2.9%	6.7%	1.7%	-6.4%	4.7%	+2% and +5%

Source: World Tourism Organization (UNWTO)

<그림 1-3> 미래관광형태

1.4.2 국내 해양관광 추세

국내 관광활동은 주5일근무제, 교통여건 개선 등으로 지속적으로 증가하고 있으며, '12년 국내여행이동총량[1]은 3억6천만일으로 추산하고 있다. 국내 관광활동은'07년까지 꾸준한 증가세를 보였으나 '08년 금융위기 이후 지속된 경제침체에 따라 위축되었다.

최근 경기회복, 여가욕구 증대 등으로 국내여행 이동총량은'12년은 '07년의 77% 수준까지 회복되었다.

여가문화 확산에 따라 국민 국내여행이동총량은'10년 3.4억일에

---

1) 여행이동총량 : 15세 이상 전체 국민의 국내 여행일수의 총합.

서'23년 약 7.7억일로 증가될 것으로 전망하고 있으며, 이 중 해양관광은 연평균 성장률을 약 8.6%으로 예측하여'23년 국민 국내여행이동총량 대비 65%인 약 5억일에 이를 것으로 전망하고 있다.

해양관광의 세부 활동별로는 요트·보트 등 수상레저, 스킨스쿠버 등 해중레저 및 크루즈관광 분야가 큰 폭으로 증가할 것으로 예상한다.

<표 1-9> 해양관광 증가 전망

구분	2010년	2015년	2020년	2023년
국내여행이동총량	339백만일	554백만일	675백만일	765백만일
해양관광분야	169백만일	305백만일	406백만일	497백만일
비중	50%	55%	60%	65%

자료: 문화체육관광부(2013),국민여행실태조사 및 한국해양수산개발원(2013),해양관광실태조사 재인용

해양관광은 국내 관광 전체의 50% 수준으로, 해수욕장, 낚시 등 전통적 강세분야와 함께 도보여행, 스킨스쿠버 등 신규 분야의 증가세 뚜렷하게 나타내고 있다. 관광형태의 고급화, 장기화에 따라 숙박여행의 증가비율이 당일여행의 증가비율보다 높게 나타나고 있다. 당일여행은 수도권(경기/인천), 부산 등 대도시를 중심으로, 숙박여행은 강원(33.0%), 충남(16.9%) 등 해수욕장이 발달된 지역을 중심으로 증가하고 있다.

월별 국내여행 참가자 수를 추정한 결과 9월(19,760천명)에 참가자 수가 가장 많았으며, 8월(17,512천명), 5월(16,885천명), 10월(16,046천명) 순으로 높게 나타났다. 월별 숙박여행 참가자 수는 9월(12,977천명), 8월(11,943천명) 순으로, 당일여행 참가자 수는 10월(11,394천명), 5월(11,123천명) 순으로 높게 나타났다. 또한, 해양

관광활동은 성수기인 8~9월에 집중(당일여행의 56.2%, 숙박여행의 81.1%)되어 계절적 편중이 심각한 현상으로 나타나고 있다.

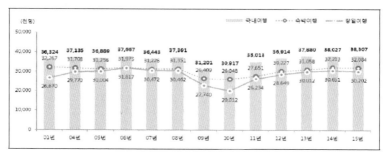

자료: 문화체육관광부(2016).국민여행 실태조사.

<그림 1-4> 연도별 국민여행 이동 총량 현황

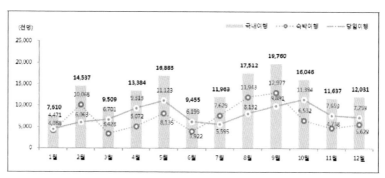

자료: 문화체육관광부(2016).국민여행 실태조사.

<그림 1-5> 2015년 월별 국민여행 이동 총량 현황

　다양한 해양관광레저 활동에 참여한 활동 만족도를 보면 모터보트,요트,수상오토바이는 3.75점을 나타내고 있고, 견인형 수상레저기구 만족도는 3.80점을 나타내고 있다. 해수욕,해변휴식은 3.77점,

해안경관 감상은 3.98점으로 비교적 높은 점수를 나타내고 있어 대체적으로 해양관광레저 참여 활동 만족도는 높은 편이다.

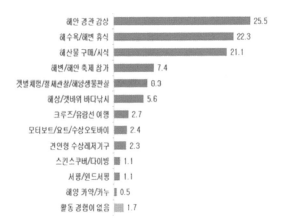

자료: 한국해양수산개발원(2015), 해양레저관광의 사회경제적파급효과와 지표개발에 관한 연구

<그림 1-6> 해양관광레저 활동 만족도

2. 미래 해양관광산업

2.1 제4차 산업혁명과 해양관광산업

2.1.1 제4차 산업혁명

인류는 근대화시대에 와서 과학의 발달과 시대의 흐름에 따라 여러 단계의 산업혁명을 통해 산업화 사회가 급속히 발전하였다. 미국의 미래학자, 앨빈 토플러는 인류의 역사를 3개의 물결로 구분했다. 제1물결은 농업 혁명의 물결, 제2물결은 산업혁명의 물결, 그리고

제3의 물결은 지식혁명의 물결로 정의했다. 그리고 이어 제4의 물결이라 불릴만한 혁명적인 변화의 물결이 전개될 것이라고 예측했다.

2016년 세계경제포럼인 다보스 포럼[2])에서는 제4차 산업혁명을 논의했다. 독일의 과학자이고 경제학자이며 '세계경제포럼'의 회장인 클라우스 슈밥(Klaus Martin Schwab 1938-)은 "우리는 지금까지 우리가 살아왔고 일하고 있던 삶의 방식을 근본적으로 바꿀 기술 혁명의 직전에 와 있다. 이 변화의 규모와 범위, 복잡성 등은 이전에 인류가 경험했던 것과는 전혀 다를 것이다."라고 했다. 다보스 포럼에서는 제4차 산업혁명을 맞으며 기존의 기술들에 대한 개념을 다시 정립하고 기술을 활용할 인재를 확보하는 것이 경쟁력이 될 것이라고 했다. 그의 저서 <The Fourth Industrial Revolution>에서 '4차 산업혁명은 과거의 3차례 산업혁명과 완전히 다른 세상을 가져올 것이다. 수십억의 인구가 웹(web)으로 연결되어 일하는 산업사회가 될 것이며, 자연 환경까지 개선(改善)해 가게 될 것'이라고 했다.

현대사회는 이미 제4차 산업혁명 시대와 공존하고 있다. 인공지능, 로봇, 대량정보(big data), 스마트폰, 3D 프린터, 사물인터넷, 자율주행자동차, 가상현실, 컴퓨터 그래픽, 드론, 스마트 시티(smart city : 극도로 자동화되고 환경적으로 깨끗한 도시), 나노기술, 클라우드 컴퓨팅(cloud computing), Online to Offline(O2O) 등등 생소한 뉴스들을 매일 접하고 있기 때문이다.

우리 생활 속에서 사례를 살펴보면, 2016년 3월 9일부터 15일까지, 하루 한 차례의 대국으로 총 5회에 걸쳐 서울의 포 시즌스 호텔에서 진행되는 이세돌과 알파고(영어: AlphaGo) 간의 바둑 대결이

---

2) 세계경제포럼(WEF;World Economic Forum).

다. 최고의 바둑 인공지능 프로그램과 바둑의 최고 중 최고 인간 실력자의 대결로 주목을 받았으며, 최종 결과는 알파고가 4승 1패로 이세돌에게 승리하였다. 이는 단순히 로봇이 인간을 이긴 바둑대결로 끝난 것이 아니다. 이세돌 9단을 이긴 구글의 딥마인드 인공지능 '알파고'는 제4차 산업혁명의 시작을 보여준다.

미래 세계를 무대로 한 많은 공상과학 영화는 4차 산업혁명 시대를 예상하고 있다. 구글 딥마인드에서 개발했던 알파고는 CPU만 해도 1920개에 NVIDIA GPU도 280개나 됐다. 수백 명의 천재 과학자와 기술진 그리고 프로 바둑기사까지 개발에 참여했던 알파고였다. 핸디캡 적용 없는 호선(맞바둑)으로 프로 바둑기사를 이긴 최초의 컴퓨터 프로그램이었다. 알파고는 첫 대국부터 3국까지 3연승을 달렸다. 바둑계는 물론이고 여러 분야의 사람들이 충격에 빠졌다. 인공지능의 발전 속도가 세계 정상급 바둑기사를 상대로 과감한 대국을 펼쳐 승리할 정도로 빠를 줄은 상상하지도 못했다.

제4차 산업혁명의 본질인 AI(인지화)는 인간이 지능을 구사하고 있는 것을 컴퓨터로 실현하는 모방기술이다. 프로 바둑기사 이세돌 9단을 이긴 알파고(AlphaGo)는 인간의 정보처리 시스템을 모델화한 딥러닝 알고리즘을 적용했다. 인간의 뇌는 뉴런(신경세포)과 뉴런 간을 연결하여 정보를 전달하는 시냅스로 구성되어 있다. 딥러닝은 바로 이러한 뉴런과 시냅스로 이루어진 뉴럴 네트워크를 모델화한 AI 기술이다. 무어의 법칙에 의해 반도체의 성능이 극적으로 개선되고 비용이 저렴해진 것처럼, AI 또한 한층 저렴해지고 극적으로 강력한 AI가 어디에나 편재하는 초메가트렌드는 피할 수 없는 새로운 문명이다.

AI 인지발달모델
(AI Cognitive Development Model)　　　이세돌과 알파고의 대결

<그림 2-1> 인간과 AI 인지모델

'제4차 산업 혁명' 용어는 독일 정부 정책인 인더스트리 4.0(Industry 4.0)에서 제조업과 정보통신이 융합되는 단계를 의미하였으나, 2016년 세계경제포럼(WEF: World Economic Forum)에서 언급되며 ICT 기술을 기반의 새로운 산업 시대를 대표하는 용어가 되었다.

오늘날 각 나라는 국력을 좌우하게 될 4차 산업혁명의 선두 주자가 되기 위해 결사적으로 노력하고 있다. 세계가 하나로 되어버린 지금, 정치사회적 이유로 새로운 시대를 열어갈 첨단기술 발전이 조금이라도 늦어진다면 산업 경쟁에서 돌이킬 수 없는 타격을 입게 될 것이기 때문이다.

클라우스 슈밥(Klaus Martin Schwab)은 산업혁명의 흐름을 다음과 같이 구분하였다.

제1차 산업혁명 (1784~1870)은 철도건설, 증기기관 발명을 통한 기계에 의한 생산혁명의 시기로 일명 '기계 혁명'이라고도 불리며 18세기 중반 증기기관이 등장하며 가내수공업 중심에서 공장 생산체제로 생산체제가 변하게 된 시기이다.

제2차 산업혁명 (1870~20세기초)은 전기와 생산 조립 라인에 의한 대량생산의 시기로, 전기커뮤니케이션의 발전으로 석유 동력의 내연기관과 합쳐져 대량생산 제품의 시대이다.

제3차 산업혁명 (1969~)은 '디지털 혁명'이라고도 하며, 개인용 컴퓨터, 인터넷 및 정보 통신 기술(ICT)이 포함된다. 바로 지금 우리가 살아가고 있는 시대이다.

제4차 산업혁명은 '모든 것이 연결되는 사회'라고 할 수 있다. IoT와 인공지능을 기반으로 사이버 세계와 물리적 세계가 연결되어 하나의 통합 시스템을 이루고, 일명 지능형 CPS(Cyber-Physical System)을 구축한다. 밖에서 자동차를 부르면 자동차가 혼자 달려오고, 집 안의 보일러와 정보를 연결하여 도착할 즈음에 주인이 선호하는 최적의 실내 온도를 맞춰놓는 시대가 오게 될 것이다. 지금까지는 동떨어져있던 IoT, 인공지능, 머신러닝, 빅데이터 등의 단어들이 하나하나 연결되어 하나의 큰 혁명을 만들어내는 것이다.

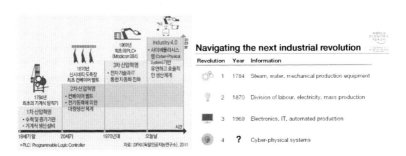

<그림 2-2> 산업혁명의 발전단계

2.1.2 일자리의 변화

4차 산업혁명과 그에 따른 일자리 변화에 주목한 것은 최근의 기술 발전이 기존 산업혁명과는 비교할 수 없을 만큼 급속하게 진행되고 있기 때문이다. 인공지능·로봇공학 등 기술 발전은 사물인터넷 (IoT)·자율주행차·3D프린팅 같은 혁신을 내놓고 있다. 이런 속도라면 로봇이 사람의 일자리를 대체하는 건 시간문제이다.

제4차 산업혁명 기본요소   빅 데이터 구조

<그림 2-3> 제4차 산업혁명과 빅 데이터

지구촌 일자리의 65%(19억 명)를 차지하는 주요 15개국의 350개 대기업 인사 담당 임원을 대상으로 조사한 결과 앞으로 5년 내 선진국에서 500만 개의 일자리가 사라질 것으로 전망하고 있다.

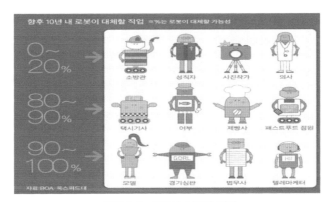

<그림 2-4> 로봇이 대체할 직업

조사 대상국은 미국·중국·일본·독일·인도·영국·프랑스·호주·브라질·이탈리아 등이며, 한국은 포함되지 않았다. 인사 담당 임원들은 4차 산업혁명으로 인해 일반 사무직을 중심으로 제조·예술·미디어 분야 등에서 710만 개의 일자리가 사라질 수 있다고 예상했다. 반면 컴퓨터·수학·건축 관련 일자리는 200만 개가 창출될 것으로 봤다. 결과적으로 500만 개 일자리가 없어진다.

제4차 산업혁명이 가속화되면 향후 5년간 비유망 직업군으로 설비·정비, 건설·시추, 예술·연애·스포츠·언론, 제조업, 사무관리직 등이며, 반면 유망한 직업군은 판매직, 사업·금융업, 경영자, 컴퓨터·수학, 건축·공학도 등으로 보고 있다.

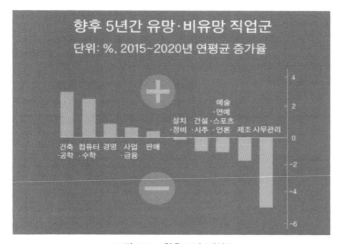

<그림 2-5> 향후 5년 직업군

2.1.3 제4차 산업혁명과 해양산업

제4차 산업혁명의 영향으로 시대의 변화와 경제성장은 예상되지만, 노동시장은 큰 위기가 닥쳐올 것으로 보인다. 한국고용정보원이 발표한 자료에 의하면 청원경찰, 택배원, 주유원, 부동산 중개인, 청소원, 일반 의사, 마트계산원, 경리사무원 등이 없어질 직업군으로 분류되고 있다. 향후 10년 안에 1630만개의 일자리가 인공지능이나 로봇으로 대체될 수 있는 위험직업군에 속한다.

4차 산업혁명의 핵심기술인 인공지능(AI), 드론·자율주행차, 사물인터넷(IoT), 빅데이터(Big Data), 3D프린팅 등은 이미 상당부분 현실로 나타나고 있다. 독일의 'Industry 4.0', 일본의 '일본재흥전략', 중국의 '중국제조 2025' 등 세계 각국도 4차 산업혁명을 선도하기 위한 전략을 짜서 바쁘게 움직이고 있다.

그렇다면 우리는 4차 산업혁명에 대해 어느 정도 준비되어 있을까. 이달 스위스의 글로벌 금융그룹 UBS(Union Bank of Switzerland)가 4차 산업혁명 준비 정도 순위를 발표했는데, 우리나라는 45개국 중 25위에 그쳤다. 중국(28위)에 비해서는 높았지만 미국(5위), 일본(12위), 독일(13위)에는 크게 미치지 못하고 있다.

<그림 2-6> 제4차 산업혁명과 드론

우리나라는 선진국에 뒤처지고 중국 등 후발주자에는 추격당하는

샌드위치 상황에 있고, 이를 타개하기 위해 '창조경제 구현을 위한 제조업 3.0 전략', '9대 국가전략 프로젝트' 등 다양한 정책을 야심차게 추진하고 있다.

특히 해양관광과 관련이 깊은 해양수산부도 4차 산업혁명이 전통 해양산업을 고도화하며 신산업과 시장을 창출하고 일자리를 늘리는 핵심동력이 될 수 있도록 내실 있게 준비하고 있다. 2017년부터 제4차 산업혁명에 대응한 미래 성장동력 창출을 중심으로 해양신산업 중장기 로드맵을 진행하고 있다.

해양산업 발전을 위해 2017년부터 AI 기반 수중건설로봇, 다기능 무인선, 다관절 해저로봇 '크랩스터' 등 최첨단 해양장비 실용화 프로젝트인 'MOVE 4.0'을 수립하고, AI(인공지능) 기반 해양개발 수중건설로봇('13~'18)과 다기능 무인선('11~'18), 무인이동체 통합 운용체계('15~'20) 기술 개발과 다관절 해저로봇 크랩스터('17.3)와 무인선 핵심 기술의 민간 조기 이전을 추진한다.

<무인이동체 운용체계>   <수중건설로봇>

<그림 2-7> MOVE 4.0 프로젝트

그리고 해양수산 빅데이터 민·관 공동플랫폼을 구축해 본격적으로 빅데이터를 활용한 비즈니스 모델 개발에 나선다. 수산자원 관리,

최적 양식생산 모드 탐색은 물론 선박의 최적운항 경로까지 빅데이터로 알아내는 시대가 개막되는 것이다. 아직은 초창기 단계에 있는 드론의 활용 범위도 해양생태계·기상 조사 등 1단계 활용을 넘어 항만 안전점검, 무인도서 실태조사, 동해 원격탐사 등 해양·해중전 분야로 넓힐 계획이다.

'포켓몬 GO'로 유명세를 탄 증강현실(AR), 가상현실(VR)의 적용도 더욱 빨라질 것으로 전망된다. VR를 활용한 선박사고 대응훈련 등 최첨단 해양안전체험관은 물론 해양레저·관광 등에서도 VR, AR 콘텐츠를 적극 활용하게 된다.

해양수산 분야에도 벌써 4차 산업혁명의 다양한 기술들이 융합되고 있다. 2011년 현대중공업에서 개발한 '스마트십 1.0'은 200여 척이 운항 중이고, IoT와 빅데이터 기술로 업그레이드한 '스마트십 2.0'이 조만간 개발될 것이다. 지난해 10월에는 KT에서 IoT 기술을 기반으로 해상에서도 컨테이너의 위치와 상태를 알려주는 '컨테이너 관제서비스'를 출시했다.

빅데이터 플랫폼 구축으로 해양수산 장비·콘텐츠산업은 2020년까지 4000억 원 이상 규모로 확대되고 3000명에 가까운 새 일자리를 창출할 것으로 기대한다. 기존 선박운항시스템에 IT기술을 융복합하는 'e-내비게이션'은 2019년 이후 10년간 1200조 원 규모의 직간접 시장이 형성될 것으로 예상되는데 각종 핵심기술 분야에서 우리가 세계적인 경쟁력을 가지고 있다.

인공지능 기술을 적용한 지능형 수중로봇, 자율항해 무인선 등이 실증 단계를 거쳐 실용화를 앞두고 있고, IoT 기술에 기반한 스마트 항만, 스마트 양식장은 기존 산업의 한계를 극복할 동력으로 꾸준히 성장하고 있다.

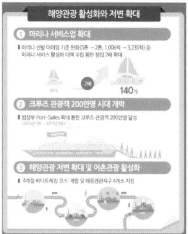

자료: 해양수산부(2017), 인포그래픽

<그림 2-8> 제4차 산업혁명을 접목한 해양수산업

2.1.4 제4차 산업혁명과 해양관광도시

제4차 산업혁명의 최종 목적지는 인공지능의 인식과 이해, 공동운명체 의식 등을 바탕으로 4차 산업혁명을 활용하여 문화적 르네상스를 이룩하는 것이다. 4차 산업혁명의 시대에도 자원의 보고이자 블루오션으로서 해양의 중요성은 더욱 커질 것이다. 해양의 가치와 잠재력에 대한 올바른 인식과 이해를 바탕으로 4차 산업혁명의 첨단기술을 만나 해양신산업과 일자리 창출을 통해 바다와 더욱 친숙해지는 해양르네상스를 꽃피워야 한다.

세상이 아무리 변해도 바뀌지 않는 것이 있는데, 그것은 소득이 있으면 인간은 즐기는 것에 돈을 쓴다는 사실이다. 경제가 성장할수록 즐기는 산업은 지속적으로 발전한다. 관광산업이 대표적이다.

해양관광산업이란 해양을 대상으로 해양풍광의 볼거리, 자연산 해산물의 먹거리, 해양리조트의 잘거리, 해양레저의 즐길거리, 쇼핑 등 살거리가 총체적으로 융합된 종합산업이다. 관광산업은 소득이 올라가면 더욱 활성화된다. 제품을 생산하는 공장이 없어도 고용창출 효과를 낼 수 있는 고부가가치 산업이다. 일자리만 느는 것이 아니라 숙박, 음식, 상업, 교통 등 관련 서비스산업도 동반 성장한다. 불확실성의 시대에도 발전하는 블루오션이 관광산업이다. 세계 주요 국가와 도시들이 관광산업에 열을 올리는 이유를 여기서 찾을 수 있다.

융합 스마트 뉴딜정책을 통해 제4차 산업혁명의 해양융합 스마트 시티 구상이 필요하다. 제4차 산업혁명 속에 해양관광산업에는 인공지능(AI)이나 로봇이 끼어들 여지가 다른 산업에 비해 극히 제한적이다. 왜냐하면 인간의 감성을 자극하고 체험해야만 즐겁고 재미있는 관광이 될 수 있다. 글로벌 스마트 시티사업을 통해 미래 먹거리산업을 육성할 수 있다.

수심 20m 미만의 해양공간을 육지와 같은 국토공간 개념으로 인식하여 인공섬, 해상공항, 해중저장소 등과 같은 경제활동이나 일반생활에 필수 불가결한 공간으로 활용되고 있는 등 선진해양국가들은 경쟁적으로 해양공간을 경제공간으로 활용할 수 있다.

네덜란드 암스테르담의 수중도시 프로젝트
<그림 2-9>미래의 해양 수중도시

오늘날 관광은 기존은 내륙관광에서 해양관광으로 변모하고 있다. 천혜의 해양공간을 융합혁신 해양관광 공간으로 창출해야 한다. 부유식 해양신도시나 해양수중도시 실현으로 제4차 산업혁명의 해양 융합스마트시티의 구상이 필요하다.

스마트사회 패러다임과 융합혁신경제 해양융합스마트시티의 실현은 제4차 산업혁명의 시대적 흐름 속에서 ICBMS: IoT · Cloud · Big data · Mobile · Security로 대변되는 지능형 스마트 기술을 기존의 전통산업과 융합하는 패러다임의 전환이다.

해양융합 스마트시티는 해양상에 건설해 도시기능을 갖춘 해양건축물 또는 부유체 구조물 위의 인공 지반에 건설한 도시이다. 부유식 구조물 위에 만드는 인공해상 도시는 해양 생태계를 파괴하지 않고 매립 모래 유실의 우려가 없으며 공기가 짧다는 장점이 있어 도시, 환경문제를 해결할 수 있는 대안이 될 수 있다. 육상 조선소에서 개부분의 건조작업이 이뤄지며, 이로 인해 사업비용의 불확실성이 현저히 감소할 수 있다.

해양융합스마트시티 실현을 위해 Offshore분야에서 초대형 부유식 해상구조물를 비롯해 선박, 해양플랜트, 부유식방파제 등이 선행

미래, 5만명 거주계획 해양융합 해중스마트시티

되어야 한다. 항만, 교량, 도로, 건축, 상하수도 등 토목 인프라와 발전소와 ICT기반 스마트 운용시스템, 재난방지시스템, 방위시스템 구축이 필요하다.

2.2 해양관광의 영향

2.2.1 제4차 산업혁명과 해양관광 테크놀러지

최근 해양과 해수욕장 등을 갖춘 해양관광지에서는 지리·환경적 특성과 해양의 장점을 살려 '해양드론'을 미래 신성장 테크놀로지(technology)동력을 키운다는 계획을 세우고 있다.

부산특별시의 경우 200억원 규모의 '무인항공기산업지원센터'를 설치하여 해양드론산업 육성 거점으로 활용한다. 무인항공기산업지원센터는 부산테크노파크를 주관기관으로 대한항공과 부산대가 참여한 가운데 4년간 200억원을 투입하는 인프라 구축 사업이다. 이와 관련 정부는 부산 청사포를 포함해 전국 5개 지역을 무인비행장치 안전성 검증 시범사업 지역으로 선정했다. 부산은 국내 드론산업 육성에 최적지다. 드론산업과 부산의 지리·환경적 특성을 분석하면 부산 해양드론산업의 숨은 경쟁력이 드러난다.

현재 SKT와 해운대 일원에서 추진 중인 '글로벌스마트시티 실증사업'에 해양드론을 적용하고 있다. 드론과 사물인터넷(IoT)을 접목한 융합 시너지를 얻기 위해서다. 스마트 해상안전, 항만감시, 연근해 긴급 물자수송, 낙동강 환경 감시, 관광 서비스 등에 드론을 응용해 나갈 계획이다.

<그림 2-11> 부산 IoT기반 드론 활용 해양도시 관리 5대 서비스

드론산업을 육성하려면 인력 양성과 공급, 산업과 업종 간 연계, 시험·인증 공간 확보, 응용 서비스 실증 등이 필수적으로 구성되어야 한다. 향후 해양드론은 해양안전, 물류수송, 환경감시, 해양관광 등에 적용할 수 있다.

해양드론은 제4차 산업혁명과 결합한 융합 테크놀로지로 로봇처럼 정보기술(IT)과 기계, 항공, 부품소재 등 다양한 업종 간에 연계와 협력이 필수인 첨단 융합 분야다. 기존의 지역산업인 기계, 항공, 조선, 자동차 산업과 연계하면 드론산업화 시너지는 훨씬 높아질 것으로 전망된다.

최근 해양드론 시스템 개발과 유명 드론업체와 제품, 기술, 전문가를 한자리에 모여 글로벌 신산업으로 급부상한 드론경진대회 등 드론 콘테스트가 나라마다 활발하게 전개되고 있다. 드론은 날아다니는 비행체다. 드론과 이를 응용한 산업화에서 넓고 트인 시험·실증 공간은 필수다. 장애물이 없는 해상 환경은 드론 테스트와 응용 서비스 실증에 안성맞춤이다.

<그림 2-12> 드론택시

2.2.2 해양관광 지역 협력체

제4차 산업혁명이 해양관광에 접목되기 위해서는 지역 간 협력체제 구성이 필요하다. 기존의 행정구역 단위 계획수립 방식에서 벗어나, 복수의 지자체를 단일 권역으로 묶어 시·군 간 연계·협력형 계획을 수립함으로써, 인근 지자체의 지역 자원을 공유·활용할 수 있는 기반을 마련해야 한다. 또한 콘텐츠 경쟁력 강화 등을 위해 수요조사 결과를 토대로, 지역별로 강점을 가진 '주제(테마, theme)'를 설정하고, '허브앤스포크(Hub & Spoke)'[3]등이 가능한 연계 발전 계획을 수립해야 한다.

특히, 지역관광 활성화를 위해 지역자원을 연계하여 스토리텔링한 '해양관광루트(route)' 계획을 마련하고, 이를 지원하기 위한 교통·관광 기반시설(인프라) 확충 등도 계획에 반영하며, 거점 권역 '브랜드화'를 통해 국내외 공동마케팅도 적극 추진해야 한다.

---

[3] 허브앤스포크: 자전거 바퀴의 축(허브)에 여러 개의 바퀴살(스포크)이 연결되어 있는 것처럼 중심축에 여러 지점들이 연결되어 그룹 망을 형성.

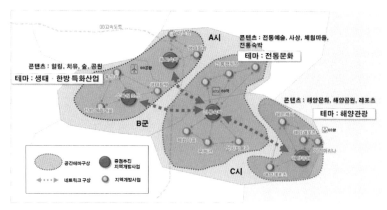

<그림 2-13> 지역 연계 발전계획 개념도

해양관광 지역계획 수립을 위해 문화·관광, 지역정책 등 분야별 전문기관과 현장 감각을 갖춘 민간 전문가들이 참여하는 융·복합 두뇌집단(싱크탱크, think-tank)을 구성하고, 지역 간 연계계획을 수립·실행하기 위해 지자체들 간 협의체를 구성하는 등 협력적 협의체(거버넌스) 구축해야 한다.

지역개발사업들이 거점 권역 내에서 원활하게 연계·추진되도록 계획 수립 단계부터 긴밀히 협력하여, 맞춤형 지원 방안을 수립해야 한다.

3. 해양관광산업과 자원

3.1 해양관광 분야

3.1.1 마리나 산업

전 세계 마리나는 2만3천개, 레저선박은 2,899만척이며, 레저선박

시장 규모는 연 50조원로 추정하고 있다. 글로벌 금융위기 이후 시장 침체 속에서도 슈퍼요트(길이 24m 이상 호화요트)는 지난 5년간 3배 가까이 증가하여 6,000척을 상회하고 있다.

북미와 유럽이 레저선박 시장의 90%이상을 점유하고 있으며, 호주와 뉴질랜드가 아메리카즈컵 우승 이후 신흥 강국으로 부상하고 있다.

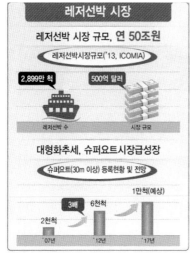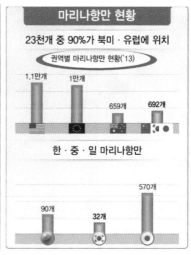

자료: 세계마리나협회(2013) 자료 재구성

<그림 3-1> 세계 레저선박 시장 현황

아시아에서는 일본이 570여개 마리나 항만을 개발하여 선두그룹을 유지라고 있다. 중국이 마리나 개발에 적극 나서고 있으며 청도(1,466척), 하문(1,450척), 산야(600척) 등 대형 마리나 항만을 개발 중에 있다. 특히 대만은 중소기업을 중심으로 슈퍼요트 생산 세계 6위권 유지하고 있다. 이에 비해 우리나라는 32여개 마리나 항만이

조성되고 있어 아직도 마리나 항만 개발이 다른 나라에 비해 미흡한 실정이다.

그러나 우리나라는 최근 5년간 레저선박은 3배 이상, 조종면허취득자는 2.3배 증가하는 등 마리나 시장이 빠르게 성장 중이다. 레저선박은'07년 3,944척에서'14년 12,985척으로 3배 성장하였으며, 조종면허 취득자수도'07년에 6만5천명에서'14년에 15만3천5백 명으로 조종면허 취득자가 2.3배 증가를 보이고 있다. 2020년까지는 2만 척까지 급격히 증가할 것으로 전망되어 타 산업에 비해 많은 성장 가능성과 잠재 수요를 가진 유망산업으로 부상될 것이다.

이에 반해 마리나는 27개소(1,600척 계류), 레저선박 제조업체는 10여 개소에 불과하여 산업기반이 크게 부족한 상태이다.

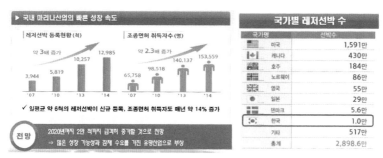

자료: 해양수산부(2015) 자료 재구성

<그림 3-2> 우리나라 마리나산업 현황

국내 마리나 수는 일본(570개소)의 1/21 수준이며, 레저선박 수는 우리와 고소득층수가 비슷한 덴마크의 1/7수준에 불과하다.

<그림 3-3> 우리나라 마리나산업 전망

3.1.2 크루즈 산업

최근 5년간 세계 크루즈시장은 연평균 5.1%씩 성장하여 '15년 크루즈 관광객 수는 2,400만명, 직접 소비액은 362억 달러로 추산된다. 향후 크루즈관광객은 연 4% 성장을 지속하여'20년 3,110만 명으로 증가할 것으로 예상하고 있다.

<표 3-1> 세계 크루즈 관광객 추이 및 전망

(단위: 만명)

구분	2000년	2005년	2010년	2015년	2020년
세계	960	1,430	1,910	2,400	3,110
북미	670	1,000	1,100	1,280	1,490
유럽	200	320	570	750	980
아시아	78	76	91	209	532
오세아니아	11	19	47	83	107
기타	-	0.2	0.9	0.8	1.0

자료: 한국해양수산개발원(2015), Ocean Shipping Consultants, Cruise Industry News.

세계 크루즈선박은 총 377척('12.말)이며 주요 4개 선사가 선박수의 45.1%, 수용능력의 86%를 점유하여 과점체제를 형성하고 있다. 승객수용능력은 카니발(46.5%), 로얄케리비안(23.8%), 스타크루즈

(9.0%), MSC(6.9%) 순이다.

권역별로는 미주·유럽 비중이'00년 94%에서'15년 88%로 감소한 반면, 아시아, 오세아니아 등 기타지역이 빠른 성장세를 보이고 있다.

<표 3-2> 세계크루즈 선사 현황(2015기준)

선사명	브랜드(개)	선박척수(척)	선실수(개)
합계	-	300	483,074
CCL	9	100	218,096
RCL	7	46	110,774
NCL	3	22	45,012
MSC	-	12	31,060
기타: 33개선사	-	120	78,132

자료: 한국해양수산개발원(2015), 2015-2016 State of the Industry Annual Report, Cruise Industry News.

우리나라 방문 크루즈관광객은 최근 5년간(2009~2014) 연평균 69%로 급성장하고 있다. 2014년 105만 명이 입국하여 1조원이상 소비지출 효과를 발생했다. 2015년 메르스로 크루즈 관광객은 88만 명으로 감소하였으나 2020년 300만 명 이상 해외 크루즈 관광객을 유치할 계획이다.

반면 우리나라 모항 기준 크루즈 관광객은 부산연안 주말 크루즈 연 14천명, 여행사 타임차터 크루즈 연 2천명, 해외 크루즈 이용 16천명 등 국내수요는 3만여 명 수준이다. 2016년 부산항, 동해항 준모항 운항(15항차)과 2017년 국적 크루즈가 취항할 예정이며, 2020년까지 국내 모항 이용 크루즈관광객은 20만 명 이상으로 증가할 것으로 예상한다.

* 동해항(16.1월) : 스카이씨호(7만톤급 800명), 동해 → 일본 → 부산(4박5일)
* 동해항(16.5월) : 빅토리아호(7만톤급 2,000명), 동해 →블라디보스톡 → 일본 →부산(7박8일)
* 부산항(16.6～/13항차) : 빅토리아호(7만톤급 2,394명), 부산 → 일본 → 부산(5박6일)

<표 3-3> 기항지 크루즈 관광객 추이 및 유치

(단위 : 만명)

구분	2005년	2009년	2014년	2016년	2020년
합계	3	7.6	105	150	300
제주	0.3	3.8	59	100	200
부산	2.5	2.7	24	30～40	60
인천	-	0.9	18	20～26	37～46
여수	-	-	-	1	2
동해·속초	-	-	-	0.3	1
기타	0.2	0.2	4	-	-

자료: 한국해양수산개발원(2015), KMI 동향분석

크루즈 관광시장을 확대하기 위해서는 중국을 중심으로 급증하는 아시아 크루즈 관광객의 50%이상 유치할 수 있도록 해외 홍보 활동과 기항지 추가 개발 등 수용 능력 확대에 노력해야 한다. 아시아 크루즈 관광객은 모항기준으로 2010년에 91만 명에서 2015년에 209만 명으로 2020년에는 532만 명으로 가파른 성장세를 예상하고 있다. 대표적으로 중국은 모항기준으로 2010년에 14만 명에서 2015년에 109만명으로 성장하고 2020년에는 400만명으로 성장할 것으로 예상하고 있다.

우리나라 크루즈 관광산업은 상해, 천진, 청도 등을 모항으로 출항하는 한-중-일 항로의 크루즈관광객이 연 20%이상 급증하고 2020년까지 지속적으로 증가가 예상된다. 2014년 크루즈 관광객은 105

만명, 2017년 200만명, 2020년까지 300만명 이상으로 증가할 것으로 예상하고 있으며, 지역 경제효과는 2014년 1조원에서 2020년 3조4,194억원의 지역 소비 지출효과가나타날 것으로 분석되고 있다.

따라서 향후 크루즈 관광산업 발전을 위해서는 다음과 같은 노력이 필요하다.

첫째, 기항지별로 특화된 관광상품을 개발하고 신속한 출입국 심사를 추진하여 크루즈 관광객 불편해소 등으로 기항지 만족도를 제고해야 한다.

중국은 천진항, 중부는 상해항, 남부는 샤먼항 중심으로 2020년까지 모항 10개소, 크루즈관광객 400만명을 육성할 계획이다. 또한, 중국 여행사는 일본 '선박관광 상륙 허가제' 시행('15.1월)과 중일관계 개선 등으로 일본 크루즈 상품을 우리나라 보다 더 많이 판매하고 있다. 중국크루즈경제연구센터에 의하면 우리나라 메르스로 인해 중국 출항 크루즈선이 후쿠오카와 나가사키에 기항하면서 중국 크루즈 관광객이 일본을 더 선호하는 것으로 파악되고 있다.

일본은 중국 출항 크루즈관광객 유치를 위해'15년 1월 비자면제 정책과 출입국 심사제도를 개선하고, 크루즈선에 대한 항만시설 사용료 면제와 크루즈관광객 터미널 사용료도 1인 500엔(4,700원)에서 1척 3,500엔(33천원)으로 감면해 주고 있다. 또한 한국 기항지와 중국 크루즈관광객 유치 경쟁을 위해 자국 기항지 불편 해소를 위해 파격적인 제도개선 추진하여 법무대신이 승인한 크루즈선에 탑승하는 여객의 비자면제와 얼굴촬영 생략과 양손지문만 날인 등 출입국 심사인력 확충 등으로 심사시간을 최소화하고 있다.

향후 외국 크루즈선사들도 2015년 8척에서 2020년 30척 그리고 2030년 100여척의 크루즈선을 투입하여 급증하는 크루즈 수요를 수용할 계획이다.

둘째, 잠재력 있는 신규 기항지 정착 및 개발이 필요하다. 아시아는 일본 30개 기항지 등 아시아에 총 168개의 기항지가 운영되고 있으나, 우리나라는 부산·제주·인천항 등 5개 기항지에 불과하다. 정부는 2016년 크루즈가 신규로 입항하는 여수항, 속초항이 기항지로 정착될 수 있도록 기반시설 확충과 마케팅 지원을 강화하고 있으나, 항만시설이 개발되어 있고, 독특한 지역 문화, 관광 인프라 등 잠재력 있는 신규 기항지 정착 및 개발이 필요하다.

셋째, 관광지로 활용이 가능한 섬과 무인도서를 해양관광 기항지를 개발해야 한다. 독특한 자연환경, 관광지 개발이 완료된 흑산도, 홍도, 울릉도, 거제 외도·장사도 해상공원 및 개발 가능성이 있는 섬을 크루즈 관광객 기항지 상품으로 개발할 필요가 있다.

또한, 무인도서의 지리적, 관광 인프라 등을 감안하여 크루즈 관광객이 6~8시간이상 해양관광이 가능한 무인도서를 기항지로 발굴하여, 크루즈는 무인도서 인근에 정박 후 텐더보드를 이용하여 해수욕장, 요트, 카약, 산책 등 해양관광 기반시설 조성하여 활용하도록 해야 한다.

자료: 로얄캐리비언 퀀텀호, 로얄캐리비언 홈페이지, 2017

<그림 3-4> 운항중인 크루즈 선박

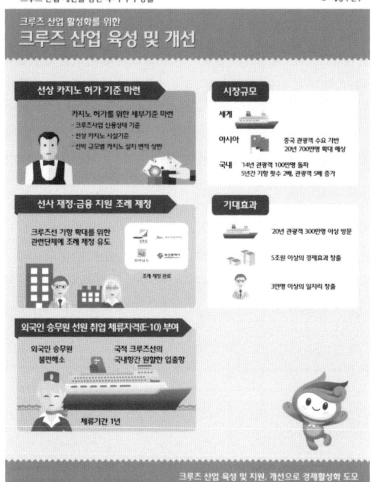

<그림 3-5> 크루즈 산업 육성 계획

3.2 우리나라 해양관광자원

3.2.1 우리나라 해양관광자원 실태조사

2013년 해양수산부에서 실시한 우리나라 해양관광자원 실태조사 결과, 연안 소재 11개 시·도에 총 1,435개의 해양관광자원이 있는 것으로 조사되었다.

이중 자연자원[4]이 591개(41.2%), 문화자원[5]이 240개(16.7%), 휴양·레저자원[6]이 604개(42.1%)를 차지하고 있다. 전체 자원 중에서는 해수욕장(358개, 24.9%), 지역축제(130개, 9%)가 가장 많은 분포하고 있다.

지역별로는 해수욕장이 많은 강원이 263개로 가장 많고, 전남, 충남 순으로 나타났으며, 3개 시·도의 관광자원이 전체의 47.3% 차지하고 있다. 해역별로는 동해, 남해, 서해 순으로 해양관광자원이 분포되어 있다. 특히 서해권은 인구밀집도에 비해 해양관광자원 개발이 미흡한 것으로 파악되고 있다.

휴양·레저자원은 지역적 편중이 심각하며 종합적 개발계획 수립을 통해 이를 극복할 필요가 있다. 행양 전시관은 전남·경남·경북이 전체의 55.8%를 보유한 반면, 전북에는 전무하여 지역별 균형투자가 필요한 것으로 파악된다. 낚시터·수상레저는 낚시터·유어장은 경남이 44.4%, 수상레저사업장은 강원과 경남이 68%를 보유해 지역적 편중이 심각하다. 캠핑장 등은 부산·울산·경기는 각 1개소에 불과하여 대도시권 인프라가 많이 부족한 것으로 나타났다. 특히 어촌휴양지인 어촌휴양단지는 경남이 전체 13개소 중 10개소를 보

---

4) 자연자원 : 천연보호구역, 경승지, 해수욕장, 해안산책로 등 자연적 관광자원.

5) 문화자원 : 지역축제, 체험마을, 토속음식, 유원지, 테마공원/리조트 등의 자원.

6) 휴양·레저자원 : 캠핑장, 유람선터미널, 수상레저사업장, 낚시터 등 활동지원 자원.

유하고 있는 등 지역적 편중현상이 뚜렷하다.

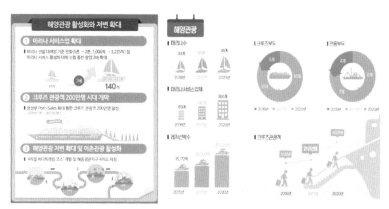

자료: 해양수산부(2017), 인포그래픽

<그림 3-6> 해양관광·레저 현황 및 계획

<표 3-4> 우리나라 해양관광자원 실태조사 자원별 분포현황

구 분			전국	부산	인천	울산	경기	강원	충남	전북	전남	경북	경남	제주
합계			1,435	61	100	22	53	263	168	54	248	117	249	100
문화자원	축제	지역축제	130	6	8	1	6	16	19	6	27	8	23	10
	마을	어촌체험마을	104	3	3	0	9	8	9	7	30	8	20	7
		전통마을	6	0	0	0	0	6	0	0	0	0	0	0
자연자원	해수욕/산책	해수욕장	358	7	37	5	4	103	47	10	65	33	28	19
		해안산책로	81	7	10	3	4	7	8	4	12	5	13	8
	보호구역	천연보호구역	39	2	8	0	0	4	5	0	10	1	7	2
		해양생태계보호구역	9	3	1	0	0	0	1	0	3	0	0	1
		습지보호지역 (연안)	12	0	2	0	1	0	1	2	5	0	1	0

대분류	중분류	소분류											
	경승지	전망대/조망시설	61	3	3	0	9	5	5	4	12	7	11	2
		일출/낙조/경관도로	31	2	1	1	1	10	1	0	4	6	3	2
	전시/관람시설	전시관	43	4	2	3	2	4	2	0	11	7	6	2
		영화/드라마/촬영지	27	0	4	2	2	2	2	1	9	4	1	0
	스포츠/체육시설	낚시터/유어장	90	1	6	3	3	1	8	5	13	2	40	8
		수상레저사업장	128	9	0	0	5	53	3	3	5	8	34	8
		마리나/요트계류시설	26	1	0	0	2	4	1	1	2	2	6	7
지원시설	숙박/식음시설	야영캠핑장/자동차야영장	37	1	2	1	1	7	2	2	8	2	5	6
		토속음식/식품	112	2	2	1	0	28	44	1	7	17	9	1
	교통시설	여객선터미널	44	1	8	0	0	3	4	4	7	4	4	9
		유람선선착장	45	8	2	1	1	1	4	3	6	0	14	5
	유원/휴양시설	테마공원/리조트	22	0	0	1	2	0	1	0	7	2	8	1
		유원지	16	1	0	0	1	1	0	0	5	1	6	1
		어촌휴양지	14	0	1	0	0	0	1	1	0	0	10	1

자료: 해양수산부 (2013), 해양관광자원 실태조사

3.2.2 우리나라 해양관광·레저산업의 대내외 여건

우리나라 해양관광 레저산업은 주5일제 근무 정착, 국민소득 향상 및 여가시간 증대 등으로 해양관광·레저에 대한 관심 및 참여 증가와 국토의 3면이 바다로, 긴 해안선 및 연안별로 독특한 해양관광자원을 보유하고 있다. 다양한 관광수요를 충족할 수 있으며, 지정학적으로 동북아 중심에 위치하고 있어 중국을 비롯한 동아시아 관광객 유치에 유리하며, 특히 한류 확산 및 동북아 관광시장 성장으로 해외관광객이 증가하고 있는 추세이다.

그러나 우리나라 해양관광 레저시장은 해수욕장 등 기존 관광시설의 낙후, 숙박 등 지원시설 부족, 수요 다변화를 위한 관광상품 및 고부가가치 콘텐츠가 미흡한 실정이다. 또한 기존의 관광자원간 연계프로그램 및 해양관광·레저 전문인력 부족으로 활성화에 어려움을 겪고 있다. 불안정한 국제경제 상황에 따른 관광수요 변동 및 국내 정세불안과 물가상승으로 인한 관광활동이 위축될 우려가 있다.

'해양강국'을 표방하고 나선 중국이 2013년을 '중국 해양관광의 해'로 정하고 해양관광자원과 상품 홍보에 집중 투자하기 시작했다. 중국은 해양관광의 중요성을 인식하고 대대적 마리나 개발로 인한 마리나 산업 주도권 상실 및 해양관광산업도 우려된다.

중국 국가해양국과 관광국은 U해양관광 발전 추진협력을 위한 MOU를 체결하고 공동으로 해양관광산업의 육성을 적극 추진하기로 합의했다. 이 MOU에서 양 기관은 해양관광산업의 공동 육성을 장기 협력추진 과제로 확정하고, 해양관광산업을 지속 가능한 해양개발 및 해양경제 성장의 신 성장 동력으로 육성할 것을 다짐했다.

해양관광산업의 발전을 위한 효율적인 협조체계를 구축하고 해양관광산업을 관련 해양개발계획 및 관광발전계획에 포함시킨다는 계획이다. 또한 사익 목표의 순조로운 이행을 위해 양 기관은 지도팀과 협의체제를 구축, 공동으로 해양관광지도소조 및 판공실을 설치해 해양관광산업 발전 촉진정책을 수립하고, 관련사업 자금을 유치하며 대형 이벤트를 기획하는 등 해양관광산업의 발전을 위한 유리한 환경을 조성하고 있다.

이밖에 공동으로 해양관광 자원현황을 조사하고 해양관광 발전보고서를 작성함으로써 향후 발전방향을 제시함과 더불어 이를 바탕으로 U해양관광산업 촉진을 위한 지침을 마련, U중국해양관광보고백서도 발행한다.

주요 사업으로는 해양관광 시범구 개발을 추진 특히 시범현(縣), 시범노서, 시범관광구를 개발하고 중점 해양관광구를 국제경쟁력을 갖춘 관광구로 육성하며, 주요 해양관광 도시를 우수관광목적지로 적극 육성하고 있다. 아울러 해양관광축제, 해양관광설명회 등 이벤트를 개최하고 각급 정부의 해양관광에 대한 정책 및 자금 지원을 적극 지원하고 있다.

중국은 1만8000km에 달하는 해안선과 1만4000km에 달하는 도서연안선(해양국토 면적 약 300만㎢)을 보유하고 있는 가운데 해양관광 개발가능지역이 1500여 곳에 달하고 있으나, 이미 개발한 지역은 350여 곳으로 전체의 23.5%에 불과한 실정이다.

현재 중국 해양경제의 총생산가치 중 관광업은 25.6%로 해양어업 관련 산업(24.6%), 해양교통운수업(14.1%) 보다 큰 비중을 차지하고 있다.

3.2.3 해양관광·레저 트렌드의 변화

미래 해양관광 트렌드는 힐링·건강, 환경, 개성·감성, 글로벌화 등이 부각되고 있다. 다음과 같이 계절별·지역별로 차별화된 콘텐츠 제공을 통해 해양관광수요의 지속적 창출 도모해야 한다.

① 힐링·건강

고령사회 도래로 휴식과 힐링, 건강에 대한 관심이 증대되어 해양 헬스케어 및 힐링프로그램 개발이 강조되는 추세이다. 해양레저스포츠 활성화를 통한 인프라 구축과 서비스 강화 등 전략적 접근이 필요하다.

연도별	2007	2012	2017	2020
레저선박(척)	4,000	8,600	15,000	25,000

<표 3-5>레저선박 증가전망

② 환경

기후변화에 대한 관심이 증대하고 녹색성장과 연계하여 지속가능한 관광이 강조되고 있다.

환경친화적으로 관광자원 개발사업을 추진하고, 자전거 및 도보 여행 증가, 생태체험 해양관광이 선호되고 있다.

③ 개성과 감성

소비 양극화와 더불어 SNS 확산에 따른 정보공유 강화로 관광콘텐츠 생산과 소비의 경계가 붕괴되고 개성과 감성 중시되고 있다. 맞춤형 관광콘텐츠 및 고부가가치 상품 개발 등 개인의 선택 폭을 확대하고, 사이버공간을 활용한 홍보 및 정보공유 등 개인의 개성과 감성의 가치를 창출해야 한다.

④ 글로벌화

교통수단 및 정보통신 발달에 따른 공간적 거리의 축소는 국제적인 사회문화적 교류 및 융합문화의 출현을 촉진하고 있다. 해외 관광객의 취향에 맞는 음식·숙박 등 서비스 제공, 한류 등 문화와 자연자원을 연계하는 체류형 상품의 개발이 필요하다.

4. 해양관광정책 수립

4.1 우리나라 해양관광정책

4.1.1 우리나라 해양관광 기본방향

우리나라 해양관광의 비전은 품격과 매력이 넘치는 동북아 해양관광허브 실현이다. 해양레저문화 확산을 통한 국민행복 실현으로 2023년까지 해양여행이동총량 5억일 달성과 해양관광·레저산업 육성을 통한 창조경제 발전으로 2023년까지 해양관광분야 신규일자리 3만5천개 창출을 목표로 해양관광정책을 추진하고 있다. 우리나라 해양관광정책 기본 방향은 <표 6-1>과 같다.

<표 4-1> 우리나라 해양관광정책 기본 방향

전략과제	세부추진과제
휴식과 회복이 있는 행복한 바다관광	· 해수욕장의 사계절 이용 촉진 · 해양치유관광 육성 · 해양휴양공간 조성·정비 · 노후항만의 해양친수공간화
체험과 학습이 있는 즐거운 바다관광	· 생태관광 활성화 · 해양레저스포츠 저변 확대 · 마리나산업 고도화
문화와 예술이 있는 아름다운 바다관광	· 해양문화자원 발굴 및 산업화 · 해양문화시설 확충 · 해양문화도시 브랜드 개발

생활 속 이야기가 있는 정겨운 바다관광	·어촌의 관광자원화 ·테마가 있는 연안 조성 ·섬관광 활성화
세계인이 찾아오는 글로벌 바다관광	·동북아 크루즈 허브 실현 ·국제 마리나 네트워크 구축 ·여수박람회장의 국제해양관광허브화 ·국제대회 및 행사 참여·유치

자료 : 해양수산부(2013), 해양관광정책 자료

4.1.2 해양관광자원 관리 방안

우리나라 해양관광자원 관리 방안은 해양 생태계를 보전하고 정부와 지자체의 역할을 구분하여 해양관광자원의 관리체계를 다음과 같이 구축하는 것이다.

① 해양환경 및 생태계 보전에 부합하는 개발 및 활용

기 개발된 노후·방치시설의 경우 기능 및 디자인 변경 등을 통한 '재생'을 우선적으로 추진하고, 해양관광시설의 신규 조성시 유휴부지를 우선 활용하고, 친환경 기술 적용해 해안경관 가이드라인 준수 등 원칙에 따라 추진한다.

② 중앙정부와 지자체간 역할 구분을 통한 효율적 사업 추진

중앙정부는 새로운 해양관광·레저 분야 육성을 위한 R&D 지원 및 선도사업의 선정·추진, 국정과제 관련 사업을 추진하고, 산업화 도입단계로 현재는 수익성이 낮으나 향후 성장 가능성 및 파급효과가 큰 분야의 육성을 위해 추진하는 정부주도 시범사업을 지원해야 한다.

각 지자체는 지역 특성을 반영한 개별 발전전략 수립 및 관할 해

양관광자원의 활용성 제고를 위한 사업 추진한다. 일반회계와 광특회계 지원사업 기준을 명확히 하고, 지역별 관광특성을 고려하여 해양관광시설 조성 테마 선정 및 추진방침을 마련한다.

③ 해양관광자원의 적극적 관리체계 구축

해양관광자원 현황, 관리·이용실태 등에 대한 정기조사를 실시하는 등 적극적 관리 기반을 마련한다. 해양관광자원의 범위 및 조사·통계 방식, 조사주기 등에 대한 기초연구를 실시하고, 장기적으로 해양관광자원의 인증제 또는 등급제 도입을 통한 체계적 관리체계를 구축한다.

또한, 해양관광자원의 개발·활용에 대한 정부 관계자의 인식 전환 및 이해 제고를 위한 교육프로그램을 개발·운영한다. 해양관광·레저 성공사례 등 정책일반 과정부터 심화과정까지 연차별 교육프로그램 개발하여 교육을 실시한다.

해양관광자원의 해설, 콘텐츠의 개발·판매·홍보, 연구 등 다양한 분야의 전문가 양성을 통해 자원 활용도 제고 및 산업화에 지원한다. 현장 애로사항 청취 및 정책 발굴을 위해 민·관 상시 협력체계를 구축하고 정례회의, 협의회의 개최 등 상시적인 커뮤니케이션을 유지한다.

④ 해양관광·레저활동의 활성화 촉진

사계절 중단없는 해양관광·레저 활동을 촉진하기 위해서 홍보시기, 홍보수단, 연계 콘텐츠 등에 대한 전략적 접근이 필요하다.

신문·잡지, 국가전광판 등을 통한 상시 홍보뿐만 아니라 다큐·영화·드라마 제작지원 등 홍보 방법의 다각화를 추진한다.

⑤ 산업화 단계에 적합한 맞춤전략 마련

해양관광·레저을 고부가가치 산업으로 육성하기 위해서는 분야
별 산업화 단계에 따른 전략 수립이 필요하다.

- 1단계(기반구축) : 신산업분야 지원을 위한 물적·인적·제도적
  기반 조성, 정부주도 시범사업모델 개발·보급
- 2단계(시장 활성화) : 시장세분화를 통해 신규수요 확대를 유도
  하고 규제완화 등 시장 활성화의 장애요인 제거
- 3단계(복합산업화) : 기존 산업과의 융·복합을 통한 신산업 분
  야발굴을 위한 연구개발 지원

4.1.3 해양관광자원 권역별 관리 방안

우리나라 해양관광의 가장 큰 매력은 삼면이 바다이고, 다도해를
구비하고 있다는 것이다. 이에 해양자원을 최대한 이용한 권역별 관
리방안을 전국 연안과 인접해역을 7개 권역으로 나누어 자연·인문·
사회적 여건에 따라 특화된 권역 개발을 다음과 같이 추진하고 있다.

① 수도권 : 도시위락형 국제 해양관광거점으로 육성
- 국제크루즈선 유치를 통한 해양도시관광 활성화
- 도시근교 마리나 확충으로 요트·보트 등 해양레저 확산
- 관광·문화·힐링이 어우러진 복합휴양공간 조성

② 서해안권 : 해양문화·생태관광의 융·복합 모델 창출
- 보전과 체험이 조화로운 해양생태관광벨트 조성
- 해양경관 콘텐츠와 해양생물자원관의 연계 발전

· 해양테마마을, 연안축제 등 지역특화형 관광 개발

③ 다도해권 : 섬·연안·어촌을 연계한 체류형 관광 거점화
· 음식, 체험, 문화가 있는 어촌관광 거점으로 육성
· 다도해 연계 크루즈·요트 등 섬관광 활성화
· 박물관 등 해양문화콘텐츠와 관광·레저의 복합 상품개발

④ 한려수도권 : 활력이 넘치는 해양레저스포츠거점 구축
· 마리나 및 레포츠센터 확충을 통해 해양스포츠교육 메카로 육성
· 해양문화와 수산물 먹거리를 연계한 해양축제 활성화
· 해양경관과 섬을 연계한 휴양형 레저콘텐츠 적극 개발

⑤ 동남권 : 친수문화를 선도하는 국제 해양엔터테인먼트 허브화
· 마리나·크루즈·해양MICE산업 네트워크 형성
· 항만재개발과 미항프로젝트로 국제적 해양친수공간 조성
· 해수욕장과 문화콘텐츠의 연계로 사계절 해양관광모델 구현

⑥ 동해안권 : 여유와 휴양이 있는 해양힐링 거점화
· 해양헬스케어 등 체류형 관광·휴양시설 조성
· 해중레저·해수욕장·해안누리길 연계 콘텐츠 개발
· 해양레저복합공간 조성 및 익스트림 해양스포츠 활성화

⑦ 제주권 : 문화와 자연이 공존하는 세계적 해양관광명소로 육성
· 크루즈·마리나 기반 동아시아 해상관광벨트 구축
· 국제관광지에 맞는 고부가가치 관광상품 개발

· 문화 · 휴양 · 레저스포츠를 융합한 새로운 관광 콘텐츠 확충

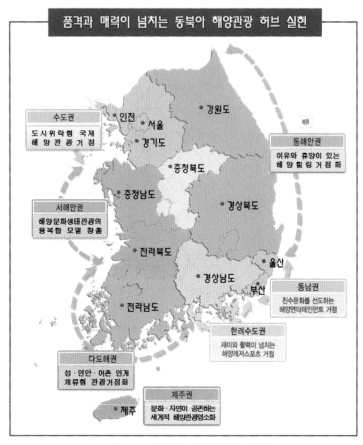

<그림 4-1> 해양관광자원 권역별 구상도

4.2 우리나라 해양관광 활성화 방안

4.2.1 휴식과 회복이 있는 해양관광

해수욕장은 가장 보편적인 해양관광 활동공간이나, 그동안 관련

정책은 단순 시설개선, 위생환경·안전 관리에만 국한되었다. 또한 안전하고 쾌적한 해수욕장 환경조성을 위한 관리를 강화하는 한편, 연중 이용 활성화를 위한 전략 마련이 필요하다. 현재 제주 함덕해수욕장을 '4계절 이용 해수욕장' 시범사업으로 추진하고 있다.

<표 4-2> 해수욕장 지정 및 방문객 현황

해수욕장 지정	방문객(만명)		
	2011	2012	2013
49개 지자체 358 개	7,808	7,527	8,770

자료: 해양수산부, 2014. 통계연보

따라서 우리나라 해수욕장은 단기적으로 해수욕장 관리강화를 통해 낙후된 시설을 정비하고 계절 편중성 극복을 위한 중·장기 전략을 수립해야 한다.

① 해수욕장 매력도 증진을 위한 시설개선 및 콘텐츠 확충

수요자 중심의 공간 활용 계획 수립을 통해 해수욕장을 복합레저공간으로 조성한다. 자연해안 복원 및 해변 방풍림 조성 등 배후 도로·상가시설과의 완충구역을 확보하고, 수상레저기구 운용구역과 물놀이 구역을 구분하고 레저선박 계류장, 진출입로 등 레저활동 지원시설을 확충한다.

수심이 깊거나 고르지 못한 해변의 이용활성화를 위해 플로팅(floating) 풀 또는 해수풀 등을 조성하고, '공연이 있는 해수욕장, 영화가 있는 해수욕장' 등 테마 이벤트 개최를 통해 해수욕장 매력도를 제고한다. 해수욕장을 도시 위락형-전원 휴양형으로 유형화하고 이용

수요, 파급효과 등을 고려한 선택과 집중의 시범사업을 추진한다.

② 안전하고 쾌적한 해수욕장 환경 조성을 위한 관리 강화

해수욕장의 이용 및 관리에 관한 법률 등 해수욕장 관련법 제정을 통해 해수욕장 관리체계를 정비하고 해수욕장 관리·육성에 대한 장기계획 수립의 법적 근거를 마련하고 안전관리의 효율성 제고를 위해 종합 상황실 운영, 통신장비 확충 등을 추진한다.

해파리 방지망 등 안전시설을 확충·개량하고 이안류, 해파리, 태풍 등 위험정보 제공을 위한 전광판·방송부이 설치를 확대하고 수질검사·백사장 관리를 강화하고 영·유아 및 장애인 등 관광취약집단의 이용 활성화를 위한 시설을 개선한다.

해수욕장 관리·운영 실태를 객관적이고 공정하게 평가하고 그 결과에 대한 환류시스템을 구축한다.

③ 해수욕장 웹 사이트개선 및 모바일 앱 개발 등 다각적 홍보 지원

해수욕장 정보 사이트의 콘텐츠 현행화 및 서비스 고도화를 추진하고 해양관광포털 사이트와 연계하여 날씨, 이안류 지수 등 정보 제공을 확대하고 장기적으로 해수욕장과 연계한 여행경로 추천 등 수요자 맞춤 서비스를 제공한다.

해수욕장 이용 및 주변 맛집·숙박 정보 제공을 위한 모바일 앱 개발 등 다각적인 홍보를 강화하고 해수욕장 평가를 통해 선정된 우수해수욕장에 대해 기념조형물 설치 등 집중적인 홍보를 한다.

완도 신지 명사십리 해수욕장 　　　　　 해수욕장 방송부이

<그림 4-2> 안전하고 쾌적한 해수욕장 환경

4.2.2 해양·섬 치유관광 육성

해양치유란 해양치유 자원인 해양기후, 해수, 해니(泥), 해염(鹽), 해사(沙)), 해양생물자원 등을 이용하여 신체적, 정신적 건강을 증진시키기 위한 활동을 말한다. 따라서 해양·섬 치유관광은 해수, 해양기후 등 해양 자원을 활용해 건강관리와 휴양서비스를 제공하는 산업으로, 이미 독일 등 해외에서는 해양치유관광단지를 조성하여 고령층 등 장기체류 관광객을 유치하고 다양한 분야와 연계하여 부가가치를 창출하는 등 적극적으로 육성하고 있다.

2013년 기준, 건강·휴양과 결합된 관광 시장 규모는 4천4백억 달러로 세계 관광시장 매출 총액의 14%에 달하는 것으로 전해진다(The Global Wellness Tourism Economy, 2014). 참고로 프랑스는 1899년 세계 최초 탈라소테라피 센터 개소했으며, 독일은 350여 개의 치유휴양단지(kurort) 조성, 연 45조 달러 매출과 45만여 명 고용 창출하고 있다. 이스라엘은 사해를 이용한 복합의료단지 조성, 머드와 소금을 가공 수출해 추가수익을 창출하고 있다.

그동안 우리나라는 지자체별로 해수·모래찜질, 해수탕 등 체험 시설을 운영해 왔으나, 아직 그 효능에 대한 과학적 입증이 부족하고 지역별 특성을 살려 운영하지 못해 신(新)서비스시장으로 성장시키는 데 한계가 있었다.

최근 들어 해양관광의 중요성이 인식되고, 관심이 커지면서 해양·섬을 중심으로 친환경 유기농 식품, 바다 오존욕를 활용한 치유, 폐(肺)청소 관광, 자연산 해산물을 통한 건강관리 등 다도해를 활용한 섬을 중심으로 해양·섬 치유관광산업의 최적기로 활용되고 있다. 우리나라 연안에 분포한 해양자원을 조사하여 해양치유자원에 대한 정보 기반을 구축하고 안전성과 효용성을 검증하여 상품화할 수 있는 유망 해양자원을 확보가 중요하다.

또한 해양치유자원의 특성을 반영한 치유요법 활용 지침을 마련하는 한편, 관련 제도를 정비하고 민간 투자자를 유치할 수 있도록 휴양·레저·의료가 결합된 사업모델을 마련해야 한다. 풍부한 해양자원과 의료 기술에 체계적인 연구와 투자를 더하여, 미래유망산업인 해양치유관광산업을 적극적으로 육성과 해양·섬 치유관광산업을 통한 국민 건강 증진 및 해외 관광객 유치 등에 노력이 필요하다. 또한 자연자원을 활용한 재활·치유·건강증진 방안과 해안림을 활용한 질환치유센터, 해안림 치유마을 등을 단계적 지원방안 수립을 통해 고부가가치 신산업으로 조성한다.

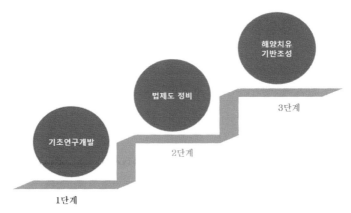

<그림4-3> 해양치유관광 단계별 육성방안

따라서 해양·섬 치유관광산업은 해양관광 뿐만 아니라 만성질환, 환경성 질환의 급증 및 웰빙, 힐링 수요 증가에 따라 다음과 같이 조성한다.

① 해역별 해양치유자원 특성화 사업모델 개발

해양자원별 치유성분 및 기제, 각 해역별 해양치유자원의 효능·성분 차이 등 분석을 위한 기초 R&D 추진하고 권역별, 해양치유자원별 해양관광·레저 연계 콘텐츠 발굴 등 해양치유자원의 구체적 활용방안 및 사업모델을 개발한다.

② 해양헬스케어산업 육성 기반 마련

해양건강치유사 제도 도입, 해양치유센터 조성·운영 등 해양헬스케어산업 육성을 위한 법적근거를 마련하고 정책 지원체계 강화 및 민·관 협력체계 구축을 위한 '해양헬스케어 협의회'를 구성한다. 또한 해양헬스케어 교육 프로그램 개발 및 전문교육기관 지정 등 해양헬스케어 전문인력을 양성한다.

③ 해양헬스케어단지 조성

해양자원을 이용한 치유·재활 서비스와 해양관광·레저 기능을 결합한 복합레저단지인 '해양헬스케어 시범단지' 조성 및 국가지원 해양헬스케어 시범단지 입지 선정을 위한 기본계획 수립하여 해양헬스케어 관련 산업 클러스터를 구축하고 관련 산업의 동반육성을 위한 종합대책을 수립한다. 해양헬스케어 관련업·단체, 여행사 등 대상 팸투어 실시, 국제행사 유치·참가 등 대외 홍보를 통해 해외 관광객을 유치한다.

스모그로 찌든 가슴에 맑은 공기를…中 '폐(肺)청소 관광' 새 트렌드로

심각한 스모그로 몸살을 앓고 있는 중국에서 '폐청소 관광'이 새로운 여행 트렌드가 되고 있다고 파이낸셜타임스(FT)가 25일 보도했다. 매년 10월 초 국경절 황금연휴가 끝나면 중국 여행업계가 비수기에 들어가는데 올해는 중국 주요 여행사의 최근 한 달 매출이 작년 같은 기간보다 20%가량 늘었다. 사람들이 주로 찾는 곳은 중국 최남단에 있는 섬 하이난의 산야 지역과 티베트 자치구의 라싸, 동중국해의 저우산군도 등 중국에서 대표적인 '청정지역'으로 꼽히는 곳들이다.

FT는 "베이징 등 대도시 부자들과 외국인이 '폐청소'를 위해 대기오염이 덜한 지역으로 여행을 떠나고 있다"고 전했다.

중국은 통상 겨울 난방이 시작되는 11월 초·중순경부터 심각한 스모그 현상이 발생한다. 올해는 아시아태평양경제협력체(APEC) 정상회의 기간에 차량 2부제를 실시하고 공장 가동을 중단해 이례적으로 대기 상태가 좋았다. 하지만 회의 폐막 후부터 PM2.5(지름 2.5㎛ 이하 초미세 먼지) 농도가 300을 넘어서는 등 다시 평년 수준으로 돌아갔다.

중국 내 일부 다국적 기업은 아예 '폐청소 휴가제도'를 시행하고 있다. 한 다국적 기업은 중국에서 가장 스모그가 심각한 지역으로 꼽히는 베이징과 시안의 근무자에게 분기당 한 차례 2박3일 특별 휴가를 주고 있다.

(한국경제, 2014.11.25.)

4.2.3 해양휴양공간 조성

최근 캠핑과 트래킹 등 야외 여가활동 수요가 급증함에 따라 캠핑장 및 도보여행길, 친수공원 등을 조성하고 있고, 이에 따라 중복적 투자, 시설의 난립, 관리소홀 등에 따른 이용객 불만족 등 부작용이 나타나고 있는 실정이다.

이러한 문제점 극복을 위해 연안의 레저활동 지원시설을 정비하고 이용객 만족도를 높일 수 있는 콘텐츠 개발 및 서비스 제고를 위해 기존시설 정비·재생, 다양한 친수시설 조성 등을 통해 해양레저 문화를 다음과 같이 조성해야 한다.

① 연안유휴지를 활용한 국민여가·휴양시설 조성

연안 유휴지를 개발하여 부담 없이 체류형 관광을 즐길 수 있도록 저가형 숙박시설 (오토캠핑장, 텐트촌), 해양테마공원, 산책로 등 친서민형 기반시설을 조성하고 선도사업에 대한 시설별 이용 수요 및 효과 등 분석하여 추가사업 추진 시 활용성이 높은 시설 위주로 도입한다.

② 해양관광·레저 지역 특화 시설사업 추진

해양관광·레저시설 조성사업 추진방안 수립을 통해 시설별·권역별 도입 기준을 마련하고 신규 수요를 조사하고 해양자원 활용 및 새로운 관광수요 창출을 위하여 해양레저 복합공간, 마리나, 친수공원, 낚시공원 등 지역 특성에 부합하는 해양관광시설 조성사업 지속 추진한다.

<표 4-3> 연안 11개 시·도별 해양관광·레저 시설사업 소요('14~'23)

지자체 / 구분	총계	부산	인천	울산	경기	강원	충남	전북	전남	경북	경남	제주
총계	171	8	7	3	9	18	11	4	38	17	41	15
낚시공원	6	-	-	-	-	-	1	-	2	-	2	1
해중공원	3	1	-	-	-	-	-	-	-	1	1	-
친수공원	25	2	2	-	-	7	2	-	3	1	6	2
마리나시설	29	-	-	-	2	-	4	-	8	1	9	5
해양레저시설	36	-	-	1	1	5	1	-	12	6	8	2
경관개선	13	2	1	1	-	2	-	1	1	2	2	1
이용시설개선	4	1	-	-	-	2	-	-	-	-	1	-
체험 등 복합타운	25	-	1	1	3	-	-	1	7	5	4	3
생태관광시설	4	-	1	-	-	1	-	-	2	-	-	-
섬 관광 콘텐츠	11	-	1	-	1	-	2	-	3	-	3	1
기타	15	2	1	-	2	1	1	2	-	1	5	-

자료: 해양수산부(2013), 시·도별 해양관광·레저 시설사업 수요조사 결과.

③ 친수연안 조성 사업 추진

기후변화 등 연안환경 변화에 적극 대응하고 국민의 다양한 연안 수요 충족을 위한 신 개념의 연안정비사업 추진하고, 연안의 질적 환경 개선을 위해 단순 침식방지에서 친수연안 공간 조성을 동시에 실현 할 수 있는 다목적 연안정비사업으로 전환한다.

보전가치가 있는 자연 바닷가를 연안완충구역으로 지정하여 친수 연안정비, 해안림 조성 등 보전·관리계획을 수립하고 연안완충구역 지정을 통해 취약지역에 대한 바닷가 지적등록을 방지하고 관리의 사각지대에 있는 염생식물 군락, 해안림에 대한 항구적 관리를 도모 한다.

아름답고 쾌적한 연안공간 조성을 위해 새로운 「해양경관 관리 제도」를 마련하여 시행한다. 안전하고 조화로운 해양디자인에 대한 이해와 활용을 위한 해양경관디자인 관리지침 마련 및 관련규정을 신설한다.

④ 해안 도보여행 활성화 기반 조성

해안누리길의 편의시설과 안내판 설치 등 시설개선 및 팸투어 실시, 모바일 서비스 제공 등 홍보를 통한 활성화 지속 추진한다. 등대, 해수욕장 등 주변 해양관광자원과 연계한 관광루트를 개발하고, 안전펜스, CCTV 설치 등 이용자 안전을 도모한다.

해안 누리길에 대한 전반적 재평가를 통해 노선별로 개발·활용 등급을 부여하고 이에 따른 지원전략을 수립한다. 해안 도보여행 지원센터를 지정하고 이를 통해 여행자에게 각종 편의 서비스를 제공한다. 해안누리길 인근 편의점, 민박집 등을 지원센터로 지정하고 짐 보관, 센터간 운송 서비스, 노선·숙박·맛집 안내 등을 제공한다. 장기적으로 지원센터간 네트워크 구축을 통하여 '해안 도보여행 U자 벨트'를 실현한다.

4.2.4 항만구역 내 해양친수 공간 확충

노후·유휴항만 재개발로 품격 있는 항만도시를 조성하여 국가브랜드 가치가 필요하고, 준설토 투기장을 종합관광·레저단지로 조성하여 지역 특성에 맞는 항만 재개발로 시민친화적 워터프론트를 조성한다.

① 노후·유휴 항만의 국제 해양관광·레저거점화

국제적인 해양관광 및 비즈니스·물류거점화를 위해 국제여객터미널 신축 및 친수공원 조성 사업을 추진하고, 준설토 투기장과 연계한 종합관광·레저단지로 조성하기 위한 재개발사업을 추진한다.

② 국가 미항(美港)프로젝트 추진 기반 마련

항만재개발 및 미항사업 추진 근거 마련을 위해서 「(가칭)항만지역발전법률 제정(안)」을 마련하고, 노후·유휴항만을 해양관광·레저거점으로 육성하기 위해 지역특성에 맞는 개발 컨셉 마련 및 친수공간 확보한다. 또한 해안경관 개선 및 시민친화적인 해양·항만 공간조성을 위한 노후항만에 대한 '국가 미항프로젝트' 기본을 구상한다.

③ 테마형 관광어항 정비사업

해양레저, 어업체험(낚시, 스킨스쿠버, 요트, 어촌체험 등) 등 지역여건을 고려하여 관광·레저 중심의 테마형 관광어항을 조성한다. 국가어항 관광·레저 개발계획 및 기존 어항시설을 활용한 해양관광 활성화 방안을 수립하고, 지역특성에 맞는 특화어항을 개발한다.

4.3 해양생태관광 인프라 구축

4.3.1 생태 해양관광 활성화

최근 생태관광에 대한 관심이 커지고 있다. UN은 '02년을 '세계생태관광의 해'로 지정한 바 있으며, 우리나라 생태관광지역를 지정하는 등 국내외 관심이 증대하고 있다.

현재 국내 해양생태관광은 주로 해양보호구역을 중심으로 이루어지고 있으나 순천만자연생태관 방문자수가 전체의 86.4%를 차지하는 편중 현상을 보이고 있다. 돌고래, 고래 등 해양포유류 조망관광 등 해양생물자원의 보전·보호 대안 마련과 함께 프로그램의 다양화가 필요하다.

따라서 해양생태자원을 활용한 체험 및 학습 콘텐츠 확충을 통해 지속가능한 생태관광으로의 패러다임 전환이 다음과 같이 필요하다.

<표 4-4> 생태관광지구(2013년)

구분	시역
생태관광지구 (12개)	부산 낙동강하구, 울산 태화강, 인제, 양구 DMZ, 평창 백령동굴, 서산 천수만, 서천 금강하구 및 유부도, 순천만, 울진 왕피천 계곡, 창녕 우포늪, 남해 앵강만, 제주 동백동산습지

① 해양생태관광 활성화 기반 조성

해양보호구역과 배후 마을을 연계한 '해양생태관광지구'를 조성하고 해양보호구역내 생태체험·학습 활성화를 위해 진입로, 탐조시설 등 기반시설을 확충하고 방문객 센터 등 편의·지원시설을 도입한다.

해양보호구역 배후 마을을 '해양생태마을'로 조성하여 생태 학습 및 저탄소 생활체험공간으로 활용하고 갯벌생태안내인 육성 및 인증제도 활용을 통해 해양생태관광 활성화를 위한 인적 기반을 마련한다.

② 해양생태관광 콘텐츠 개발

해양보호구역내 해양생물·생태계·경관구역 등 특화된 관광프로그램을 개발하고 해양보호구역 방문객 센터의 체험·학습 콘텐츠 개발 지원 및 센터간 네트워크 체계 구축을 통한 운영 내실화를 추진한다.

전국 해양보호구역을 연계한 국민대장정 프로그램을 개발하고 국토대장정 프로그램과 접목하여, 지역에 기반을 둔 협동조합을 연계하여 지역경제 활성화에 기여토록 한다.

고래, 물범, 조류, 조간대 식생 등 조망 포인트를 개발하고 이들을 연결하는 연안크루즈 상품을 개발하고 해양생물자원관을 통해 해양생물의 다양성 및 자원활용성에 대한 전시 및 교육프로그램을 운영한다.

③ 해양생태관광 정보서비스 강화

수요자별 맞춤형 정보 제공을 위해 관련 D/B구축 및 Web-GIS(지리정보시스템) 형태 서비스를 추진하고 갯벌·해양생태·해양보호구역에 대한 조사결과 등에 대한 정보를 집적한다.

생태관광에 대한 국민의 관심 증대를 위해 사진전 등을 개최하고 홈페이지, SNS 등을 활용한 홍보를 강화한다.

4.3.2 해양레저스포츠 저변 확대

요트 등을 활용한 수상레저활동이나 해중레저활동 인구가 증가하면서 해양레저시장이 새롭게 주목받는 시장으로 부상하고 있다. 고부가가치 신산업으로서 해양레저산업을 육성하기 위해 해양레저스포츠의 저변을 확대하고 산업화 지원을 위한 인프라 확충이 필요하다.

따라서 요트·보트, 레저낚시 등 해양레저스포츠 대중화를 통해 관련 산업 육성을 위해 다음과 같이 잠재수요 확보를 추진한다.

① 해양레저스포츠 체험프로그램 확대

도심 근교 중심으로 해양레저스포츠 체험교실을 확대 운영함으로써 일반인의 접근성을 쉽게하고 요트 계류시설 및 교육시설을 갖춘 해양·수상레포츠센터 건립을 통해 이용접근성 제고 및 해양스포츠 붐을 조성한다.

해양스포츠에 대한 수준별·단계별 교육 프로그램 개발·확충을 통해 해양레저문화를 확산하고 요트세일링, 보트조종술 및 레저기구 제작 등 심화 프로그램을 보강하고 조종면허 취득과 연계 추진한다. 카약·카누·보트 뿐 만 아니라 스킨스쿠버, 서핑, 웨이크 보드 등 해양스포츠 체험프로그램 추가 운영한다.

수영·딩기요트를 중심으로 해양레저스포츠 시범학교(초·중등)를 지정·운영함으로써 해양스포츠 대중화를 도모한다. 초·중등학교 방과후 학습 및 현장체험활동 프로그램에 해양레저스포츠를 반영하여 청소년 체험기회를 확대한다.

② 전국해양스포츠제전의 위상 제고 및 각종 대회 개최

'전국해양스포츠제전'의 국민적 인지도 및 사업효과 증진을 통해 국내 최대의 해양레저스포츠 대회로서의 위상을 정립하고 해양스포츠 체험프로그램, 문화행사 등 다양한 이벤트 개최로 일반 관람객을 유치한다.

동호인 대회 지원을 통해 대회참가를 독려하고 경기력 향상을 유도하는 한편, 붐 조성에 활용한다. 국제요트대회, 파워보트 대회, 카누·카약대회, 전국 Open Water Swimming 대회 등 대회 개최를 통한 국민적 관심을 유도한다.

③ 레저낚시의 대중화 기반 조성

낚시터 환경개선 사업을 통해 안전하고 깨끗한 낚시공간을 조성하여 자원감소·환경오염·안전사고를 방지하고, 편의 및 안전시설의 구축, 안전사고 방지대책 수립 등 평가를 통해 우수낚시터를 지정한다.

선진 낚시문화 조성을 위해 낚시터·어선업자 대상 교육 강화 및 자율적 감독 체제를 구축하고 낚시터업자, 낚시어선업자를 대상으로 하여 안전사고 예방 및 정부정책 등의 교육을 통해 '명예감시원' 제도를 운영하여 낚시 관련 규제에 대한 감시·감독, 건전한 낚시문화를 조성한다.

어린이의 낚시 입문 촉진을 위하여 '어린이 낚시교실'을 개설·운영하고 가족이 함께하는 낚시대회를 개최한다. 낚시포털(naksinuri.com) 및 모바일 서비스 운영으로 낚시 관련 다양한 정보들을 효과적으로 전달하도록 노력한다. GIS(Geographic Information System)기반으로 낚시터·낚시어선 정보검색 및 예약, 해황·숙박업소 등의 정보를 제공하는 모바일 앱을 개발한다.

④ 해중레저의 대중화 기반 조성

해중레저활동 활성화 및 장애요인 해소를 위한 해중레저 활성화대책을 수립하여 다이버 이동수단 합법화, 활동자 안전보장 조치 등 합리적 개선책을 마련한다. 해중레저는 그 활동 형태가 특수하여 기존 '수상레저안전법', '유선 및 도선사업법', '낚시 관리 및 육성법'에 반영 불가하고, 별도 법률로 제정이 필요하다.

스킨스쿠버, 씨워킹, 스노쿨링 등 해중레저 체험이벤트를 개최하고 해중전망탑 조성 등을 통해 해중레저문화를 확산시킨다.

인근 어항내 진출입 계단, 로프 설치 등 지원시설확충 및 해중경관지구 지정, 바다숲 조성 등을 통한 해중레저 공간을 조성한다. 해중경관지구 지정을 위한 수요파악 및 실태조사 등을 통해 지정기준 및 절차 등을 마련한다. 폐어선, 인공 어초, 산호초 양성 등을 통한 해중경관 조성 사업을 추진한다. 중·장기적으로 다이버 교육, 연관 서비스업 등이 집적된 다이빙센터를 건립한다.

또한 국내 주요 다이빙 포인트를 중심으로 '해중레저 거점마을'을 지정하고, 어민과 다이버간의 상생비즈니스 모델을 개발한다.

4.3.4 지속 가능한 마리나 산업 추진

기존 마리나산업 육성정책은 마리나항만 개발을 중심으로 하고 있어 마리나 수익모델창출에 한계를 가지고 있다. 마리나항만 적기 개발을 위한 투자여건 개선, 서비스업 활성화 등 현장 애로해소 및 지원강화로의 정책전환이 필요하다. 특히, 전문인력 양성, 제조분야 경쟁력 강화로 신규 일자리를 창출한다.

따라서 마리나항만 등 인프라 확충, 관련 서비스 및 제조역량 강화 등 전방위 노력을 통해 다음과 같이 해양관광 마리나산업을 육성한다.

① 마리나산업 육성 기반 마련

마리나선박대여업, 보관·계류업 등 마리나 서비스업의 법적 근거를 마련하고, 마리나산업의 인적자원 개발을 위해 마리나 전문인력 양성기관을 지정하고 양질의 전문교육 프로그램을 실시한다. 호주, 미국 등 해외 마리나 유급인턴 파견을 확대하여 선진 마리나 운영노하우를 습득하고 국내 보급을 추진한다.

요트·보트 조종면허 발급기준, 상업용 레저선박의 최저승무기준 등 규제 완화를 통해 진입장벽을 낮추어 마리나 서비스업 활성화를 도모한다.

② 한국형 레저선박 개발 지원

매년 생산·판매된 국산 레저선박을 대상으로 부문별 '올해의 레저선박상(賞)'을 시상함으로써 제조업체 격려 및 국산제품 홍보에 활용하고, 선박 수출시 필요한 제조기업 식별코드(MIC)[7] 발급의 법적 근거를 마련하고, 선박검사기관(선박안전기술공단)을 통해 MIC 발급을 추진한다.

현행 제조사별로 기준 없이 제각각 부여되고 있는 레저선박 선체 식별번호(HIN)[8]를 ISO 기준에 따르도록 의무화한다.

레저선박 제조업체의 수출 활성화 지원을 위해 수출보증제도를 도입하고 국산 레저선박 홍보를 위해 국제보트쇼 개최 및 해외 보트쇼 참가를 지원한다.

③ 요트관광 콘텐츠 개발 및 이용 편의 강화

해양경관, 먹거리, 축제, 유적지 등과 연계한 지역특화 관광상품 개발로 마리나간 이동 요트관광 활성화를 유도하고 요트를 이용한 지역축제 참여, 섬관광, 주요 해양관광지 방문 상품 개발 등 관광패턴 다양화를 통해 요트 이용을 활성화 한다.

---

7) 레저선박 제조업자 고유 식별코드(MIC : Manufacturer Identification Code)는 마리나 선박 제조사 고유식별코드를 말한다.

8) 선체식별코드(HIN) : 자동차 차대번호와 동일한 개념으로 국산레저선박 현황, 무단 방치선박의 소유자 파악에 활용 가능.

"요트타고 즐기는 불꽃축제", "요트와 함께 하는 역사유적지 탐방", "요트로 즐기는 한려수도 관광" 등 프로그램을 개발한다.

주요 요트루트에 계류 부이를 설치하여 계류시설 부족을 보완하고 항해 중 휴식처 및 기상악화시 임시 대피처로 활용한다. 거점-역 마리나간 네트워크 구축을 통한 숙박형 요트관광을 정착하도록 한다.

요트 안전운항 정보 및 마리나시설 정보 등을 담은 요트 항해도를 제작하고 이를 토대로 요트 항해용 내비게이션을 개발한다.

마리나 포털(marinaportal.kr)의 지속적인 업데이트를 통해 마리나 관련 정보 제공 및 각종 해양스포츠 대회를 홍보하고 마리나운영사, 레저선박 제조업체, 해양레저스포츠 체험교실, 해양스포츠 대회 등 관련 정보를 제공한다.

④ 마리나항만 등 레저선박 계류시설 확충

인천 덕적도·군산 고군산, 여수 엑스포·창원 명동, 울주 진하·울진 후포 등 거점 마리나를 우선 개발하고, 마리나 산업 클러스터 및 국제마리나 네트워크를 거점으로 활용한다.

마리나 선박급유시설 설치기준 마련을 통해 이용편의성 증진, 유류오염 방지 및 개발시 애로사항을 해소한다.

현재 우리나라에 운영 중인 27개소 마리나중 중문(레스토랑), 서울마리나(레스토랑, 컨벤션), 전곡마리나(레스토랑, 스포츠용품점)를 제외한 대부분의 마리나는 현재 단순계류·관리형 마리나로 운영되고 있어 마리나 편의시설 분양 및 회원제 도입을 통해 개발 투자금 확보를 용이하게 하고 리조트 등 다양한 형태의 마리나를 개발한다.

거점형 마리나 외에도 주요 해양관광지 및 어항 내 소규모 계류시설 설치로 요트이용객 편의증진 및 지역관광 활성화에 기여한다.

4.3.5 해양문화자원 발굴 및 산업화

문학·미디어 등 문화콘텐츠는 연안 자연자원과 연계하여 관광매력도를 증진하고, 해양문화자원은 그 자체로 관광자원으로 활용이 가능하다. 양질의 엔터테인먼트 및 문화콘텐츠 소비욕구 증대에 대응하기 위해서는 해양문화자원의 발굴 및 콘텐츠화가 필요하다.

따라서 스토리텔링 등 활용 가능한 해양문화자원 발굴을 통해 해양관광의 매력도 증진 및 해양문화 콘텐츠 산업을 육성한다.

① 유·무형 해양문화자원 발굴

해양역사유적, 해양역사 문화공간, 전통축제, 전통 어로문화, 음식문화 등 해양문화자원에 대한 복원과 체험상품을 개발하고 전통해양문화 관련 책자 발간 및 다큐·홍보영상 등 시청각 자료 제작을 추진하고 해외 홍보를 통해 국내외 관광객을 유치한다.

어촌을 해양문화체험의 장으로 활용하기 위해 어촌체험마을을 중심으로 다양한 문화프로그램을 확충하고 어촌체험마을과 연계하여 지역특산물 요리교실, 해녀체험 등 문화체험프로그램을 개발한다.

② 해양문화 콘텐츠산업 육성

해양문화 콘텐츠산업 지원을 위한 법·제도적 기반을 마련하고 전문인력 양성을 위한 교육프로그램을 개발하고 역사, 전설, 소설, 유물 등 해양 역사자원을 활용한 디지털 콘텐츠제작 및 홈페이지나 모바일 서비스를 통한 콘텐츠 제공에 노력한다.

또한 해양문학상, 해양미디어상, 해양디자인상 등을 통해 민간의 해양문화 콘텐츠 제작을 독려한다.

③ 해양문화엑스포 개최 추진

해양문화에 대한 대내외 인식 제고 및 관광자원화를 위해 해양문화엑스포를 개최하고 국내외 관광객을 유치한다.

전통해양축제의 복원·재현, 세계해양문화공연, 해양산업디자인전, 사진전 등 다양한 공연·전시 프로그램을 구성하고 해양문화 복원사업 및 해양문화콘텐츠 산업 육성에 대한 국제 세미나 개최 등을 연계 추진한다.

4.3.6 해양문화시설 확충

부산 국립해양박물관은 대표적 해양문화시설로 부상되고 있지만, 지자체별로 해양문화시설 건립이 산발적으로 추진되면서 시설 난립에 따른 콘텐츠 부실화 등이 우려되므로 국가 차원의 중장기 확충계획 마련이 필요하다.

따라서 해양관광의 랜드마크가 될 해양문화시설을 확충함으로써 해양에 대한 친근감을 높이고 해양레저문화 확산에 노력해야 한다.

① 국립해양박물관 운영 고도화

국내 최초 부산 해양박물관은 안정적 성장 기반을 구축하기 위해 박물관 정책목표 및 기능·역할 설정 등을 위한 중장기 발전 방안을 수립한다. 박물관의 연구기능 활성화를 위하여 해양 분야 연구 조사 과제 발굴 및 단계별 유물 수집 계획을 수립하고, 국립해양박물관을 중심으로 다양한 분야의 해양관련 박물관을 네트워크로 연결하는 '한국해양박물관협의회'를 구성한다.

해외 박물관과 국제적 네트워크 구축을 통해 소장품·자료 상호 대여, 공동전시 개최 등 상호교류협력을 추진한다.

국민들의 문화시설에 대한 관람욕구가 다양화됨에 따라 체험과 참여위주의 다양한 컨텐츠 개발로 전시수준을 제고하고 국내외 정책 또는 패러다임 변화 등을 반영한 상설전시의 지속적 리뉴얼을 추진한다.

해양에 관한 여러 분야를 주제로 스토리텔링 기법을 도입하는 등 수준 높은 기획·테마전 개최하고 전시수준 제고를 위해 가치 있는 해양유물을 수집 및 소장유물의 체계적인 관리로 안정적인 유물보존환경을 조성한다.

② 지역별로 차별화된 해양문화시설 조성

국내외 현황, 사례분석 등을 통해 국가 차원에서 유형별·지역별 특성에 맞는 중장기 해양문화시설 확충계획을 마련한다. 지역적 특성을 고려하고 차별화된 해양문화시설(항만, 선원, 고래, 소금, 어촌 어항박물관 등) 확충 로드맵 수립한다.

여수박람회장 내 해양과학기술·기후변화체험센터, 해양레저 체험센터, 해양환경·안전교육센터를 건립하고 해양과학 교육·전시·체험 기능이 복합된 해양과학교육관 건립으로 콘텐츠 다양화를 추진한다.

4.3.7 해양문화도시 브랜드 개발

연안관광지는 육상관광지에 비해 상대적으로 음식·숙박 등 관광지원시설이 부족하거나 낙후되었다. 이러한 문제점을 극복하고, 음식·숙박 등에 대한 여행객의 불안감을 해소하기 위해 연안 '도시' 중심의 쾌적한 관광환경 조성이 필요하다. 연안 '도시'의 관광상품화를 위해서는 도시의 각종 매력적 자원과 편의시설 확충 및 도시 이

미지 형성 및 효과적 마케팅이 중요하다.

따라서 지역특화상품 개발, 랜드마크 조성 등 '연안도시'를 관광상품화하여 여행객의 체류기간 연장 및 재방문을 촉진한다.

① 지역별 관광 특화 전략 수립 지원

연안도시 브랜드 개발 지원전략을 마련하여 연안 도시에 색채, 디자인, 캐릭터 등 대표이미지 발굴을 통해 '도시 브랜드'를 개발하고, 관광시설이나 특화 기념품 등에 종합적으로 적용함으로써 매력적인 도시 이미지 인식을 확산한다. 또한 투어버스, 도보여행길 등 도시 탐방루트 뿐만 아니라 연안크루즈 등을 활용한 해상탐방루트를 개발한다. 특히 홍콩의 옥토퍼스 카드[9] 등 대중교통, 투어버스 등과 연계한 통합패스권 사용을 활성화 한다.

해양관광포털을 통해 연안 '도시'와 도시 내 탐방루트와 음식·숙박 등 정보를 함께 제공함으로써 여행객 편의를 도모하고 관광명소 및 탐방루트, 대중교통 이용정보, 주변 음식·숙박 정보 및 예약 서비스 제공을 위한 스마트 안내 시스템을 개발한다.

② 연안도시 축제를 통한 해양문화관광 활성화 추진

수산물 음식 판매·홍보 위주의 연안 축제를 록페스티발, 불꽃축제 등으로 다양화하고 '이달의 해양축제'를 선정하고 해양관광포털 등에 캘린더 형식으로 홍보함으로써 연안축제에 대한 국민적 관심을 유도한다. 해양축제에 대한 평가·등급제 도입하여 문화관광축제와 차별화한다.

---

[9] 옥토퍼스 카드(Octopus card) : 홍콩의 모든 대중교통을 이용할 수 있는 교통카드 겸 가맹 등록이 된 상점, 카페, 음식점, 드럭스토어에서까지 사용할 수 있는 카드형의 전자 화폐.

예술인 마을, 예술의 거리, 벼룩시장 등 연안문화공간을 조성하여 상시적인 이벤트를 지속 개최함으로써 해양관광의 계절성 한계를 극복하도록 노력한다.

5. 해양관광 활성화

5.1 해양테마관광 활성화

5.1.1 어촌관광 자원화

자연환경과 생활문화를 연계한 체험마을 조성을 통해 증가하는 어촌관광수요에 대응하고 어촌 소득증대와 도시민 여가공간을 제공한다.

갯벌체험 위주로 운영되는 어촌체험마을의 관광프로그램 다양화 및 서비스 품질 향상을 통해 어촌관광을 활성화한다.

따라서 어촌체험마을을 중심으로 어촌관광을 활성화함으로써 어민 소득 증대 및 복지 향상에 기여한다.

① 어촌체험마을 확대 조성

염전, 갯벌어로 등 어촌문화 체험에 대한 수요가 지속 증가할 것으로 전망됨에 따라 어촌체험마을을 확충하고 어촌체험마을내 관광 안내소, 진입로, 주차장, 샤워장 등 관광기반시설을 조성한다.

어촌체험마을에 대한 실태점검을 정기적으로 실시하고 수준별 지원을 실시함으로써 자립형 성공사례를 창출한다.

어촌체험마을 운영자, 관광업계, 전문가 간 교류를 촉진하고 새로운 관광 트렌드·프로그램을 발굴하기 위한 정기 포럼을 개최하고 성공모델 벤치마킹 활성화를 위한 마을간 멘토링제를 도입한다.

<표 5-1> 어촌마을 체험객 현황

연도별	2008	2010	2012	2023(추정)
체험객수(만명)	58	77	90	125

② 어촌관광 서비스 품질 제고

어촌관광객 실태조사를 통해 생애주기별 수요자 맞춤 관광콘텐츠를 확충함으로써 다양한 어촌관광수요를 충족한다. 특히, 수산물 축제와 연계하거나, 수산물 가공·유통과정 체험 등 이벤트 개최를 통해 관심을 유도하고 지역경제 활성화에 기여한다.

어촌-도시간 자매결연사업 확대를 통해 어촌 재방문을 활성화 하고 어촌에 대한 관심을 유도한다. 또한 지자체별 특성에 맞게 해양관광 기반시설을 지원하고 어항 내 친수시설, 낚시공원 등 관광기능을 강화한다.

어촌 고유의 생태·자연·문화자원을 관광객에게 안내하는 '바다해설사'를 지속 육성 및 활동기회를 확대한다.

<표 5-2> 바다해설사 양성 현황 및 계획

연도별	2013	2018	2023
바다해설사(명)	30	150	360

③ 어촌경관 개선사업 추진

다시 찾고 살고 싶은 어촌을 만들기 위하여 획일성을 지양하고 어촌의 지역성(Locality)과 개성(Identity)을 살린 경관 개선사업을 위해

마을색채 정비, 어항정비 등에 대한 지원을 추진한다. 지역대학생 재능기부 프로젝트 등을 통해 경관 개선사업 인력을 확보하는 한편, 지역사회 어촌에 대한 관심을 유도한다.

④ 수산물 먹거리 관광의 활성화

수산물 먹거리 축제에 대한 평가를 통해 '이달의 수산물 먹거리 축제'를 선정하여 홍보 지원하고 축제와 연계하여 수산물 먹거리 안전성 홍보를 위한 시식회 등 이벤트를 지원한다.

TV프로그램, 홈페이지, 모바일 앱 등을 활용하여 수산물 요리법을 홍보하고 어촌체험마을과 연계한 수산물 요리교실 운영 등을 통해 해양음식관광 활성화에 노력한다.

5.1.2 해양테마관광 조성

체험과 감성을 중요시하는 트렌드에 맞춰 해양관광 동기 유발을 위해서는 테마가 있는 해양관광시설 및 경관포인트를 조성하고 마을, 등대 등을 관광거점으로 개발하는 한편, 지역 커뮤니티의 구심점으로 활용하여 주민참여를 통한 자생적 발전을 추진한다. 따라서 마을, 등대 등 연안관광포인트의 매력도 증진을 통해 해양테마관광 활성화를 촉진한다.

① 해안테마마을 조성

해안 경관 개선사업에 디자인 및 역사·이야기 등 테마를 가미하여 섬 또는 마을 전체의 관광상품화를 추진한다. 해양관광의 테마로서 지역의 전설, 구전 동화 등의 스토리텔링을 조화롭게 구성한 벽화골목, 자연경관을 살린 다양한 꽃길 등을 조성한다. 항구에 인접한 해안 마을을 대상으로 주변 환경을 고려한 경관축을 설정하여 일체감과 통일성 있는 색채·디자인으로 경관을 개선한다.

섬·항구·어촌 마을 등 지역별 특성을 고려한 테마 선정 및 구체적 추진계획 수립을 위한 기본계획을 마련한다. 마을테마의 독창성, 타지역 전파가능성 및 파급효과 등을 고려하여 지역별·테마유형별 시범사업을 추진한다. 시범사업 실시와 병행하여 해당 지역주민이 사업시행부터 마을 운영·관리까지 참여할 수 있도록 하는 주민참여개발 모델을 발굴한다.

② 등대를 해양문화공간으로 조성

교육, 미술전시, 문화공연, 문학 등과 연계한 융합 콘텐츠 개발을 통해 등대를 해양문화공간으로 활용하고 민간에 기 개방된 유인등대 7개소를 우선 대상으로 주변지역 특성을 고려한 테마공간 구성 및 체험프로그램을 개발한다.

지역민의 접근성이 높은 등대를 대상으로 지역 문화·예술단체 및 교육기관과 연계하여 소규모 음악회·공연 등 프로그램 시범 운영한다. 등대에 지역 행사 및 축제 개최를 위한 공간을 조성하고 방문자를 위한 포토존, 기념품 매장 등을 설치한다.

해안누리길 등 도보여행길과 등대의 연계성을 강화하고 등대에 대한 교육자료 제작·배포 등 다양한 홍보방법을 개발하여 관광객을 유치한다.

③ 해양디자인대전 개최

새로운 관광명소 개발을 위해 '해양디자인대전'을 개최하고 등대, 방파제, 해수욕장 등 연안시설물이나 연안도시 등을 대상으로 부문별로 우수한 경관·디자인을 선정한다. 선정지에 대한 집중홍보 및 사진전, 영상전 등 연계 이벤트를 통해 이들 지역이 새로운 관광명소로 개발한다.

5.1.3 섬관광 활성화

자연친화적 야외활동에 대한 수요 증대에 따라 '섬'이 생태관광, 체험관광의 핵심으로 부상하고 있다. 접근성 등 제한요인을 극복하고, 독특한 식생과 지질환경, 사투리·전설 등과 같은 섬의 문화자원을 적극 활용하는 방안이 필요하다. 따라서 섬의 독특한 식생과 지질환경, 사투리·전설 등 문화자원을 활용한 관광 콘텐츠 개발 및 섬관광 활성화 기반을 구축한다.

<표 5-3> 섬 관광객 현황

연도별	2011	2012	2013
섬 관광객(만명)	1,426	1,453	1,605

① 섬관광 기반 정비

단순한 섬 여행동기, 경관탐방 위주에서 생태관광, 어촌·해양스포츠 등으로 다양화될 수 있도록 체험콘텐츠와의 연계상품 개발이 시급하다. 폐교, 관공서 이전시설 등 섬내 노후·방치 시설의 재생적 활용을 통한 관광센터, 박물관·미술관 등 조성하고 건강의 섬, 생태의 섬, 레저의 섬, 예술의 섬 등 도서별 특화 사업을 추진한다.

섬에 대한 국민적 관심 제고를 위해 섬 여행기 수집, 계절별·테마별 섬 소개 등 다양한 홍보이벤트를 시행하고 통합 마케팅을 지원한다.

'성공적 섬 개발을 위한 멘토링' 서비스를 통해 섬 주민간 공감대

형성 및 조직화 촉진을 위한 주민교육을 실시하고 주민공동체간 네트워크 구축을 통한 정보교환을 지원함으로써 성공모델의 벤치마킹을 활성화한다.

② 연안해상 교통 여건 개선을 통한 섬관광 접근성 제고

여객선 현대화를 위해, 선박건조 금융 지원을 위한 이차보전제도 확대 및 닉도보조항로 국고여객선 대체 선소를 추신하고 여객터미널·기항지 접안시설에 대한 실태조사를 통해 해상교통 인프라를 개선한다.

섬 지역 관광활성화를 위한 여객선 이용자에 대한 운임을 지원한다. 울릉도, 백령도, 홍도 등 주요 도서 여객운임(왕복 13만원이상)이 높은 점을 감안하여 전 국민 대상으로 단계적 운임지원을 추진한다.

③ 환경친화적인 무인도서 이용·개발을 통한 관광·휴양지 조성

거리별·자연여건별 잠재력을 고려하고 무인도서의 친환경적 이용·활용을 전제로 한 단계적 개발을 추진하고 관련 법·제도 정비, 도서별 개발전략 등을 포함한 구체적 방안 마련을 위한 실태조사를 실시한다.

개발가능 무인도서의 난개발을 방지하고 지속가능한 이용을 유도하기 위한 가이드 라인을 설정한다.

<표 5-4> 무인도서 개발 기본방향

구분	단계별 개발 전략
1단계	무인도서 관광활성화를 위한 제도개선 및 활용방안 용역
2단계	전망대, 탐방로 등 소규모 친수공간 개발
3단계	오션파크, 해양체험장 등 중·대규모 친수공간 조성

④ 무인도서 현황도 및 GIS기반 정보관리시스템 개발

무인도서와 주변해역에 대한 위치·수심 등 지형정보 및 생태·환경·인문 등 실태조사 정보를 통합한 현황도를 제작하고 도서명, 소재지, 육지와의 거리 및 면적, 지도를 통한 위치 확인 등 정보제공이 가능한 GIS기반 정보관리시스템을 개발한다.

섬 지역 방문객 특성

섬 지역의 기후적 특성으로 여름에 방문객 집중

- 섬 지역 방문은 여름 휴가철에 집중
- 시간소요가 많고 기후적 특성의 영향 때문

섬의 뛰어난 자연환경 감상 목적으로 방문

- 섬 방문시 주요 활동은 풍경 감상, 단순 휴식 및 휴양이 대부분
- 섬 관광 개발 시 고유의 정체성을 보존하는 개발 필요

불편사항 및 개선방향

섬 지역의 접근성과 편의시설 개선 필요

- 육지와 섬 연계를 위한 정기 유람선, 페리 등의 증편 필요
- 숙박시설 및 편의시설 개선 및 정보 제공 필요

지역 고유의 특성을 보존하는 관광사업 추진 필요

- 사업의 중복으로 사업 효과 부족 및 주민참여 부족
- 지역의 정체성을 반영한 관광프로그램 개발 및 사업 추진 필요

정책사업 및 정책방향

섬 관광 활성화 정책은 역사문화 가치 부각

- 섬 지역 정책 사업 추진시 섬 지역의 역사문화 자원의 가치 중요
- 관광을 통한 주민 소득 증대와 경제적 기여를 목표로 설정

섬 관광 활성화 사업 관리를 위해 별도 조직 운영

- 정책 사업 관리 형태는 중앙 정부 차원에서 섬 관광 활성화 정책 사업 추진히는 별도 조직 운영이 바람직

자료 : 최영수(2016), 신안해양관광발전방안, 신안미래연구소

<그림 5-1> 섬관광 프로젝트 구상 기본방안

5.2 해양관광 관리방안

5.2.1 해양관광·레저 활성화 관리 방안

21세기에 들어 소득증대, 주5일 근무에 따라 여가문화의 확대 및 교통 접근성 개선 등으로 관광 산업이 크게 발전하고 있다. 이중 해양관광·레저 분야는 다른 분야에 비해 관심과 성장이 빠른 속도로 급증하고 있어 이에 대한 활성화 방안이 필요하다. 따라서 해양관광·레저 활성화를 위해 해양레저 인프라 확충과 다양한 해양관광·레저 프로그램 개발이 필요하다. 또한 해양관광·레저 프로그램 개발은 수변지역을 활용한 수상레저·스포츠 및 관광 활성화 계획도 포함하여야 한다.

① 해양관광자원의 지역브랜드 구축

지역별 특성을 고려한 차별화된 지원시설 개발 및 지역주민 참여 활성화를 통해 해양관광자원을 지역대표 상징물로 육성해야 한다. 공공미술 설치, 안내시설 확충, 기업 참여 공공시설물, 도시·기업과의 교류 확대 등을 통해 관광자원 환경개선 및 홍보에 적극 노력해야 한다.

해양관광 프로그램을 다양하게 개발해 갯벌생태 안내시설을 설치하고 훼손된 갯벌을 복원하는 등 환경보호와 학습기능이 연계된 갯벌 생태체험 관광 소프웨어 개발과 해양영토탐방 프로그램 개발 및 자연친화적 도보관광 수요에 맞춰 해안누리길 등 아름다운 해안도보여행길을 구축해야 한다.

해수욕장↔어촌체험마을↔해안누리길 등의 연계 및 지역 스토리의 자원화, 유배길, 탐사길 등 특색 있는 자원 개발을 도모한다.

② 해양관광·레저의 거점화

해양문화공간 조성 및 개성·감성을 충족하는 콘텐츠 개발을 통해 계절적 편중현상을 극복하고 관광객의 지속적 유입을 유도해야 한다. 지역축제의 육성과 부가상품 개발, 해양힐링자원을 활용한 치유·휴양복합공간 조성 등 연안을 지역경제 활성화의 거점으로 활용한다.

박물관, 과학관 간의 교류·문화행사, 레저스포츠와 관광의 연계 및 교육·체험 콘텐츠 개발을 통해 삶의 질 향상의 거점으로 육성한다.

③ 해양관광산업의 고부가가치화

해외 관광객에 맞는 국제수준의 서비스 제공 및 연령별, 취향별, 소득별 등 맞춤형 컨텐츠 개발로 관광산업의 경쟁력을 강화한다.

우선 윈드서핑, 수상스키와 같은 무동력 수상레저·스포츠를 도시 근교에서도 쉽게 배우고 즐길 수 있는 기반을 마련하고 다이빙 교육 편의시설 조성을 지원해 해외 다이빙 여행 수요를 국내로 흡수할 필요가 있다.

요트와 같은 선진국형 해양레저스포츠 육성을 위해 적극적인 마리나 항만 개발과 블루오션으로 부상하고 있는 동북아 크루즈시장 수요에 대응하기 위해 크루즈 전용부두도 개발이 필요하다. 마리나 항만을 기반으로 해양레저스포츠 및 연안관광 활성화를 추진한다. 미국 최대 마리나인 LA '마리나 델 레이 '는 연간 25만명이 요트를 즐기고, 연간 700만명이 방문하며 5억달러의 관광수입을 올리는 해양레저 및 관광의 거점 역할을 하고 있다.

또한, 크루즈선 기항 확대를 위한 인프라 확충, 법·제도 개선 및 관광콘텐츠 개발로 고부가가치 및 고용 창출을 도모한다.

④ 해양친화적 청소년 해양교육

해양관광·레저산업의 저변확대를 위해 전국해양스포츠제전을 확대 발전시키고 해양레저스포츠 강습 프로그램과 해양소년단연맹 활동 지원을 확대하는 등 미래 해양시대의 주역이 될 청소년의 해양교육이 절대적으로 필요하다.

이에 대한 해양관광·레저산업의 활성화를 위해서는 다음과 같은 관리 방안이 강구되어야 한다.

5.2.2 해양관광진흥지구 도입

우리나라 해안은 리아스식 서남해안, 3천여 개의 섬 등 자연경관이 수려하고 역사적 탐방지 등도 풍부하여 관광잠재력이 크다. 그러나 그간 자연공원, 수산자원보호구역 등 중첩된 규제로 인해 효율적 활용이 제한되어 왔으며, 해양관광 인프라 투자에 대한 유인책 부재로 그동안 투자가 촉진되지 아니하였다.

해양관광 인프라 확충을 위한 행위·시설 허용 관련 규제특례와 투자유인책으로 재정·세제 지원에 필요한 해양관광진흥지구가 추진되어야 한다.

해양관광·레저 산업 활성화를 위해 해양관광진흥지구는 숙박시설과 음식점 등 관광 인프라 시설을 설치하는데 규제특례가 적용되고 관광단지 수준의 재정·세제 지원이 이루어져야 한다.

① 해양관광 인프라 시설 허용을 위한 규제특례

해양관광진흥지구 내에서는 수산자원관리법에 의한 수산자원보호구역에서의 행위제한, 최지법에 의한 초지에서의 행위제한 등 개별

법에 의한 규제를 원칙적으로 배제하여 실질적인 규제완화 효과를 보장하고, 국토계획법 상 용도지역으로 관리하여 해양관광을 위한 시설을 허용한다.

또한, 해양관광 인프라 확충에 애로가 없도록 인센티브 수준으로 용적률 특례10)를 부여하되, 난개발 방지를 위해 국토정책위원회 심의를 거쳐 지구 지정한다.

② 재정·세제 지원

해양관광진흥지구 지정 효과를 위해 추가적으로 취득세 50% 감면, 개발부담금 면제 등 현행 관광단지에 주어지는 혜택 수준의 재정지원 및 세제 혜택을 부여한다.

따라서 해양관광진흥지구가 도입되면 뛰어난 해양자연경관을 보유하고도 각종 입지규제로 개발이 이루어지 못한 해안·섬 지역의 투자 활성화가 이루어져 관광 인프라가 확충될 것으로 기대한다.

<h2 style="text-align:center">〈참고문헌〉</h2>

기동주 외(2011), 서남해안 해양관광 활성화 전략, 한국관광학회, p.97.
김가야 외(2008), 워터프런트지역의 도시기능별 특성분석, Journal of the Korean data analysis society, 10(5), 2923-2935.
김성귀(2007), 해양개발을 위한 해양관광론, 현학사, p.49.
김성진(2010), 해양관광 활성화를 위한 해안지역의 특성 및 관광요소별 중요도분석, 동의대학교 대학원, 박사학위논문, p.15.

---

10) (예시) 자연환경보전지역(80%)은 100% 범위 내에서 조례로 완화.

김승현(2014), 해양관광 발전방안에 관한연구, 세한대학교대학원 석사학위 논문, p.11.

김영준(2007), 해양 관광개발 사례 연구, 한국문화관광연구원.

김인환(1999), 해양성 관광자원 개발방향에 관한 연구-부산광역시를 중심으로, 부산대학교 행정대학원 석사학위논문, p.10.

문화체육관광부(2013), 국민여행실태조사.

--------------------(2016), 국민여행실태조사.

성기만(2002), 국내해양관광지 개발모형에 관한 연구, 세종대학교 대학원 박사학위 논문, p.11.

신동주(2005), 해양관광개발론, 대왕사, p27.

윤대순(2002), 관광경영학원론, 배산출판사, p.222.

이재섭 외(2003), 여행사경영실무, 대왕사.

이상훈 외2(2004), 해양관광의 이해, 백산출판사.

이재섭 외(2003), 여행사경영실무, 대왕사, p.247.

한국해양수산개발원(1998), 국내 해양관광의 실태분석 및 발전방안 연구.

--------------------------(2013), 해양관광실태조사.

한흥룡(2014), 해양관광 활성화에 관한연구, 세한대학교대학원 석사학위논문, p.4~5.

해양수산부(2014), 제2차 해양관광진흥기본계획.

-------------(2014), 크루즈산업 활성화 대책.

-------------(2016), 제1차 크루즈산업 육성 계획.

-------------(2016), 해양수산통계연보.

Hall, M.(2001), "Trends in ocean and coastal tourism: the end of the last frontier?," Ocean & Coastal Management, Vol.44 No.9&10, 601-618.

Ocean Shipping Consultants(2005), The World Cruise Shipping Industry to 2020.

World Tourism Organization(UNWTO)(2016), Classification based on the International Monetary Fund(IMF), Statistical Annex of the IMF World Economic of Aprill.

최 영 수 (세한대학교 교수)

❖ **주 요 경 력**

관광경영학 박사

한국관광공사공사 서남지사장

(사) 목포포럼 상임대표

(사) 한중문화협회 회장

진도 신비의 바닷길 축제 총감독

신안미래연구소 연구위원장

❖ **저 서**

자치단체의 비전 관광산업에 있다(뉴스투데이,2006)

문화관광 축제이벤트론(학현사, 2012)

현대 관광개발론(학현사, 2013) 외

❖ **주 요 논 문**

한강권 문화관광벨트 기본구상

관광단지 개발사업 활성화 방안

바닷가 생물 생태 관광자원화 방안 연구

전남 해양·섬 관광 개발을 위한 정책 방향에 대한 연구

해양관광 활성화를 위한 도서지역 활용방안에 대한 연구

해양축제가 해양관광 활성화에 미치는 영향에 관한 연구

카지노관광정책 요인에 관한 연구 외 다수

신종 해양레저스포츠와 해양안전

함 도 웅
한서대학교 해양스포츠학과
해양스포츠교육원장 교수

1. 서언

21세기, 해양시대가 도래했다. 해양레저관련 장비들의 개발이 다양해지고 과학기술이 발전함에 따라 바다가 갖는 여러 가지 위험요소를 제어할 수 있는 능력을 보유하게 되었다. 이로써 인류는 바다·강·호수를 하나의 레저공간으로 인식하게 되었다. 그러나 우리의 해양여가문화는 미성숙한 상태에 있고 해양스포츠·레저분야의 발전은 더디기만 하다. 국토의 3면이 바다인 우리의 여건에서 필자의 30여 년간 수상 레저생활로 비춰보아 가장 큰 장애요인은 물에서의 여가문화를 즐길 국민들의 의식이 부정적이란 것이다. 이제는 해양이 중시되는 마리나 시대에 이러한 국민들의 잠재된 부정적 정서를 전환하게 위해서라도 적극적인 친수교육과 미래 해양의 비전 교육이 필요하다. 특히 바다는 변화무쌍한 환경과 드넓은 공간으로 인간의 접근이 미처 미치지 못한 곳이 많았다. 해양레저 장비의 개발과 공학기술의 발전은 보다 다양하고 폭넓은 레저공간을 확보하는 것으로 해상레저에 이어 해중레저공간이나 해중호텔, 해중스쿠터 등 다양하고 안전한 해양레저의 장이 펼쳐지고 있다.

  필자는 25년 이상 반평생을 펜싱선수 출신의 전문체육인 이기도 하지만 겸업으로 30여 년간 물과 함께 동고동락하면서 지냈다. 한강 상류에서 공유수면을 확보하여 동력수상레저 조종면허시험장과 각종 수상레저(수상스키교육, 보트대여, 보트 정비 및 딜러 등)사업을 직접 운영하면서 수상레저현실과 정부관리 관청의 불합리한 정책으로 헛수고도 많이 했던 시절이 있었다. 최근 해양스포츠·레저문화가 점차 정착이 되어가는 과정이어서 훨씬 적극적인 행정지원과 국민들의 관심도가 높아지면서 해양레저 시장도 확장되고는 있으나 우리사회의 다른 분야보다 더디게 성장하고 있는 것이 사실이다. 그러나 몇 년 전부터 수상레저관련 정책이 현실성 있게 변화하면서 해외에서나 가능했던 서핑이 부산의 송정을 시작으로 해운대와 광안리 강원도 양양과 동해, 속초, 서해안의 태안 만리포 등에 서핑샵이 등장하면서 해변이 새로운 모습으로 변화되고 있다. 또한 인터넷 유튜브와 페이스북의 영상에서 볼 수 있었던 최신의 해양레저종목이 우리나라 수변에서 쉽게 즐기는 마니아층이 생겨나기 시작했다. 수면에서 물을 뿜어 치솟는 '플라이보드'는 지난 2012년 여수해양엑스포 행사장에서 처음 선을 보이면서 이를 즐기는 레저인은 물론이거니와 해변에서 바라보는 관람객까지 바다의 즐거움을 공유할 수 있게 해준다. 급변하는 사회적 분위기에서 그동안의 경험을 이론적 지식을 사회에 환원하는 차원에서 한서대 해양스포츠학과에 재직하면서 이제는 후진양성에 그동안 축적된 경험을 바탕으로 최선의 노력을 하고 있다. 이번 마리나 패러독스편을 같이 집필하는 여러 교수님과 함께 한국의 해양문화에 대해 논의하고 연구할 기회가 되어 좋았다. 미력하나마 필자의 경험을 기반으로 기존 해양스포츠와 신종 해양레저 종목들을 분석하였다. 새롭게 국내에 소개되는 해양레저장비들과 수상안전교육은 마리나와 연계된 분야별 융합을 이뤄서 더욱 발전된 해양여가문화를 만들 것으로 사료된다.

2. 해양스포츠 소개

1) 해양스포츠의 개념과 종류

최근 삶의 패턴과 그에 따른 정책의 변화로 인하여 수상레저를 즐기는 형태가 나이를 불문하고 선호에 따라 변화되고 있다. 지금까지는 수상레저를 멋지게 즐기기 위해서 특정한 장소까지 이동을 해야하는 불편함이 있었으나 내수면 4대강과 마리나의 개발 등으로 생활 주변 가까운 장소에서 쉽게 수상레저를 접할 수 있는 생활스포츠로 자리잡아가고 있다.

수상레저활동의 안전과 질서를 확보하고 수상레저사업의 건전한 발전을 도모함을 목적으로 2000년 2월 9일부터 우리나라에서 수상레저안전법이 시행되고 있다.

□ 용어의 정의
- 수상레저활동이란? 수상레저안전법 제2조에 의거 수상에서 수상레저기구를 이용한 취미, 오락, 체육, 교육 등을 목적으로 이루어지는 활동을 말한다.
- 수상레저기구란? 수상레저활동에 이용되는 선박이나 기구를 말하며 동력수상레저 기구와 무동력수상레저기구로 구분된다.
- 동력수상레저기구란? 추진기관이 부착되어 있거나 추진기관이 부착분리가 수시로 가능한 수상레저기구를 말한다.
- 무동력수상레저기구란? 패들, 패달, 파도, 바람 등에 의하여 추진되거나 모터보트 또는 견인장치에 로프를 매어 이끌리는 레저기구를 말한다.

구 분	추진방법	종 목
동력 수상레저	추진기관 (모터)	모터보트(Moter boat), 세일링요트(Sail Yacht), 수상오토바이(Personal watercraft), 수상스쿠터 (Water scooter) 공기부양선(Hover craft), 수륙양용선(Amphibian Ship) 서프제트(Surf jet), 수면비행선(Wing In Ground ship)
무동력 수상레저	패들, 페달	조정, 카약-카누, 용선(Dregon boat), 노-보트, 수상자전거 스텐드 보드, 래프팅보트
	바람, 파도	서핑, 윈드서핑, 카이트보드, 딩기요트
	견인 수상레저	수상스키, 웨이크보드, 워터슬레이, 패러세일, 케이블수상스키, 케이블웨이크보드, 물추진형 보드
	수상레저 설치시설	공기주입형 고정용튜브

3. 신종 해양스포츠 소개(Trend new marine sport)

최근 젊은 세대의 트렌드인 화려함과 모험을 추구하는 욕구에 걸맞는 신종 수상스포츠 종목을 탄생시키고 있다. 젊은 층이 선호하는 수상스포츠와 새로이 탄생되고 있는 종목을 소개하면 다음과 같다.

1) 물 추진형 보드(Water-Jet Board)종류

"물위의 아이언 맨" 물 추진형 보드는 기존의 수상오토바이(Personal-Water-Craft 이하 "PWC"라고 한다.)가 추진하며 분출하는 물의 압력을 이용하며 분출되는 노즐부분에 원통

형 호스를 연결하고 호스의 끝부분에 보드 등을 장착하여 그 보드를 신고 공중 또는 물속 등을 자유자제로 비행하며 즐기는 신종 해양스 포츠 종목이다. 추진력을 공급받기 위하여 일반적으로 PWC를 이용 하지만 워터제트 방식을 활용한 무인조종 소형 전용기구를 이용하 기도 한다. 일반적으로 보드를 타는 동안은 보드를 타는 라이더 외 에 동반자가 PWC에 탑승하여 물의 압력을 조종하거나 안전요원으 로서의 역할을 하지만 숙련된 라이더는 동반자 없이 전용기구를 이 용하거나 수상오토바이에 무인 조종키트를 이용하여 솔로 라이딩이 가능하다. 라이딩을 하는 동안 PWC의 물 추진 분사량의 90%를 보 드를 추진하는 동력원으로 이용되며 라이더의 중심이동 및 보드의 경사도에 의하여 비행이 이루어진다. 팔에 착용되는 분사기구는 탈 착이 가능하며 마치 스노우 스키의 폴대와 같은 역할을 하며 안정적 비행을 도와준다. 2011년 프랑스의 프랭키 자파타(Franky Zapata)가 개발한 이후 유사한 종류의 제품들이 계속 나오고 있다.

워터제트 방식 : 선체 하단의 원통형 통로에 설치된 인페라의 회전력에 의하여 물을 빨아들여 압축된 물의 압력을 세계 분출하여 추진하는 방식.

○ 안전수칙

물 추진형 보드는 중심운동으로서 누구나 쉽게 이용할 수 있으나 거센 물의 압력으로 인하여 물과의 충격 또는 주변 부유물과의 충돌 이 있을 수 있으므로 주의가 요구된다. 초급자 강습의 경우 충분한 경력이 있는 전문강사의 교육이 요구되며 특히 호스의 관리 상태와 조인트 부분의 베어링 등 장비관리의 부주위로 인한 안전사고에 주 의하여야 한다. 활동 장소로는 가능한 파도가 적은 잔잔한 수면과 최소 4m이상의 수심이 있는 곳으로서 물이 청결하고 충돌 사고 예방을 위한 부유물 및 시설물 등이 없는 곳이 적절하다. 풍속이 60km/h를 초과하거나 파고가 1m 이상일 경우는 활동을 중단하여야 한다.

○ 안전장구
- 충분한 부력이 있는 검증된 구명조끼
- 헬멧 및 보호대(PWC 또는 주변 부유물과의 충돌로부터 머리, 팔 무릎 등의 보호)
- 웻슈트(보온 및 물과의 마찰력으로부터 보호)

○ 장비종류 : 물 추진형 보드에는 방식이 유사한 플라이보드, 호버보드, 젯트팩, 제토베이터 등이 있다.

가. 플라이보드(Fly-Board)

웨이크보드와 유사한 형태를 띠고 있으며 플레이트와 두 개의 부츠로 구성 되어 있으며 무게 중심과 보드의 기울기에 의하여 전후좌우 전 방향의 기술을 구사할 수 있다. 노즐 분

사량의 90%는 발아래에 있는 보드판을 통해 압력이 뿜어져 나오며 사용자의 발 경사도에 따라 움직일 수 있고 손에 있는 노즐은 스키의 폴대(pole shaft)처럼 균형 잡는데 사용한다.

나. 호버보드(Hover-board)

플라이보드의 라이더가 정면을 향하고 보드는 좌우측 측면을 향하고 있는 반면 호버보드는 스케이트보드와 같은 형태를 띠고 있으며 진행 방향은 지정된 한 방향으로 이동할 수 있다. 지면이 아닌 공중을 나는 보드이다.

다. 제트팩(Jet-pack)

최근 여러 형태의 제트팩이 개발 되어 이용되고 있다. 스카이다이빙이 변형되어 높은 산에 올라 골짜기를 비행하는 일명 버드맨이 착용한 공중형 제트팩이 있으며 드론을 응용하여 사람이 직접 공중을 비행하는 제트팩이 있다. 수상에서 이용되는 제트팩은 플라이보드와 호버보드와 같이 발에 부츠를 신고 하늘을 날거나 기술을 구사하는 보드 형태인 반면 수상 제트팩은 등에 물 분사기를 고정시키는 형태로 등에 메고 무게 중심이동과 물 분사구와 연결된 핸들을 이용하여 공중으로 부양하며 즐기는 스포츠이다.

라. 제토베이터(Jetovator)

　제토베이터는 마치 또 다른 수상오토바이를 공중에서 타는 느낌을 갖게하는 물 추진형 수상레저기구로서 육상에서 타는 모터싸이클 형태를 하고 있다. PWC에서 추진되는 물을 이용하는 원리는 같으나 제토베이터는 물 분사력의 80% 정도를 제토베이터 추진체에서 비행하는데 활용하며 나머지 20%정도는 PWC의 추진력으로 이용된다. 그러므로 PWC를 콘트롤하고 있는 조종자와 함께 즐길 수 있으며 한곳에 머물지 않고 이동하며 즐기는 장점이 있다.

2) 수상오토바이(Personal Water-craft)

　수상을 고속으로 누비고 싶다면 기구에 관한 지식과 수상상식, 관계법규, 다양한 테크닉과 매너를 이해해야 한다.

　수상오토바이(PWC Personal Water-craft)의 추진방식은 동체 바닥에서 물을 빨아들여 인페라로 압력을 가하여 선미의 노즐을 통하여

압축한 물을 세계 분출하여 추진하는 방식이며 압축된 물이 분출되고 있는 노즐의 방향을 좌우로 핸들을 바꿈으로서 선회를 할 수 있다. 모터보트의 경우에는 스크

류을 사용하기 때문에 어느 정도 수심이 확보되어야만 안전하지만 PWC의 경우 수심 60cm 이상이라면 추진이 가능함으로 기동력이 좋다. 조작법이 간단하고 안전하며 운반하기 쉬워서 누구나 쉽게 즐길 수 있는 수상레포츠이다. 그러나 강한 힘으로 물을 빨아들이고 분출하는 관계로 수심이 낮은 곳에 자갈이나 부유물이 있을 경우 인페라에 감기거나 충격을 주어 고장을 일으킬 수 있어 주의가 요구된다.

PWC가 처음 발명된 곳은 일본이다. 1972년 모터사이클 회사인 'K'사가 PWC을 생산해낸 이래 세계 각국에 보급되어 80년대 초부터는 폭발적인 인기를 누리며 대중 레포츠로 각광을 받고 있다. 우리나라에서도 1988년 서울올림픽 당시 강상제에서 선을 보여 관심을 모은 바 있고 이후 급속히 저변이 확대되고 있다.

■ 용구

선체는 엔진룸과 갑판으로 구성되어 있으며 선체의 뒤편 아래 양쪽에 설치된 스테빌라이저가 고속운항시 안정성을 유지해 준다. 엔진룸 내부 뒤편 공간에는 우래탄 발포제를 충전시켜 물의 침수를 막으며 부력과 바닥의 강도를 높여준다.

선체의 밑바닥에는 돌기물이 없기 때문에 얕은 수심에서도 추진이 가능하지만 정지타력(정지 시 가속도에 의하여 밀려가는 거리)에서 밀려가는 거리가 일반 모터보트에 비하여 길어 특별히 안전거리 확보를 유념하여야 한다.

선체 재질은 불포화 폴리에스테르 수지, 유리 섬유이며 엔진룸을 덮고 있는 의자가 설치되어 있다.

핸들은 좌우로 회전하여 주행방향을 바꿀 수 있으며 핸들주변에는 앞뒤트림을 바꾸어 주는 레버와 탑승자가 선체에서 이탈됐을 때 엔진 시동을 자동으로 정지 시킬 수 있는 자동정지스위치가 있다. 스위치와 연결된 줄을 손목 또는 허리에 부착하여 이탈 시 작동하도록 해야 한다.

선체 내부에는 동력원인 기관과 연료탱크, 밧데리 등이 설치되어 있으며 동력을 전달받아 물을 빨아 들여 압축시켜 내 뿜어 주는 워터펌프가 설치되어 있다.

수상오토바이는 1인승, 2인승, 3인승이 일반적이며 용도에 따라 민첩성이나 속도, 후진기능 여부, 수납공간 등에 차이가 있어 이용 목적 등을 고려하여 알맞은 것을 선택할 수 있다. 탑승자의 안전을 위하여 웻슈트를 착용토록하고 헬멧 및 구명조끼는 필수적으로 착용해야 한다. 제트스키의 운반을 쉽게 하기 위한 캐리어도 꼭 갖춰야 할 장비 중 하나이다.

3) 수(水) 스쿠터

바다, 강·호수 등 물속에서 수영을 못하는 사람들도 수중이동을 자유롭게 하는 기계가 바로 '수(水) 스쿠터'이다. 1990년대 초 수면 위를 누어서 타고 즐기는 스쿠터가 해외로부터 유입되어 청평호수에서 잠시 선을 보인바 있었으나 흡입구에 물이 침투되는 등 고장이 잦아 모습을 감추었다. 최근에는 예전의 방식과는 다른 모습으로 경남 창원에 위치한 중소기업 APEX가 세계 해양레저 마니아들에게 신개념의 스쿠터를 개발하여 주목받고 있다.

    APEX는 2012년 수상과 수중을 오가며 고속으로 질주할 수 있는 신개념 개인용 수상 레저장비인 수중스쿠터 개발에 착수했다. 개발에 착수할 당시만 해도 수중스쿠터를 제조할 수 있는 나라는 세계적으로 독일이 유일했다. 스쿠터는 스노쿨 또는 프리다이버, 스쿠버다이버와 같이 수상 또는 수중에서 먼 거리를 빠르게 이동하거나 자유롭게 스피드를 즐기는 활동자에게 유용하다. 특히 스쿠버다이버의 한정된 산소량으로 인한 제한된 시간동안 많은 활동이 가능한 점은 여러 형태의 레저 활동에 유용하게 활용될 것으로 예측된다. 스쿠터는 특별한 기술을 요하지 않으나 장비에 대한 간단한 조작법 및 유지관리 방법만을 터득하면 누구나 쉽게 이용이 가능하다.

4) 수상스키와 웨이크보드

    수상스키는 여름철 대표적인 견인수상스포츠 종목이다. 수상스키는 모터보트(케이블수상스키: 전동모터를 이용하여 케이블의 회전력을 이용하는 수상스키)에 줄을 매어 스키를 신고 물위를 질

주하는 수상스포츠이다. 전통적인 수상스키는 토너먼트 수상스키 (Tournament Waterski)(쓰리이벤트: 슬라롬, 트릭, 점프)를 의미한다. 스피드를 이용하는 슬라롬(활강), 체조와 같이 묘기를 선보이는 트릭(숏보드), 비행거리로 경쟁하는 점프 종목으로 세분화한다.

가. 슬라롬

슬라롬 수상스키는 스노우스키의 활강 종목과 유사하며 직선 259m 거리에 설치된 모터보트의 항로 중심선으로부터 11.25m 좌우로 각 3개 씩 설치된 6개의 부위를 회전하는 경기로서 보트의 속도를 초기 49km/h(여성은 45km/h)로 시작하여 6개의 부위를 패스하는 선수는 3km/h 씩 단계별로 속도를 증가시키며 진행하다가 최고 속도가 남자는 58km/h, 여자는 55km/h의 단계에서 속도를 선수 보호 차원에서 제한하고 그 이후부터는 로프의 길이를 18.25m의 길이에서 단계별로 16m, 14.25m, 13m, 12m, 11,25m, 10.75m 순으로 줄여가며 완벽하게 선회하여 실패할 때까지 경기를 하여 순위를 가린다. 조정력과 유연성 등 고도의 테크닉이 요구된다.

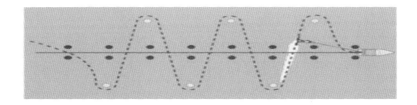

나. 트릭(숏보드)

트릭은 쓰리이벤트 종목 중에 가장 미적이고 독창성이 높은 종목

이다. 일정 구간에서 1회 20초씩 총 2회의 연기시간이 주어진다. 연기마다 난이도에 근거한 점수가 정해져 있고 총 수행 연기 점수의 총점으로 순위를 가린다. 그러므로 체조경기와 같이 제한된 시간에 화려하고 난이도가 높은 연기를 얼마나 많이 수행하느냐에 따라 승패가 좌우된다. 플레리트는 다른 종목의 장비에 비하여 짧고 직진성을 유지하는 핀(지느러미)이 부착되어 있지 않아 좌우로 미끌리어 일반인이 접하기가 쉽지 않다. 수면에서 주로 회전을 하는 수면트릭, 공중에서 수행하는 것을 웨이크트릭이라고 한다.

다. 점프

점프수상스키는 플레이트가 넓고 긴 두 개의 스키를 신고 수면에 설치된 점프램프를 모터보트에 이끌려 선수의 기량에 의하여 속도를 가속화 하여 점프램프를 이용하여 활공을 하는 경기로서 세 번의 기회가 주어지며 그중 가장 멀리 비행한 거리를 측정하여 순위를 가리는 경기이다. 토너먼트 경기 종목 중에 가장 위험성과 강인함, 화려함이 내포된 종목으로서 모든 대회에서 마지막 하이라이트로 장식하는 경우가 일반적이다.

라. 웨이크보드

웨이크보드는 쓰리이벤트 와 달리 보트가 지나간 자리 의 파도를 이용하여 높이 점 프하여 공중에서 회전 등의 화려한 기술을 연출하는 경 기로서 모험스포츠의 대표  종목이다. 트릭수상스키와 유사하나 견인하는 보트에 중량감을 주어 높은 파도를 만들어 주도록 하고 높은 파도를 최대한 활용하여 체공 시간을 확보하여 난이도가 높은 기술을 연출하는 것이 유리한 경기 이다. 약 300m 수면에 부위 표식을 하고 1차, 2차 2번의 기회를 주 며 2회 낙수 시 경기가 종료 된다. 기술의 난이도, 완성도, 구성도에 따라 점수가 부과되는 경기이다.

5) 카이트서핑

연과 페러글라이딩의 비 행원리를 활용하여 보드를 신고 물위 또는 공중을 활주 하며 기술을 구사하는 융합 형 신종해양스포츠로서 바람 이 일정하고 공간이 충분한 백사장이 최적의 장소이다.  우리나라에서는 다소 이색적이고 과격한 이미지 탓에 동호인 수가 많지 않았으나, 몇 년 전부터 조금씩 꾸준히 증가하고 있는 추세로 여름에 즐기는 신종 익스트림 스포츠이다.

연이란 매개체를 통해 바람의 힘을 이용해 색다르게 서핑을 즐기는 해양스포츠로서 서핑처럼 파도를 타기는 하지만 파도의 에너지보다는 바람의 에너지에 더 의존하며, 즉, 서핑과 페러글라이딩의 두요소를 함께 익혀야 할 뿐만 아니라 수상스키나 웨이크보드처럼 끌어주는 힘이 일정치 않기 때문에 기술을 습득하는 데 시간이 많이 걸리지만 그만큼 성취했을 때의 쾌감지수는 상당히 높다.

6) SUP(Stand Up Paddle Board) 스탠딩 패들 보드

SUP 패들 보드는 길고 좁은 형태의 물에 뜨는 보드로, 보드위에 서서 노를 저으며 물에서 이동할 수 있다. 신체의 전신을 이용한 패들링과 균형을 잡기 위한 활동은 체력적인 요소와 고도의 균형 감각이 요구된다. 카누나 카약의 패들링은 상체 운동을 기반으로 하지만 SUP의 경우 서서 패들링을 함으로서 팔과 어깨, 가슴 및 허리, 다리 등 전신을 이용하는 운동으로서 흥미보다도 신체단련에 적격이다.

SUP는 파도가 없는 잔잔한 물에서도 노를 저어 유유히 탈 수 있는 강한 매력이 있어, 바다, 강, 호수, 연못 등 다양한 장소에서 즐길 수 있다. 또한 잔잔한 호숫가에 보드를 띄우고 요가를 하는 '요가쿠아'로 응용하는 등 뉴스포츠로 부각되고 있다. 원래 패들보드는 하와이 원주민들이 섬을 건널 때 통나무 보드를 타고 노를 젓던 것이 최근 해양레저용으로 각광을 받고 있다. 특히 페이스북과 유트브 영상에는 계절을 잊은 패들보드 마니아층이 많이 생겨 눈밭, 빙판을 가리지 않고 즐기고 있다. 해양스포츠가 여름에만 성행하는 스포츠란 관념은 이미 사라진지 오래되었다. 이는 시즌 융합형 아이템으로 해양레저산업의 전망을 밝게하고 있다.

7) 서핑과 윈드서핑

서핑의 역사는 선사시대로, 타히티의 폴리네시아인 조상들이 시작하여 하와이로 전승된 전통적인 해안놀이로 이어져 이곳을 서핑의 발상지로 본다.

서핑은 나무나 폴리우레탄폼 제로 만든 서프보드(surf board) 위에 타고 양손으로 균형을 잡으며 파도를 타는 것으로 수영능력과 평형감각이 요구되는 격렬한 해양스포츠이다.

우리나라에서는 수상레저안전법의 개정으로 인하여 2~3년 전부터 부산을 중심으로 성행하고 있으며 수상레저 활동을 하려면 반드시 구명조끼를 착용하도록 되어 있으나 서핑의 특성상 보드리쉬(보드에서 발목으로 연결된 로프)을 착용하는 것으로 대신한다. 최근 강원도 양양 등 파도가 높은 동해안에 사업장이 확장되고 있으며 해를 거듭하면서 동호인의 수도 빠르게 늘어나고 있다.

원드서핑은 요트의 돛과 서핑보드를 결합하여 만든 수상스포츠이다. 돛을 잡고 바람의 강약에 맞추어 균형을 잡으며 세일링하는 것으로 '수상스포츠의 꽃'으로 여겨지고 있다. 1967년 미국 캘리포니아 해안 지방에서 시작된 것으로 보는데, 원드서핑을 고안한 사람은 호일 슈바이처(Hoyle Schweitzer)와 짐 드레이크(Jim Drake) 두 사람이다. 요트와 서핑 등의 해양스포츠를 즐기는 동호인들로, 서핑과 요트의 장점을 접목시켜 새로운 기구를 고안해 낸 것이다. 이들은 요트에 달려있는 고정식 마스트에서 360°회전이 가능한 연결 기구를 구상하고, 여기에다 활 모양의 붐으로 마스트를 움직임으로써 세일링을 가능하게 하였다. 돛이 받은 바람의 힘을 몸으로 조정하여 보드로 달리기 때문에 보드 세일링(board sailing)이라고도 부른다(스포츠 백과, 2008.).

8) 카약과 카누

카약은 선체의 윗덮개가 있으며(폐쇄형) 자리에 앉아 다리를 앞으로 하고 양날 노를 사용하여 좌우로 번갈아 저어가는 방식이고, 카누는 선체의 윗덮개가 없으며(개방형) 한쪽 노를 사용한다는 점이 카약과 다르다. 카약은 원래 에스키모들이 사용하던 가죽배를 일컫던 밀이고, 주로 혼자 타노록 만들어셨다. 여름에 바다, 강, 호수에서 낚시를 할 때 이용되기도 한다.

카약과 카누는 선천적·후천적으로 하지 장애를 가진 장애인의 해양레저장비로도 활용도가 크다. 장애인에게 물에서의 적응력은 비장애인과 동등하고 갯바위낚시로는 좋은 포인트로 접근이 불가능하던 것도 카누를 활용함으로써 물때에 맞춰 좋은 포인트를 찾아다니면서 여가 낚시를 즐길 수 있어 좋다.

9) 수중레저스포츠

일반적으로 수중레저스포츠로는 스쿠버다이빙과 프리다이빙(스킨다이빙), 스노쿨링, 씨워커 등이 있다.

가. 스쿠버다이빙 (스킨 스쿠버)과 프리다이빙(스킨다이빙)

일반적으로 스포츠 잠수를 칭할 때 Skin-SCUBA로 말하지만 Skin 과 SCUBA는 구별이 된다. 스킨 다이빙은 오리발, 수경, 숨대롱만을 가지고 주로 물 표면에서 하는 것을 말하며, 스킨다이빙을 설명하는 가장 간단한 방법은 제주도 등지에 있는 '해녀'들을 말한다. 스킨 다이빙은 프리다이빙(Free Diving) 혹은 무산소 다이빙이라고도 한다. 다시 말해 자신의 호흡만 가지고, 즉 맨 몸(장비 없이)으로 다이빙 하는 것이다.

스쿠버다이빙 SCUBA(Self Contained Underwater Breathing Apparatus)

수중 자가 호흡기 즉, 공기통을 메고 호흡기로 숨쉬며 하는 다이빙이다. 스킨다이빙은 숨을 참고 한다는 단점이 있지만, 스쿠버다이빙은 그 반대로 활동이 편하고, 더 깊고 오래 할 수 있는 장점이 있다.

나. 씨워커(Seawalker)

다이빙 헬멧 시스템 및 장치는 수영을 못하는 사람도 전문가이드와 함께 바다 밑을 거닐 수 있도록 고안한 수중레저장비이다. 남녀노소 누구나 수영에 친숙하지 않아도 바다밑 바닥을 걸으면서 체험할 수 있다. 사전 특별한 훈련이나 자격증이 필요가 없어서 즉석에서 헬멧을 쓰고 입수가 가능하다. 헬멧 속으로 신선한 공기가 유입되기 때문에 수중에서도 쾌적한 상태를 유지 할 수 있다. 동절기에는 옷 입은 채로 드라이슈트를 착용하고 입수하면 물에 젖지 않고도 체험이 가능하여 사철 수중체험이 가능한 레저장비이다.

다. 스노쿨링(snorkeling)

숨대롱(스노클)을 이용하여 잠수를 즐기는 스포츠로, 수심 5m 안팎의 얕은 곳에서 머리를 들지 않고 얼굴을 물속에 담근 채 수중의 아름다움을 경험할 수 있다. 스노클을 통해 숨을 쉬므로 물에 장시간 떠있어도 체력소모가 많지 않다. 따라서 를 착용하고 물속으로 들어간 다음, 물위에 엎드린 자세로 몸을 바르게 하면 아무리 무거운 사람도 물에 뜨게 된다. 머리를 물속에 담

그러면 마스크의 빈 공간과 발에 신은 핀에 의해 부력이 생겨 수영할 때처럼 다리를 빠르게 움직이지 않아도 장시간 떠있을 수 있다. 그저 팔을 등 뒤로 자연스럽게 올려놓고 가능한 무릎을 편 상태로 가볍게 위 아래로 다리를 움직이면 쉽게 떠다닐 수 있다. 물속으로 잠수할 때는 몸을 직각으로 구부려 몸통이 물속을 향하도록 하고 좌우 팔과 다리를 저어 물속으로 잠수한다(스포츠 백과, 2008).

10) 스포츠낚시

낚시가 인류 번영에 기여한 공로는 참으로 크다. 생존을 위한 식량으로 어류를 잡기 위한 수단이었지만 점차 낚시에 대한 이해를 거듭하면서 계절과 기후에 따라 바다, 강, 호수 등에서 하는 낚시의 형태가 달리 발전하였다(최진호, 「낚시는 樂時」, 2015).

인류의 생존수단으로 시작된 어로채취 행위가 전 세계 어느 문화권에서도 여가낚시는 성행되고 있다. 또한 낚시는 순수한 놀이가 목적인 여가낚시(Recreational fishing)와 짜릿한 손맛을 즐기는 게임피싱(Game fishing), 자연 또는 경기 참가자와 경쟁을 하는 스포츠 낚시(Sports fishing)으로 분류할 수 있다.

가. 여가낚시(Recreational fishing)

상업적 어획이 아닌 혹은 생계와 관련 없이 취미로 이루어지는 수산 동·식물의 포획·채취로서 '산업적 어업'인 수산업에 상대적인 개념으로, 수산업법에서는 유어에 대하여 '낚시 등을 이용해 놀이를 목적으로 수산 동·식물을 포획·채취하는 행위'로 정의한다(해양과학용어사전).

나. 게임피싱(Game fishing)

영국에서는 트라우트(송어류)와 새먼(연어)을 대표적인 게임 피시로 삼고, 잡어와 바닷고기는 게임피시로 치지 않는다. 트라우트를 드라이 플라이(제물낚시)로 낚는 열광적인 낚시꾼이 많다. 영국·미국 등지에서는 어느 정도 큰 고기로 끄는 힘이 강하고 바늘에 걸리면 요동치는 고기로서 손맛이 좋은 것을 게임피시 대상어로 정하는 경향이 있다. 미국의 각 주

(州)에서 게임 피시를 법률로 보호하고 있다. 북미에서는 자연의 식량자원을 유효하게 활용하면서 스포츠 정신도 함양한다는 취지에서

주(州)가 편의를 도모해준다. 낚는 방법은 제물낚시에 한정하지 않고 보트낚시 등 여러 가지 방법이 행해진다.

바다에서는 빅 게임 피싱(big game fishing)이 있고, 각종 클럽이 설치되어 토너먼트식으로 낚시 대회가 개최된다. 클럽의 대표적인 것은 국제낚시연맹(IGFA)이 있다. 이 클럽은 어종을 한정하고 낚시 도구와 방법까지 규정하고 있다(두산백과).

다. 배스토너먼트(Bass Tournament)

스포츠란 경쟁과 유희성을 가진 신체운동 경기의 총칭으로 요약된다.(두산백과) 배스낚시 토너먼트는 여러 낚시 장르에서 스포츠의 요소를 가장 잘 갖추고 있는 스포츠이다. 때로는 자연과의 경쟁, 경기에서는 경기 참가자와의 경쟁을 들 수 있다. 전통적인 낚시는 물고기를 한자리에 앉아 유인하며 낚는 정적인 낚시인 반면 스포츠낚시는 대상 어종을 찾아내기 위하여 지역에 대한 정보를 수집, 경기전 수역에서의 프렉티스, 대상어종의 자연환경 변화에 대한 습성, 케스팅의 정확성을 위한 반복훈련, 상황에 따른 채비 기법, 어종을 찾기 위한 보트 조종기술 및 첨단 장비의 활용 등 스포츠 종목 중에 가장 많은 영역의 기술이 요구 된다.

배스낚시 토너먼트를 구분하자면 프로, 아마추어, 프로암으로 구분한다.

□ 프로토너먼트(Pro Bass Tournament)

프로배스토너먼트는 경기를 위하여 조직된 단체에서 정한 회원규칙과 경기규칙을 준수하여 경기에 임하는 경기로서 선수자신이 준비한 기관이 부착된 보트를 이용하여 단체에서 규정한 범위에서 경쟁을 하는 경기낚시 이다. 일반적으로 경기시간을 대상어종이 활발한 시간대를 지정하여 경기를 치루며 보통 이른 아침에서 정오까지 경기를 하는 경우가 대부분

이다. 경기를 할 수 있는 위수구역을 시성하여 범위를 설정하며 낚시 대의 개수를 제안하지는 않고 있으나 일반적으로 5대 정도를 이용한다. 또한 생미끼를 이용할 수가 없으며 순수 루어(인조 미끼)만을 이용하여야 한다. 단체마다 규정을 달리 할 수 도 있으나 25cm 이하 크기의 물고기는 제외되며 5마리 합산 무게로서 순위를 가른다. 세부규칙을 지키지 못하는 경우 패널티를 적용하고 있으며 낚은 물고기 합산무게에서 패널티 만큼의 무게를 제외하는 방식으로 진행된다. 년간 5~6전 정규전과 그해를 마감하는 마스터전을 치르게 되며 탑 랭커의 프로선수들은 조구업체로부터 스폰서 계약을 체결하고 선수에게 낚시도구 및 경제적 도움을 주고 있다. 단체마다 다르긴 하나 정규전에서 대회 우승자에게 트로피와 3백만원~5

백만원의 상금이 수여되며 마스터전의 경우 1천만원의 상금을 수여하기도 하며 국제 경기에 국가대표로 출전권이 주어지기도 한다. 우리나라에서 주로 경기장으로 이용되는 곳은 경북 안동호에서 가장 많은 토너먼트가 열리고 있으며 그밖에 경기도 가평군의 청평호, 강원도 춘천의 의암호와 화천호, 경기도 평택호, 경남 합천호 등에서 주로 경기를 치루고 있으며 우리나라 하천과 호수가 있는 지역이 대부분 경기장으로서의 요건을 갖추고 있다.

□ 아마추어 토너먼트(Amateur Bass Tournament)

아마추어 배스낚시대회는 일반적으로 별도의 규정이 없이 경기 시간과 경기 구역을 지정하고 보트를 이용하지 않고 도보로 이동하며 2마리 합산 무게로서 순위를 정한다. 아마추어 경기는 단체 또는 조구업체에서 잠재적 수요와 프로선수의 발굴, 스포츠낚시의 저변확대 및 발전을 위하여 수시로 경기가 진행되며 경기라는 성향보다는 페스티벌형태로 진행되는 경우가 대부분이다. 아마추어 경기는 누구나 부담 없이 참여가 가능하여 많은 초보자 낚시인이 지역의 클럽 단위로 참여하고 있으며 많게는 1천여 명이 참가한다.

□ 프로암 토너먼트(Pro-Am Bass Tournament)

프로암이란 프로선수와 아마추어 선수가 동반 협력하여 대회를 치르는 것으로서 프로선수가 소유한 보트에 아마추어 선수가 함께 동승하여 경기를 하며 아마추어 선수들에게 프로선수의 기술력을 습득하는 유일한 기회이다. 프로경기와 같은 방식으로 경기가 이루어지며 함께한 두 선수의 5마리 합산 무게로 경기가 진행된다.

4. 산업적 측면의 해양스포츠와 해양관광

1) 해양스포츠와 해양관광의 매칭효과

오늘날 해양레저 인구가 급증하는 추세이고 바다이벤트나 축제에 해양관광객이 몰리고 있다. 더구나 세계적인 요트경기로 유명한 아메리카스 컵 요트대회는 역사도 오래된 만큼 그 인지도도 막강하다.

해안을 끼고 있는 지자체나 해양 국가들은 구체적으로 유명한 해양스포츠 경기를 유치하기 위해 치열한 경쟁을 하고 있는 것이 현실이다. 이는 해양스포츠와 해양관광의 매칭효과로 해양스포츠 경기도 관람하고 관람객도 휴식을 취하고 힐링을 찾는 형태의 여가문화가 형성된 것이다.(김영돈, 2016)

이와 관련하여 세계적인 아메리카스컵과 해양관광의 매칭 사례를 소개하면, 산악국가 스위스가 160년 전통 아메리카스컵 요트대회를 우승했다. 바다가 없는 스위스는 아메리카스컵을 치루기 위해서는 바다와 마리나 시설이 구비된 항구도시가 필요했다.

그런데 세계적인 관광국가인 스위스는 관광 등 서비스산업 중심으로 국부를 창출할 수 있는 산업이라면 어떠한 사업도 마다하지 않고 참여하는 그야말로 혁신의 DNA를 가진 국가이다. 이러한 혁신과 개방의 스위스에는 지리적으로 바다가 없는 산악국가로서 언제나 바다를 그리워하는 나라이다. 바다가 없는 스위스가 2003년 대회에 이어 2007년 제32회 아메리카스컵 대회에서도 승리를 거둘 수 있었던 배경에는 혁신의 DNA가 흐르는 국민성 때문이다. 스위스의 우승에 따라 유럽 60여개 항구도시가 아메리카스컵 요트대회 개최지가 되기 위해 경합한 결과, 5억 달러(약 5000억원)을 제시한 스페인의 Valencia에게 개최지를 양도하였다. 이후 Valencia는 30억 달러를 투자하여 아메리카스컵을 성공적으로 개최하였고, 개최한 후 경제적 이득은 최대 100억 달러(약 10조원)로 산출되었다. 또한 대회 기간 동안 지출한 비용과 민간자본의 호텔·레스토랑 투자, 대회 개최로 인한 고용효과 등 직접적인 수입만 50억 달러에 달하는 것으로 알려졌다. 우승팀을 후원한 기업은 세계 최고 브랜드의 반열에 오르고, 아메리카스컵을 거머쥔 국가는 경제적 소득과 함께 선진국 가운데서도 선진국이라는 자긍심을 얻는다. 일본이 1990년대 이후 아메리카스컵에 도전했고, 중국이 2007년 대회에 처음으로 출사표를 던졌다. 우리나라는 34번째 아메리카스컵에 2011년 9월 7일부터 22일까지 미국 샌프란시스코에서 개최된 경기에 처음으로 참가해 선전했다(김성국).

2) 글로벌 스포츠 경기의 직·간접 경제적 효과

해양스포츠의 대표적인 종목이 '요트대회'가 세계 경제에 미치는 파급효과가 크다. 우리사회에도 점차 증가해 가고 있는 해양레저문화가 우리경제에 미치는 영향 역시 커질 수밖에 없다.

세계 글로벌 스포츠경기가 경제적으로 미치는 영향을 아리안츠 경제연구소에서 분석한 결과를 살펴보면 아래표와 같다. 올림픽이 직·간접 경제적 효과로 총130억 달러로 가장 많은 경제적 파급 효과를 미쳤고, 2위로 FIFA 월드컵으로 총100억5000만 달러의 경제적 효과를, 아메리카스컵 80억 달러의 경제적 파급 효과를 미치는 세계적인 해양스포츠 경기이다(김영돈, 2016).

글로벌 스포츠 경기의 직·간접 경제적 효과

(단위 10억 달러)

	스포츠 경기	직 접	간 접	계
1	올림픽	3	10	13
2	FIFA 월드컵	3.5	7	10.5
3	아메리카스 컵	1.5	6.5	8

출처: Allianz, Allianz Economic Impact Report into the America's Cup,2007 재구성

34회 아메리카스컵 요트대회에 도전한 한국대표팀 Team Korea는 5명의 외인부대로 구성되어 있으며, 예선전에서 종합성적 3위를 기록한 바 있다.

5. 동력수상레저 면허증 제도

일반적으로 자동차를 운행하려고 하면 운전 면허증이 필요하듯이 모터보트·요트를 조종하려면 국민안전처에서 발행하는 면허증을 취득해야 한다. 면허증을 취득하는 방법, 하나는 자동차와 같이 학과시험에 합격하고 실기시험에 합격한 후 안전교육을 이수한 후 면허증을 교부받는 방법, 다른 하나는 시험을 치르지 않고 국민안전처에서 제시한 교육과정과 교육시간(모터보트 : 이론 20시간, 실기16시간. 요트 : 이론 22시간, 실기 18시간)을 이수한 후 면허증을 교부하는 방법이 있다. 이를 '조종면허시험면제교육'이라고 한다. 현제 전국에 조종면허시험대행기관은 2017년 2월 현재 전국에 일반조종 15곳, 요트조종 8곳이 운영되고 있으며, 조종면허시험 면제교육기관

은 전국 29곳(일반조종 22곳, 요트조종 7곳)에서 시행되고 있다.

1) 조종면허의 시험제도

5마력이상의 동력수상레저기구를 조종하려면 국민안전처 발행 조종면허를 취득하여야 한다. 조종면허의 종류로는 모터보트를 조종할 수 있는 일반조종1급, 일반조종2급이 있으며, 기관이 부착되어 있으며 주로 돛으로 추진하는 세일링요트의 경우 요트조종면허가 필요하다.

일반조종면허 1급	수상레저사업자(종사자 중 1명이상) 동승 시 무면허자 조종 가능 면허시험관, 면제교육강사	기관이 부착된 수상레저기구
일반조종면허 2급	요트를 제외한 5마력이상의 동력수상레저기구 수상오토바이	
요트조종면허	요트조종, 요트시험관	기관과 돛을 장착한 수상레저기구

[시험으로 면허취득 하기]]

① 국민안전처 수상레저종합정보(https://wrms.kcg.go.kr)홈페이지에서 학과시험장을 확인한다.

② 학과시험응시 : PC시험과 종이 시험이 있으며 PC시험장이 설치된 곳에서는 공무원 근무시간에 한하여 1일 2회까지 응시가 가능하며 종이시험의 경우 각 실기시험대행기관에서 응시가 가능하다(단, PC시험장 인접 실기시험장에서는 학과시험을 보지 않으니 확인이 필요함).

・학과합격기준 : 일반조종1급의 경우 70점 이상, 일반조종2급의 경우 60점 이상, 요트조종의 경우 70점 이상이 합격선이다.

· PC시험 설치장소 : 서울 여의도, 충남태안해양경비안전서, 강원
　　　　　　　　　동해해양경비안전서, 목포해양경비안전서,
　　　　　　　　　부산해양경비안전서 추후 추가설치 예정

③ 실기시험응시 : 면허종별에 해당하는 학과시험 합격자에 한하
여 실기시험 응시가 가능하며 일반조종1급의 경우 80점 이상,
일반조종2급의 경우 60점 이상, 요트조종의 경우 60점 이상
득섬 시 합격선이다.

④ 응시원서를 접수한 이후부터 3시간의 안전교육을 반드시 이수
하여야 한다. 안전교육의 내용은 수상레저 안전법령, 수상레저
기구의 사용관리, 수상상식, 수상구조.

[교육으로 면허취득하기]

일정 교육을 수료하고 자체평가 실기 60점을 통과한 수료생에게 별
도의 시험 없이 일반조종 2급 면허 및 요트조종면허를 취득하는 제도
로서 2014년부터 시행되고 있다. 전국 면제교육장 현황은 국민안전처
수상레저종합정보(https://imsm.mpss.go.kr/)에서 확인가능하다.

가. 면제 교육내용

교육시간	2급 조종면허 총 36시간	요트조종면허 총 40시간	비고
교육내용	관계법령 (이론 4시간) 수상상식 (이론 4시간) 구급 및 응급처치 (이론/실습 4시간) 모터보트 개요 (이론 4시간) 항해 및 기관 (이론/실습 4시간) 조종술 (실습 16시간)	관계법령 (이론 4시간) 수상상식 (이론 4시간) 구급 및 응급처치 (이론/실습 4시간) 요트개요 (이론 4시간) 항해 및 기관 (이론/실습6시간) 범주법 (실습 18시간)	1일 8시간 교육
준비물	본인을 증명하는 국가발행 신분증 필기도구 및 교육에 필요한 개인용품		

나. 교육이수 및 면허증 발급과정

1. 교육수상신청
마감일 7일전까지 인터넷 또는 교육기관 방문 신청

2. 이론교육
이론교육실시, 일반 2급 (20시간), 요트면허 (22시간)

3. 실기교육
실기교육실시, 일반 2급 (16시간), 요트면허 (18시간)

4. 면제교육 이수
면제교육 수료증 발급

5. 면허증 교부신청
면제교육기관에 면허증 신청

6. 면허증 교부
국민안전처장관 발급

2) 면허취득자의 항해교육

앞서 소개한 방법으로 면허를 취득하였다면 특히 "시험으로 면허 취득하기" 방법으로 취득하였다면 실제 현장에서 바로 항해를 하기에는 안전 항해를 담보할 수 없을 것이다. 앞으로 국가 차원에서든 민간 차원에서든 크루즈요트 교육 과정 및 자격은 추진되어야 한다. 실제로 근해의 세일링과 외양 세일링은 실전에 있어서 큰 차이가 있기 때문이다. 따라서 이장에서는 크루즈요트 항해에 대해서 다루고자 한다.

크루즈(cruiser) 항해를 위해서는 숙련된 항해 경험이 필요하다. 요트의 선체 및 기관 관리, 해상통신 및 항해에 필요한 전자장비 조정하는 법, 선내 비상상황 시 응급을 판단하고 대처 및 조치하는 방법이 필요하다. 이 교육은 현행 국내에서 법적의무사항은 아니지만 해외 사례의 경우 기존 요트자격증을 취득하였다 하더라도 일정한 기량을 가진 선장(스키퍼)으로부터 크루저항해 실습이 반드시 필요하다.

교육내용은 첫째, 세일 또는 기관을 사용하여 풍향별 모든 경로로 세일보트를 운용, 조종할 수 있는지 능력을 측정하고 현장 보수교육을 통해 기량을 향상시킨다. 둘째는 항해에 필요한 각종 전자 장비를 작동, 활용할 수 있는 능력을 향상하도록 실제 항해를 통해 반복 교육을 한다. 셋째, 수상레저기구가 운행 가능한 상태로 유지하기 위해 선체 내부와 외부를 관리하고 응급 처치하는 능력이 수상레저기구가 운행할 수 있도록 엔진, 추진기, 전기장치, 연료, 냉각수 등을 점검하고 소모품을 교환하는 능력이 될 수 있게 교육생 수준에 맞춰 과정이 이루어 져야한다. 이는 소수의 현장교육으로 이뤄져야 한다. 넷째 비상상황 대처법으로 해상에서 발생할 수 있는 각종 사고와 비상상황을 판단하고 이를 대처 및 조치할 수 있는 능력을 교육한다 (김영돈, 2016).

6. 안전관리 및 안전교육

수상에 관련한 안전 관련 법률은 수상레저안전법, 선박안전법, 해사안전법, 선박의 입출항법, 유선 및 도선사업법, 연안사고 예방에 관한 법률, 마리나 항만법, 수중레저활동의 안전 및 활성화 등에 관한 법률(2017년 5월 시행) 등 다양한 법을 제정하고 관리되고 있으나, 매년 해양사고는 대형화되고 피해규모는 커지는 등 그 심각성은 나날이 증가하고 있는 실정이다.

1) 해양안전교육 생활화

국민들이 해양관광과 해양스포츠·레저 활동은 확대될 것으로 예측 되는 바 국민들의 해양안전의식 고양은 절대적으로 필요한 시점이다. 우리사회의 해양안전에 있어서 이미 사후약방문식의 정책이나 대응 사례가 헤아릴 수도 없이 많았다. 세월호 참사가 그러하고 바다낚시 선박 돌고래호가 그러했다. 사고 시 반짝 규제 일변도의 대안보다는 예방적 안전교육에 더 심혈을 기울일 때가 왔다고 본다. 이제는 더 이상 무관심하거나 미뤄둘 수 없는 것이 해양안전 문제이다. 이는 국민의 생명을 보존해야 하는 국가의 책무이기도 해서 보다 체계적인 해양안전교육 정책 수립과 집행이 요구 된다. 수상에서 안전사고는 다양한 형태로 나타나고 있다. 특히 인명사고로 이어지는 경우 익사사고에 이어 체온유지를 못하여 저체온증에 의한 사망이 대다수이다. 저체온증은 임상적으로 중심체온(심부체온)이 35℃ 이하로 떨어진 상태를 말한다. 인체의 열 생산이 감소되거나 열 소실이 증가될 때, 또는 두 가지가 복합적으로 발생할 때 초래되며, 저체온증은 갑자기 또는 점차적으로 발생할 수 있다. 체온이 정상보다 낮아지면 혈액 순환과 호흡, 신경계의 기능이 느려지면서 의식을 잃게 된다. 해양사고 시 저체온증이 사망원인이 되는 경우가 많으므로 물에 빠졌을 때 신발과 의복을 벗고 수영하여 안전한 구역으로 이동하던 기존의 방식보다 신발과 의복을 착용함으로써 체온유지가 쉽고 게다가 신발이 주는 약간의 부력을 활용하면 하체를 띄우기가 쉬워져 사고 시에 오히려 활동을 자제하고 하체를 띄운 채 가만히 누워서 떠있으면서 구조를 기다리는 것이 더 효과적이라는 주장이 '잎새뜨기 생존수영법' 전문가들에 의해 조심스럽게 제기되고 있다.

2) 안전점검 및 안전장비

종종 선박 화재가 발생하는 경우를 접한다. 수형 동력 수상레저기구의 경우 화재가 대부분 축전지의 관리 소홀로 인해 발생한다. 특히 축전지가 올바르게 결박되지 않은 상태와 접속터미널이 제대로 접속되지 않은 상태에서 시동을 켜는 순간 불꽃을 일으켜 가스로부터 생긴 유증기에 불이 붙어 화재로 이어지는 경우가 대부분이다. 이러한 사고는 내수면에서만 연간 1~2건 정도가 발생되고 있다. 중대형 선박에서의 화재는 기관실 또는 취사시설 화재 등 그 원인이 다양하다. 그런데 선상에서 급작스런 화재발생 시 구명장비가 있는 장소까지 다가갈 수 없는 경우가 흔히 발생되기도 한다. 이런 경우 가능한 물에 뜨는 부유물을 최대한 확보하여 화재가 발생한 지역으로부터 멀리 물에 던져 놓고 구명장비 없이 물에 뛰어 내려야 할 것인지 냉정하게 판단하고 진행 상황에 따라 침착하게 행동하여야 한다. 이 경우 안전장비 없이 물에 뛰어들어 화재선박으로부터 거리를 멀리한 채 구조를 기다려야 하는 경우가 발생한다. 선박 화재를 대비해서 평소 소화기의 위치와 사용가능 여부 등을 수시로 점검하는 습관이 필요하며, 화재 발생시 빠른 진화가 우선되어야 한다. 선박에서 화재 발생 시 특히 주의할 점은 화재진행을 지연시키기 위하여 가능한대로 화재가 발생한 곳을 바람이 불어가는 쪽으로 두어 화재가 확산되는 것을 방지하여야 한다.

수상레저안전법의 개정으로 안전장비의 인정 범위가 다양해졌다. 수상레저안전법상 수상레저 활동자는 호각이 부착된 구명조끼를 의무적으로 착용케 하고 있는데, 활동이 다양해짐에 따라 구명조끼의 종류도 다양해지고 있다. 구명조끼의 종류로는 조끼형이 일반적이며 그외 팽창식(CO2), 고체식(NBR) 및 복합식 (NBR+CO2 혼합) 구명조끼가 있다.

팽창식(CO2) 조끼는 협소한 공간 및 실내 근무자가 착용하기 편리하고 치수조절이 가능하다. 이러한 편리성에 반해 팽창공기실 파손 시 부력이 없어 수영능력이 전혀 없는 사람은 위험할 수 있다.

고체식(NBR) 조끼는 고체부력재의 손상이 없으면 장기적으로 사용이 가능하고 다른 제품에 비하여 저가이다. 다만 부력효과를 높이기 위해 두꺼운 부력재를 사용하여 착용 시 불편하며 외관이 투박하다. 협소한 공간이나 실내에서 장기간 착용하기 곤란할 수 있다.

복합식(NBR+CO2)은 팽창식과 고체식을 복합시켜 놓은 구명조끼이다. 팽창공기실 파손 시에도 사용이 가능하며 가볍고 치수조절이 가능하다. 하지만 다른 제품에 비하여 고가이고 사용 후 CO2실린더 및 보빈 교체에 따른 추가 비용 지출이 있다.

팽창식(CO2)	고체식(NBR)	복합식 (NBR+CO2 혼합)

그 밖에도 웻슈트를 안전장비로 인정하고 있다. 웻슈트는 스쿠버다이버들의 필수 장비로서 체온 유지 및 외부로부터 신체보호, 신체부력 제공 등의 역할을 한다. 웻슈트는 수상 및 수중 활동을 하는 스쿠버다이버가 웻슈트를 착용한 후 그 위에 구명조끼를 착용하게 할 경우 이중 부력을 요구한다는 점을 감안해서 그 자체를 안전장비로 인정하고 있으나, 구명조끼와는 달리 물에 빠진 사람을 올바르게 세우지 못하고 물위에 눕거나 엎드려 뜨게 함으로서 안전한 상태를 유지하기 어려운 단점이 있다. 일반적으로 구명조끼를 착용하고 물에 빠지게 되면 상체에 부력이 있고 하체에 부력이 없어 물에서 오뚜기처럼 올바르게 서있게 돼 목 부분에서 오는 체온손실을 지연시켜 주는 역할을 해준다. 함상용 구명조끼는 두껍고 활동이 불편하지만 목 부분에 보호대가 있어 스포츠형 구명조끼에 비해 체온 손실이 적어 장시간 구조를 기다리기에 유리하다

3) 수중레저활동의 안전 및 활성화등에 관한 법률

기존에 수상레저안전법은 수상에서의 해양스포츠를 중심으로 법이 제정되었으며, 수중(스킨스쿠버다이빙 등) 해양스포츠 분야는 별도로 안전 관련 법률이 없었다. 하지만 수중레저분야는 동호인이 약 30만명에 이를 정도로 대중적인 해양레저스포츠로 각광을 받고 있으며, 국민 여가수요 충족 및 관광진흥에 기여하는 효과가 큰 해양레저 활동이므로 제정될 필요성은 계속해서 주장되어 왔다.

이에 수중레저활동자의 안전을 확보하고, 수중레저활동의 활성화 및 수중레저사업의 건전한 발전을 위해 이 법을 제정하였으며, 2017년 5월부터 법이 시행될 예정이다. 실제로 우리나라 최초의 스킨스

쿠버 관련 법률이라고 볼수있으며, 아직은 시행령과 시행규칙이 제정되지는 않았지만 법령이나 시행규칙이 법률의 범위를 벗어나지는 않기 때문에 그 방향은 예측 가능하다.

특히 수중레저활동의 안전 및 활성화에 관한 법률을 신설했다는 의미는 해양스포츠의 범위를 더욱 세분화하여 관리한다는 의미이자 해양스포츠 전체에 대한 관심의 증가로 해석할수도 있을 것이다.

4) 해양스포츠교육원

서해안 중심부에 위치한 한서대학교는 본교에서 **30km** 떨어진 태안캠퍼스에 비행장과 50여대의 비행기를 갖추고 항공분야 특성화로 명성이 높은 곳이다. 비행장이 섬에 위치하고 있어 20만평의 공유수면을 확보하고 해양스포츠를 특성화하고 있다. 2013년 개원한 해양스포츠교육원은 국제적으로 인정받는 각종 수상레저장비들을 갖추고 해양레저 전문인력 양성 프로그램을 운영하고 있다. 국민안전처로 부터 지정받은 해양레저분야 위탁교육기관으로 지정받은 동력수상레저조종면허 시험 면제교육 기관으로서 년간 600여명의 보트와 요트 조

종사를 양성하고 있으며 면허 갱신 수상안전교육을 병행하고 있다. 연안사고 예방에 따른 연안안전 관리요원 교육과정과 수상인명구조원(수상구조사)과정, 다목적 수영장에서는 수중스포츠 자격과장이 운영된다. 그밖에도 수상스키, 웨이크보드지도자과정, 윈드서핑과 요트과정, 마린엔진정비기술과정 등 다양한 프로그램이 운영되고 있다.

또한 국제수상스키연맹(IWWF)와 대한수상스키-웨이크보드협회의 지원으로 미국의 유냉한 쓰로리다 수상스키쇼팀을 초빙하여 대학의 해양스포츠학과 학생들을 교육하여 우리나라에서 최초로 수상쇼를 기획하여 2년여 동안 대학 실습장에서 여름철 주말마다 수상스포츠쇼를 해양레저 체험교육과 함께 정기적으로 진행하고 있다. 2016년 여름 6000명의 방문객이 한서대 수상스포츠쇼를 관람하였다. 2016년 5월에 열린 경기국제보트쇼 기간 김포 아라마리나 수변에서 미국 프로리다 수상쇼팀과 한서대 쇼팀이 연합 수상스포츠쇼를 펼쳐 관람객에게 많은 호평을 받은바 있다.

7. 맺은말

평생을 물이 무서워 물을 피해 살아가는 이도 있다. 그러나 지구상의 70%이상이 물로 채워져 있고 각종 해양레저장비 기술력과 수변지역의 안전설비가 보강되고 마리나 시설이 확충되고 있다. 또한 한국의 막강한 IT기술이 해양레저장비와 융합되면 보다나은 제품향상과 해양사고 안전장치도 확보될 것으로 전망된다. 무한한 해양자원을 활용하기 위하여 우리는 물을 가까이 할 수밖에 없다. 물이 두려워 멀리하기보다는 보다 적극적으로 물을 대하는 것이 중요할 것이다. 초등교육과정에서의 기초수영 프로그램은 국민건강은 물론 수난사고시 생명을 구하는 안전대처 능력을 보유하게 되어 미래를 준비하는 학생들에게 꿈과 건강을 선물하는 계기가 될 것이다. 이미 호주와 러시아의 경우 조기 해양교육으로 해양대국으로의 기량을 충분히 발휘하고 있다.

따라서 정부는 해양·수상레저산업을 10여 년 전부터 미래 신성장동력산업으로 지정하였고 이번 정부에 들어서 국토해양부를 국토교통부와 해양수산부로 다시 분리하여 복원했다. 또한 국가적 비전을 제시하는 정책으로 마리나 개발에 관한 10개년계획도 포함시켰다.

해양수산부 10개년 계획에 의하면 2019년까지 59개소의 마리나항 건설계획이 진행 중이다. 국민소득의 증대와 여가시간 확충으로 요트·보트를 소유하고 편리하게 이용할 수 있는 마리나 시설의 개발은 그 동안 침체되었던 해양스포츠·해양레저·해양관광 활성화를 위한 정책으로 기대한 바가 크다.(함도웅, 해양레저법론 2016)

경제발전과 더불어 국민들의 바다에 대한 인식도 커다란 변화를 하고 있다. 우리의 수산업과, 조선·해운업이 세계경제의 선두 그룹에 있어 해양굴기 할 수 있는 국가적 자양분은 충분하다. 이러한 분위기는 해양관광분야로도 확산되어 휴가철이면 바닷가로 나가는 피서객은 그 수를 헤아리기 힘들 정도이어서 이제 해양레저 산업화와 선진형 해양레저문화가 서서히 조성되어가고 있음이 확인된다.

우리나라의 해안선은 12,000여 km이고 3,000여개의 유무인도를 보유하고 있어 해양관광 및 해양레저문화가 정착하기에 적합한 여건으로 형성되어 있다. 여기에 정부의 적극적인 마리나 서비스업 창업지원과 청년일자리 추진사업이 천혜의 자연적 조건을 갖춘 해안에서 이루어진다면 대한민국의 해양레저산업의 길은 밝아 질 것이라고 확언한다.

2016 세계대학수상스키선수권대회(일본) 국가대표 출전

2009 세계수상스키선수권대회(케나다 캘거리) 출전

신종 해양레저스포츠와 해양안전

2009 카타르 도하 점프　　　　2007 세계웨이크보드선수권대회(카타르
수상스키 경기　　　　　　　　도하) 및 월드컵 출전

〈참고문헌〉

김성국, 한국해양대학교 mackim72@nate.com
최진호·김용재 외 「낚시는 樂時」, 부경대출판부, 2015.
김영돈, 「마리나인문학」, 문화디자인 2016.
민석기 매일경제 & mk.co.kr,: 2014.10.28.
체육학연구회, 2012.

스포츠 백과, 2008.

두산백과.
http://wrms.kcg.go.kr
함도웅, 해양레저법론 2016.

생명의 바다, 마리나와 항노화 산업

장애인 체육회 상임부회장 / 여수사랑재활병원 **박 기 주** 병원장

1. 서언

21세기는 해양이 중시되는 신해양 시대이며, 선진국의 경우 관광 및 레저의 형태가 내륙에서 해양으로 이동하고 있다. 또한 해양활동 장소 및 형태도 모래사장의 해수욕에서 그치지 않고 서핑, 윈드서핑, 카이트 보드, 스포츠잠수, 및 요트·보트, 크루즈 등 점차 해안가에서 바다 속까지 그 범위도 확대되고 해양문화도 다채롭게 형성되어지는 육역과 해역을 포함하는 공간이 마리나이다.

해양문화란 해양과 문화가 결합된 합성어이다. 해양 또는 '바다'는 지구표면의 70.8%를 차지하고 문화란 자연 상태의 사물에 인간의 작용을 가하여 그것을 변화시키거나 새롭게 창조해 낸 것을 의미한

다.(위키피디아)

중국의 곡금량 교수는 '바다가 어떻게 문화가 되는가'에서 해양문화를 "해양과 유관한 문화이고 해양으로부터 탄생한 문화이다. 즉, 인류가 해양자체에 대한 인식과 이용 및 해양으로 말미암아 창조해낸 정신적·행위적·사회적·물질적 문명생활의 함의이다."라고 설명하고 있다.

그러나 필자가 느끼는 해양문화는 조금은 다르게 인식되어온 것이 사실이다. 왠지 모르지만 바다에 대한 거부감과 부정적인 인식을 지울 수가 없다. 그리하여 역사를 되돌아보는 과정을 통해 우리바다를 재인식하게 되었다.

우리사회는 농경문화를 기반으로 대륙적 사고에 고착되어 해양문화에 대해 등한시 해왔다. 역사적으로도 통일신라시대의 장보고 선단 활동이후 해양활동이 정체되었을 뿐만 아니라 조선시대의 쇄국정책은 국제정세에 스스로 해양문맹아를 자처하는 처사가 되고 말았다. 그러나 오늘날 한국의 부는 해양교류를 통해 창출된 것으로 해양문화를 고찰·연구함으로써 보다 획기적이고 총체적인 특성을 파악하여 미래의 해양문명 발전에 견인차 역할을 해야 할 것이다.(김영돈 2016)

6.25전쟁이후 급성장을 한강의 기적이라고 한다. 이러한 기적의 원동력은 우리의 유구한 해양문화가 내재되어 있기에 가능했다. 고대 동아시아 바다를 석권했던 장보고, 국난으로부터 바다를 지켜낸 이순신 등 해양의식 고취를 위한 콘텐츠로 활용가치가 크다. 이를 한류문화산업(영화·게임·방송 등)과 연계해 해양관광 상품으로 개발하고 청소년의 교육에 활용하여 해양인재양성과 미래 한국의 해양굴기를 기대해 본다.

한반도의 해양유적 중 신석기 시대 것으로 울산 반구대 암각화에 통나무 배와 고래들을 사냥했던 그림이 사실적으로 새겨져있다. 해안가의 생활을 선조의 흔적이 고스란히 남아 이 시대를 살아가는 우리에게 '바다의 주역'이었음 깨우치는 메시지인 것이다. 오늘날 한국의 해양문화도 급격히 변화하고 있다. 경기도와 부산에서 국제보트쇼가 매년 개최되고 해양조선산업도 세계수위권에 있다. 그리고 2012년 여수 해양엑스포 행사를 동해 한국의 해양문화를 세계에 알리는 축제도 성황리 맞춰 여수는 제대로 해양관광도시로의 자리매김을 했다.

해양문화 역시 체험형으로 바뀌고 있다. 그 체험은 단순한 현실체험을 뛰어넘어 오감체험형(보고, 듣고, 만지고, 냄새 맡고, 맛보는)으로 질적 도약을 거듭하고 있다.(김재철,주강현, 2008)

또한 '스마트워크' 도입으로 근무시간의 유연성은 보다 많은 직장인들이 여가를 즐길 수 있는 기회를 갖게 된다. 따라서 해양스포츠·레저를 즐기기 위해 가족, 연인과 함께 바다를 찾는 계층이 점차 늘어나게 될 것이다. 스마트워크는 전 세계의 직장생활 트렌드일 수밖에 없다. 고령화 사회의 노동인구 감소와 개발도상국의 도심 사무실 부족, 기후의 급격한 변화를 피부로 느껴 기업과 정부의 정책입안자들이 온실가스배출을 적극적으로 줄이는 등의 영향이다. 또 정보통신기술(ICT) 플랫폼 네트워크와 관련한 소프트웨이 산업의 새로운 일자리 창출도 가능하기 때문에 스마트워크는 일석이조이다(박영숙 외 2014)

특히 푸른 바다는 일상으로부터 떠나온 여행객에게 힐링 할 수 있는 공간으로 최적의 조건을 갖추고 있다. 탁 트인 수평선 위로 새하얀 돛을 펼치고 호수의 백조처럼 유유히 세일을 펼친 요트나 물보라를 일으키며 사행하는 파워보트와 보트에 견인되어 미끄러지듯 파도를 타는 수상스키는 체육적 효과는 물론이거니와 정신적 스트레스까지 말끔히 씻어준다.

2, 현대인의 웰빙 생활추구

1) 웰빙(well-being)

2000년 이후의 현대 산업사회의 병폐를 인식하고, 기존 삶의 방식을 탈피해 육체적·정신적 건강의 조화를 통해 행복하고 아름다운 삶을 영위하려는 사람들의 생활문화를 포괄적으로 '웰빙'이라고 한다. 웰빙은 '복지·행복·안녕'을 뜻하고 이를 추구하는 사람들을 '웰빙족'이라 칭한다.

웰빙족은 육체적으로 질병이 없는 건강한 상태뿐 아니라, 직장이나 공동체에서 느끼는 소속감이나 성취감의 정도, 여가생활이나 가족 간의 유대, 심리적 안정 등 다양한 요소들을 웰빙의 척도로 삼는다. 몸과 마음, 일과 휴식, 가정과 사회, 자신과 공동체 등 모든 것이 조화를 이루어 어느 한 쪽으로 치우치지 않은 상태가 웰빙이다.(두산백과)

WHO는 2005년도 한국인의 평균수명을 78.5세로 세계 194개국 중 26위로 발표하였다. 아시아에서는 일본(82.5세)과 싱가포르(80세) 2개국이 우리나라보다 앞섰고 그 뒤를 이어 중국(72.5세), 베트남(71.5세), 인도네시아(67.5세), 필리핀(67.5세), 몽골(65.5세), 인도(63세)로 조사되었다. 한편 한국의 평균건강수명은 67.8세로 평균수명과는 약 10년 정도의 차이로 미국과 일본의 5~7년보다 길다. 이것은 질병이나 부상, 정서적 불안, 우울증 등에 의해 10여 년을 '고통수명'으로 연명하고 있다는 것을 의미한다. 정부는 2010년 건강수명 72세를 목표로 정하고 평균수명뿐만 아니라 건강수명을 높이기 위한 종합 건강증진계획을 추진하고 있으며 2030년에는 세계최장의 장수국을 목표로 하고 있다.(생명과학대사전, 2014)

더구나 의료보험제도가 우리사회에 정착되면서 정기적인 건강검진이 생활화되면서 육체적 정신적 삶의 질이 향상되었다. 그 결과 수명연장 효과가 확실히 나타나 2016년 기준 평균수명이 81세이다.

고대 그리스 시대에도 오늘날의 웰빙족처럼 인간의 건강한 삶을 추구하기 위한 시설이 있었다. 그리스문학에 거론되는『일리아드』는 트로이 전쟁 중에 있었던 일을,『오디세이』는 인류 최초의 '바다모험'이야기로 트로이 전쟁 이후의 사건들을 각각 다룬다. 서양에서 가장 먼저 문화가 융성했던 곳은 희랍이고, 그 곳에서도 가장 먼저 나온 것이 이 두 작품이다.(천병희,1996.)

고대 그리스문화는 에게해를 중심으로 그리스와 서아시아 해안에서 교류하면서 형성한 해양문화소산이지만 현재는 터어키 영토로 트로이 전쟁터의 인근지역인 베르가마(Bergama)에는 세계 최초병원의 유적이 있다.

기원전 460년에 태어나 370년 무렵에 죽은 것으로 알려진 '의학의 아버지'라 불리는 히포크라테스가 그곳에서 활동했다.『히포크라테스 전집』에 나타나 있는 의학은 질병에 대한 자연주의적 접근을 중요하게 생각한다.(네이버 건강백과)

세계 최초병원   아스클레피온   원형극장

그 당시 건축물인 아스클레피온은 신전이자, 의학아카데미였으며, 병원이기도 했다. 약물 치료 시설 뿐 아니라 환자들의 정신 건강을 위한 연극 공연을 했던 원형극장, 심리적으로 자신감을 불어넣어주는 진료용 지하터널도 있다. 또한 환자들의 문화생활을 위해 시설로 목욕탕, 도서관, 샘물 등 **현대 병원에** 있는 시설을 갖추고 있었다.

진료용 지하터널   의학과 관련한   뱀의 형상

아스클레피온의 입구 기둥에는 뱀이 새겨져 있고 이는 치료의 신, 아스클레피우스의 상징 동물로 예로부터 치료의 상징이다. 지금도 의학교와 의사협회 등 의학과 관련한 단체 마크에 뱀의 형상을 사용하고 있다.(원제연, http://www.christiantoday.co.kr)

2000년 전 고대 로마는 전 인구수 6,500만 명에 달하고 강한 경제력을 갖춘 거대 한 제국이었다. 이들은 뛰어난 수준의 문명생활을 했다. 그 대표적인 예가 황제의 이름을 딴 카라칼라 목욕장이다. 여기서 매일 수천 명의 사람들이 목욕을 즐겼는데, 4세기경에는 로마 시내에 운영되는 대욕장의 수가 1000개 가까이 되었다. 같은 시기 고대문명 중 어디에도 목욕이 일상화된 건 전례가 없는 일이다. 이 탈리아 로마대학교 인문학부 마리아노 마라볼타 교수는 "로마는 거대한 물질문명이 발달 했습니다. 그것은 시민 한 사람 한사람의 웰빙을 뜻합니다."라고 말했다.(kbs <부국의조건> 제작팀 2016)

고대 로마의 목욕문화에서 로마인들이 삶의 질을 높여 살고자한 웰빙의 의식이 현대인 못지않다는 것을 알 수 있다. 그리고 예부터 인간의 집단생활에서 의료와 종교는 일체감을 갖고 있었고 아프리카의 오지에서는 주술사가 신과 영매역할을 하면서 치료를 겸하는 의식이 진행되고 있고 아시아 각국의 문화에서도 민간신앙적인 요소로 종교와 치료가 행해지고 있어 상호 밀접한 관계가 있다.

사람의 질병이나 고통을 고치는 행위는 동시에 인간의 혼을 고치는 행위이기도 하였다. 오늘날 <현대 의학>으로 신체의 병은 고쳐지지만, 그 혼까지는 고쳐지지 않는다. 말기 암환자의 마음의 불안과 고독을 구하는 것은 현대 의료의 범주 안에서는 불가능하다. <자신의 죽음>에 직면할 때 어떻게 병과 싸워서, 편안히 죽어갈 것인가. 이런 점에서 의료는 종교적인 것과 깊은 관계를 맺지 않을 수 없다. (종교학대사전, 1998)

100세 시대를 맞아 오래 사는 것의 기준이 달라지고 있고 단지 장수가 축복만은 아니라는 것이다. 필자가 의사로써 수많은 환자를 접하면서 언제나 고민하는 것은 고통을 동반한 삶은 결코 행복해 질

수 없다는 것이다. 그래서 사전에 건강하게 아프지 않고 오래 사는
게 축복이다. 희망이 없는 삶은 무의미한 것이다.

3. 신개념 재활의학과 요양병동

1) 재활의학

재활의학은 1,2차 세계대전을 전후로 현대에 들어 출발한 의학으
로 다른 의학 분야에 비해 역사가 비교적 짧다. 현대의학의 특성상
'생명 존중과 삶의 질을 중시'하면서 더 발전하고 있다. 과거에 비해
평균수명이 길어지면서 뇌졸중 같은 치명적인 질환의 위험에 많이
노출되어 있다. 이러한 뇌졸중을 비롯해 중추신경계질환 환자의 경
우 이러한 징후를 보이는 초기에 집중재활치료를 해야 한다. 왜냐하
면 발병초기에 가장 많이 신경회복이 되는 통계자료가 있고 필자의
환자들도 좋은 결과를 나타냈기에 환자나 보호자의 강한 재활의지
가 삶의 질을 결정하게 된다.

회복기 집중재활을 위해 유럽, 미국
등의 선진국에서는 로봇보조 재활치료
에 대한 연구가 활발히 진행되고 있다.
실제 많은 환자들이 로봇보조재활을 통
해 삶의 질을 회복하고 있다. 이제 한국
에서도 로봇재활치료가 서서히 도입되
고 있다.

독일의 MOTOmed사의 Letto2를 도

입했고, 이번에 세계적으로 로봇재활의 선두주자인 스위스 HOCOMA
사의Erigopro(에리고프로)를 도입해 환자들의 초기집중재활을 통한
가정으로의 복귀를 돕고 있다. 재활로봇인 Erigo pro는 로봇보행패
턴발생기와 기능적 전기자극(FES)기, 그리고 전동식기립기가 정밀
하게 연동되어 실제적인 보행환경과 유사한 체중지지 환경에서 보
행패턴을 발생시키고 이에 따른 근 수축을 유발하여 환자가목표로
하는 농작을 죄대한 비슷하게 반복적으로 경험하게 하여 운동학습
이 이루어지도록 돕는 시스템이다.(이우람, 문화뉴스)

우리정부도 한국사회가 세계적으로 가장 빠르게 진행되고 있는
고령화를 감안해 재활로봇 산업을 재빨리 키우려고 역점사업으로
추진하고 있다.

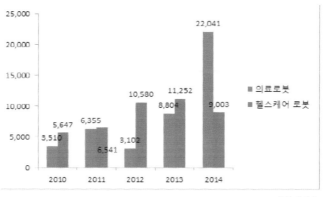

(단위:백만원)

국내 의료·헬스케어 로봇 시장 규모 추이. 세계시장과 달리 국내
는 '헬스케어 로봇'시장성장세가 더딘 반면 의료로봇 시장은 연평균
58.3%의 고성장을 보이고 있다.(김상윤,이델리 2017)

이는 국민 건강복지 향상도 되면서 의료용품수출이라는 일거양득의 방침이다. 이 분야의 전문가들도 고령화와 4차혁명 시대를 감안하면 재활로봇은 우리가 선점할 시장이라는 점에서는 동의하고 있으나 아직 기술력과 안전성이 충분히 검증되지 않은 만큼 공적보험 적용은 단계적으로 신중히 접근해야 한다고 조언한다.(김상윤, 이델리 2017) 아직 초보단계이고 비용이 많이 비싸지만 향후 보험적용이 되면 조만간에 대중화가 될 것이다.

2) 근골격계질환 치료 예방

우리나라의 근골격계 직업병은 규모가 얼마나 되는지 조차 파악되지 않고 있다. 환자들은 병원에 입원하지만 증상이 호전되는 경우는 드물고, 회사의 눈치를 보며 미처 치료가 끝나기도 전에 복귀해야 하는 상황이다. 복귀를 하더라도 일하던 공정이 개선되지 않아 증상은 재발하기 일쑤이며, 재요양은 엄두도 못내는 환자들이 허다하다.

근골격계질환이란, 직장인에게 가장 많이 나타나는 오랜 시간 반복적인 작업을 지속해 발생하는 육체적 질환, 골격계 질환을 말한다.

근골격계질환 비수술 치료방법에는 대표적으로 도수치료 및 체외충격파치료가 있다.

만성 및 급성 근골격계 통증치료를 위해서는 체외충격파 치료 또한 효과적. 기존의 물리치료, 약물, 주사 등의 치료방법만으로는 많은 효과를 보지 못 한 경우 추천되는 비수술적치료방법이다. 이러한 직업성 근골격계질환은 근본적인 발생원인을 제거하는 것이 현실적으로 어렵기 때문에 조기치료하지 않으면 영구적 장애로 발전할 가능성이 매우 높은 질병이며, 선진국에서는 이미 직업병의 상위를 차지하고 있으며 이로 인한 작업 손실 및 보상비용이 막대하다.

증가하는 근골격계 질환의 예방을 위한 법적 근거가 국회를 통과하여 개정된 산업안전보건법에 마련되었으나 산업안전보건법상의 근거만 국회통과한 상태이고 아직 후속적 조치인 규칙과 시행 세칙 마련을 위한 입법화가 시급한 상황이다.

3) 해양레저와 장애인 여가생활

신체적·정신적 원인에 의해서 그 기능이 장애를 갖고 일상생활이나 사회적 활동이 제한되고 있는 사람을 장애인이라고 한다. 특히 신체적 장애를 가진 경우는 약간의 불편이 동반 될 뿐이지 일상생활에 큰 지장을 초래하지는 않는다. 더구나 현대의술의 발달로 의료보조기구를 통해 편리성도 훨씬 강화 되었다.

일반인이도 물에서는 장애인과 동등한 상황이 연출된다. 수영을 못하거나 공수증이 있는 경우에는 물이 즐거움의 대상이 아니라 두려움으로 다가 온다. 물에서의 즐거움을 찾고 재활운동을 하는데 도움 되는 것으로 수영이 대표적이다.

TV 방송을 통해 방영되어 화제를 몰고 온 『로봇다리 세진이』를 본적이 있다.

두 다리의 무릎 아래와 오른 손가락 3개가 없는 선천적 무형성 장애를 지니고 태어난 세진이는 생후 6개월 때 지금 어머니 양정숙 씨에게 입양됐다. 세진이는 의족을 신고 걷기 위해 네 살 때부터 무려 6차례에 달하는 수술을 받았고 '로봇다리'를 달고 걷기 시작한 4세 때부터 아름다운 도전을 해왔다. 8살 때 5km 마라톤을 완주했고, 9

살 때 로키산맥 3870m 고지를 밟았다. 이것은 시작이었다. 재활 치료를 위해 시작했던 수영으로 세계 대회를 석권하며 국가 대표 수영 선수가 되었고 2016년 리우 올림픽 수영 마라톤에선 10km 예선에 참가해 장애에 맞서는 용기를 보여주기도 했다.(류재용 아크로팬 2016.12.27.)

세진이와 박태환 수영선수

2016 리우 올림픽 수영 마라톤10km 예선참가

　사람들은 그에게 없는 것들만 이야기하지만 세진이와 엄마는 일반인과 똑같은 생활방식을 고집했고 재활을 통해 정상인보다 육체적,정신적인 면에서 월등한 삶을 살고 있다.

　세진이 경우처럼 중증장애도 물에서의 재활은 좋은 결과를 예측할 수 있다. 그래서 해양레저를 통한 재활과 여가 활동은 장애인이나 비장애인 구분하지 않고 신체적 정신적으로 도움이 되고 근골격계 환자의 재활에도 탁월한 효과가 있다. 특히 카약과 SUP (스탠딩 보딩) 페딜링은 어깨관절 근육강화에 도움이 된다.

　필자의 경험으로는 요트 세일링의 경우 일상에서 벗어나 가족, 동료와 함께 탁트인 바다에서 느끼는 신선한 바람과 파도에 흔들리는 롤링을 느끼며 스트레스를 해소할 수 있어서 적극 추천하는 해양레저 종목이다.

장기간 요양을 하는 환자의 경우 이러한 경험은 좁은 병실에서의 답답함을 한방에 날려버릴 수 있다. 보다 적극적으로 바다의 파도와 바람을 즐기고 싶다면 서핑과 윈드서핑을 권한다.

바다는 지구상의 모든 것을 받아들일 준비가 된 곳으로 해양레저 활동을 통해 자신감증가 시키고 스트레스 해소하면 우울증 예방과 치료에 도움이 된다. 또한 재활을 위한 다양한 시도는 병실에서 하루 빨리 벗어 날 수 있는 최상의 치료이자 방법이라 하겠다.

4) 희망이 있는 요양병원

최근 건강보험심사평가원 심사평가연구소는 '요양병원 인력가산 효과평가 최종보고서'를 통해 이 같은 문제를 지적했다. 인력 가산 제도 도입 후 전체 인력수가 늘어난 장점은 있지만 증원에 의한 질 향상이 이뤄지고 있는지는 파악하지 못하는 한계에 직면했다는 것이다. 2015년 요양병원 총 진료비는 약 5조3600억 원이다. 이 중 인력 가산에 투입된 금액은 1조500억원 규모(의사가산 2194억, 간호인력 7314억, 필요인력 964억)로 전체의 20% 수준을 차지하고 있다. 이 처럼 총 진료비에서 큰 규모를 차지하고 있는 인력 가산 비용은 최초 도입 시 요양병원의 공급 활성화 및 질 향상이 일정 수준에 도달할 경우 폐지하기로 했던 한시적 제도였다. 하지만 그 기준 및 범위를 조정하는 방향으로 수가 개정이 이뤄진 상황이다. 이에 심사평가연구소는 "인력에 대한 필수 개설기준을 현재보다 상향하고 단순인력 투입에 따른 가산이 아닌 요양병원 기관단위 질 측정과 그 결과에 따른 가감방식의 모색이 모두 필요하다"고 제안했다.(박근빈 dailymedi 2017)

앞서 건강보험심사평가원 심사평가연구소에서 지적 했던 바와 같이 현재 요양병원운영 시스템에 개선이 요구되는 사항이다. 요양병원에 입원하는 환자의 다수가 언제 나을지 기약할 수 없는 만성적 질환의 환자가 대다수이다. 필자도 요양병원을 운영하는 의사이자 병원경영자이지만 아직은 우리사회의 요양병원은 개선 할 것이 많은 게 사실이다. 요양병동 입원실환경은 일반 병원의 병실과 대동소이하다. 일반병원의 경우 장기 입원환자보다는 단기치료를 요하는 경우가 많아 입원환경이 삶의 질 문제까지 언급되지 않는다. 하지만 요양병원경우는 재활을 위한 요양입원일 경우는 장기간 병실에서 지내야한다. 그들의 일상은 주어진 재활프로그램에 의한 병원 내 물리치료 이외엔 대부분의 시간을 독서나 무료하게 TV시청 정도로 매일매일 반복된 생활을 하게 된다. 제4물결의 흐름은 우리사회에 웰빙의 중요성을 더 가속화하여 요양병동 여건 개선을 필요로 하고 있다. 그래서 머지않아 제도적 지원과 환자들의 요구에 의해서 조만간 환자중심 병실운영이 불가피하게 될 것이다.

해외 마리나 전경   경기도 한마음 요양병원 전경

　필자의 고향이 여수이고 수년간 취미생활로 요트인 모임을 통해
바다에서의 여가활동이 신체적 육체적 활동에 도움을 주고 특히 스
트레스해소에 크게 도움이 됨을 알게 되었다. 장애인 체육회 상임부
회장을 겸하면서 환자와 장애인의 복지문제개선에 대해 고민해왔다.
이러한 입원환경변화는 환자자신도 자기자존감이 상승해서 재활효
과도 좋아져서 조기에 사회로 복귀할 수 있다.

4. 마리나와 항노화의학

1) 항노화 의학(抗老化 醫學, anti-aging medicine)

　항노화의학은 생활의 질을 향상시켜 수명을 연장시키는 것인데,
구체적으로는 근중량·골밀도·체력·활력 증가, 체지방 감소, 면역
력 강화, 콜레스테롤 관련 데이터 개선, 피부 윤택 개선, 기분 개선,
수면 개선 등을 들 수 있다.
　우리나라에서는 아직 제도화되지 않았지만 의학 선진국인 미국이
나 유럽에서는 항노화의학을 전문분야로 다루는 항가령전문의(抗加

齡專門醫) 제도가 실시되고 있고 일본도 이 제도를 도입했다. 미국의 경우 1990년에 장수의학(Longevity Medicine)과 함께 시작된 새로운 의학 분야이며, 1997년 뉴욕에서 '가령의학회(Anti-Aging Medicine Associates)'가 설립되었다, 일본과 유럽에서는 2001년에 '항가령의학회(抗加齡醫學會)'가 발족했다. 일본의 경우 항가령의학회에서는 항가령전문의 외에 간호사·영양사·약사·임상검사기사·운도요법사 등을 대상으로 항가령 지도사 인정제도의 도입도 검토하고 있다.

항노화는 노화를 질병으로 보고 치료하는 의학 분야로 사람들은 삶의 질에 점차 관심을 갖기 때문에 노화 방지 산업은 세계적으로 성장세에 있다. 따라서 항노화에 관련된 의료, 화장품, 식품, 뷰티 등 의료적-비의료적 통합서비스를 통해 전 생애주기 노화 예방 및 억제를 위한 통합서비스로써 100세 시대 준비를 위한 Anti-aging 통합 솔루션을 제공하는 융·복합 산업으로의 모색을 하고 있다.

태백시는 항노화 사업 추진을 통한 지역의 미래경제 개척을 위해 올해 경기도 고양시의 (주)브니엘월드 유치에 적극 나섰다. 지역의 항노화 사업 분야 1호 유치 기업이 될 (주)브니엘월드는 지난해 9월 투자 협약이 체결됐다. 장성농공단지 입주 시 고추냉이 가공사업에 나설 계획이다. 고추냉이로부터 항균과 항노화 효용 물질을 추출, 생활용품과 화장품 등을 제조하게 될 (주)브니엘월드는 장성농공단지 내 부지 4,344㎡에 53억원을 들여 공장을 건설한다. (주)브니엘월드는 2018년부터 본격 가동될 예정으로 시의 항노화 사업 육성 계획을 선도해 나갈 것으로 기대된다.(장성일 강원일보 2017)

경남도는 남해안의 우수한 해양자원을 활용한 항노화 산업을 육성하기 위해 '경상남도 해양 항노화 산업 육성전략' 수립 연구용역 기관 선정에 나섰다. 주요내용은 남해안 연접 7개 시·군(창원·통영·사천·거제·고성·남해·하동)의 해양 자원을 활용한 항노화 산업 및 웰니스 관광산업을 육성하기 위한 현황조사, 기본계획안 마련 및 세부 추진과제 발굴 등이며, 경남도 관계자는 "해양 항노화 분야에 전문성을 가진 많은 기관들의 많은 참여를 바란다"고 말했다.(남경문 news1)

한국의 노화 방지산업을 위해 "2017 항노화산업박람회&실버박람회를 창원컨벤션센터에서 2017년 11월 23일(목) - 25일(토) 추진할 예정이다. 이 행사는 노화 방지 산업을 활성화하기위한 국가적 전략 수립, 노화방지 연구소설립, 비즈니스 모델개발, 노화방지 클러스터 개발, 통계개발 및 정보시스템 등의 제안이 결과로 제시될 것이다. 노화 방지산업은 고령화로 인한 질병의 조기 개입과 노령화와 관련된 업계의 동반 성장에 따른 국민 경제 활성화를 통해 건강 비용을 절감 할 잠재력이 있다. 따라서 정치적 지원뿐만 아니라 노화 방지 산업을 이해하는 것이 중요하다.(경남도 홈페이지 발췌)

2) 마리나와 항노화 검진센터

(1) UAE 아부다비 마리나 검진센터 개원

마리나 건강검진센터는 국내 검진센터의 운영 노하우를 담은 중동의 첫 한국형 건강검진센터다. UAE의 보건의료사업 지주회사인 VPS 헬스케어그룹이 설립하고 이를 서울성모병원이 5년간 위탁·운영하게 된 것으로 국가 간 협력사업(G2G)를 바탕으로 한 민간의료 진출의 첫 사례이다. 마리나 검진센터는 UAE 아부다비 시 마리나몰에 800평 규모로 조성됐다. 현재 국내 의료진 16명을 포함해 총 22명의 한국인이 현지에 파견되어 있으며, 현지인력 50여명과 같이 근무한다. 검진센터는 생애주기별 위험질병을 감안하여 전체적인 건강이상 여부를 정기적으로 체크하는 한국형 건강검진모델을 적용한 것으로, 중동의 특성을 반영해 남·녀 검진지역을 구분해 설립됐다. 내과, 심장내과, 방사선과, 가정의학과 등 4개의 의원급 클리닉을 갖추고 있다.

[사진] UAE 아부다비 마리나몰 '   원격의료진료

이지열 교수는 "국내의 선진 의료기술로 치료하고 귀국한 후 추적이나 퇴원 후 관리 방법에 대하여 불안해하던 중동의 환자들에게 스마트 After-Care 서비스를 시행해 해외 환자의 유치에 도움이 될 수 있을 것"이라고 내다봤다.(지연진 gyj@asiae.co.kr)

VPS는 아부다비 건강검진센터 의료진 가운데 3분의 1을 한국에서 파견하도록 요구했다. 서울성모병원과 VPS의 계약은 지난 4월 첫 만남 이후 불과 5개월 만에 성사됐다. 서울성모병원 등 관계자들은 올 2월 아부다비 셰이크 무함마드 왕세제가 방한 중에 서울성모

병원을 방문해 한국 의료를 깊이 신뢰하게 된 덕분으로 보고 있다.

UAE 의료 시장은 자국 의대·간호대가 없어 외국인 의료진에 의존하고 있다. 독일·미국·싱가포르 등 해외로 보내는 환자 진료비만 연간 2조원에 달한다. 서울성모병원 승기배 원장은 "건강검진을 통해 UAE 환자를 더 많이 유치하고, 암 치료 등 전문 분야로 확대해 중동에 본격 진출하는 기회로 삼겠다"고 말했다.

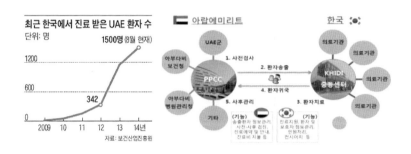

VPS 샴시르 바얄릴 회장은 "중동에는 '건강검진'이라는 개념조차 없었는데, 중동 최초로 한국형 건강검진 사업에 뛰어들게 됐다"며 "신속·정확·효율성 높은 한국형 건강검진센터가 아부다비에 정착되면 두바이, 이후 다른 중동·북아프리카 지역으로도 확장할 계획"이라고 말했다. 또한 한국에서 딴 의료 면허, 시험·면접 없이 UAE서 100% 인정키로 했다.(이지혜 조선일보)

2) 마리나와 융합한 항노화

의학은 건강을 유지·증진하고 질병을 예방하는 것이며, 병이 났을 때는 건강을 회복시키고 재활시켜서 사회에 적응할 수 있도록 하는 것이다. 일반적으로 의학을 기초의학·임상의학·예방의학으로 크게 나눈다. 질병이 발생하는 데에는 세 가지 요인이 있다. 첫째는 물리적·생물학적·사회적·문화적·경제적 환경이다. 둘째는 숙주(인간)이며, 여기에는 연령·성·영양·생활습관·의료형태 등이 관련된다. 셋째는 병원체(요인)로서 세균·물리적 요인 및 화학물질 등을 들 수 있다. 인간과 병원체는 환경을 지렛대로 하는 관계를 가진다. 따라서 인간의 병에 대한 저항력을 증가시키든지, 각종 환경을 개선하면 상대적으로 병이 날 가능성이 감소하게 된다. 예방의 개념은 질병이 발생하기 이전부터, 발병 후 재활에 이르기까지 광범위하게 적용되며, 의학의 발전에 따라 다양하게 발전해 왔다. 이러한 질병의 예방은 인류의 수명을 연장해 주었으며, 또한 삶의 질적인 면에도 크게 기여하였다. 예방활동은 인류를 질병의 고통에서 가능한 한 벗어나게 하고 있다. 발병하여 아플 때에 치료해 주는 것은 고마운 일이지만, 한걸음 더 나아가서 질병을 예방하는 것이 바람직하며, 또한 경제적이다. 병이 나면 치료비가 많이 들고 소득마저 감소되거나 없어지는 일이 많으며, 때로는 노동력마저 잃게 된다. 그러므로 예방이나 조기치료를 하면 이중 효과를 얻게 될 뿐만 아니라 효율적이다.(두산백과)

마리나는 바다·강·호수 등을 끼고 형성하는 특성이 있다. 따라서 물과 불가분의 관계에 있고 특히 대규모 마리나의 편의시설에는 수영장이 있어 수중재활운동을 하기에 용이하다. 이 운동은 수중운동과 물리치료가 결합된 형태로 다양한 질환성환자들의 재활을 돕기 위해 고안된 수중운동을 광범위하게 이용한 치료적 접근을 말한다.
따뜻한 물에서 심신의 해방감, 최고로 편해진 감각, 이런 심신의 에너지 흐름을 느끼고, 근 및 신경, 정신 등의 완벽한 이완을 통하여 신체적인 편안함과 정신적인 안정감을 유도해서 치료를 극대화 시킨다. 수중치료(Aqua Therapy)는 물이라는 환경이 주는 자연스러움과 신체에 미치는 탁월한 운동 및 치료효과와 안전성을 기대할 수 있기 때문이다. 이는 일반인은 물론이고 중고령자 및 스포츠재활 프로그램으로도 널리 사용되고 있다.

3) 항노화 융합 서비스 개발 및 공동 연구

치매관련 컨텐츠 개발과 요양병원 교육을 진행하고 "고령화·치매"를 테마로 연구하는 (주)프라임오라와 사랑재활요양병원이 2016년 12월 29일, '항노화 융합 서비스 개발과 실증공동 연구' 협약식을 맺었다. 이는 일상적인 환자의 요양재활 진료를 넘어 정상인을 위한 항노화 연구를 위한 것이다. 항노화 융합 서비스의 목적은 병에 대한 저항력을 증가시키고, 각종 환경을 개선하면 상대적으로 병이 날 가능성을 줄이고 건강하고 행복하게 노년의 인생을 준비하게 하는 데 있다.

협약식 사진

여수 사랑재활요양병원   '항노화 융합 서비스 개발과
                               실증공동 연구' 협약식

항노화를 위한 여러 가지방법이 있다. 일상생활에서도 젊어지기 위해 주로 하던 각종 마사지(머드팩, 오이, 레몬, 등) 요법이나 해수탕과 찜, 보령의 갯벌체험, 온천 같은 민간처방과 한방 등 융합해서 연구할 분야가 참으로 많다.

5. 웰빙을 위한 바다음식

1) 웰빙 위한 건강식

웰빙의 특성과 가치가 점차 더 나은 방향으로 변화하고 있다. 현대인의 웰빙 트렌드는 가족주의 가치와 자연조화가치를 충족시켜주는 쪽으로 변화하고 있다. 웰빙의 관점에서 음식문화를 파악하여보면 식자재와 요리에 대해 친환경성과 영양성을 따져보게 된다.

웰빙특성 중 영양성은 맛도 중요하지만 건강을 중요시하는 건강가치를 충족시켜야 한다는 것이다. 친환경성 요인은 음식에 사용되는 신선함 등으로서 가족을 중시하고 환경을 보존하고자 노력하며 자연주의 식사에 관심이 높아졌다.

유럽의 자연주의의 기본정신은 인간의 생태를 자연현상으로 보려는 사고방식이다. 따라서 자연현상으로 본 인간은 당연히 본능이나 생리의 필연성에 강력하게 지배된 것으로 그려진다.

이러한 자연주의 사조는 인간의 생태를 자연의 일부로 공생관계를 형성, 일체감을 느끼게 한다. 따지고 보면 지구상에서 생명체가 최초로 탄생한 곳은 바다이다. 그래서 바다는 생명의 고향이라고도 한다. 생명물질을 합성하는 촉매로 바닷 속의 갖가지 광물질(미네랄)은 큰 역할을 했다. 바닷물에는 바다 밑의 온갖 광물질이 녹아 있으며 오랜 세월에 걸쳐 눈비가 내리면서 육지의 온갖 광물질들이 녹아 내려 바다로 모여졌다. 그러므로 바닷물은 풍부한 광물질 성분들이 뒤섞인 보고이며, 여기서 자라난 해조류에는 몸에 유익한 온갖 미네랄과 비타민이나 단백질을 품고 있는 것이다.

우리나라 근해에서 자생하고 있는 해조류는 400여 종으로 알려지고 있는데 이 중에는 50여 종만이 이용되고 있다. 그러나 일반적으로 흔히 식용하는 해조류는 미역, 김, 파래, 다시마 등 10여 종 뿐으로 퍽 제한되어 있는 실정이다.

우리 신체의 중요한 섬유질이 많은 음식은 장 속의 해로운 물질이나 발암물질을 흡수하여 몸밖으로 빨리 배설시키며 변비, 대장암, 동맥경화, 당뇨병, 담석증, 비만 등을 예방해주는 효과를 나타낸다. 과거에는 소화가 되지 않는 특수물질이라 하여 좋지 않은 것으로 여겨 왔으나 오늘날에는 건강향상에 도움을 주는 훌륭한 기능을 다한다는 것이 규명되어 의사의 입장에서 적극 권장한다.

2) 바다가 내준 음식들

꼬막은 겨울철이 제철인 음식으로 11~3월, 크기는 작아도 효능은 타우린 성분이 풍부해 콜레스테롤 배출을 도와준다. 불필요한 콜레스테롤을 제거하여 혈액순환을 원활히 하고 피를 맑게 만들어 동맥경화 등 각종 혈관

꼬막

계질환을 예방할 수 있다. 또 베타인 성분이 풍부한 꼬막은 지방간 개선에도 좋다. 꼬막의 베타인 성분이 간에 쌓인 지방을 없애주고 간 세포 재생을 촉진시켜 줘 간을 건강하게 만들어 준다.

철분과 각종 무기질이 다량 함유되어 있어 빈혈에 좋고, 성장발육에 좋은 비타민, 아미노산 등 영양소가 풍부해 어린 아이들에게도 좋은 음식이다.

아귀

못생겼지만 담백한 맛은 일품인 아귀! 옛날 어부들은 아귀를 잡으면 못생겨서 그냥 버렸다고 한다. 하지만 아귀는 저지방산 생선으로 근육에 수분이 풍부하고 단백질이 풍부하여 다이어트 시에 먹으면 좋다. 다이어트 때 아귀를 먹어주는 것만으로도 필수아미노산을 보충해줄 수 있다. 아귀의 껍질에는 콜라겐 성분이 있어 피부건강에 탁월한 효능을 보여주며 비타민 B, E가 풍부해 노화방지를 도와주고 피부 염증을 완화시켜준다.

아귀는 특히 성장기의 아이들에게 좋은 음식으로 두뇌발달에 좋은 DHA가 풍부해 뇌기능을 활성화시켜주고 집중력 향상시킨다. 또 비타민A 성분이 풍부해 아이들 성장발육에 좋고 면역력을 증진시켜 준다.

과메기

오메가 3가 풍부한 음식으로 맛, 건강 다 잡아준다. 겨울철 청어, 꽁치를 얼렸다 녹였다를 반복하여 그늘에서 말린 과메기는 겨울철 바다의 맛을 제대로 느끼게 해주는 별미이다. 고단백 식품으로 다이어트

시 단백질 보충에 좋고, 등푸른 생선인 만큼 불포화지방산인 DHA 와 EPA가 풍부해 고혈압, 심근경색, 동맥경화 예방에 매우 좋다.

비타민 E가 다량 함유되어 있어 노화예방에도 효과가 있다. 과메 기는 아스파라긴 성분이 있어 속을 편안하게 해준다.

거북손을 온전히 입에 물고 속살을 바르면 입안 가득 바다 향이 느껴진다. 거북손은 껍질, 그 껍질에 깊은 맛을 품고 있다. 끝을 과 감히 베어 물고 살살 돌리면 겉이 돌돌 말리면서 벗겨져 속살이 들 어난다. 또 껍데기째 맑은 탕을 끓여보면 아주 독특한 풍미가 퍼지 는 것이 마치 바다를 품은 듯한 그리움이 번진다.

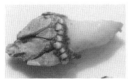

출처: 안단테 소요 facebook

거북손

거북손의 효능은 간 기능을 회복하는데 아주 좋다. 숙신산이라는 성분이 함유되어 있어 피로를 풀어주고 간 기능을 회복시켜주고 기 력을 회복시켜주는 건강한 음식이다.

6. 결어

인류의 문명은 6천 년 이상의 유구한 역사를 이어오고 있다. 그 시간 동안 인류는 끝없이 진화되어왔고 주어진 환경에 적응하면서 살았다. 오늘날 급격하게 변화되는 기술과 인간의 관계가 제4차 산 업혁명이란 새로운 물결을 만나 트랜드 되어지고 있다. 앞서 글에서 적시했던 것처럼 인간들은 삶에 있어 웰빙의 욕망이 지속되어 왔다. 고대 로마의 목욕문화에서 로마인들은 한 도시에 1000여개의 목욕탕을 둘 정도로 이 웰빙의식이 현대인 못지않다는 것을 알 수 있었다.

인류의 역사에서 물을 떠나서 문명이 형성된 적이 없고 만물의 생명이 바다에서 기인하였다는 '생명의 바다', 그 바다가 어떻게 문화가 되는가는 우리의 해양문화를 통해 익히 알고 있다. 이제 21세기 해양의 시대를 맞아 마리나에서의 생활이 점차 늘어나는 추세이다. 그리고 웰빙생활을 넘어 항노화에 관심을 갖고 예방의학적 시간적 경제적 투자를 아끼지 않는다.

필자는 여수가 고향이다. 부모님이 연로하셔서 휴양차 바닷가 섬에 별장을 두고 있어 종종 가는 섬이 금호도이다. 주말이면 돌산에서 나룻배로 20여분 소용된다. 금호도와 안도는 다리가 연륙되어 수시로 왕래가 가능하고 이곳 별미로 '해물정식'이 유명하다.

여수 안도섬 해물정식 상차림

위 사진처럼 바다에서 나는 온갖 해조류와 조개, 전복, 생선구이 등 누구든지 한번 섬에 방문해서 '해물정식 상차림'을 접하고 나면 두고두고 추억의 밥상으로 말하게 된다. 상차림의 정해져있는 음식 재료는 없다. 그날 잡고 채취한 싱싱한 해산물로만 요리를 하기 때문에 도시의 식당처럼 정해진 메뉴가 없다. 그리고 예약을 하지 않으면 '해물정식'을 먹을 수 없다. 이유는 식당 주인이 예약을 받고 바닷가에 나가 식재료를 구하기 때문이다. 그래서 밥상위에 어떤 음식을 먹더라도 바다의 향긋한 맛이 입 안 가득 오래도록 감돌게 된다.

예전의 해양관광이 기껏 해수욕과 횟집에서 시간을 보내던 여가 시간을 보내는 스타일도 오감체험형(보고, 듣고, 만지고, 냄새 맡고, 맛보는)으로 변하고 있다. 따라서 해양스포츠·레저를 즐기기 위해 가족, 연인과 함께 바다를 찾는 계층이 점차 늘어나는 추세이다.

더군다나 중동 UAE 아부다비시 마리나몰에 마리나 검진센터 개원소식은 마리나 시대와 항노화가 융합하여 산업으로 성장하고 있음을 확인해준 사례이다.

우리나라가 세계 어느나라 보다도 쾌적하고 아름다운 바다를 가졌기에 앞으로 마리나 개발위한 기술력뿐만 아니라 의료부문에서도 세계적인 의료진을 보유하고 있다. 따라서 '마리나와 항노화산업은 미래 신성장 동력의 축'이 될 수 있을 것이고 해외의 환자들이 국내 마리나검진센터에서 의료서비스를 받기위해 의료관광 역시 활성화 되리라고 확신한다.

필자는 의사로서 환자를 접하면서 느낀 바는 '인생은 즐거움과 고통이 동반된다는 것'이다. 하지만 스스로가 생각하고 어떻게 대비하느냐에 따라 달라질 수 있는 개연성이 있다. 이러한 인생여정에 질병과 고통을 동반하는 장수는 결코 축복이 아니다. 고로 건강하고·

유쾌해야만 진정 행복한 인생이다.

정신적·육체적으로도 젊고 활기찬 인생을 꿈꾸며 살길 바라며, '일소일소, 일노일노(一笑一少, 一怒一老)' 한번 웃으면 한번 젊어지고, 한번 노하면 한번 늙어진다. 옛말 틀린 것 하나 없다. 저 푸른 파도를 헤치며 나르는 한 마리 갈매기의 자유로운 영혼의 꿈을 그리고 싶다. 또 하나의 바램은 지금 운영하는 재활요양병원을 마리나 시설이 완비된 마리나 검진센터로 건립하여 우리병원 환자들이 해양레저도 즐기고 빨리 완쾌되어 행복가족의 품으로 돌아가 사회로 복귀하길 기원한다.

〈참고문헌〉

김재철,주강현 외, 「신해양시대 신국부론」, 나남, 2008 p432.

천병희 역, 단국대학교출판부, 1996.

박영숙 외 유엔미래보고서 2040, 교보문고, 2014 P114.

생명과학대사전, 개정판 2014.

원제연, http://www.christiantoday.co.kr

종교학대사전, 한국사전연구사, 1998.

최선, news@medicaltimes.com

지연진 gyj@asiae.co.kr

이우람 문화뉴스 pd@munhwanews.com

서울대학교병원 https://www.snuh.org/ 진료과정보.

kbs <부국의조건> 제작팀 「부국의조건」 가나출판사, 2016.

김상윤 yoon@edaily.co.kr 2017.02.19.

박근빈 ray@dailymedi.com 2017년 02월 01일.

남경문 news2349@news1.kr

마리나 시대의 바다낚시문화
-즐거운 생활 (락시(樂時)와 활력)

최 진 호
세계낚시월드컵협회 총괄이사

낚시는 즐거움이다

　즐거움이란 곧 내가 마음대로 할 수 있는 환경적 조건에 있어야
느낄 수 있는 감정이다. 갯바위는 선상낚시와 사뭇 다른 조건으로
무작정 기다리는 낚시이고 하루 2회 물때를 따라 물고기가 이동을
하는 길목을 지키는 낚시이다. 어쩌다가 현장에서 어물 쩍 하다가
그 시간을 놓치면 한달 또는 1년의 기다림이 헛수고로 끝나고 만다.
그런 자연의 이치를 터득한 삶에 익숙한 레저낚시인은 그것도 하나
의 즐거움이라 하겠지만 초보자나 물고기의 만남이 주목적이었던
낚시인에게는 이 또한 스트레스로 다가온다. 물고기와의 만남이 이
루어져야만 가족 화목과 비즈니스 즐거움을 기대했던 사람들에게는
동행했던 가족과 동료들로부터 조용히 돌아오는 핀잔과 쓸쓸함이
깊은 상처를 남긴다.
　그런 상황을 최소한으로 줄이려면 어떤 형태의 물고기도 관계없
이 만나야 하는 일종의 책임감이 주어진다. 꿩 대신 닭이라는 말처
럼 즐거움을 위한 다른 종류의 물고기를 잡을 수 있는 시간과 장소

도 다 다르다. 그런 문제를 해결할 수 있는 방법은 그런 물고기가 살고 있는 곳으로 찾아가는 방법이 최선의 선택이다. 바다 또는 강, 호수에서 이동이 자유로우면 낚시환경이 바뀌기 때문에 마치 여행하는 것처럼 마음도 즐겁고 기분도 달라진다. 이제 우리나라도 경제적으로 많이 풍요로워졌기에 레저낚시인들의 생각도 달라졌다. 먼저 이동이 자유롭고 안전이 더 보장되는 보트 낚시를 일반 갯바위 낚시보다 더 선호하게 되었고 보트 낚시의 경험이 많은 선장을 일부로 찾아다닌다. 하지만 아쉽게도 우리나라는 보트 낚시의 발전이 미진하고, 아직도 갯바위 낚시로부터 완전히 벗어나지를 못하고 있는 추세이다. 보트낚시를 즐기는 낚시인은 소수의 전문 마니아를 중심으로 동호인이 형성되어 있지만 보트를 타고 내리는 승 하선 계류시설은 안전이 미확보 되어 있다. 그리하여 그들은 낚시 전용품 가방 과 물고기 보관용 아이스박스 등의 장비를 일반 어부들의 항구 또는 포구에서 선박(보트)의 앞부분으로 승하선을 하고 있다. 서남해안의 해안의 조차가 3-9m임을 감안 할 때 선상낚시를 하는 레저인의 안전은 위험천만한 일이 아닐 수 없다. 그렇다고 기존의 어선(고기만 전문으로 잡는)을 마리나 시설에 계류해 둘 수도 없고, 계류할 만한 전문 마리나 시설도 없는 형편이다. 현대사회의 서비스산업이 하루가 다르게 발전하는데 유독 바다에서는 지루하게 낚시고객에 대한 우대가 제자리에 맴도는 이유는 어느 누구도 낚시의 마리나 서비스분야를 선도하는 사람이 없고 또한 이를 접목시킬 전문 지식이 없기 때문에 지연되고 있는 것이다. 마리나 시설에서 보트를 타고 내릴 때 어린이와 여자가 안전하게 이용 할 수가 있고 가족 간에 즐거움이 공유 된다면 더 이상 낚시가 가족의 화목을 위협하지는 않을 것이다. 피싱보트에 깨끗한 화장실과 쾌적한 응접실이 준비되어 있다면 어린이와 여성들도 한번 쯤 피싱보트와 요트를 타고 바다로 미지의 세상으로 나가는 로망을 실현 할 수 있을 것이다.

피싱보트의 대중화를 위해서는 필히 낚시채비와 낚시의류, 미끼가 준비되어 있어야 한다. 선상낚시가 끝나면 계류장에 샤워장, 레스토랑, 커피숖 등 편의시설이 바다가 보이는 곳에 자리를 잡고 있다면 피싱보트 이용객이면 누구라도 이런 장소에서는 지갑을 열 수밖에 없다. 낚시를 가볍게 즐기고 마음의 짐을 틸어 버릴 수 있는 힐링 환경이 조성 되면 어촌도 더불어 활성화 될 수 있다.

바다에서 멀리 낚시 포인트를 정하고 고객의 안전을 도모하며 경제적으로 자립 할 수 있는 피싱보트 선장이 되려면 적어도 바다에서 3~5년 정도 숙련도를 가지고 있어야 한다. 이런 전문인을 양성시키려면 현실적으로 많은 어려움이 따른다. 그러나 조종면허제도가 있어 보트를 다루는 교육을 받고 바다에 대한 일정한 피싱보트 교육으로 30일 정도 집중교육을 받으면 평범한 귀어자도 현장투입이 가능하게 된다. 그리고 귀어 하고자 하는 어촌지역에서 1년 정도 정착하면 피싱보트 영업에 필요한 모든 지식을 득할 수 있다. 일반인 사람이라도 보트의 안전한 접안과 로프의 홀딩을 할 수 있으면 피싱보트를 운영 할 수 있도록 기존 어항에 낚시 공원시설(계류장, 편의시설 즉 간이 마리나)을 만들어 두면 귀어촌으로 생활을 할 수가 있다. 지금의 어촌 지원시설은 시설 지원으로 기존의 어촌계 입지를 강화하는 정책으로만 시행되어 젊은층이나 귀어자가 귀어.촌 하는데 장애가 되고 있다. 보트를 타고 갈 수 있는 곳이 없고 간다고 하더라도 의미 없다면 경제적으로 수익도 창출 할 수 없게 된다. 이런 정책을 펼치고 자연스레 귀어인구가 늘어나기를 바란다면 정책 입안자들이 솔선수범으로 귀어를 하여 살아 보아야 한다.

입안자 자신은 싫어하면서 다른 사람들이 투자하게 하여 어촌에 살기를 바란다면 그것은 대 국민 사기극이다. 우리가 젓가락을 가지고 있다면 그 젓가락이 갈 수 있는 곳이 반찬이 있는 곳이다. 낚시 파크는 이런 의미에서 보트 낚시를 확대하고 어촌 발전에 실질적 기여를 할 것이다. 기존의 허가된 양식 구역을 재 허가를 하지 말고 그 자리에 철재로 형성된 어초를 대각 또는 불규칙하게 투하하여 불법 어로 또는 그물 어업으로 물고기를 잡지 못하게 쇠사슬 상치를 하고 어초 설치를 한다. 일정 간격으로 부의를 달아 소형 낚시 어선이 부의에 홀딩 만으로 낚시 포인트에 도달 하도록 해 둔다면 자연스럽게 낚시 공원이 형성된다. 기존의 시설을 보면 시설 지원으로 한계성이 있고 바다 해중림 조성에는 아무런 도움이 되지 않는다. 또한 시설 노후화에 대한 대안이 없다. 그 때는 또 다시 정부에서 지원을 할 것인지 아니면 버릴 것인지도 검토를 해야 한다. 낚시 파크는 한번 설치로 해중림 어초의 조건을 다하고 바다를 푸르게 만들며 한번 설치로 해상에서 다시금 정부의 관리가 필요 없다.

해상에서 태풍이 와도 관리에 어려움이 없기에 장소에 구애됨이 없다. 어초 사업이 지속적으로 이어지기에 최소의 투자로 최고의 효율적인 성과를 기대한다. 소형 선박의 활성화로 많은 선장들의 귀어. 촌으로 인구 증가와 지역 경제 활성화는 마리나의 적극적인 활성화가 이루어진다. 한국적 마리나 사업이 성공을 거두려면 소형선박이 갈 곳이 먼저 있어야 낚시사업도 성공적으로 이루어 질 수 있다. 기존의 어촌계원도 늘어나는 인구로 인하여 특산물 판매장과 숙박업도 가능하게 된다.

마리나 사업과 기존 어업이 낚시어업으로 전환이 되면 어촌에는 돌아오지 말라고 해도 젊은이가 차고 넘치며 3대가 함께하는 화목한 웃음소리가 끊이지 않을 것이다. 보트를 수리하고 운전하며 지역 토착민이 제공하는 식사와 특산물, 바다로 연결된 일본과 중국의 큰 시장을 바라본다면 남해안의 해산물은 그 수효가 막대하다. 우리바다의 일꾼들을 모으는 마리나 시설과 낚시정책이 21세기 달라지는 첨단시대에 일자리를 만드는 최고의 비전이라 생각한다.

1. 낚시 문화와 생활

사람을 낚다. 물건으로 사람의 욕심을 낚다. 사랑낚시 일상생활에 파고든 낚시 관련 이야기는 좋은 쪽과 좋지 않은 쪽으로 전개 되어 있다. 좋지 않은 쪽으로 전개 된 이야기는 낚시 바늘의 특성을 빗대어 미늘이 달린 바늘에 한번 걸리면 빠져 나올 수 없는 뜻의 덫으로 피해자의 입장에서 바라본 시각이다. 반대로 좋은 입장에서는 가해자 즉 낚시의 주체적 입장에서 미끼 떡밥을 가지고 상대를 속여서 이득을 본 경우라고 할 수 있다. 손해를 본 입장에서 사용하는 언어는 낚였다. 이고 이득을 본 입장에서 사용하는 단어는 한건 했다고 한다.

한국에만 약 600만이라고 하는 수많은 동호인 그리고 2.000개가 넘는 낚시전문점에다가 tv 월간 잡지기자, 낚시 전문 가이드등 생업으로 살아가는 사람들이 있는 직업이다. 왜 이렇게 좋은 면 보다 부정적인 면으로 더 일상에서 묘사되는 단어가 많았을까?

농사가 전부이던 시절에 특별한 직업도 없고 남들처럼 땅이 없어 할 일도 없으며 그리고 정신적으로 공허함이 많던 사람이 남들은 한

푼이라도 더 벌어 악착같이 살아 보려고 할 때 이런 저런 이유로 부질없는 마음을 지우려고 강가나 호수가에서 한가로이 앉아 있는 것을 보노라면 주는 것 없이 미운 법이다.

낚시는 할 일이 없는 사람의 전유물로 치부하고 일 하기 싫어하는 사람들이 모여 앉은 호수가를 한심한 듯 치부하려는 마음으로 비하하여 왔다. 그러다 보니 공짜로 이익을 쫓는 사람인양 이야기 하고 물고기를 속이는 것처럼 사람이 속으면 낚시에 비유하는 문화가 생겨났던 것이다. 진짜 락시(樂時)를 이해하지 못하고 겉만 보고 남의 사정과 깊은 내용은 오롯이 무시한 모양만 흉내를 낸 낚시꾼이 함께 일반 대중에게 남긴 상처이기도 하다.

지금도 낚시는 현실적인 물고기의 단백질과 휴식과 쾌락이라는 정신세계를 오락가락 하고 있으며 낚시를 하다가 무료해 질 무렵에 전화를 걸고 받기를 하다가 물고기가 입질을 할 때면 전화기를 물속에 버리기도 하는 실수를 하는 장면이 자주 연출되기도 한다. 엉겁결에 자신도 물에 빠지는 실수를 한다. 물고기가 미끼를 물고 달아나면 그 찰나의 기쁨에 처해 있는 자신의 처지를 잊어버리곤 한다. 밤 안개가 자욱한 늦은 밤 공동묘지가 옆에 있는 호수에서 대물 붕어가 잘 나온다고 하면 그 자리를 누구에게 빼앗길까 초저녁부터 서로 점령하려고 경쟁이 치열한 세계가 낚시인의 세계다. 태양이 뜨겁게 내리 쬐는 7~8월 바다 한 가운데 드러난 조그만 암초에서 햇빛을 가릴 것 하나 그늘 한 점 없는 그런 곳에서 쭈그리고 앉아 온 종일 아니 2박 3일 또는 몇 일이 가거나 긴 밤을 지새며 물고기를 기다리는 사람이 낚시꾼 말고 또 누가 있는가? 살을 에는 겨울바람이 불어오는 바위에서 두 손을 호호 불면서 낚시를 하고 파도가 몰아치는 배위에서 오직 물고기만 쳐다보는 낚시꾼이 위대해 보이기도 한다. 회사나 국가에서 이런 일을 지시하거나 임무를 주었다면 할 것인지 생각하면 절래절래 머리를 가로 저을 수밖에 없다. 그러나 환경의 모든 어려운 조건에서 오는 고통도 낚시꾼은 기쁨으로 소화하고 새로운 에너지를 만들지만 비례하여 그의 가족이나 동료 등 다른 한편에서는 외로움과 서운함의 갈등이 있기 때문에 오늘도 낚시는 좋은 쪽으로 인용되기보다는 안티 쪽으로 고정된 단어가 좀처럼 풀리지 않는 추세다.

그 모든 것을 이기는 힘은 과연 무엇일까?

오직 하나 즐거움이다. 즐거움을 찾아서 온 세계라도 누빌 것 같은 즐거움은 많이 잡거나 잡히지 않더라도 찾아가는 즐거움, 대어를 쫓아가는 즐거움, 사람을 찾아가는 즐거움, 등 모두가 비슷한 이상이 존재하고 그것을 찾아 떠나는 낚시꾼들의 그런 강인한 도전 정신과 불굴의 인내가 있는 나라가 한국이다. 필자는 낚시를 목적을 찾아 나서는 끝없는 도전과 자기 주도의 교육이라고 정의를 한다. 이처럼 험난한 곳에서 갈고 닦은 정신으로 사회생활에 임한다면 끊임없이 변화하는 주변 환경에서 일어나는 온갖 문제를 지혜롭게 해결하는 사람이 될 것이라고 확신을 한다. 오늘도 낚시 동호인들의 발걸음은 물고기를 따라서 즐거움을 쫓고 있다.

2. 우정

물고기도 태어나고 먹이를 먹고 사랑을 나누고 쉬어가고 우리처럼 이런 본성을 가지고 있다. 이외에 물고기는 어떤 생활을 할까? 알아보면 우리와 같이 물고기도 우정을 나눈다. 그물에 걸린 친구를 걱정하고 부부로써 애정을 나누고 놀이를 하는 것이 우리가 잘 알아 보지 못하지만 지극히 일부에서 촬영을 하였고 자료도 있다. 자기 자식들을 목숨을 다하여 지켜 주려는 모성이 있고 부모를 봉양하려 는 고기도 있다.

자기 영역을 지키려는 그 본성을 이용해 고기를 잡는 제물낚시의 대표적인 낚시가 강에서의 은어낚시이다.

건강한 은어 한 마리를 낚시바늘에 걸고 꼬리 쪽으로 또 다른 낚 시바늘을 늘어 뜨려 자기 영역을 침범한 물고기를 몰아내려고 몸으 로 밀칠 때 바늘에 걸리게 하는 낚시다. 이런 현상을 살펴보면 물고 기도 자기 집이 있고 먹을 것도 알고 생각도 있다고 할 수 있다. 다 만 우리와 조금 다르다는 것이 있을 뿐 물고기의 우정은 사람과는 사뭇 다르고 약하다. 사람은 물고기의 우정을 이용해서는 물고기를 움직일 수 없다. 그래서 그보다 유혹이 더 강한 먹이와 다른 방법을 사용하고 있다. 낚시에서 혼자 가는 사람도 있다. 오직 자연과 물고 기만 찾아서 혼자 모든 것이 가능하다고 본다. 하지만 아무리 원숭 이라도 나무에서 떨어질 날이 있다. 둘이는 가야 내가 가는 길이 즐 겁다고 할 수 있다. 혼자 먹는 밥 혼자 즐긴다면 이 세상에 존재하는 것 자체가 잘못이라고 본다. 어쩌다 1~2회 그럴 수 있지만 결코 바 람직한 방법은 아니라고 생각을 한다. 대부분의 낚시터의 주변이 잘 정비되어 있지 않아 위험이 잔존하고, 자연 속에서의 인간의 앞길은 한치 앞을 모를 것이 인생이다. 그래서 두 사람이 이상이 함께 동행 하기를 적극 권장 한다. 아무리 좋은 경치도 한두 번이지 사람만한 가치가 없다고 생각을 한다, 물고기도 우정을 쌓고 살아가는데 사람 이야 달리 말해 무엇 하랴!

깊어가는 밤낚시에 두 사람이 밤을 새우고 차와 간식을 나누며 담소하는 시간은 물고기를 만나는 기대와 즐거움으로 그 어떤 것과 비견할 수 없을 인연의 낚시로 최고의 낚시라 할 수 있다.

3. 흐르는 물처럼

물고기는 물이 들어오고 나가는 시간에 따라 먹이 활동을 한다. 일반적으로 많이들 듣고 귀가 아프도록 들은 이야기다. 종합하여 '물 때'라고 한다. 낚시에 고기가 물 때 즉 '물의 시간' 왜 그럴까? 자세히는 모르지만 일반적으로 그렇게는 알고 있다. 그러면 물고기의 생태에 대해 살펴보자.

물고기는 물속에서 입을 껌벅거리는데 이는 아가미로 물속의 산소를 걸러서 호흡을 하기 위해서다. 사람도 숨이 차면 제자리에서 잘 움직이지 않는다. 물고기도 마찬 가지다. 산소가 충분히 있어 호흡이 정상적이면 움직이지 말라고 해도 잘 움직인다. 사람의 경우 예를 들면

어린이를 제자리에 가만히 있으라는 말은 곧 벌이다. 그러나 나이가 많은 노인은 뛰라고 하면 그것은 바로 벌이다. 물고기도 마찬 가지라 할 수 있고 나름 영리하다. 그들도 최소의 에너지를 소비하여 최대의 효과를 얻고 있다. 흘러오는 물에서는 새로운 산소가 가득 들어 있어 한번만 입을 껌벅거려 아가미로 물을 흡입하면 온 몸에 산소가 가득 들어온다. 그러면

온 몸에 원기가 충전되면 식욕도 생기고 물에 함유된 먹이도 먹고

싶은 충동이 일어나는 것이다. 고로 자연환경의 수원이 좋은 곳이 물고기 생육이 왕성하고 먹이 활동도 잘한다. 참으로 조화로운 일이다. 바람이 불어야 새가 높이 나는 것처럼 물속은 바깥 공기의 20배의 비중으로 압력이 높다. 물고기 스스로 그 압력을 밀어 내면서 에너지를 소모할 이유도 스스로의 활력도 떨어지지만 일단 밀물이나 썰물의 조류가 일어나면 산소가 풍부해 지고 활력이 생기면서 새가 바람을 타듯 자유롭게 다닐 수가 있다. 언제나 머리를 붙이 오는 방향으로 두고 있다. 그래서 뒤에서 오는 적을 잘 감지하기 어렵다.

시각 구조가 뒤 쪽으로 15도만 제외하고 다 보이는 이유이기도 하다. 일부 어종을 배 아래쪽을 빼고 앞 지느러미를 중심으로 360도 보이다고 한다. 물이 흐르면 뒤로만 떠내려가는 것으로 알고 있다. 양력으로 물고기는 앞으로 나아가는데 전혀 힘이 들지 않는다. 새가 바람을 타고 나는 것처럼 산소공급이 좋아지니 더욱 활발한 활동이 가능해 진다.

바다나 민물에서도 흐름이 너무 세면 그늘진 곳에 물고기가 머물고 전혀 없는 것보다. 적당한 물살이 있어야 물고기의 활동이 있다. 물의 흐름과 방향을 정하여 낚시를 하여야 하며 낚시는 미끼가 내려간 주변 그 중에서 가장 강한 물고기 가장 큰 물고기가 제일 먼저 낚시에 걸린다. 그러다가 주변에서 몰려온 고기 가운데 더 큰 녀석이 미끼를 물게 된다. 미끼가 놓인 곳 보다. 물 흐르는 앞 쪽의 물고기는 낚시의 미끼를 잘 모른다. 미끼는 물고기의 눈앞에 두어야 한다. 물고기는 물이 흐르는 쪽으로 머리를 두고 있다. 민물과 바다에서도 이런 기본적인 조건을 아는 행동이 고기를 잘 잡는 방법이다.

4. 아버지의 바다(생명의 바다 로 바꿔보심이 어떨지?)

바다는 배를 띄우기도 하지만 화가 나면 배를 뒤집기도 한다. 아버지의 자상함과 자식을 사랑하기에 단련하시는 엄격하신 아버지의 기준처럼 바다는 아버지의 깊은 사랑과 단호함이 늘 함께하고 있다. 또 바다는 '생명의 어머니'이기도 하다. 선상낚시에서 꼭 기억해야 될 일은 바다는 우리가 원하는 것을 내어 주기도 하지만 성이 나면 목숨까지도 가져가 버리기도 한다. 바다에서 항상 접하는 파도는 조류와 바람에 의하여 만들어진다. 조류는 인력에 의하여 바람은 온도의 차이에서 공기의 밀도차이를 채워주는 공기의 이동이다.

공기의 밀도는 많은 곳에서 적은 곳으로 온도가 높으면 밀도가 낮고 온도가 낮으면 밀도가 높다. 태풍이 오기 전에는 고온 다습하여 습도가 높고 답답하다. 바다는 잔잔하고 물 때는 보통 사리때를 전후하여 우리나라에 내습을 한다. 풍랑이 일어 날 때를 보면 보통 사리를 전후하여 잘 일어나고 조금을 전후하여서는 파도가 없다. 불행은 겹쳐서 일어난다고 한 말의 의미가 바다에서 얻어진 경험이라는 데 절대적으로 동의를 한다. 물살이 세거나 파도가 높은 곳에서 닻을 내리고 정박하여 낚시를 할 때는 뱃머리가 조류의 흐름이 있는 곳으로 정박을 하고 배의 옆면이 파도나 조류의 방향으로 기울면 전복의 위험이 높다. 특히 파도가 높은 곳에서는 앞 뒤로 닻을 놓는 것은 그 만큼 위험이 높다. 배가 파도의 높이에 따라 움직여 주지 못하면 배의 앞머리가 파도에 적응을 못하며 침몰 할 수가 있다.

또 배의 부력이 원만하지 못한 경우에 2톤 이내의 경우 조류가 센 곳에 정박을 할 때는 배의 선수가 항상 얼마라도 조류의 수원 쪽으로 기울게 해야 갑자기 조류가 세어질 때 침몰하는 것을 예방 할 수 있다. 조류에 의한 침몰은 순식간에 일어난다. 그래서 선수 뱃머리 주변에는 로프를 긴급히 자를 수 있는 칼이 항상 비치되어 있어야 한다, 선상 낚시는 선장의 결정에 따라 포인트가 결정 되지만 여럿 이 함께 같은 조건에서 움직이기에 육지로 귀항 할 때 까지는 공동 운명체가 되는 것이다. 고기 한 마리 보다 모두의 안전이 더 큰 문제 이기에 배를 어떻게 정박하고 안전한 조건으로 낚시를 하는가에 관 심을 두어야 한다. 그래서 소형 선박에서 물고기가 잡혔다고 한쪽으 로 급격히 쏠리는 것은 전체의 안전에 위협이 된다. 물고기는 미끼 를 보면 먹게 되어 있다. 미끼를 먹지 않는 이유는 두 가지다. 하나 는 물고기가 없는 것 하나는 아직 물때가 되지 않은 것뿐이다.

5. 물고기의 교훈(가물치와 연어 · 문어)

모성과 효의 상징의 물고기로는 가모치 또는 가물치라고 한다. 가 물치는 새끼를 낳으면 눈이 멀어 버린다고 한다. 눈이 멀어 굶어 죽 을 수밖에 없는 어미를 위하여 수많은 새끼들이 한 마리씩 자진하여 어미 입속으로 들어가 먹힌다. 그래서 어미가 새끼를 알아보기까지 눈을 뜰 무렵에는 새끼는 얼마 남지 않는다고 한다. 자기 새끼가 어 미를 사랑하는 아름다운 물고기라 하여 가모치 가물치라고 한다. 어 미가 눈을 뜰 무렵이면 가물치 부부가 동시에 지키며 보살핀다. 이 때는 개구리가 가장 큰 적이다. 미꾸라지나 붕어 인조 개구리를 근 처로 끌면 부성애 강한 수컷이 집어 삼킨다.

연어는 모천 회기를 하는 고기다. 강물에서 태어나 평생을 바다에서 살다가 모천으로 돌아와 일을 낳고 일생을 마친다. 온갖 죽음을 넘어서 알을 낳고 새끼들이 먹도록 몸을 남긴다. 연어는 사람의 일생을 표현하기도 한다. 부부가 온갖 시련을 넘어서 바다의 영양을 강으로 옮겨 순환을 해 주기도 한다. 곰과 새 온갖 짐승들이 그리고 주변의 식물들이풍부하게 자라도록 영양을 고급해 준다. 문어도 체내 수성으로 알을 낳고, 어미는 새끼가 부화할 때까지 온갖 적들로부터 지켜내는 모성애가 강한 물고기이다. 반대로 수컷이 새끼를 키우는 부성애가 강한 물고기는 시클리드과 마우스 브리딩 피시는 아로와나가 있다..

아로와나의 수컷은 암컷이 산란하면 이를 입속에 넣어 품어준다. 외부 위협으로부터 알을 보호하기 위해 부화가 될 때까지 무려 40일 동안 입안에 품고 있다.

도화돔은 암컷이 수정란을 낳으면 수컷이 입에 머금고서 부화할 때까지 알을 입 속에서 기릅니다. 입 속 육아는 새끼가 자란 다음에도 이어집니다. 새끼를 머금고서 먹이가 있는 곳으로 옮겨 다니며 풀어놓았다가, 위험이 닥치면 다시 입 속에 넣는다. 수컷이 새끼를 키우는 동안 먹이를 제대로 먹지 못하고 제때 끼니는 거의 챙기지 못한 채 자식을 위해 먹이를 찾고, 사방을 경계하면 긴장의 끈을 놓치 못하는 수컷 도화돔은 대표적인 '부성어'라 할 수 있다.

가시고기 민물고기로 해초를 물어다가 알집을 만들고 암컷을 불러 알을 낳으면 암컷은 뒤도 돌아보지 않고 달아나 버린다. 수컷은 정액을 사정하여 알을 부화하고 지키며 먹이도 먹지 않고 지키다가 죽어서 살점을 자식들에게 내어 준다.

쥐 노래미 암컷이 알을 낳고 떠나 버리면 수컷은 알을 돌에 붙이고 깨어나 자랄 때 까지 곁에서 지켜준다. 또한 카디날 피쉬는 말레지아에서 서식하며 새끼를 입안에 넣고 키우는 마우스 부라딩 ? 물고기이다. 해마 수컷은 양육 포낭을 가지고 있는 부성애가 물고기이다. 대체로 체외 수정을 하는 물고기는 부성이 강하고 체내 수정을 하는 동물은 모성애가 강하다. 우리민족 역시 부성애가 강한 민족으로 부계혈족의 족보가 그대로 이져 내려오고 있다.

고요한 송광사 절간 처마에 매달린 풍경을 보고 있으면 먼 곳에서 바람이 불어와 청아한 맑은 소리가 난다. 그곳에 매달린 물고기 살생이 금지된 절간에 매달린 쇠로 만들어진 물고기 무슨 의미일까 찾아보니 하늘이 바다고 그 속에 노니는 물고기란다. 아 하늘을 날아가는 물고기 우리의 선조들은 물을 아래에서 위에서 마음대로 바라볼 수 있는 마음을 가졌구나! 저 하늘을 바다처럼 이 산속에서도 저 넓은 바다를 품에 안고 살았구나! 하늘을 나는 물고기를 꿈꾸고 한 마리의 물고기를 영원히 간직 할 수 있는 마음을 가지고 있었다. 가슴에 물을 품고 스스로 한 마리 물고기가 되어 천하를 주유하는 마음을 가졌다.

승가에서는 물고기는 흐르는 물에 살기 위하여 언제나 눈을 뜨고 쉬임없이 정진 하는 것처럼 우리도 이처럼 잠들지 말고 쉬임없이 기도하고 정진하라는 교훈으로 매달아 두었다고도 한다. 눈 감으면 흐르는 물에 휩쓸려 가버린다고 두 눈을 뜨고 잠들지 말라고 한다. 누가 물속에서 물고기를 보았을까?

물고기는 눈을 뜨고 있어도 물살을 옆으로 맞으면 떠밀려 간다는 사실을 잊어버린 걸까? 오늘도 저 고기는 온 몸으로 바람을 맞는다. 저 먼 바다에서 밀려오는 바람 물살을 온 몸으로 그리워하면서 바다의 소리를 산사에 은은하게 전 한다. 바다를 산 속으로 옮겨다 놓은 참으로 위대한 우리 조상의 지혜다. 가슴으로 잡는 사람과 & 물고기 그것이 진정한 행복을 잡는 락시이다.

6. 사업적으로 바라본 낚시(한정된 어자원을 효율적으로 활용하는 방안)

낚시를 일반적으로 부정적인 시각으로 보는 사람과 긍정적인 면으로 보는 사람이 있다. 이미 우리의 바다에서 어자원이 부족한 상태에 있다는 것은 누구나 인지하고 있는 게 현실이다. 그래서 바다의 물고기를 두고 레저낚시인과 어부 간의 갈등이 심화되어지곤 한다. 그러나 레저 낚시를 성장 가능성이 있는 산업으로 전환하는 방안이 있다.

어부가 살아 있는 물고기 한 마리를 잡아 시장에 내면 거래 되는 가격이 예를 들어 부시리나 방어 1kg에 약 12,000원으로 가정하면 10kg짜리 1마리를 잡아 팔면 12만원이다.

그런데 이런 물고기를 레저낚시인이 잡아 광고를 하면 전국에서 3~5명이 현지에 와서 낚시를 한다고 가정을 하면 이런 계산이 나온다. 제주도인 경우에 1인당 왕복 비행기표는 15만원 3명이었을 경우 45만원 배삯 1일 50만원 2일 1백만 원 밑밥과 미끼 포함하여 하루 25만원 2일 50만원 숙소 비용 6만원 2일간 12만원 식사비 1인 1식 7천원 3인 2만 1천원 6식 12만 6천원 채비 비용 1인당 3만원 9만원 대략 228만 6천원이다. 간식과 회식을 겸하고 선물을 구입 한다면 어림잡아 30배의 지역 경제효과가 발생한다. 내륙지역에서 많이 잡히는 감성돔을 비교 해 보면 1kg짜리 1마리를 어부가 잡아서 공매가격이 약 5만원이면 낚시꾼이 잡았을 경우를 예상해 보면 1인

배삯이 3만원 식사비 1식 7천원 2식 1만 4천원 밑밥 미끼 5만원 새로 구입한 채비 2만원 차비 3만원 14만 4천이다. 3인이라면 43만 2천원이다. 이는 기존 가격의 최소 약 9배의 지역경제 유발 효과를 만들어 낸다. 또한 물고기를 유인하는 효과를 일으키는 밑밥은 부정적인 면에서 바다를 오염시킨다고 하는데 이는 참으로 많은 오해를 가지고 있다.

우선 밑밥의 조건으로 쓰이는 크릴 또는 침전제인 모래 시각적인 효과를 가지는 황토 그리고 해조류등도 모두 바다에서 순기능성을 가지고 있다. 황토는 바다의 적조를 해소하고 해조류는 바다 생물의 먹이 섭취를 도우며 모래는 수질 정화제이다, 크릴은 물고기의 기초 프랑크톤이다. 한해에 홍수가 일어나 바다로 유입되는 황토와 모래의 양을 비교해 본다면 이는 정말 조족지혈이다. 어부가 고기를 잡으려고 바다에 버려지는 폐어망과 로프 플라스틱에 비교 한다면 이는 너무나 적은 양이다. 부정적인 시각이 확대해석으로 이어져 작은 행위도 부풀려진 경우다.

바다의 해중림을 활성화 하고 낚시 공원화 사업으로 전환하여서 기존의 해상 구조물 사업에서 벗어나 소형 보트를 가지고 바다에서 소득을 만들어 낼 수 있도록 정책적으로 지원을 하며 어초사업을 확대하여 그물로 잡는 어업 구역을 제한하며 어촌계법을 새롭게 조정하여 어촌에 젊은이가 돌아오는 어촌을 만들어야 우리나라 어촌의 미래가 있다.

국제보트쇼와 해양의 가치창출

(사)한국해양레저네트워크 **여 한 웅** 사무총장

1. 머리글

　인류의 역사에서 누가 세계 패권을 차지하느냐는 바다를 누가 지배하는가에 좌우되어 왔다. 중세 이전 세계의 변방이었던 서구는 대항해시대 이후 세계의 중심으로 떠올랐다. 대양의 지배력은 신대륙을 비롯한 숱한 식민지를 양상하면서 제국주의 시대로 점철되고 그들은 대륙들을 지배했다. 그 시대의 가장 대표적이고 강력한 해양국가로 영국이 '해가지지 않는 대영제국'을 건설할 수 있었다. 결론적으로 동양의 주도권에서 서양이 바다를 지배하면서 현대사의 패자로 등극한 계기가 바다에 있었다.

　오늘날 신 해양시대를 맞아 그 중요도는 어느 때보다도 관심이 집중되고 있다. 1994년 11월, 유엔해양법협약 발효를 계기로 해양 자유이용 시대에서 해양분할 경쟁시대로 바뀌게 되면서 해양을 둘러싼 국제환경의 급격한 변화가 일어나고 있다. 이즈음 세계 해양강국으로 부상하기 위해 "바다를 지배하는 자, 세계를 지배 한다"라는 역사적 명제는 아직도 유효하다. 이제 바다는 '보고 즐기는 바다' 뿐만 아니라 '자원을 생산하고 가치를 창출하는 중요한 장소'로 인식되고 있다. 이에 따라 세계 각국이 경쟁적으로 바다를 연구하고 새롭게 디자인하고 있다.

박근혜 정부도 취임 초기 바다의 중요성을 인식해 해양수산부를 부활시켰으나 그 역할이 국민들의 기대에 못 미치기는 하여도 기존 해양레저분야의 법적근간을 마련하는 '마리나서비스법 개정과 같은 소규모의 변화는 있어 다행이다. 이를 계기로 마리나산업 전반에 걸쳐서 적극적으로 미래 해양강국으로의 전진을 이루어야 할 때이다.

특히 최근 한진해운의 법정 파산과 국가주력 사업으로 지원한 해양플랜트산업마저 국제경기로 인해 추락하다보니 한국의 미래 해양발전 가능성을 더욱 어둡게 하는 소식이 아닐 수 없다. 그러나 우리에겐 과거 해운·조선산업을 이끌어 왔던 해양기술력을 보유한 인재가 있다. 또한 제4차 산업혁명의 첨단 기술력을 펼칠 인프라와 젊은 인력을 구비하고 있어 세계 어느 나라보다도 경쟁우위에 있다. 따라서 세계 해운·조선산업의 저조를 해양레저보트와 장비분야로 전환하고 인공지능(AI)과 사물인터넷(IOT), 정보통신(IT) 등을 집약한 해양조선 산업 즉 슈퍼요트에 신기술 접목을 통한 해외 경쟁력을 확보 할 수 있을 것으로 전망된다.

해양산업 전문가들의 견해를 빌리자면 과거 조선업 강국이었던 유럽에서 일본으로, 다시 한국으로 이동할 수 있었던 것은 그 당시 정부의 적극적 지원과 그 분야의 전문 인력양성이 있었기에 가능했다고 말한다. 해양수산부는 2년 전 '수퍼요트 프로젝트'를 추진하고 있으며 해양레저보트분야와 스포츠피싱요트에 관련한 보다 많은 R&D과제를 주도적으로 추진하고 있다. 이를 통해 신 해양시대에 인재양성과 관련 산업기반 구축이 조속히 조성되기를 기대한다. 이를 위해서 인력교육·산업연구·국제보트쇼 활성화 기능이 함께 진행되는 산학연 클러스터의 출범이 필요한 시점이다.

세계 해양경제 여건이 급격히 변화되어 해양산업 전반의 패러다임이 재정립 될 수밖에 없는 시기이다. 그러므로 지식기반형 해양산업 인재 양성이 무엇보다 절실하다. 특히 천연자원이 부족하고 급속히 고령화 되어가는 우리나라는 젊은 인적 자원에 더욱 투자를 하고 새로운 가능성 있는 일자리를 찾아 집중 지원해야 한다. 우리나라가 해양굴기 하기 위해서는 신 해양시대를 선도하는 제 4차 산업혁명을 주도 할 '해양레저분야의 전문인력' 즉 싱크탱크가 절대적으로 필요하다.

작년 부산에서 2016 세계해양포럼(WOF)이 인류의 미래 먹거리 창고이자 블루오션인 해양산업에 대한 인식을 새롭게 하고, 국내 해양산업의 발전 도모할 목적으로 개최되었다. 이 행사 주요 내용은 전 세계적으로 인공지능과 사물인터넷(IoT) 등 정보통신기술(ICT)이 기존 산업과 융합해 새로운 가치를

창출하는 '제4차 산업혁명'의 물결이 밀려오고 있는 현 시점에서, IBCA(IoT, Big Data, Cyber Physical System, Artificial Intelligence) 플랫폼을 활용한 해양산업 내 변화와 흐름을 읽고, 새로운 해양가치 창출을 위한 미래전략 모색하고자 논의한 자리였다.

KIMA WEEK는 대한민국의 신성장 동력으로 주목받는 해양레저 산업의 기반조성과 해양레저 문화확산 그리고 해양관광활성화를 실현하고자 기획된 글로벌 해양문화축제이다. 2013년부터 개최되고 있는 KIMA WEEK는 해양수산부와 부산광역시가 주최하고 (사)한국해양레저네트워크가 주관하고 있으며, 개막식과 국제규모의 컨퍼런스, 해양레저체험페스티벌, 해양버라이어티 및 다큐멘터리 프로그램 제장방송 등 해양레저를 매개로 세계가 한데 어울릴 수 있는 축제이다. 신 해양시대에 해양여가문화가 더욱 발전 할 수 있도록 그 저변을 확대시키고 협력의 장으로 이끌기 위해 미래 해양의 가치를 찾고 관력분야와 소통하는데 주력할 것이다.

2. 세계의 국제보트쇼와 경제적 가치

국제 보트쇼(International Boat Show)는 세계 여러 나라의 보트를 대상으로 한 전시회로, 보트 및 각종 해양레저 장비에 대한 정보를 제공하고, 해양관련 업계의 신제품 및 기술에 대한 정보를 교류하는 장이며, 소비자의 구매 패턴 및 소비 성향을 파악하는 마케팅을 목적으로 하고 있다. 보트쇼 문화가 발달한 국가들은 주로 선진국으로

미국이나 유럽에서 개최되고 있으며, 런던국제보트쇼의 경우 1954
년에 처음 개최되었다. 아시아에서는 일본이 60년대부터 보트쇼를
개최하여 역사가 깊다. 아시아에서는 중국(상하이국제보트쇼), 일본
(요코하마국제보트쇼), 아랍에미리트(두바이국제보트쇼), 한국(경기
국제보트쇼, 부산국제보트쇼) 등이 개최되고 있다.

1) 주요국가 국제 보트쇼

4차 산업혁명이 바다영역인 국제보트쇼에서도 큰 변화를 일으키
고 있다. 최근 출시되는 제품들의 성능과 디자인이 인공지능과 사물
인터넷 기능을 탑재되어 있다. 보트의 규모도 슈퍼요트의 크기는 더
욱 거대해지고 다양한 디자인의 기능 또한 첨단기술이 총망라되어
있다. 현재 출시된 최고의 초화슈퍼요트는 한화 약 4조 8,000억 원
정도라고 한다. 부과적인 옵션탑재 기능으로 헬기는 기본이고 슈퍼
요트 내부에 잠수정이 과 스텔스 첨단기능 일반적으로 세계 4대 보
트쇼로 영국의 런던보트쇼, 독일의 뒤셀도르프보트쇼, 미국의 마이
애미국제보트쇼, 프랑스의 파리보트쇼와 함께 를 꼽는다. 필자의 경
우는 부산국제보트쇼를 준비하는 과정에서 2014년 런던보트쇼와
2016년 독일 뒤셀도르프보트쇼를 다녀왔다.

2016년 런던보트쇼의 경우 개최국인 영국의 업체가 60개 회사,
외국업체 80개 회사, 총 140개 회사가 참가했다. 보트쇼 관람객 수
는 영국인 8만명, 외국인 2만명, 총 10만명이 관람했다. 주로 상류층
참관자들을 상대로 한 개인보트 및 조선 박람회이고. 90% 이상의
방문객이 1억 이상의 소득을 올리는 개인들로 보트박람회에서 1인

2014 런던보트쇼 파워보트 전시장

당 평균 150만원 가량의 물품 구매를 한다. 주요 전시품목은 해양레저용품, 조선, 보트 및 관련 제품 등이다. www.britishmarine.co.uk

1969년 처음 시작되어 올해로 48회를 맞는 뒤셀도로프(düsseldorf) 보트쇼는 전시장의 17개의 홀, 65개국의 1,800개의 업체가 참가하며, 매년 평균 방문자의 수는 250,000명이다. 오랜 세월만큼이나 품격 있는 보트박람회이다. 올해 1월21일~29일총 9일간 진행되었고 특히 한국업체가 9개 회사가 참가하여 유럽시장 진출을 시도해서 주목을 받았다. 세계에서 가장 큰 보트쇼 중에 하나로 보트뿐만 아니라 요트 장비, 다이빙, 낚시, 서핑, 카누, 여행 등 해양 레저산업에 관한 모든 분야에 대해 전시한다. 특히 전시되는 요트의 종류도 세일링요트, 모트보트부터 120ft가 넘는 슈퍼요트까지 다양하며, 요트의 내부 인테리어, 엔진, 조향장치 등 모든 관련된 산업이 전시된다.

http://www.messe-duesseldorf.de

2016 뒤셀도르프보트쇼
세일요트 전시장

뒤셀도르프 보트쇼는 다양한 연설과 컨퍼런스를 동시에 개최해 각 국의 유명인사들도 참석한다. 특히 해양 환경에 관심이 큰 모나코의 알베르 2세 왕자는 해양 환경 보존과 지속 개발 가능성에 대한 심포지움인 'Love Your Ocean'의 키노트 스피커로 참석해 눈길을 끌었다(http://news.chosun.com, 2017).

2015 일본국제보트쇼(Japan Int'l Boat Show 2015)는 1962년 최초 개최하여 54회차로 아시아권에서는 가장 오래된 보트쇼이다. 전시회의 성격 및 운영방식에 대해 살펴보면 일본보트쇼는 내수지향 전시회로 수출판로 개척 및 확대를 위한 해외 바이어 발굴 및 초청 프로그램 없었다. 일본 내 수상레저의 주요기구인 피싱보트의 경우, 다수의 일본업체가 국내수요를 소화하고 있으며 동급 수입보트의 경우, 부가적인 세금 부가로 인한 고가의 판매가격으로 경쟁력이 낮았다.

대형 레저보트의 경우, 일본업체 생산제품이 많지 않아 일본 내 판매 대행사를 통한 수입판매가 대부분이며 일본경제회복에 따라 지속적인 판매 증가 및 전시

2015 일본국제보트쇼

회 참가확대 추세에 있다. 보트쇼의 사업예산은 총사업비 규모는 2억엔 정도로 전년대비 10% 수입 감소 예상하고 정부보조금은 없다. 수입은 부스판매(90%), 입장권수입(10%)으로 구성된다.

2015 중국(상해)국제보트쇼를 참관하여 중국의 컨셉 및 향후 발전방향을 살펴보았다.

1996년 최초개최 이후 10회에 즈음하여 기존 보트·요트 품목 위

주에서 연관 전시회를 공동 개최 추진하고 있었다. 향후 보트·요트 품목을 중심으로 다양한 라이프스타일 품목을 접목한 대규모 럭셔리 레포츠문화전시회로 지속적인 확대 추진할 예정이라고 한다.

상해신국제전시장(Shanghai New International Expo Center)

▷ 소유기관 : 상하이루자주이전시개발-50%, 독일전사-50%
▷ 운영기관 : 상해신국제전시장
▷ 시설면적 : 옥내-200,000㎡, 옥외-100,000㎡(건설기간 : '09~'12 중 단계별로 건립)
▷ 보유시설 : 전시시설-17개, 회의시설-51개
▷ 기타사항 : 주차시설-4,730대, 부지면적-330,000㎡, 설립예산-8,000억원(자체 수입 운영 중)
▷ 운영현황 : 연간 80여개의 전시회 개최하며 가동률은 60~70% 정도임

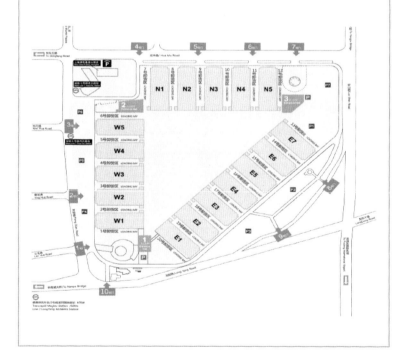

입구아치   전시회등록대

상해 신국제전시장 외부와 내부 사진

2) 국제보트쇼의 경제적 가치

국제보트쇼 산업의 경제적 가치는 보트쇼를 개최함으로써는 얻는 경제적 효과, 연관 산업에 미치는 효과, 레저보트산업에 미치는 효과로 구분할 수 있다. 보트쇼 행사를 개최함으로써 발생하는 효과는 부산국제보트쇼의 성과분석 보고서(부산국제보트쇼와 KIMA WEEK 2016 지역경제파급효과)를 통해 확인 할 수 있다. 그리고 연관산업에 미치는 효과는 보트쇼가 전시산업이므로, 전시산업의 전후방 연관 분야, 레저보트산업에 미치는 효과는 갈수록 증가추세에 있다. 부산국제보트쇼와 KIMA WEEK 2016 지역경제파급효과를 분석한 결과는 아래 표와 같다.

■ 제3회 부산국제보트쇼 지역경제파급효과

구 분	생산유발효과(백만원)		취업유발효과(명)	
	부산지역	타 지역	부산지역	타 지역
제3회 부산국제보트쇼(주최자)	1,586.57	834.65	12.71	9.84
제3회 부산국제보트쇼(참가업체)	2676.27	1106.71	22.64	9.37
제3회 부산국제보트쇼(참관객)	998.30	437.34	19.34	4.23
소계	5,261.14	2,378.70	54.69	23.44
총 합계	7,639.84		78.13	

※ 제3회 부산국제보트쇼 개최에 따른 지역경제파급효과 분석에는 외국참가업체 및 외국인참가자 소비지출이 조사되지 않아 본 분석에는 제외되었음.

본 분석을 위해 2005년 지역산업연관분석표(부산-타지역)를 원용하여 지역경제파급효과 분석을 실시함(한국은행, 2005).

△ 본 분석에 필수적인 제3회 부산국제보트쇼 관련 행사의 참가자 수는 제3회 부산국제보트쇼 사무국에서 제공하는 데이터를 사용하였으며, 생산유발효과는 부산지역 52억6천1백14만원, 타 지역 23억7천8백70만원으로 나타났으며, 취업유발효과는 부산지역 약 55명, 타 지역 약 23명으로 나타남.

(2016 부산국제보트쇼의 성과분석 보고서)

2016 KIMA WEEK 개최에 따른 지역경제파급효과 분석

(2016 부산국제보트쇼의 성과분석 보고서)

■ 2016년 행사별 지역경제파급효과

구분	생산유발효과(백만원)		취업유발효과(명)	
	부산지역	타 지역	부산지역	타 지역
2016 부산국제보트쇼 (주최자)	1,586.57	834.65	12.71	9.84
2016 부산국제보트쇼 (참가업체)	2676.27	1106.71	22.64	9.37
2016 부산국제보트쇼 (참관객)	998.30	437.34	19.34	4.23
2016 국제컨퍼런스	53.84	25.67	0.45	0.14
만원의 행복 요트체험	496.80	221.24	3.98	0.88
어린이 해양레저 직업체험 페스티벌	4,740.15	2396.42	41.22	11.52
소계	10,551.93	5022.03	100.34	35.98
총합계	15,573.96		136.32	

행사명	생산유발효과(백만원)		취업유발효과(명)	
	부산	타지역	부산	타지역
2015 부산국제보트쇼 (참가업체)	1,033.05	302.30	11.64	2.52
2015 부산국제보트쇼 (참관객)	2,684.98	1,218.73	53.72	12.88
2015 국제컨퍼런스	137.16	65.82	2.37	0.75
해양레저스포츠 무료체험	136.34	60.78	2.87	0.64
광안리 달빛 수영	416.87	208.01	7.45	2.22
전국 어린이 요트 페스티벌	14.30	7.09	0.32	0.09
소계	4,422.70	1,862.73	78.37	19.1
총합계	**6,285.43**		**97.47**	

※ 2016년과 2015년 경제적파급효과는 단순비교 불가
△ 2015년에는 「부산국제보트쇼」 주최자 분석 미실시
△ 일부 행사 미반영(협의에 따름)과 신규 행사 개최
△ 「어린이 요트 페스티벌」 ⇒ 「어린이 해양레저 직업체험 페스티벌」
  : 행사 성격 변화와 이에 따른 참가 인원 대폭 상승(110명⇒23,302명)
△ 「보트쇼」와 「컨퍼런스」의 경우 전년보다 소비금액 감소
  ⇒ 소비 지출 확대를 위한 전략 필요(ex. 관광 프로그램)

■ 그러나, 전체 행사 총액에 따른 비교는 가능할 것으로 보임

(단위: 백만원)

생산유발효과 : 2015년 6,285.43 ⇒ 2016년 15,573.96(약 2.5배)
취업유발효과 : 2015년 97.47명 ⇒ 136.32명

보트쇼의 경제적 생산효과는 직접효과와 간접효과로 구분되는데, 직접효과는 행사 준비 및 진행을 위해 소요된 비용 및 참가자 및 업체가 지불하는 비용과 행사를 통해 생산자와 구매자 간 혹은 업체 간 체결된 계약금액 등을 말한다. 간접효과는 보트쇼 자체에 지불한 비용이 아닌 부수적으로 발생한 지출비용과 국가 이미지 및 산업에

미친 긍정적 영향 등을 의미하며, 숙박비, 식사비, 여행비, 관광비 등 각종 경비, 해당 기업 및 국가의 산업 기술 및 브랜드 홍보효과, 관련 산업 촉진효과 등이 이에 해당한다. 이 중 국가, 산업, 기업체에 미친 긍정적인 영향은 화폐 단위로 측정하기 어려우므로 여기서는 제외하도록 한다(이윤정, 2009).

3) 선진 마리나의 벤치마킹

선진 마리나를 벤치마킹했던 경험을 글로 표현하기 전에 '마리나 시설 및 운영'을 위한 한 권의 책을 소개하고자 한다. 서점에는 마리나 정박시설을 위한 여러 전문서적이 출판되어 있다. 그중에서도 필자가 다년간의 선진국의 현장을 답습하면서 실효성 있는 가이드 책자로 판단된다. 비록 미국에서 10여년전 2005년 7월에 출간된 책이지만 캘리포니아 주 Boating and Waterways (DBW)의 엔지니어링 직원이 Boating Facilities의 분류를 1960 년대 마리나 정박 지침을 작성하기 시작하면서, 직접 37년간 마리나에서 엔지니어로 근무하면서 작성한 내용을 근거로 편집된 것이다. 책명은 "마리나 정박시설 가이드라인

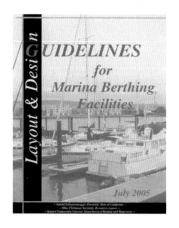

(GUIDELINES for Marina Berthing Facilities)"으로 마리나의 각종 시설에 대한 자세히 설명과 구조와 디자인 그림이 잘 되어 있다.

Mr. Bill Curry는 캘리포니아 공공 선착장 개발에 대한 기술 지원을 한 토목 기사 겸 감독으로 1968년에 처음으로 항만과 선박 부서에서 해양

개발과 보트정박, 수로관리 등 지난 37 년 동안 항만 관리부서와 Marina에서 일하다가 은퇴했다. 그는 2005 Layout & Design 가이드라인 전용 책자를 만들기 위해 주변의 많은 엔지니어, 건축가, 계약자, 관리, 선착장 소유자 및 운영자, 레크리에이션, 캘리포니아 주 전역에서 저명한 보팅 경력자의 조언까지 수집하여 기록했고, 자신 경험을 정리한 유익한 전문책자이다. 책의 두께도 130여 페이지로 부담스럽지 않은 분량이나.

우리나라의 마리나 산업은 신산업 영역으로 아직 시장 여건이 성숙하지 않았고 「마리나항만의 조성 및 관리에 관한 법률」 개정을 통해 마리나 업 제도, 마리나 단지 분양권 제도 등을 도입하

보트수리 · 제조 클러스터 Goldcoast city marina

였지만 여전히 관련 법 제도의 정비가 필요한 실정이다. 또한 국내 레저선박 제조업과 수리업은 고용창출 효과가 크나 규모가 영세하고 경쟁력도 취약하여 효과적인 정부지원 대책 마련이 절실하다. 이와 같이 마리나산업에 대하여 정부차원의 전략적 육성 · 지원및 제도 정비가 필요하나 마리나산업은 새로운 산업분야로 아직 국내 정책사례는 전무하고 관련 전문가도 많지 않은 실정이다. 따라서 해외 마리나 정책의 체계적 분석을 통해 인증체계, 품질관리 등에 있어 규제완화 등 창업부담을 줄이고 선진 비즈니스 모델 제시 및 인력보급 양성지원 방안을 함께 마련할 필요가 있다. 마리나산업 벤치마킹 대상국가로서 호주와 뉴질랜드는 Sydney, Westhaven 등에서 대여업,

선박수리・제조업 등이 집적된 마리나 복합단지를 조성하여 해양관광 산업의 핵심 인프라로 활용하며 높은 부가가치 및 많은 일자리를 창출하고 있다는 점에서 우리나라에 적용할 수 있는 적합한 벤치마킹사례라고 할 수 있다. 호주는 1960년대부터 해양레저산업(레저보트 제조/수리업육성, 마리나산업단지 조성)을 미래전략산업화 하기위해 정부차원의 구상을 마련하였고, Sydney Harbour 등 세계적 수준의 마리나 인프라를 운영하고 있다. 그리고 연간 8,000명 정도가 해양레저산업에 고용되어 국가 전체적인 일자리 확충과 성장동력에 큰 기여를 하고 있다.

브리즈번의 Sanctuary covemarina

브리즈번의 Sanctuary cove 마리나는 Mulpha Australia Ltd 라는 민간 부동산개발 기업이 상업시설, 리조트, 주거시설, 마리나 등을 하나의 단지로 묶어 만든 복합 주거단지에 위치한 것으로 주변 주거단지 및 상가, 부티크 시설과 조화를 이루어 많은 사람들이 찾을 수 있도록 하였고, 마리나와 주변 상업시설, 주거시설간 상승 작용을 일으켜 호주에서 대표적인 리조트형・관광형(destination)마리나로 자리잡게 되었다. 따라서 우리나라도 마리나를 성공적으로 운영하기 위해서는 마리나를 단순 계류시설로만 여기지 않고 마리나를 조성하고자 하는 지역의 매력을 최대한 활용하여 마리나 주변 지역경제를 활성화시키고 마리나도 많은 고객이 이용할 수 있도록 하여야 한다.

호주 마리나 클러스터 벤치마킹

(KIMA Plus 발췌 2016)

명칭	호주 마리나 산업 협회 (MIAA : Marina Industries Association of Australia)
기관 소개	○ MIAA는 마리나 운영, 기술개발, 마리나 분야 전문인력 양성(직업교육)과 관련한 교육·인증 등 마리나산업 분야 다양한 기능을 수행하는 오세아니아(호주·아시아 및 태평양) 지역 마리나 관련 최대의 민간 협회, https://www.marinas.net.au ○ MIAA의 주요 업무 - 마리나 관리·운영 전문가 양성 (Advanced Marina Management and Certification & Career Pathways)/ 마리나시설과 선박 분야 연구 및 세미나 개최 (Marina & Boat Yard Study Tours, Seminars)/ 마리나 인근 환경보호 캠페인 전개 (Clean Marina Campaign)
방문 목적	○ 호주와 뉴질랜드는 유럽식 마리나 모델(휴양)과 아시아권 마리나 모델(금융·비즈니스)이 성공적으로 정착된 유일한 마리나 문화가 형성되어 있어 국내 마리나 인프라 운영의 발전방향 연구에 최적의 환경 구축 ○ 거점형 마리나, 항만 재개발 등 국내 다양한 마리나 인프라 조성이 추진되고 있는 시기에 선진국의 성공적인 마리나 정착사례 견학을 통해 정부 정책 추진의 효율성 제고 ○ 아·태지역 최대 마리나 협회와의 교류 및 협력강화를 통하여 국내 마리나 산업의 도약을 위한 노하우 전수 ○ Sydney Harbour, Westhaven 등 세계적 수준의 마리나 구축사례 현장답사 및 정부 정책과 법률체계 검토를 통하여 국내 마리나 인프라 및 산업육성 벤치마킹 추진

뉴질랜드의 경우 1990년대 들어와 보트산업을 성장전략산업으로 선정하고 산업클러스터를 형성하여 세계시장을 지배하고 있다.

그리고 2,000선석 규모의 남반구 최대 마리나항만인 Westhaven과 인근 산업클러스터와의 기능 연계 등 기반시설 구축으로 현재 20억달러(NZD)인 매출은 2020년까지 2배(3조2천억원) 이상 증가할 것으로 전망되고 있다. 필자는 남반구에 위치한 마리나 산업 선진국인 호주와 뉴질랜드

오클랜드의 Westhaven marina

를 10박12일의 일정으로 방문하여 여러 마리나 현장을 직접 관찰하고 관련강의를 들으면서 정부 정책이 어떻게 적용되는지 살펴보았다.

또한 마리나 교육기관인 호주마리나산업협회(MIA)의 역할과 소개를 직접보고 들으면서 마리나산업 발전을 위한 민간기관인 (사)한국해양레저워크의 역할에 대해서도 고민하게 되었다.

2014 독일 킬위크 축제 참가

2013년 부산의 키마위크가 단순 해양스포츠 대회나 체험행사를 넘어 '아시아의 킬위크(Kiel Week)'로 만든다는 목표 아래 2014년 세계 최대 최고의 해양레저 축제라는 독일 킬(Kiel)을 벤치마킹하려고 '킬 위크(Kiel Week) 축제'를 참가했다. 이 축제는 1882년에 시작된 것으로서 요트전시 등 1700개 행사에 약 50개국, 2000척의 요트와 300만 명 이상의 관광객이 방문했다. 이 축제를 벤치마킹하여 2014년 부산의 키마위크 행사는 '해양레저산업 발전과 해양레저 저변 확대를 위한 종합 해양레저축제'로서 변화를 시도했다.

해양을 기반으로 문화, 산업, 관광, 교육을 연계해서 영화의 날(Movie Day), 와인의 날(Wine Day), 케이팝의 날(K-pop Day) 등 다양한 행사와 어린이, 가족을 위한 해양체험 프로그램을 다채롭게 구성했다. 특히, 저렴한 비용으로 고급 크루즈 요트를 체험하는 '만 원의 행복 요트체험', 해양레저 분야 직업을 미리 체험해 보는 '어린이 해양레저 직업체험 페스티벌(키자니아)' 등 체험 만족도가 좋았다. 또한 국제콘퍼런스에는 '해양레저를 통한 치유(힐링)와 행복'과 '해양문화도시로의 항해'라는 주제로 해양수산부, 세계해양레저산업협회(ICOMIA), 스페인 카나리아스 해양클러스터, 라스베이거스 샌즈, 한국해양대 등 국내외 해양레저산업 분야 전문가들이 한자리에 모여 열띤 토론의 장이 펼쳐졌다(이승렬,국제신문 2016-10-04)

필자는 '킬 위크(Kiel Week) 축제'를 벤치마킹하여 2014년 부산의 키마위크 행사는 '해양레저산업 발전과 해양레포츠 저변 확대를 위한 종합 해양레저축제'로서 큰 변화를 시도 할 수 있었다.

3. 바다에서 미래를 키운다.

미래 인류생활에 큰 변화를 가져 올 첨단 산업기술 6가지가 주목받고 있다. 정보기술 IT, 생명공학기술 BT, 나노기술 NT, 환경공학기술 ET, 우주항공기술 ST, 문화콘텐츠기술 CT가있다. 이러한 첨단산업기술들은 전통적인 산업기술과 어떻게 다른 것일까?

미래 학자 고 앨빈 토플러는 수산업 강조는 IT, BT, ST와 함께 미래를 움직일 4대 핵심 산업 중 유일하게 해양기술(MT)이 "수산양식이 세계 식량 문제를 해결하는 열쇠가 될 것이다."라고 예측했으며 북극해에 매장된 광물자원의 가치는 2,000조(2조$) 추정 했다(포스코 경영연구소, 2011).

이 세계에는 바다를 기준으로 분류하면 세가지 종류의 국가가 있다. 바다와 접하지 않은 내륙국가(스위스·카자흐스탄·네팔 등)와 바다에 둘러 쌓인 해양국가(영국·호주·뉴질랜드·일본 등), 그리고 내륙으로 다른 나라와 국경을 접하면서 동시에 해안선을 가지는 국가(네덜란드·한국·미국·이태리 등)이 있다. 이 국가들 중 한국과 유사한 여건으로 우리의 미래비전을 벤치마킹 할 수 있는 나라는 네덜란드가 좋을 것 같다.

세계적인 미래학 석학(碩學)이자 예일대 역사학 교수인 '폴 케네디(72)'는 '2012 여수(麗水) 세계박람회 국제심포지엄'에서 '바다와 연안(沿岸)이 인류에게 주는 의미와 중요성'을 주제로 기조연설을 하기 위해 한국에 왔을 때, 국제사회에서 한국의 위치와 미래를 말했다. 폴 케네디는 21세기는 해양의 시대임을 강조하면서 해양생태계의 연간 총 가치는 22조 5,970억 달러로 육상의 두배나 되고 해양력이 국가경쟁력에 중요한 요소이자, 국부의 원천이라고 했다(Nature, '97). 그리고 네덜란드를 한국이 모델링하면 유익할 것이라며 인터뷰한 내용을 요약하면 다음과 같다.

"한국은 반도(半島)국가로 지형적으로 중국, 러시아, 일본에 끼여 있듯이 네덜란드도 프랑스, 독일, 영국에 끼여 있어 역사적으로 주변강대국의 영향을 자주 받아온 것도 유사하다. 따라서 네덜란드의 경제적 세계화 과정을 살펴보면, 첫째, 개방성, 국제화를 들 수 있다. 네덜란드는 초기에는 수산(水産)강국이었다. 둘째는 해상교역무역을 들 수 있다. 수산물의 한계를 넘어 목재와 밀·와인 등을 수출하는 무역국가로 발전했고 전세계 바다로 나갔다. 동인도제도·서인도제도·필리핀까지…. 여기가 끝이 아니었다. 셋째는 국제금융과 조선업 진출이었다. 네덜란드는 금융 강국과 조선업에서 큰 수익을 얻는다. 하지만 강대국이 하였던 식민지 구축보다는 강력한 해군과 조선업을 기반으로 탄탄한 무역거래를 가능한 동인도회사를 운영한 것이다. 그 결과 척박한 작은 국토지만 주변의 강대국사이에서 자국(自國)의 실리를 추구하는 해양경제대국으로의 위치를 아직도 유지하고 있다. 이제 한국도"해저탐사나 자원 발굴작업에 힘을 쏟아야 할 것이다. 바다는 미래경제의 최대 성장 동력이기 때문이다. 지금까지 그래 왔듯이. 바다를 지속적으로 이용할 수 있는 환경의 토대를 미리 다져놔야 하고 "한국은 끝까지 바다로 눈을 돌려야한 다"고 조언을 끝까지 아끼지 않았다(정경열, 조선일보 2007, 재구성).

해양은 너무 광대하고 그 움직임도 복잡하여 종래의 육상에서 발전해온 과학기술로는 대처하기 어려운 점이 많다. 또 해양의 자원·에너지 능의 이용이 경제성에 대해서도 문제가 된다. 해수 중의 용존 물질이나 해수가 지닌 에너지를 이용하려는 경우 그 총량은 거대하다. 부존(賦存) 밀도가 매우 희박하여 처리해야 할 해수량이 많고 기재도 대형이며 값이 비싸 현 단계에서 경제성이 성립되기 어렵다 (한국해양연구소, <해양개발의 현재와 미래> 1990).

50여년전 19세기 후반(1872~1876년)에 영국은 해양의 중요성을 간파하고 본격적인 탐사에 챌린저호를 투입 했다. 따라서 해양 탐구사의 기준을 챌린저호 탐사를 기점으로 구분 한다.

■ 해양 탐구사의 기준

구분	고전 시대	전(前) 챌린저시대	챌린저 시대	후(後) 챌린저 시대	글로벌 챌린저 시대
시기	기원전 3,000 ~기원후1,000년	10세기~19세기 초	19세기 후반	1900~1960년	1960년 이후

유럽인들이 미지의 대륙을 찾아 세운나라가 미국(1776년 건국)인데 건국한지 채 200년도 안되어서 또 다른 세계 미지의 해양을 개척하겠다는 선언을 한다. 1960년대 초에 케네디 대통령이 "미국의 새로운 프런티어(frontier: 개척지와 미개척지와의 경계선)는'해양 '이다

"고 선언하면서 세계 각국이 해양개발에 열을 올린 계기가 된다. 그로인해 해양생물자원·석유·가스자원·광물자원 외에 해양에너지이용·해양공간이용·환경보전 등의 넓은 분야에 걸쳐 해양개발 기술이 큰 발전했다. 그 결과 깊은 바다 밑까지 심해 잠수정을 내려 보내 캄캄한 바다 속을 밝힐 수 있는 광섬유, 수백 기압의 압력에도 견딜 수 있는 새로운 물질(신소재), 심해에서 작업이 가능한 로봇과 각종 장비 등이 개발되었다.

기존의 어업이나 교통 및 군사적 이용 이외의 제2차 세계 대전 후 사람들이 해양스포츠·레저에 관심을 보이면서 새로운 해양과학 장비와 기술이 개발되면서 급진전 되었다.

미국의 경영학자, 뉴욕대학 교수였던 고 피터 드러커(Peter Ferdinand Drucker, 1909~2005)는 「위대한 혁신」의 저자로 "혁신은 기존의 자원(Resources)이 부(富)를 창출하도록 새로운 능력을 부여하는 활동이다"라고 했다. 일례로 '페니실린도 한때는 자원이 아니라 병균일 뿐이었는데 영국의 미생물학자 플레이밍의 노력에 의해 한갓 곰팡이에서 가치 있는 자원이 되었다.'라고 했다. 또한 '현대 경영의 대가'로도 알려졌던 그는" 21세기에는 인터넷보다 수산양식에 투자하는 것이 더 유망하다 "고 말했다. 우리 시대에 미래를 위해 어떠한 혁신을 준비해야하는지 예시하는 석학의 뼈있는 조언이었다.

해양수산부가 국내 최초로 '2016 SEA FARM SHOW─해양수산·양식 박람회'를 개최 했다. '바다에서 미래를 키운다'라는 주제로 정부 부처, 국내외 양식 산업을 대표하는 기업과 지방자치단체 60여 개가 참여했다.

정보통신기술(IT)과 생체기술(BT) 등 첨단기술을 융합한 양식 산업을 소개하고 한국 경제의 새로운 동력인 해양수산·양식업의 현재와 미래를 한자리에서 가늠할 수 있는 기회였다.

정부도 해양수산부를 부활시키고 해양개발에 투자를 적극하고 있다. 해양수산부는 작년 12월부터 대양 활용 연구과제 공모를 진행한 결과 응모한 14개 과제 중 '열대 서태평양 해양과 대기의 환경변화 연구-과서와 현재', '플라이스토세 후기농안 인도 몬순의 발달과 해양환경 변화', '인간 활동이 북서태평양의 탄소-질소연계 순환에 미친 영향 연구', '국산 인공위성 추적 표류부이를 이용한 인도양 표층 해류 분포와 단주기변동성 연구' 등 최종 4개 과제를 선발했다. 그간 해양수산 분야에 대한 지속적인 투자와 지원으로 해양과학기술 수준이 급격히 발전했다.

지난 해 1400톤급 연구선 '온누리호'를 시작으로, 올해 5900톤급 대형연구선 '이사부호'를 건조해 산·학·연 연구선을 활용해 공동연구를 추진하게 됐다. 이사부호 운용 기관인 한국해양과학기술원의 연구원들과 함께 태평양과 인도양에서 약 110일 간 항해하면서 현장 밀착형 연구를 수행하게 된다.

최준욱 해양산업정책관은 "앞으로 연구선을 활용 한 산·학·연 공동연구의 기회를 지속적으로 확대, 해양과학분야의 연구경쟁력을 강화하고, 미래 해양수산 분야 인재양성을 위해서도 적극 노력 하겠다"고 밝혔다(정유선, 2017).

4. 미래 해안에 '에너지 섬'이 배치

참~ 일찍 시작한 '한국의 해양에 대한 도전', 세계 최초의 '해양 도시'건설을 말하려 한다. 1995년 경남 거제도 앞바다에서는 가로 30m, 세로 20m의 바지선을 놓는 '대형 복합플랜트(Barge-Mounted Plant · BMP)' 사업을 추진하였다. 한국기계연구원이 주도했던 이 사업의 목표는 바다 위에 하루 10t을 처리하는 쓰레기소각장과 50t 의 바닷물을 담수로 바꾸는 시설을 건설하는 것으로 당시 금액으로 6년간 240억원의 국가예산이 투입되는 대형프로젝트였다. 성공하면 세계 최초의 '해양도시' 건설도 가능할 것처럼 보였다. 그런데 1단계 사업이 완료됐을 때 1998년 IMF 외환위기가 닥쳤다. 시작도 하기 전 에 사업은 백지화됐다. 그로부터 20년 뒤인 2014년 한국기계연구원 은 또다시 한번 바다에 도전한다. 화력발전소에 대우조선해양이 부유 식 발전플랜트(Barge Mounted Power Plant, 이하 BMPP) 공동건설을 프랑스 측에 제안한 전국경제인연합회의 결정을 지지하고 나섰다(경 남일보 2014.07.22.). 그러나 결과적으로 실행은 되지 않았다.

작년연말 대우조선해양이 한국전력기술과 '부유식 발전설비' 개발 에 나선다는 신문보도가 나와 기대감을 높여주고 있다. 해양부유식 발전설비(FSPP, Floating Storage Power Plant) 신시장 개척으로 기술 개발 · 사업화 · 해외사업부문까 지 폭 넓은 협력관계 구축, 장 기적으로 연구 개발한다는 '공 동협력 양해각서'를 체결했다현 재 실물이 나온 것은 아니지만

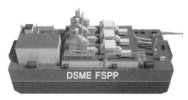

▲ 개발 중인 부유식발전설비인
FSPP의 조감도

1995년도부터 어느 나라도 구상도 못할 시기에 한국은 국가프로젝트로 추진하려던 사업이기에 대견했다. 또한 이처럼 중도의 어려움을 딛고 일어나는 것이 해양대국으로 가는 기술력이자 국가의 해양력이기에 기대하는바가 크다.

FSPP는 부유식 구조물 위에 복합화력발전소와 함께 LNG저장 및 재기화를 통해 가스를 공급하는 설비를 설치하는 신개념 플랜트이나. 부유식 발전설비는 육상에 건설하는 복합화력발전소에 비해 세작기간이 짧을 뿐만 아니라, 육상부지 사용 및 토목공사를 최소화해 비용 절감이 가능한 장점이 있다. 특히 LNG를 연료로 사용하는 LNG FSPP는 현재 석탄 화력발전소에서 제기되고 있는 미세먼지 배출 문제가 거의 없는 친환경 발전소이다. 또한 기존의 육상LNG 발전소에 비해서도 설치지역에 제한이 적을 뿐만 아니라, 자체적으로 저장하고 있는 LNG를 설치지역 주변에 공급도 가능해 다양한 역할을 할 수 있을 것으로 기대된다. 국가의 대부분이 섬으로 이루어져 국가 전력망 연결이 어려운 필리핀, 인도네시아 등 동남아시아 도서지역에서의 운용에 강점이 있으며, 노후화된 기존 발전소 폐기 시 신규 발전플랜트를 건설할 동안 생기는 전력 공백도 최소화할 수 있다.

한국전력기술 미래전력연구소 김익철 처장도 "신개념 발전소인 FSPP 개발을 통해 국내외 발전사업 영역에 새로운 시장을 개척하며 더욱 폭넓게 진출할 수 있게 됐다."며 기대감을 표했다(유정영 2016).

한국의 해양플랜트 사업의 기술력은 상당한 수준으로 미래 해양의 에너지 섬으로 해외진출 일도 머지않은 듯싶다. 더구나 2040년에는 많은 국가들이 기후변화와 넘쳐나는 인구로 인해 만성적인 물 부족을 겪게 된다. 높은 지구 온도가 우물과 저수지는 물론 호수와 강줄기를 마르게 하는데, 이는 개발도상국에서 특히 심각해진다. 이 위기를 완화하는 데 사용되는 전략 가운데 하나가 '에너지 섬'을 설치하는 것이다.

한국은 해양부유식발전설비(FSPP)를 개발하고 있으나 미래에는 태양 열에너지를 이용한 발전시스템의 에너지 섬을 계획하고 있다. 유엔미래포럼 박영숙 자문/출연한 KBS1TV 최초의 2부작 미래다큐 "2030 미래를 창업하라"에서 구글 소프트웨어 엔지니어인 패트리 프리드만(Patri Friedman)은 미래에 다가오는 위기를 설명하면서 그가 창립회장인 시스테딩연구소는 해수면상승의 대안으로 바다에 해상도시, 해상국가건설에 대한 생각을 피력하였다. 이 연구소에서 2008년에 시작한 에너지 섬 프로젝트는 '해양 열에너지전환 발전소 OTEC (Ocean Thermal Energy Conversion)'기술이 발전하면서 급증하게 되어, 곧 전 세계 해안지역에서 만들어질 것이다. 각 섬의 모양이 육각형으로 되어 있고 인공군도를 형성하며 각각 다른 섬과 연결된다. 풍력 터빈과 태양광 발전이 갑판에 설치되고 밑바닥에는 해수를 식음 가능한 물로 변환시키는 시설과 양식장이 만들어져 식량의 일부를 해결하게 된다. 또한 미세조류로 바이오 연료를 생산하도록 바다에 비닐을 띄워 에너지를 생산하는 미국 항공우주국의 오메가 프로젝트도 상당수의 섬 주변에서 이루어지게 된다. 250메가와트의 에너지 플랜트는 25만 가구의 에너지 수요를 충족시킬 수 있으며, 마실 수 있는 물 6억 리터를 매일 생산 할 수 있다. 남는 물은 지역 농업과 산업을 지원하는 데 사용된다. 이 에너지 섬은 물과 전력 생산 시설뿐 아니라, 주택, 양식장, 온실과 생태관광단지도 갖추게 된다. 이러한 '에너지 섬'들이 진화되면서 향후 마이크로 국가 '를 구축하면서 국가의 개념을 바꾸고, 결국은 국가 자체를 소멸시킬 수도 있을 것이다.

5. 미래 해중관광과 해저도시 개발 프로젝트

4계절 해양관광 시대를 맞아 바다와 어촌에 대한 트렌드 변화에 대응하기 위해 바닷속 경관이 뛰어나고 해양 생태계가 보존된 해역이 해중경관지구로 지정되고, 마리나 선박 대여업 진입 장벽이 완화되는 등 해양관광 활성화를 위한 정책들이 추진된다. 이에 경북 울진군과 강릉시는 해양 고부가 가치산업을 적극 발굴하기 위해 환동해 해양레저 관광 중심도시로 발전하기위해 집중 투자하고 있다.

임광원 울진군수는 "죽변항 재정비와 이용고도화 사업, 거북초 해중공원을 조성해 변화된 관광수요에 부응하는 차별화된 체험형 해양관광·레저시설을 개발해 나가겠다."라고 했다. 울진군은 환동해 해양레저 활동의 중추적 역할을 수행하고 해양 중심도시로 발돋움하기 위해 지난해 8월에 본격적인 공사를 시작한 후포 마리나항만을 기점으로 국내 해양과학·레저스포츠 등의 해양신산업의 저변확대를 선도하고 있다(권정환, 세계일보).

강릉시도 올해 해양수산 분야 78개 사업에 115억원을 투자 중 해양관광과 연안관리분야 13개 사업에 22억원을 투자한다. 도시민과 어촌이 공존하는 국민 힐링·소득형 해양 공간조성에

해중공원 레저전용 ZONE 조성사업

성에 주력할 방침이다. 해중공원 레저전용 ZONE 조성사업은 바다 전망대와 레저보트 접안시설이 완료됨에 따라 올해부터는 800톤급 이상의 침선어초와 대형 인공어초를 본격적으로 시설해 국내 최고의 해중체험관광 명소로 만들기로 했다(정익기, 2017).

일본 1위의 건설사인 시미즈(清水)건설은 지난해 10월, 심해 미래도시를 구상한 '오션 스파이럴(Ocean Spiral)' 프로젝트를 발표했다. 도쿄대·사가대·일본 해양연구개발기구(JAMSTEC) 등이 참여하는 이 프로젝트는 2030년~2050년 사이 75층 높이의 해저 건축물을 짓는 기술을 개발해 2035년까지 실제로 건설하는 것이 목표다.

깊이 500m의 심해에 세워질 공 모양의 도시 블루가든의 외관(왼쪽)과 내부 모습.

마사키 타케우치 책임 연구원은 "단순히 꿈이라고 볼 수 있는 미래 해양도시를 현재의 기술로 구현해 나가려고 한다"며 "꿈으로부터 미래를 만들어내겠다(I propose this new challenge for the future)"고 말했다.

프로젝트 계획서에 따르면 지름 500m의 원형 구조물인 '블루 가든'은 윗부분이 빙하처럼 떠 있다. 그 아래는 해저 3000~4000m까지 나선형 건축물이 이어진다. 5000명이 살 수 있는 주거지·호텔·연구시설이 있고, 나선형 통로 시이시이에는 발전소(메딘 제조공장, 자원 개발공장 등)와 해저에서 에너지원을 발굴하는 연구시설 등이 심해 건물 안에 들어선다. 계획대로 완공하면 태풍·지진 등의 재해에 걱정이 없는 100% 에너지 자급자족 도시가 될 수 있다.

시미즈 건설은 해저에서 사용하기 위해 재료는 콘크리트 대신 굳는 시간이 빠른 합성수지를 활용할 계획이다. 아크릴판, 섬유강화 플라스틱(FRB) 등 현재 사용되고 있는 자재를 활용하고, 일부 건물은 거대한 3D 프린터로 찍어낸다. 비즈니스인사이더(BI)는 "실현을 위해서는 기술적인 문제는 차치하더라도 건설비 260억 달러의 조달이 가장 큰 과제가 될 것으로 보인다"고 전했다. UCLA 캘리포니아 주립대학의 제임스 맥윌리암스 해양·대기과학부 교수는 "인류사회의 지속성 향상에 심해 이용은 필수"라며 기술이 발전할수록 인간의 상상력이 더욱 빛을 발할 것이라고 말했다(**임채연 중앙일보**).

6. 미래 해상 자치 국가는 어떤 모습일까?

20세기에 들어와 1차 세계대전 후, 바다에 관한 여러 가지 관습법을 법제화하는 시도가 시작 되었다. 최초의 시도는 1930년으로 당시 주요 국가들이 네덜란드 헤이그에 모였다. 그러나 성문화를 시도하기 위한 회의에서 논의만 될 뿐 어떤 결과도 내지 못했다. 뒤이어 제2차 대전이 끝난 후, 해양만을 대상으로 하는 유엔해양법회의가 다시 개최되었다. 제1차 회의는 1958년에 열렸고, 이 회의에서는 영해를 몇 해리로 할 것인가 하는 가장 중요한 점은 합의가 이루어지지 않았다. 유엔해양법협약은 해양을 둘러싼 국제법의 성문화라는 견지에서 보면 가장 중요한 조약이나, 이조약이 바다에 대한 모든 국제법상의 문제를 규정하고 있는 것은 아니다. 따라서 유엔해양법협약은 그 중에 일부분을 규정하고 있는 것에 지나지 않는다. 2005년 8월 세계에는 192개국의 국가들이 있다. 이중에는 완전한 주권을 갖고 있지 않으며 외교와 통화 등을 이웃국가에게 맡기고 있지만, 국제법상에서는 독립국의 취급을 받고 있는 산마리노, 안도라, 모나코, 리히텐슈타인도 포함되어 있다. 이 192개국 중 바다에 접하고 있는 국가는 실제로 150개국이다. 제1차 세계대전 종료 후에 체결된 베르사유조약 및 그 외 조약에서 재차 확인되고 있으며 지구상의 모든 국가들은 어떠한 의미에서든 바다와 관계가 있다고 인식 할 수 있다(무라타 료헤이, 2008).

지구상의 수많은 국가가 바다를 근간으로 이해관계가 엉켜있다. 따라서 해양국가를 새롭게 건설하는 데는 많은 난제가 예견되어진다. 그러나 먼 바다는 국제법상 어느 나라 소유도 아닌 것이 국제법상 일반화된 통례이다. 그래서 태평양 한가운데에 정부로부터 완전히 독립적인 도시를 만들겠다는 꿈의 프로젝트가 현실로 다가왔다.

태평양에 누구의 간섭도 받지 않는 새로운 도시를 건설한다는 꿈같은 프로젝트도 현실로 다가오고 있다. 법과 세금으로부터 자유로운 완전히 독립된 해상 유토피아 건설은 2008년 시작

시스테딩 연구소기 공개한 인공도시의 조감도

됐다. 공해상에 영구적이고 혁신적이며 정부의 간섭도 받지 않는 '둥둥 떠다니는 섬(Floating island)'도시를 만들겠다는 아이디어에 실리콘밸리의 억만장자들이 지갑을 열고 있다. 페이팔의 공동창업자 피터 틸은 170만 달러(환화 약 20억원)를 투자했다. 하지만 어느 나라의 것도 아닌 공해상의 도시를 짓기 위해 가급적 육지와 가까운 건설 장소를 찾아야 했다. 장소 물색으로 한동안 멈칫했던 프로젝트는 최근 닻을 올렸다. 지난 1월13일 시스테딩 연구소(Seasteading Institute)가 프랑스령 폴리네시아와 인공섬 건설을 위한 양해각서를 체결했다(**임채연 중앙일보**).

아티사노폴리스(Artisanopolis)는 로어크3D(Roark 3D) 소속 건축가가 디자인한 것으로 섬은 폭풍이나 거센 파도를 막기 위해 1층 부분을 띄운 3층 구조이고, 반원형 방파제가 모듈식 플랫폼을 둘러싸고 있다. 시스테딩 연구소의 랜돌프 헨켄 집행이사(executive director)는 "해상 도시에 공급되는 에너지는 태양광 발전과 파력 터빈으로 충당하고, 거주 시설과 병원, 발전소 등을 모두 갖춘 친환경 도시"라면서 "바다 위의 유토피아가 될 것"이라고 밝혔다. 그는 "2019년 태평양 타히티에 건설을 시작해 이듬해 250~300명의 거

주민을, 2050년에는 수백만 명의 사람이 살 수 있는 도시가 될 것"
이라고 설명했다.

아티사노폴리스(Artisanopolis)　　　사진출처: Seasteading Institute 홈페이지

이러한 미래 해양도시가 지속가능하게 유지되려면 에너지·식량
공급·의료·정보통신·해양산업공학 등 기술융합이 절대적으로 필
요하다.

7. 미래 해양을 어떻게 디자인할까?

지구상에 진정한 바다의 주인은 그 누구도 아니다. 어느 시대에
어떤 목적으로 활용하는가에 따라 '부의 원천'이 되었고 그 위에 존
재하는 자(者)가 주인행세를 해 왔다. 현재와 미래는 그 누구도 거부
할 수 없는 해양의 시대인 것만은 부인 할 수 없다. 제4물결, 4차 혁
명을 맞으면서 정보의 생성과 가치는 어느 때보다도 중요하게 다뤄
지고 있다. 오래전부터 정보를 생성하고 유통 보급시킨 미국의 AP
통신사 탄생에 대한 배경을 소개한다. 이 또한 바다 뉴욕항구에서
생겨났고 AP통신사의 기업구조가 협동조합이라는 것이 미래 우리해

안의 해양레저정보 및 서비스시스템 구축과 관련하여 고려해 볼만한 충분한 가치가 있어서 이다.

1895년 결성된 국제협동조합연맹(International Cooperative Alliance, ICA)에서 협동조합이란 '공동으로 소유하고 민주적으로 운영하는 기업(enterprise)을 통해 공동의 경제적·사회적·문화적 필요와 욕구를 충족시기기 위해 자발적으로 모인 사람들의 자율직인 단체(association)'라고 정의한다.

지금으로부터 약 170년 전 AP통신은 1848년, 뉴욕의 6개 신문사가 입항하는 선박으로부터 유럽의 뉴스를 공동으로 취재하기 위하여 결성한 '항구뉴스협회(Harbor News Association)가 그 기원이다.

이전까지 미국 신문사들은 유럽에서 온 배가 항구에 도착하면 작은 배에 탄 기자들을 그 배에 올려 보내려고 경쟁을 벌였다. 그러나 신문사 소유주들은 자신들이 결국 똑같은 정보를 얻기 위해 이중, 삼중으로 비용을 지불하고 있다는 것을 깨닫게 되었고 하나의 회사를 만들어 공동으로 사용하는 게 더 효율적이라고 생각하게 되었으며 이렇게 만들어진 새 회사가 항구뉴스협회이며 뉴욕 AP를 거쳐 AP(Associated Press)로 개칭되어 오늘에 이르고 있다.

비영리 협동조합인 AP통신은 미국 내에 1,400여개 언론사가 모여 공동으로 뉴스의 취재와 전송을 위해 발행부수에 따라 경비를 분담하고 자신을 대표할 이사회를 구성해서 운영되고 있다. AP연차보고서에 따르면 2010년 말 자산은 총 5억 1천만 달러(한화 약 5,900억원)이며 출자금은 1억5천만 달러(한화 약 1,736억원)에 이른다. 따라서 AP통신은 이윤을 직접적인 목적으로 하지 않는다는 점에서 '동업자 협동조합'으로 정의 할 수 있다.

미국 내 신문사가 조합원으로 활동하는 반면 AP통신으로부터 뉴스를 공급받는 다른 신문사와의 차이점은 무엇인가?

기업이 회원 제도를 두어 고객을 관리하는 것과 조합을 결성해서 조합원으로 참여하는 것은 얼핏 보기에는 차이가 없는 것같이 보이지만 이는 근본적으로 다르다. 회원 제도는 고객을 회원으로 가입시켜 고객의 충성도를 높이기 위한 기업의 마케팅 전략이기에 고객은 소비자일 뿐이다. 반면에 조합원 제도는 조합원의 필요에 따라 자본을 출자하고 경영에 직접 참여함으로써 공동의 이익을 실현하는 생산자이자 소비자란 점이 차이이다. 세계 최고 통신사 중의 하나가 비영리를 지향하며 협동조합 방식으로 운영되고 있다는 것이 놀랍다(스테파노 자마니, 2009).

■ 조합원와 회원제의 차이점 비교

구 분	조 합 원	회 원
성 격	소유자, 통제자	고 객
자본 참여	자본 출자	회원 회비
운영 참여	총회, 이사회	참여 없음
성과 배분	배당, 이용액 배당	없음(마일리지)

필자가 AP통신의 '동업자 협동조합'을 일례로 소개한 이유는 AP통신사 역시 항구에서 제한적인 조건에서 공동의 이익을 위해 협력관계를 체결하여 세계 최고 통신사로 발돋움 하였듯이 지자체에서 마리나 개발과 관련하여 유사한 현상이 예견되어지는바 '동업자 협동조합'과 같은 운영방식을 고려 할 필요가 있어서 적시한 것이다.

첫째 한정된 마리나에 정박하고자하는 요트·보트의 선주와 관련업체는 이용 상에 견해 차이로 인한 잦은 충돌을 방지할 수 있다.

AP통신의 경우 공동취재 후 발행부수에 따라 경비를 분담함으로써 분쟁소지를 사전에 정비하였다.

둘째는 사회공적자본(SOC)으로 조성된 마리나를 특정업체가 독점운영권 행사에 대한 저항해소를 위한 차원이다. AP통신의 경우 미국 내 1,400여개 언론사가 모인 협동조합이기에 특정업체가 아니고, 협의체적 성격을 띠고 있다. 이사회의 운영규약에 따라 합리적·효율적으로 체세화 시킨 공동이익과 투자배낭이 높아가게 했다. 이러한 운영체계 역시 지역 마리나의 특성에 맞게 조율하면 충분히 가능 할 것으로 사료된다.

셋째는 마리나의 마케팅비용 절감과 지역발전을 위한 공동참여를 선도 할 수 있다. AP통신의 경우 뉴욕항구에서 뉴스정보를 모의 작업을 하나의 채널을 하기 위해 조합을 형성하여 비용 절감을 하였고 뉴욕항구의 범위를 넘어 전세계에 특파원을 파견하고 운영시스템도 확대 했다. 마리나의 경우도 소비자인 마리나의 고객을 유치하기 위해 과열 마케팅 경비를 치루지 않고 공존 상생하는 방안을 모색할 수 있다, 또한 한 지역 마리나의 거점을 넘어 다른 지역 마리나와 함께 공동 연대가 가능 할 것 사료된다. 이와 같이 같은 업종간의 연대 사례는 국내 '헷사례'라는 고품질 복숭아를 생산하는 협동조합이 있다. 경기도 이천의 장호원과 충북 음성의 감곡에서 생산하는 복숭아를 동일 브랜드로 생산관리하고 있다. 바로 지역을 연대하는 협동조합으로 대기업의 전유물로 인식된 브랜드 효과를 실현한 국내의 사례이다.

박원순 서울시장은 "협동조합이 발달한 지역은 금융위기의 여파를 훨씬 잘 견뎌냈다고 한다. 이는 지역주민, 생산자와 소비자의 삶에 뿌리내린 기업모델이기 때문이다. 그런 의미에서 협동조합은 오늘날 우리사회가 부딪힌 많은 사회적 문제를 시민의 손으로 돌파하는데 큰 힘을 실어줄 대안이라고 믿는다."라고 말했다.

미래의 마리나에서 생성되는 정보는 다양해 질 수밖에 없다. 종래의 단순한 해양레저 공간위한 편의시설정도를 마리나 수준을 넘어앞서 미국 미시간주의 마콤브 카운티와 플로리다주의 리카운티 지역의 마리나 지구의 총체적인 지역정보를 담고 있는 '종합관리시스템'이 있다. 다가오는 미래의 마리나 운영은 보팅 '종합관리시스템'처럼 마리나 지구의 모든 보팅운항 및 보트·요트분포도를 집약시키는 정보수집의 가치는 빅데이터와 연계되어 바다를 새롭게 디자인 할 것으로 전망한다. 이미 정보의 흐름이 돈으로 환산되는 게 입증되었다. 마리나에는 고객들의 소비형태가 고스란히 정보통신기술(ICT)과 인공지능(AI) 그리고 사물인터넷(IOT) 등으로 집약되고 빅데이터는 이를 필요하는 생산자에게 제공하는 체계가 미래의 마리나의 모습이다. 그래서 소비자가 선호하는 보트생산 공급과 음료, 주류, 식자재 등 더불어 주거지 부동산거래와 의료건강검진센터까지 마리나 지구에서 모두 이뤄질 공산이다.

'스마트워크' 시대가 일반화 되면......

미래 큰 경제적 가치를 내포한 마리나의 운영은 사회적·공익적 성격을 추구하면서 비영리로 운영한다면 굳이 기업과 같은 형태로만 조직이 되어야 할 필요는 없을 듯하다. 또한 '동업자 협동조합'이 아니고서도 최근에 부쩍 늘어나는 사회적 기업도 좋은 대안이 될 수 있다. 사회적 기업은 공익적인 목적으로 더불어 살아가려는 시민운동차원에서 적극권장 할 만한 일이다.

오래전 1990년대 초에 유럽 배낭여행을 가려하면 주변의 모든 지인이 제정신이 아니라고 핀잔도 주고 국내여행도 충분한데 굳이 달러까지 써가며 해외로 나간다고 비아냥거리기까지 했었다. 하지만 채 7~8년이 지나지 않아서 신문광고에 299,000원 동남아 여행상품이 나오고 일반인도 해외패키지 여행을 동네 소풍가듯이 가고 있다. 그리고 우리 자동차문화는 어떠한가? 1975년 현대그룹 고 정주영회장이 "마이카 시대"를 말할 때 그가 허풍생이이고 세징신이 아니리고 일제히 폄하(貶下) 했었다. 하지만 채 20년이 지나지 않아서 1990년대 말부터 우리사회는 마이카시대에 살고 있다. 이러한 마이카시대를 위해 우리사회 모두가 자동차 핸들과 타이어를 만들지 않았다. 그냥 각자의 생업에 충실했고 그 결과 마이카 족이 된 것이다. 우리 사회 여건상 '마이보트시대'는 불가능하다. 이유는 공유수면 때문이다. 우리나라 보다 넓은 국토와 해안을 보유한 호주도 정규 마리나 시설에서 보트를 계류·정박 관리하는 것은 채 20%미만이다. 나머지 80%이상의 보트는 낙동강 오리알처럼 해안주변 묘박지에 정박해둘 수밖에 없다. 하지만 우리사회에서 마리나 시대는 가능하다, 아니 법제상으로는 2009년 10월부터 마리나항만법이 시행되고 있다. 이미 마리나 시대는 돌입하였으나 그 형편이 녹녹히 못할 뿐이다. 이유야 셀 수도 없을 만큼 많지만 마이카 시대가 정착되었던 시기가 약 20년 걸렸던 것만큼은 걸리지 않을 것으로 전망된다. 1인당 국민소득 3만 달러이면 마리나 시대에 도래한다고 매스컴에서 요란하다. 지난해 1인당 국민총소득(GNI)은 2만7500달러 수준이다. 앞으로 국제사회와 국내 상황에 큰 변고가 없다면 수년 내에 3만 달러 이상의 안정적인 경제 상태를 유지할 것이라고 전망된다.

그리고 해양수산부에서 2015년 7월 마리나 서비스법 시행이후 마리나서비스 창업설명회 등 적극적인 지원을 하고 있다. 이법이 도입된 지 불과 1년 6개월 만에 70여개 업체가 마리나선박대여업 허가를 취득하는 등 그 속도가 매우 빠르다. 일례로 부산 해운대 수영만 마리나에서는 요트에서 숙박하고 여가를 즐기는 렌탈서비스(마리나선박대여업) 김건우 대표가 "요트탈래"브랜드로 카타마란 요트 4척으로 청년 창업하여 요트 스테이가 성업 중에 있다.

올해 1월 KBS 뉴스보도에 해양수산부는 2017년 업무추진 방향을 종전과 달리 "마리나산업 활성화에 총력"을 기울일 태세이다. 바닷속 경관이 뛰어나고 해양 생태계가 보존된 해역이 "해중경관지구로 지정하고, 마리나 선박대여업 진입 장벽이 완화되는 등 해양관광 활성화를 위한 정책들을 추진한다."고 발표했다. 주요내용으로는 마리나 서비스업에 대한 진입장벽도 올해부터 대폭 낮췄다. 현재 5톤 이상만 가능한 마리나선박 대여업 창업 기준을 2톤 선박으로도 낮춰 대상을 확대한다. 따라서 규제 완화로 대여 가능 선박이 현재 천 척 수준에서 3천척으로 늘어날 것으로 예상했다.

김영석 해수부 장관은 "해양르네상스 실현을 통한 해양강국 건설이라는 비전을 가지고 세부 과제들을 착실히 추진하겠다."면서 "바다에서 성장 동력을 발굴하고 일자리를 창출해 국민 삶을 풍요롭게 하는 데 앞장서겠다."고 말했다(오대성 kbs 2017).

또한 올해 3월 뉴시스 신문 기사로 SK그룹 최태원 회장의 신선한 내용이 올랐다. SK그룹의 지주사와 SK 주요 계열사들이 추진하는

'회사정관개정' 기사로 60년 넘게 이어온 경영이념을 과감히 바꾸는 작업으로 정기주주총회를 열고 정관을 아래와 같이 내용으로 개정했다. '기업의 생리인 이윤 창출 대신 사회적 가치를 경영 전면에 내세웠다. 따라서 SK그룹이 추구하는 가치에 '경제 발전에 기여함은 물론, 사회적 가치 창출을 통해 사회와 더불어 성장한다.'는 문구를 새롭게 추가했다(이연춘, 2017 재구성).

아직은 해양수산부의 정책이 마리나 서비스업 육성을 위해 정책을 추진할 거란 발표와 일부기업에 준하는 신선한 소식이지만 기존의 기업들도 '영업이윤을 사회로 환원하는 차원'에서 기업이윤만을 챙기는 논리가 최우선이 아니라 인간중심·사회중심으로의 '사회가치를 중시하는 분위기'로의 전환은 아주 바람직한 일이라 하겠다.

우리해안에 펼쳐진 바다를 배경으로 가치창출이 가능하다

현재 4차 산업혁명의 기술력으로 바다에서 새로운 가치를 창출하고 있는 해양레저와 해양관광분야에서 바다를 디자인하는 외국의 경우를 살펴보자. 두바이의 경우 2015 년 3 월 두바이 국제 보트 쇼에서 공식적으로 공개 된 호화로운 라이프 스타일 제품 중 하나인 '플로팅 해마(Floating Seahorse)'를 선보였다. 디자인 회사인 클라인

디엔 스트 그룹(Kleindienst Group)가 세계 최초로 개발한 진정하고 독특한 수중 제품으로 독창적인 해양스타일 휴양지 (본질적으로 추진력이 없는 보트)이다. 이것은 두바이 해안으로부터 약 2.5 마일 떨어진 곳에 '떠있는 해마(Floating Seahorse)'란 애칭을 지닌 해상건축물로 이곳에 거주하는 주민들은 보트 또는 수상 비행기를 통해 '떠있는 해마'에 도착할 수 있다. 첫 번째 모델은 '떠있는 해마'가 완성되기도 전에 판매를 시작하여, 2015년에는 약 60개의 선 계약판매를 했다. 반면에 일본은 2017년 말쯤이면 바다에 떠다니는 "구체 호텔"을 완성해 운영할 계획이다. 이처럼 세계 주요국가에서는 바다를 부가가치의 원천으로 디자인하고 개발하고 있다.

The Floating Seahorse의 시그니처 에디션(Signature Edition)은 개인의 스타일과 취향에 맞게 특별히 설계하여 완벽하게 사용자의 의향에 따라 개별화되었다. 주요 설비로는 침실과 욕실로 구성된 수중 부분은 실내에 약 270 평방 피트를 구성, 벽 바로 바깥에는 500 제곱 피트 크기의 산호 정원이 있다. 집안에서 거주민은 아라비안 걸프 (실제 자연의 서식지)를 통해 실제 해마 춤을 볼 수 있다. 또한 수영을 하고 싶으면 편리한 사다리를 통해 안전한 출입구를 이용하고, 아니면 바로 뛰어들 수 있다.

800 만 달러(한화 약92억5천만원)에 달하는 Floating Seahorse

그 다음 단계의 일부는 가족 및 그룹을 위해 설계된 1,200만 달러(한화 약139억원) 규모의 Seahorses보다 큰 것이다. 이른바 "Signature Edition" 주택에는 3 층 구조에 4,000 평방피트 이상의 공간이 있다.

"Signature Edition" 주택 3층 구조에 4,000 평방피트이상의 공간
1,200만 달러(한화 약139억원)

클라인 디엔 스트(Kleindienst) 그룹에 따르면 4 개의 지정된 침실과 수면으로 변형 할 수 있는 몇 개의 방이 마련되어있어 Seahorse는 성인 8 명과 어린이 8 명까지 수용 할 수 있다. 이러한 대형 구조물은 블라인드까지도 완벽한 스마트 홈오토메이션을 특징으로 한다(크리스 웰러,www.businessinsider.com 2016 발췌).

일본 나가사키현사세보에 네덜란드 회사가 운영하는 하우스텐보스 테마파크는 오무라 만에서 6km 떨어진 바다에 39,000제곱미터의 무인도를 소유하고 있고 현재 다양한 편의시설을 위한 마리나 시설이 공사 중이다. 떠다니는 호텔의 손님들은 이 섬으로 가게 된다. 맨 위에 침실 하나가 있어 누워서 별을 보다가 잠이 들면 다음

HUIS TEN BOSCH (via facebook)

날 무인도에 가 닿게 되는 시스템으로 운영된다. 구체모양의 호텔은 고객이 잠을 자는 거처이면서 천천히 움직이는 보트인 셈이다. 4인 기준 1일 숙박료는 약 40만원 정도가 될 전망이다(이나무, 네이버).

8. 맺은말

해양레저는 '바다의 꽃'이다.

종래에는 우리나라사람들은 바다에 가도 뛰어들지 않는데 이는 다양한 해양레저 아이템이 부재 했을 때였다. 최근에는 부산의 바다풍경이 많이 달라져 광안리 해변에 서핑객이 생겨나고 요트가 한가로이 떠다닌다. 이는 '2016 대한민국 국제해양레저위크(KIMA WEEK)'의 다양한 행사로 어린이, 가족을 위한 해양체험 프로그램, '만원의 행복 요트체험'으로 고급 크루즈 요트를 체험하는 행사이다. 올해 5회째를 맞는 키마위크는 해양레저산업과 문화·예술을 조화롭게 융합하는 국제 규모의 해양레저 문화축제로 자리 잡아 가고 있다. 이를 통해 우리 사회에 건전한 해양레저문화를 조성하고 확산시키는 구심점 역할을 수행하고 지속적으로 추진해 나아갈 것이다. 또한 경기국제보트쇼와 부산국제보트쇼로 인해 마리나 시대의 해양레저 문화정보와 체험을 직접 할 수 해양여가 문화로의 전환에도 일조하고 있다. 또한 미래 해양의 가치가 어느 때 보다도 극대화 될 전망이다.

일례로 안희정 충남도지사도 "미래 해양·연안 가치를 증가시키려는 큰 틀에서 '역 간척을 구상'하고 있다"고 설명했다. 이는 "과거

농업국가 때나 산업화 과정에서 세운 해양과 연안에 대한 정책은 시대 흐름에 따라 바뀌어야 한다"며 해양의 가치창출에 대해 강조했다. 그는 "충청지역에 하구언이 291개 있는데 강에서 바다로 빠져나가는 곳엔 모두 방조제를 쌓았다"며 "갯벌 대신 들어선 간척지는 농업용지나 산업용지로 제 구실을 못하고 농업용수도 마찬가지인 상황"이라고 지적했다(김준호, 연합뉴스).

예전에는 한 평의 땅이라도 확보하기위해 바다를 매립했는데 이제는 자연의 생태에 맞게 오히려 매운바다를 되돌려 그 안에서 새로운 가치를 창출하고자하는 노력이라고 할 수 있다. 이 또한 패러독스 한 발상으로 미래의 해양은 밝아오고 있다.

앞으로 우리가 미래에 주목해야 할 주요내용은 '해양자원의 중요성으로 수산과어업의 한계를 넘어 해양을 디자인하여 새로운 가치창출을 하여 국가의 부를 쌓아야 할 것이다. 더불어 해양레저산업분야의 인력양성을 통해 기존의 침체된 해운·조선업의 활로를 찾아야 한다. 그리고 '해양재난 대응을 위한 위성정보 활용으로 기후변화와 첨단 IT 기술력을 빅데이터에 연계해 안전을 확보하는 시스템을 구축하여야 한다. 바다는 미래경제의 최대 성장 동력이기 때문이다. 이로써 신 해양시대에 국민 모두가 바다를 통해 행복지수가 상승하고 양질의 삶을 영위 할 수 있게 되길 기대해 본다.

〈참고문헌〉

김준호, 연합뉴스. 2013.10.17.

권정환, 세계일보, 2016.12.07.

무라타 료헤이, 「바다가 일본의 미래다」, 이주하 역, 청어, 2008.2.5. p323-p325.

바바라 블로밍크, 허성용 외, 「소외된 90%를 위한 디자인」, 에딧더 월드, 2013.

스테파노 자마니, 「협동조합으로 기업하라」, 한국협동조합, 북도움, 2009.

이나경, 문화뉴스. 2017.03.07.

이나무, 네이버, 2017,03.07.

이상연, 일요서울, 2017.01.20.

이승렬, 국제신문, 2016.10.04.

이윤정, 국제보트쇼의 현황 및 경제적 가치, 해양국토연구부, 2009.

이연춘, 뉴시스, 2017.3.5.

오대성, kbs, 2017.01.06.

유정영, 경남도민신문 2016.12.27.

정익기, 강원일보, 2017.1.31

정유선, 부산국제신문, 2017.03.01.

크리스 웰러, www.businessinsider.com. 2016.05.03.

한국해양연구소, <해양개발의 현재와 미래>, 1990.

http://news.chosun.com, 2017.01.23.

KIMA 부산국제보트쇼의 성과분석 보고서, 2016.

KIMA Plus, 키마위크, 2016.

맺음말

마리나 시대! 굳이 언급하지 않아도 우리나라에는 이미 마리나와 관련된 법이 2019년 10월 제정되어 있다. 그리고 집행할 예산도 있고 마리나 행정을 담당하는 정부 및 지자체 공무원도 있다. 이러한 마리나정책을 선거공약으로 내세워 당선된 최고 통치권자도 있었다. 그러나 국민의 세금으로 응당 집행되어야하는 마리나 개발은 2010년 이후 지금까지 이렇다 할 만 한 실적을 찾아보기 힘든 상황이다. 이제 초심으로 돌아가 '마리나항만법' 법규내용을 보면 '마리나항만 및 관련 시설의 개발·이용과 마리나 관련 산업의 육성에 관한 사항을 규정하고, 해양스포츠의 보급 및 진흥을 촉진하고, 국민의 삶의 질 향상에 이바지하는 것을 목적으로 한다.'라고 적시되어 있다. 이 법이 공포되고 시행된 지 올해로 8년째가 되었다. 하지만 마리나 관련 시설이 미흡한데 해양스포츠 보급을 어찌 언급할 것이며 국민의 삶의 질 향상은 엄두도 못 낼 일이다.

이제라도 진정 국민을 위하고 해양여가문화 개선에 조금이라도 진전을 하려면 막대한 예산이 들어가는 대규모 마리나 시설도 좋지만 적은 예산으로도 실현 가능한 방안을 찾는 게 좋을 것 같다. 해양수산부 홈페이지에 어촌어항을 포함한 모든 항포구가 2,225개라고 명기되어 있다. 이중 어림잡아 물류항와 주요 여객항을 225개항 정도로 보고 이를 배제하면 당장 해양레저와 공유하여 사용할 수 있는 항포구가 2,000개는 된다.

우선 발상의 전환이 필요한 시점이다. 어민과 도시민이 상호 존중되고 융합할 수 있는 '해양문화의 장'을 마련하면 불가능한 일만은 아니다. 도시민은 힐링 할 수 있는 저렴하고도 편안한 공간을 원하고 반면 어촌은 고령화로 생산력이 떨어지고 복지정책의 손길이 미치지 못해 황폐화 되어가는 상황에 갈수록 줄어드는 어민 인구로는 어촌의 일을 감당 할 수 없어 여성노동력까지 총동원되는 게 현실이다. 그리고 정부의 귀어촌 정책지원에 어촌 6차 산업을 구현하려고 갖은 행정력을 기우려도 좋은 결과를 기대하기 힘든 상황이다.

이즘에 패러독스한 접근방식으로 공생과 공유경제를 생각해 볼 필요가 있다. 어촌의 자원이 수산양식과 물고기만이 돈이 되는 것이 아니다. '바다와 어촌' 자연환경 그 자체가 경제적 가치를 유발한다. 예전부터 어촌에서 생산한 수산물과 어자원을 수산도매상이나 택배를 통한 유통물류에 의존 했다. 그러나 어촌 6차산업은 도시민이 어민의 집에까지 찾아와 민박하고 서비스(어촌체험, 어촌관광, 해양생태교육, 잎새뜨기 등) 받으며 타고 온 차량에 그 고장의 특산물을 실어가는 공생의 틈새경제를 실현해야 할 때가 온 것이다.

앞서 언급한 우버(Uber)처럼 틈새경제 즉 택시 타는 것이 불편해 스마트폰을 활용했을 뿐인데 창업한지 4년 만에 천문학적인 경제적 기업가치(한화 약 74조원, 2015년 기준)를 발생 시켰던 것은 '발상의 전환과 정보통신의 융합'이 만들어낸 결과이다. 이제 우버와 같은 발상을 우리의 바다와 어촌에 적용해볼 필요가 절실해졌다. 더구나 마리나는 해양스포츠와 해양관광의 한 축으로 신 성장 동력이다. 마리나서비업이 귀어촌하는 베이비붐 세대 명예퇴직자의 노후보장 수단이 되고 청년창업의 새로운 일자리 창출의 기회가 될 수 있을 것으로 전망한다.

역사가 시작되고 오늘날까지 어느 시대엔들 '바다를 등진 민족이나 국가'는 지속되지 못 했던 걸 모두가 인지하고 있다. 필자는 바다 이야기를 3가지의 바다로 정리했다. "해친부국(海親富國)하고 해금즉망(海禁卽亡)하니 해양굴기(海洋崛起)하자" 이는 바다를 가까이하고 친해지면 부국의 지름길이고 바다진출을 통제하고 금기시하면 곧바로 망하는 길이니 다가오는 미래의 해양을 새롭게 가치를 창출하여 굴기하자는 것이다.

MARINA 마리나
PARADOX 패러독스

초판인쇄 2018년 7월 31일
초판발행 2018년 7월 31일

지은이 M&F 문화연구원
펴낸이 채종준
펴낸곳 한국학술정보㈜
주소 경기도 파주시 회동길 230(문발동)
전화 031) 908-3181(대표)
팩스 031) 908-3189
홈페이지 http://ebook.kstudy.com
전자우편 출판사업부 publish@kstudy.com
등록 제일산-115호(2000. 6. 19)

ISBN 978-89-268-8516-1 93330